共振信号

——技术指标实战经典组合

麻道明◎编著

中国宇航出版社

·北京·

内 容 简 介

本书是运用技术指标组合分析预测股市未来趋势的炒股专用书。深入分析技术指标买卖共振信号，共总结了 39 个技术指标组合，108 种实盘应用技巧，这些技术指标组合相互印证，相互补充，化解了技术指标之间相互矛盾的问题，对于预判行情走势，提示买卖点，起到了很好的辅助作用。

图书在版编目（CIP）数据

共振信号：技术指标实战经典组合／麻道明编著.
-- 北京：中国宇航出版社，2020.7（2022.1重印）
ISBN 978-7-5159-1808-2

Ⅰ.①共… Ⅱ.①麻… Ⅲ.①股票投资－基本知识
Ⅳ.①F830.91

中国版本图书馆CIP数据核字(2020)第107195号

策划编辑　田芳卿
责任编辑　卢　珊　　**装帧设计**　宇星文化

出版发行　**中国宇航出版社**

社　址　北京市阜成路8号　**邮　编**　100830
(010)60286808　(010)68768548
网　址　www.caphbook.com
经　销　新华书店
发行部　(010)60286888　(010)68371900
(010)60286887　(010)60286804(传真)
零售店　读者服务部
(010)68371105
承　印　三河市君旺印务有限公司

版　次　2020年7月第1版
2022年1月第3次印刷
规　格　787×1092
开　本　1/16
印　张　21.5
字　数　382千字
书　号　ISBN 978-7-5159-1808-2
定　价　65.00元

前 言

很早之前就想写一本关于技术指标组合分析方面的书，但由于中国资本市场是一个新兴市场，有自己的特殊性，有些规律性的走势也不够稳定，所以迟迟没有动笔。但是A股市场经过30年的运行后，已经有了具有中国特色的市场走势和运行规律。本人通过长期的跟踪观察、市场研究和精心探索，从这些走势特点和规律中总结出了这本《共振信号——技术指标实战经典组合》。

技术指标分析是由许多单项指标共同构成的一个复杂的、综合的分析方法。任何单项技术指标均有其显著的优点，也有其不可忽视的缺点。在实盘操作中，应用这项技术指标时，会牵扯到那项技术指标，或这项指技术标发出买入信号时，那项技术指标却发出了卖出信号，技术指标之间相互产生矛盾，给投资者的分析操作带来了很大的困难。单项技术指标发出的买卖信号有时并不可靠，本书是在单项技术指标一般性分析基础之上，对技术指标买卖共振信号进行了深入的分析研究，从而为实盘操作提供更加可靠的买卖信号，因此，技术指标组合应用就成了“鸳鸯配”。

本书共分为五章，分别为短线操作技术指标实战经典组合、中线操作技术指标实战经典组合、长线操作技术指标实战经典组合、大势技术指标实战经典组合和不同周期技术指标实战经典组合，共介绍了39个技术指标组合，108种实盘应用技巧。总结归纳了经过多年市场跟踪观察、实盘检验、反复印证过的具有应用广泛、实用性强、准确性高的经典组合。实战经典组合中的这些技术指标能够相互印证，相互补充，避免单项技术指标的不足和缺陷，对分析预测股市行情走势，选择最佳买卖点，起到了很好的辅助作用。

本人多年来潜心研究技术指标组合的买卖点，以化解技术指标之间相互矛盾的问题。可以说，本书是国内第一本运用技术指标组合分析预测股市未来趋势的炒股图书。

本书以实际走势为依据，以技术分析理论为基础，辅以实图案例，图文并茂，讲解言简意赅，通俗易懂。对于新老股民、中小散户投资者、职业操盘手和专业股评人士来说，都是一本值得一读的技术指标分析参考书。

在成书过程中，得到了中国宇航出版社的大力支持，付梓之际，谨向他们致以最衷心的谢意！

本人才疏学浅，加之时间仓促，书中差错疏漏在所难免，期盼股林前辈和同仁不吝指教，以便在今后再版时进一步改进和提高。愿本书为广大投资者的实盘操作带来一点助益，如是，我将深感欣慰。

麻道明

2020 年初于楠溪江畔

目 录

第一章 /
短线技术指标实战经典组合

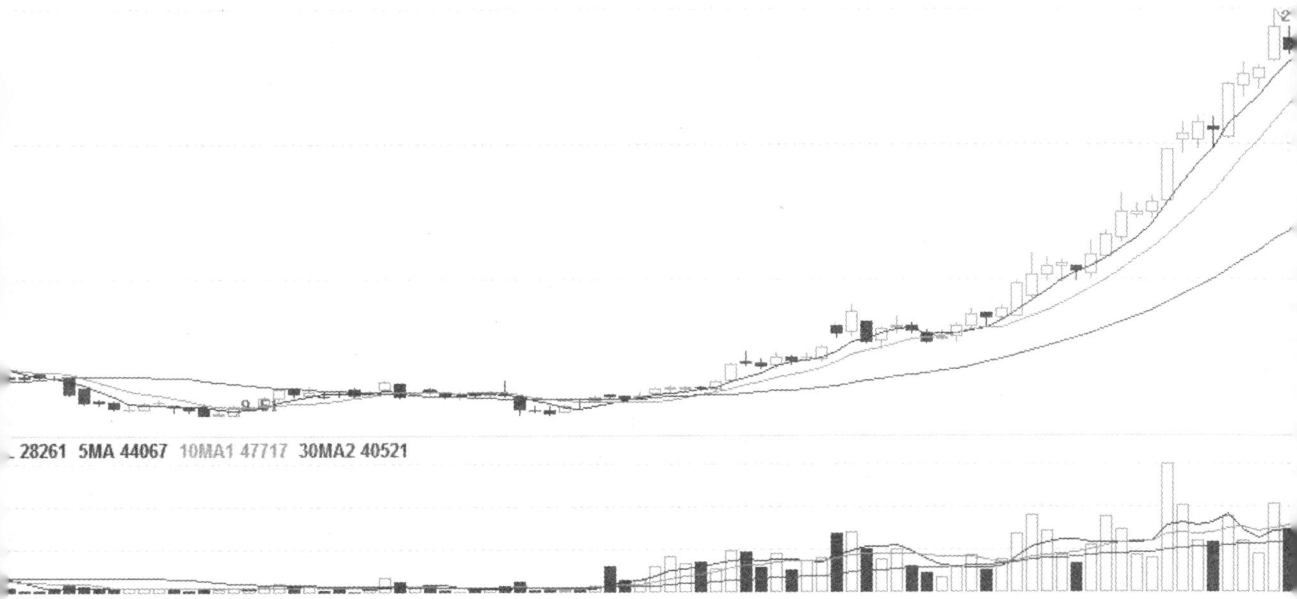

第一节 KDJ＋DMI＋MA 实战经典组合

一、KDJ 指标简介

1. KDJ 指标的特性

随机指标（KDJ）是为了追求短线操作的安全度而设计的，是反映价格走势强弱和超买超卖动态的一种技术指标。其最大的优点是摄取了动量指标、相对强弱指标和移动平均线这三大技术指标的精髓，从而提供了非常有效的短线买卖依据。在指标体系中，它是最敏感的指标之一，实盘操作中应用相当广泛。熟练并灵活运用该指标，可以捕捉到很小的行情变化趋势，是投资者进行短线操作的一大法宝。

KDJ 指标的计算方法分为四步：第一步计算出“未成熟的随机值（RSV）”，第二步计算出 K 值，接下来计算出 D 值，最后计算出 J 值。其推导过程十分烦琐，本书不再赘述。

KDJ 指标就其变化速度而言，J 线最快，K 线次之，D 线最慢，因此，可将 K 线视作快线，将 D 线视作慢线，而将 J 线理解为乖离线更好。就其对行情判断的准确性而言，D 线最准，K 线次之，J 线最差，因此，对 J 线可以不必多加研究，仅作参考就可以，现在有些软件将 J 线与 K、D 值合并在一起标于图表之中。

KDJ 指标的数值在 0～100 之间波动，而 J 线则是 K 线与 D 线的乖离程度，较之 K、D 两线更为敏感，可领先 K、D 线到达顶部、底部，其数值也可大于 100 或小于 0。

KDJ 指标的分布规律：指标取值介于 0～100 之间，图形上每隔 20 划分出一条分界线。当 KDJ 处于 80～100 之间，为超强势区（又称超买区，表明买气相当旺盛）；处于 60～80 之间，为强势（整理）区；处于 40～60 之间，为整理区（其中 50～60 为偏强整理区，40～50 为偏弱整理区）；处于 20～40 之间，为弱势（整理）区；处于 0～20 之间，为超弱势区（又称超卖区，表明卖压相当沉重）。

2. KDJ 指标的功能

（1）交叉信号。K 线在低位由下向上与 D 线形成金叉时，即 K 值由小于 D 值变成大于 D 值，为买入信号；相反，K 线在高位由上向下与 D 线形成死叉时，即 K 值由大于 D 值变成小于 D 值，为卖出信号。一般而言，KDJ 指标在高位连续出现两次向下死叉，跌势确立；KDJ 在低位连续出现两次向上金叉，涨势确立。

（2）盘整信号。KDJ 线在 40～60 之间徘徊时，交叉信号频繁出现，行情走势方向不明，无实际指导意义，可以判定为盘整行情，投资者以观望为主，不参与买卖行为。

（3）超卖超买。K 线在 10 以下、D 线在 20 以下、J 线处在 0 值时，为超卖状态，可以买入；K 线在 90 以上、D 线在 80 以上、J 线达到 100 时，为超买状态，可以卖出。

（4）钝化信号。由于 KDJ 指标的数值恒定于 0～100 的区间波动，就有可能产生一种特殊的现象——钝化。也就是说，K、D 两线的数值已经到顶而无法超越 100（或已经躺底而无法低于 0），而此时行情价位却在激烈地变化着，这时用随机指标来判别行情就会出现盲区，也是在应用该指标时应引起重视的问题。这种现象多发生在超强势个股或超弱势个股走势中，此时投资者应谨慎操作，防止因过早买入或过早卖出而造成不必要的损失，可借助其他技术指标加以研判。

（5）背离信号。钝化是背离的征兆，KDJ 指标走势与股价走势不协调时，就会产生背离的情况，背离分为顶背离和底背离。当股价节节拔高，屡创近期新高时，KDJ 指标不但不创新高，反而连连下挫，这就形成了顶背离。相反，当股价步步走低，屡创近期新低时，KDJ 指标不但不创新低，反而越走越高，这就形成了底背离。KDJ 指标发生背离时，一般为转势信号，表明短、中期走势有可能见顶或见底。指标背离是相当准确的买卖信号，应做出正确的操作决策，底背离为买入信号，顶背离为卖出信号。

（6）当 KDJ 指标倾斜度趋于平稳时，是重要的警告信号，应提防随时可能发生的反转走势。向下倾斜的指标线产生有效金叉，为买入信号；向上倾斜的指标线出现有效死叉，为卖出信号。

3. KDJ 指标应用法则

（1）K 线高于 80，进入超买区时，短期股价容易向下回档；K 线低于 20，进入超卖区时，短期股价容易向上反弹。

（2）K 线在 20 附近，从 D 线右方向上交叉 D 线时，为短期买进信号。

（3）K 线在 80 附近，从 D 线右方向下交叉 D 线时，为短期卖出信号。

（4）J 值 >100 时，股价容易形成短期头部，J 值 <0 时，股价容易形成短期底部。

（5）KDJ 波动于 50 左右的任何信号，其作用不大。

（6）背离现象：价格创新高或新低，而 K、D 值未有此现象，亦为反转的重要前兆。

（7）K线形成一底比一底高的现象，并且在20左右的低水平，由下向上连续两次交叉D线时，股价涨幅会较大。

（8）K线形成一顶比一顶低的现象，并且在20左右的高水平，由上向下连续两次交叉D线时，股价跌幅会较大。

（9）J线在短期内连续3次上穿0线，是重要的买入信号；J线在短期内连续3次跌穿100线，是重要的卖出信号。

4. KD的应用法则

KDJ指标中的K值和D值是一个指标中的两个相互关联的参数，应用中不能独立作用，即不能单一地以K值或D值的大小来判断行情走向，而应参考双方所处的状态和数据分布情况来进行研判。

（1）K值与D值永远介于0～100之间。D值在70以上时，行情呈现超买现象；D值在30以下时，行情则呈现超卖现象。

（2）当K值大于D值，显示目前趋势是向上涨的，因此当K线向上突破D线时，为买进信号；相反，当D值大于K值时，显示趋势是向下跌的，因此在K线向下跌破D线时，为卖出信号。

（3）KD指标不仅能反映出市场的超买超卖程度，还能通过交叉突破发出买卖信号。但如果这类交叉突破在50左右发生，走势又陷入盘局时，买卖信号可视为无效。

K线与D线的交叉发生在70以上和30以下，才有效力。如果K线、D线黄金交叉发生在20以下，是最佳买点；如果K线、D线死叉发生在80以上，是最佳卖点。

（4）KD指标不适于盘子小、交易不活跃的个股，它对大盘指数、热门大盘股有极高的准确性。

（5）当KD指标与股价出现背离时，一般为转势信号，表明中期或短期走势有可能已经见顶或见底。

（6）当K线和D线上升或下跌的速度减弱，倾斜度趋于平缓，是短期转势的预警信号。

二、DMI 指标简介

1. DMI 指标的特性

动向指标（DMI）也叫趋向指标，是投资者认为最有效、最可靠的技术指标之一，一向将其作为重要指标与其他指标一起使用。它是在价格上升或下跌的过程中探求买卖双方力量的“均衡点”，以及价格在双方互动下波动循环过程的一种技术分析指标，其最大的特点就是能够准确地告诉我们未来行情的变化趋势，从而为投资者提供恰当的买卖时机。

运用 DMI 指标分析行情走势时，要掌握以下几个特性。

（1）当日动向值（DM）。先确认基本的动向变动值，它是指当日价格波动幅度大于昨日价格波动部分的最大值，即最大变动值，表示价格波动增减的幅度，是上涨还是下跌。其中有三种类型：上升动向（+DM）、下跌动向（-DM）和无动向（0DM）。

上升动向（+DM），指当日最高价高于昨日最高价，且当日最低价高于昨日最低价，表明趋势向上，用 +DM 表示。上升动向变动的值为当日最高价与昨日最高价的差的绝对值。

下跌动向（-DM），指当日最高价低于昨日最高价，且当日最低价低于昨日最低价，表明趋势下降，用 -DM 表示。下跌动向变动的值为当日最低价与昨日最低价的差的绝对值。

无动向（0DM），指当日最高价低于昨日最高价，当日最低价高于昨日最低价，此时为无趋向，称为内移日。另外，当日最高价与昨日最高价的差正好等值于当日最低价与昨日最低价的差，动向变动值等于 0，此时为无动向，称为均衡日。

（2）真正波幅（TR）。指当日价格与昨日价格之比较，即今日收盘价与今日最低价之差、今日最高价与昨日收盘价之差、今日最低价与昨日收盘价之差。从这三个差值中，取其中最大的一个差值作为真正波幅（TR）。

（3）方向线（DI）。是揭示价格上升或下降的方向性指标。如果当日最高价高于昨日最高价，但当日最低价低于昨日最低价，当前者的绝对值大于后者的绝对值时，则取 +DI，其值就取前者的绝对值。上升方向线用 +DI 表示，也叫创新涨势幅度比率。反之，如果前者的绝对值小于后者的绝对值，则取 -DI，其值就取后者的绝对值。下跌方向线用 -DI 表示，也叫创新跌势幅度比率。

如果价格出现持续上涨时，会不断地出现正动向变动值，从而使上升方向线 +

DI 的数值不断升高。反之，如果价格出现持续下跌时，则不断地出现负动向变动值，从而使下跌方向线 -DI 的数值不断升高。可以看出，下跌方向线的上升，表示股价处于下跌趋势。行情在盘整时，上升或下降方向线的值很小（非常接近）。

（4）趋向平均线（ADX）。方向指标除了上升方向线与下跌方向线外，还有一个重要的分析指标，即趋向平均线（ADX）。根据 +DI 和 -DI 间的差的绝对值除以两者之和的百分比得到动向指数 DX，然后将一定周期的 DX 值平滑计算得到 ADX。

（5）趋向评估线（ADXR）。知道了 ADX 的值后，方向就明确了，最后还要画出一条评比线，叫 ADXR 线。ADXR 线是评估 ADX 方向的标尺，若 ADX 上升，ADRX 随之上升，则表明升跌均有一段时间。

在一般交易软件上，设置了 +DI、-DI、ADX、ADXR 四条线，白色为 +DI，黄色为 -DI，紫色为 ADX，绿色为 ADXR，从而构成一幅美丽的图案。

需要指出的是，变动值无实质意义上的正负之分，指标中的正负值仅代表方向性，亦即正数表示向上，是多方力量强弱的标志，负数表示向下，是空方力量强弱的标志。

2. DMI 指标的功能

（1）单一性。ADX 和 ADXR 是判断行情的趋向指标，同时也是 +DI、-DI 的导向指标。在趋势行情中，无论上涨还是下跌，ADX 的方向都呈现单一发展。

当 +DI 向上，-DI 向下，ADX 的数值逐日增加（一日比一日大），趋势向上，并持续一段时间，表明股价将上涨。

当 +DI 向下，-DI 向上，ADX 的数值也逐日增加（一日比一日大），趋势向上，并持续一段时间，表明股价将下跌。

当 +DI、-DI 经常创新高和新低时，也就是时升时降，ADX 的值逐渐减小，表明行情处于盘整状态。此时，DMI 指标对实盘操作无指导意义。

（2）偏离性。DMI 指标取值始终在 0 ～ 100 区间之内，但由于其具有单一性，所以大部分时间是运行在 20 ～ 30 区间（常态区），可见其带有偏离性质，这不同于相对强弱指标 RSI、威廉指标 W%R、随机指标 KDJ 等指标的常态活动区间（以 50 为中轴线，在其上下振荡），这一特性可在任何一只股票上得到验证。

（3）反转性。当 ADX 达到一定数值时，在高位出现反转（一般取值在 50 以上为有效反转），表现行情上涨或下跌一段时间后，将出现下跌或上涨。如果在上涨行情中，ADX 在高位由升转为降时，表明股价已到了顶部，投资者应及时获利了结。如果在下跌行情中，ADX 在高位由升转为降时，表明股价基本已到了底部，投资者可以适时建仓。

（4）投资者可以将 +DI 理解为多方，-DI 理解为空方。+DI 从下向上递增突破 -DI 时，显示市场内部有新的多头进场，愿意以较高的价格买进（因为有创新高的价格出现，从而使 +DI 上升，-DI 下降），此金叉现象为买进信号；-DI 从下向上递增突破 +DI 时，显示市场内部有新的空头进场，愿意以较低的价格卖出（因为有创新低的价格出现，从而使 -DI 上升，+DI 下降），此死叉现象为卖出信号。

（5）按 ADX 曲线的伸展方向，可以判断行情的发展趋势。当 ADX 曲线脱离 20～30 的常态区，与 +DI 线同时上升时，显示多头力量增强，股价会继续强劲上扬，可判定将有一段相当大幅度的上涨行情产生，以买入为主；当 ADX 与 +DI 曲线下降到 20 左右，且呈横向运行时，可判定行情处于牛皮盘整。当 ADX 在 50 以上从上升方向忽然掉头向下，此时 +DI 线同时下降，显示空头力量增强，股价会继续疲软下跌，应尽快卖出。通常来说，ADX 转折后，会持续下降至 20 左右，但有时 ADX 下降至 40～60 之间便再次掉头向上，这是大行情来临的先兆，此时可重新进场，往往可搭上一大段“顺风车”。

（6）+DI 的值大于 -DI 的值时，表明市场处于多头行情，股价可以看高一线，投资者可以择机介入；反之，-DI 的值大于 +DI 的值时，表明市场处于空头行情，股价将看低一线，投资者应卖出为宜。如果 +DI 和 -DI 交叉且幅度不宽，其数值越拉越近时，ADX 的值会逐渐减小。当 ADX 的值下降到 20 以下，且呈横向运行时，可以判定股市进入盘整行情，此时以观望为宜，待方向明确时再择机行事。

（7）ADXR 是 ADX 的评估数值，通常 ADXR 的波动较 ADX 平缓，其使用法则与 ADX 类似。当股价大幅下跌了很长一段时间后，ADX 突然从下往上突破 ADXR，形成金叉时，是新一轮行情启动的信号；当 ADX 和 ADXR 交叉后，继续上行至 50 以上时，表明有可能产生一轮中级以上的行情，可继续看高一线。但是股市大幅上涨后，一旦 ADX 突然反转向下，击穿 ADXR 线形成死叉时，表明多头行情即将结束，投资者应考虑全线抛空。

3. DMI 指标应用法则

DMI 指标本身含有 +DI、-DI、ADX、ADXR 四项指标，这四项指标要结合观察。

实盘应用时，主要是分析+DI、-DI和ADX三条曲线的关系，其中+DI和-DI两条曲线的走势关系是判断买卖时机的主要信号，ADX则是判断行情趋向的信号。

第一，+DI和-DI的应用法则。

（1）趋势有创新高的价格时，+DI上升、-DI下降。因此，当+DI从下向上递增突破-DI时，显示市场内部有新的多头买家进场，愿意以较高的价格买进，为买进信号。

（2）相反，当-DI从下向上递增突破+DI时，显示市场内部有新的空头卖家出货，愿意以较低的价格出售，为卖出信号。

（3）当走势维持某种趋势时，+DI和-DI的交叉突破信号相当准确，但走势出现牛皮盘整时，应将+DI和-DI发出的买卖信号视为无效。

第二，ADX的应用法则。

（1）趋势判断。当行情走势朝着单一方向发展时，无论是涨势还是跌势，ADX值都会不断递增。因此，当ADX值高于前一日时，可以断定当前市场行情仍维持着原有趋势运行，即股价会继续上涨或继续下跌。特别是当+DI与ADX同向上升，或-DI与ADX同向上升时，表示当前趋势十分强劲。

（2）牛皮市判断。当走势呈牛皮盘整状态时，股价新高及新低频繁出现，+DI和-DI越走越近，反复交叉，ADX将会递减。当ADX值降低至20以下，且出现横向移动时，可以判定市场为牛皮市。此时趋势无一定动向，投资者应保持观望，不应将+DI和-DI发出的信号作为买卖依据。

（3）当走势维持某种趋势时，+DI和-DI的交叉突破信号相当准确，但走势出现牛皮盘整时，应将+DI和-DI发出的买卖信号视为无效。

（4）在动向指数中增添ADXR指标，能够扩充动向指数的功能。ADXR是ADX的“评估数值”，其计算方法是将当日的ADX值与14日前的ADX值相加后除以2。ADXR的波动一般较ADX平缓，当+DI和-DI相交，发出买卖信号后，ADXR又与ADX相交，则是最后的买卖机会，随后而来的行情较急，应立即采取买卖行动。

（5）ADXR是市场评估指标，当ADXR处于高位时，显示行情波动较大，当ADXR处于低位时，则表明行情较为胶着。

三、MA指标简介

移动平均线（MA）在技术分析领域里是绝对不可缺少的指标工具，在股市中的使用极为广泛，能够及时明确地发出多空信号。

移动平均线的主要作用是借助一定时期股票收盘价的移动走势，反映真实的股价变动趋势。利用均线与每天股价波动之间的相对位置、变动幅度、变化方向作对照，同时配合多种均线的排列关系，可以预测股价未来的运行趋势，从而决定买卖时机。

根据均线指标的周期长短，可分为短期均线，通常有5日线、10日线、20日线；中期均线，通常有30日线、60日线；长期均线，通常有120日线和250日线等。短期、中期、长期均线是相对的，可以自己设定技术参数。

根据均线指标计算方法的不同，可分为算术移动平均线、加权移动平均线和平滑移动平均线。均线指标就形态而言，可分为单条均线、普通组合均线和特殊组合均线（周均线、月均线和分时均线）。

1. MA 指标的基本概念

使用均线指标时，必须了解几个常用的概念。

（1）排列。均线排列分为多头排列和空头排列。凡是均线从上到下按周期长短顺序从短期到长期方式排列的，表明市场行情处于相对多头的状态，这是均线的多头排列。此排列表明多方控制着局面，后市可看高一线，以做多为主。反之，均线从下到上按周期长短顺序是从短期到长期方式排列的，表明市场属于空头性质，这是均线的空头排列。此排列表明空方控制着局面，市道趋淡，以做空为主。

（2）方向。分为顺向运行状态和逆向运行状态。短期均线、中期均线、长期均线沿同一方向向上或向下运行，为顺向运行状态。逆向运行状态的市场特征是：短期均线向下，而中、长期均线向上，说明一波行情终结，但多为回档。当短期均线向上，而中、长期均线向下，表明下跌行情未了，上涨多为反弹性质，应快进快出，见好就收，不可中长期持股。

（3）缠绕。缠绕运行形态，即短期均线、中期均线、长期均线相互交错缠绕，不断交换上下位置，说明行情处于盘整状态，方向不明，待方向明朗后，再作买卖决定。

（4）交叉。分为黄金交叉和死亡交叉。短期均线由下向上有效穿过中长期均线，为黄金交叉，简称金叉。短期均线由上向下击穿中长期均线，为死亡交叉，简称死叉。

（5）形态。分为银三角、金三角和死亡角。短期均线由下向上穿过中期均线和长期均线，中期均线也由下向上穿过长期均线，长期均线向上运行，从而形成一个尖头朝上的不规则三角形。出现这个不规则三角形，表明多方已积累了相当大的上攻能量，是一个比较典型的买进信号，所以人们形象地把它称为银三角、金三角或银山谷、金山谷。短期均线由上向下穿过中期、长期均线，随后中期均线下穿长期均线，长期均线向下运行，从而在顶部形成一个尖头向下的不规则三角形，这个三角形叫做死亡角或死亡谷。

2. MA 指标的特性

（1）趋势性。均线指标能够表明股价的趋势方向，要追随这个趋势，不轻易放弃。

（2）稳定性。均线指标是多日（至少也要两日）股价的平均值，无论是向上还是向下，都是缓缓地运动着，不像日 K 线那样大起大落。要改变均线的运动方向相当不易，个别涨跌幅大的个股，即使反势出现一两个涨跌停，也难以改变原来的运动趋势。

（3）真实性。均线指标反映了一定时期内股票收盘价的移动平均值，一般难以造假。

（4）安全性。一般来说，均线不会轻易地向上或向下运动，通常股价回落或上涨初期，均线反而是向上或向下运行的，待市势明朗后，均线才会真正地改变运行方向。均线选用的参数越大，其安全性越高，如 30 日均线的安全性就高于 10 日均线。

（5）滞后性。在股价原有趋势发生改变时，均线往往反应迟钝，其运行方向的改变，通常落后于股价的运行方向，明显是“价先线后”。

（6）助涨助跌性。当股价突破均线，无论是向上突破还是向下突破，股价将会继续沿着突破方向运行一段距离。

（7）支撑和阻力作用。受上述这些特征的影响，均线在股价走势中具有支撑和阻力的作用，向上突破后均线起支撑作用，向下突破后均线产生阻力作用。其支撑和阻力的力度大小，取决于均线选用的周期长短，周期越长，对股价的支撑或阻力作用越大，反之则越小。

3. 葛氏八大应用法则

在证券技术分析中，美国证券技术分析大师葛兰碧对股价与移动平均线的关系进行了细致的分析，提出了移动平均线八大买卖法则，其中买入、卖出信号各有 4 个。这八大法则在诸多技术分析理论中颇具权威性，在世界各国股市中一直沿用至今，经久不衰，无论是对于机构操盘手还是一般散户，都具有很强的指导意义。

（1）股价由下向上穿过均线并继续向上运行，为买入信号。均线由下降渐渐走平，而股价从均线下部向上突破均线，形成金叉，并带动均线上移，此为典型的买进信号。

（2）股价跌破均线但很快重返均线之上，为买入信号。股价与均线有“价先线后”的关系，在均线持续缓缓上升的过程中，股价一时跌破均线，不久即返回均线之上，说明市场仍处于强势，此跌破为假动作，应是买入信号。

（3）股价跌至均线附近但不死叉，而是掉头向上，为买入信号。股价一直在均线之上运行，说明仍为涨势，是买入信号。

（4）股价大幅下跌并已远离均线，为买入信号。股价大幅下挫，跌破了均线且继续远离均线，BIAS（乖离率）增大，有向均线回归的可能，此时可以买进做反弹。

（5）股价从上而下跌破均线并继续向下，为卖出信号。均线在高位由上升趋势渐渐走平或出现拐头向下迹象，而股价由上向下跌破均线，表明市场抛压较重，此时应卖出股票。

（6）股价向上突破均线但很快回到均线之下，为卖出信号。均线缓缓向下压，股价在其下位置运行，构成下降压力线，股价上穿均线，昙花一现之后又重回均线之下，说明市场为弱势，此突破为假动作，应尽快卖出。

（7）股价上升到均线附近又掉头向下，为卖出信号。股价一直在均线之下运行，说明空头气氛浓烈，是卖出信号。

（8）股价大幅上涨且远离均线，为卖出信号。股价涨势过猛，突破后继续远离均线，乖离率偏大，有向均线回档的可能，此时应卖出股票。

其中，1、2、3、4 四种法则为买进时机。以技术理论分析：第 1 种法则为盘底现象，是买进信号；第 2 种法则为探底现象，为加仓信号；第 3 种为回档现象，均线有支撑作用，是加仓买进信号；第 4 种法则为反弹现象，应快进快出。

5、6、7、8 四种法则为卖出时机。从技术理论上分析：第 5 种法则为盘头现象，为卖出信号；第 6 种法则为做头现象，为卖出信号；第 7 种法则为反弹现象，均线构成阻力作用；第 8 种法则为回档现象，应短线做空。

4. KDJ + DMI + MA 指标组合的优点

在实盘操作中，将 KDJ、DMI、MA 这三大技术指标组合成一组指标群，可以降低投资风险，提高操作的安全性，并能找到最佳的买卖点。

具体操作方法是：当 KDJ 和 DMI 其中一个指标发出买卖信号时，另一个指标也发出同样的买卖信号，两大指标相互印证，此时 MA 也配合这种市场信号，即构成最佳买卖点。

需要指出的是，不一定要求 KDJ、DMI 同一天出现买卖信号，只要先后间隔时间不超过 3 天即可，超过 3 天以上的信号其准确率较低。这组信号既可以判断底部，又可以预测顶部，效果均佳。

四、三叉信号组合

1. 图形特征

（1）股价经过一轮下跌或调整，KDJ 指标中的 J 线躺底后不久拔地而起，在低位发生金叉（20 以下金叉是投资者认可的“安全区”），表明短线有走强迹象，是买入信号。通常意义上，日线 KDJ 指标在相对的低值区间（如 0 ～ 20 区域或 20 ～ 40 区域）金叉，较之在相对的高值区间（如 60 ～ 80 区域或 80 ～ 100 区域）金叉，在投资者的心理安全度上有更大的吸引力。但在实盘操作中，对于短线投机，高位金叉与低位金叉并无本质的区别。反之亦然，日线 KDJ 指标在高位发生死叉，则采取与前者完全相反的操作思路，是短线做空的重要信号之一。

（2）这时如果 DMI 指标中的 +DI 由下向上、-DI 由上向下也形成金叉，意味着有新多资金介入，趋向指标未来方向明确，从而验证了 KDJ 指标金叉的有效性，是理想的买入信号。或者 +DI 与 -DI 金叉后，继续向上并穿过 ADX 和 ADXR 两线，ADX 和 ADXR 也开始向上移动，不几日（一般 3 ～ 4 个交易日）ADX 与 ADXR 也发生金叉，即 DMI 指标出现“双重金叉”，为加仓介入信号。

（3）当 KDJ 和 DMI 指标出现金叉时，同期股价突破 5 日、10 日均线压制，5 日均线金叉或即将金叉 10 日均线，30 日均线走平或向上运行；或者 30 日均线保持向上运行，5 日均线和 10 日均线在 30 日均线附近（上方或下方）构成向上金叉；或者均线系统已经构成多头排列，这时 KDJ、DMI 出现的金叉信号更加可靠。

实盘操作中，当 KDJ、DMI、MA 三大指标同时（前后时差不应超过 3 个交易日为宜）出现金叉时，就出现“三叉向上”的短线买入信号。在操作中，三大指标信号出现的时间不分先后顺序，只要能相互验证，共振统一，就构成最佳买点。

2. 市场意义

这组信号产生之前，多为庄家进场后采取压箱顶吸货或打压洗盘行为。这组信号的出现，表明庄家吸货或洗盘结束，行情转弱为强，或进入主升段行情。

实盘操作中，一旦出现"三叉向上"信号，如果得到成交量的支持，可以大胆介入，成功率可达 80% 以上。既然是短线操作行为，就不必苛求高额利润，做到能获利即可（获利多寡视市场强弱而定），每天操作一只这样的股票，倒也是一件爽心事。这组信号既可以判底，也可以测顶，效果均佳。

需要指出的是，这个指标组合群适用于盘底和盘头后的突破走势，具有神奇的实盘效果，在 V 形底和倒 V 形顶的急转形态中，效果不那么理想。

3. 实盘案例

如图 1-1 所示，深天马 A（000050）日 K 线走势图。该股经过大幅下挫后企稳振荡，庄家入驻后悄然建仓，成交量萎缩至地量水平，一时间被市场冷落和遗忘。在庄家完成建仓计划后，2019 年 2 月 11 日，股价拔地而起，向上突破底部盘区，开启一轮"井喷"式拉升行情。通过该股技术指标的波动分析，可以及时抓住入场时机，轻松地获得一轮主升浪行情的收益。

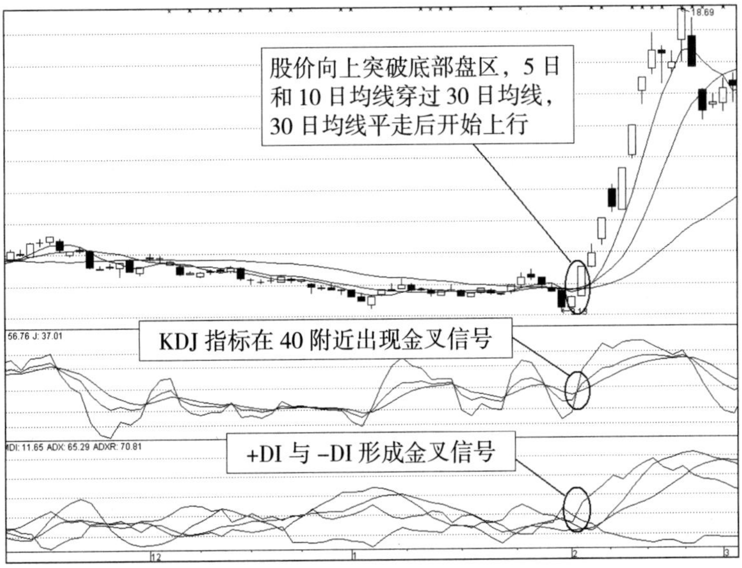

图 1-1　深天马 A（000050）日 K 线图

（1）KDJ 指标中的 J 线从超卖区跃起，与 K 线和 D 线形成金叉。指标值在 40 附近的低位区，表明股价短线已经见底，有企稳回升的要求，是短线较好的买入信号。

（2）同期DMI指标也呈走强迹象，+DI在ADX和ADXR两线之上，与-DI形成金叉，表明有新增多头资金介入，一轮跌势即将结束，做多信号十分强烈。

（3）在均线系统中，5日均线和10日均线向上穿过30日均线，形成金叉。30日均线在底部走平后上行，均线系统支持KDJ、DMI的多头信号。

KDJ指标和DMI指标同时出现金叉，并得到均线系统的支持，构成“三叉向上”的组合形态，是难得的买入信号，且准确率较高。黑马股大多都是这种走势，投资者在股价回调时应坚决介入做多，体验一下“骑马”的感觉。

如图1-2所示，香山股份（002870）日K线走势图。在长时间的底部振荡过程中，该股庄家顺利地完成了建仓计划。2019年2月12日放量突破底部盘区，股价出现连续拉升行情。该股符合“三叉向上”技术形态，买入信号一目了然。

2019年2月11日，KDJ指标在20以下出现金叉，形成提示性买入信号。次日，DMI指标中的+DI与-DI形成金叉。同一日，K线收出涨停大阳线，股价突破底部盘区。此时5日均线和10日均线上行，即将形成金叉，30日均线开始上移，做多信号非常强烈。

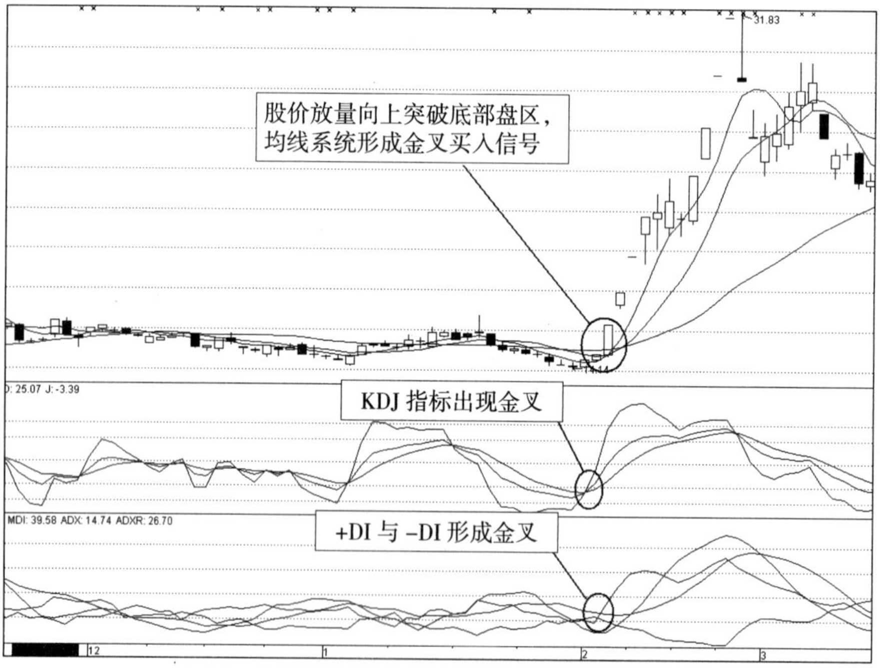

图1-2　香山股份（002870）日K线图

“三叉信号”组合应用在头部区域效果也很好。

股价经过一轮成功的拉升炒作后，KDJ指标中的J线在高位钝化，随后高位发生死叉，通常在 80 以上死叉是短线卖出的重要信号之一。

这时如果 DMI 指标中的 + DI 由上向下、- DI 由下向上也形成死叉，表明有场内资金在离场，从而验证了 KDJ 指标死叉的有效性，因此是一个卖出信号。或者 + DI 与 - DI 死叉后，继续向下并击穿 ADX 和 ADXR 两线，不几天（一般 3 ～ 4 个交易日），ADX 和 ADXR 也开始向上移动（方向单一性），为止损离场信号。

此时，均线系统中 5 日、10 日均线下行，5 日均线死叉 10 日均线，30 日均线走平或向下运行，或者均线系统已经形成空头排列。

当 KDJ、DMI、MA 三大指标同时（前后时差不应超过 3 个交易日为宜）出现死叉时，就出现“三叉向下”的空头信号，预示股价短期将进入调整格局，是一个卖出信号。

如图 1-3 所示，华业资本（600240）日 K 线走势图。2019 年 2 月开始，该股出现一波力度较大的反弹行情，短期主力获利丰厚。由于该股基本面欠佳，主力不断在高位出货。当主力在高位基本完成出货计划后，4 月下旬出现大幅跳水走势，股价短期跌幅较大。

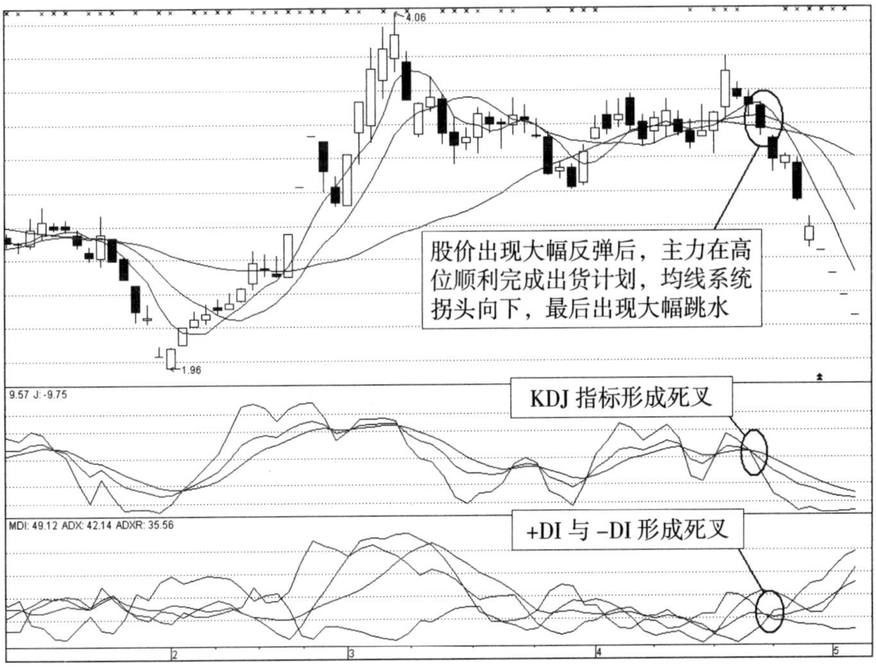

图 1-3 华业资本（600240）日 K 线图

如果运用“三叉信号”组合分析，就可以提前作出卖出操作，避免后面的下跌风险。

（1）4月22日，KDJ指标出现死叉，形成提示性卖出信号，此时应高度警惕。

（2）次日股价继续下跌，DMI指标中的+DI与-DI出现死叉，KDJ指标的空头信号得到验证，此时应及时卖出。

（3）同期均线系统出现空头排列，30日均线下行，5日均线与10日均线即将形成死叉，做空势头得到进一步加强，此后股价快速下跌。

五、超卖超买组合

1. 图形特征

（1）在股价大幅下跌或调整的末期，出现一轮诱空式杀跌行情，股价出现超卖态势。KDJ指标在20以下超卖区形成金叉，或者KDJ指标出现底背离形态，表明股价短线有止跌回升的要求，是短线买入信号。

（2）DMI指标中的+DI在低位钝化后向上跃起，-DI在60以上拐头向下，ADX在80以上拐头向下，之后ADXR也随之拐头下行，意味着跌势结束，有新多资金介入，趋向指标未来方向出现转势，构成短线买入信号。

（3）股价距离30日均线较远，短线有一定的超跌反弹空间，5日或10日均线由下行转为上行，或者5日均线金叉或即将金叉10日均线。

当盘面出现上述现象时，成交量放大，K线收大阳线，就构成短线买入信号。这个信号组合可以捕捉短线反弹行情，特别是在V形反转形态中效果更佳。

2. 市场意义

在大幅下跌或调整的后期，庄家进场采用打压手法吸货，持续向下打压股价，制造诱空式下跌，造成短期股价出现严重超卖的现象。物极必反，出现此组合信号，表明市场短期杀跌动能衰竭，容易出现报复性反弹行情，往往形成V形反转走势。

实盘操作中，如果能得到成交量的支持，K线收大阳线，就可以大胆介入，成功率可达80%以上。由于是短线操作行为，当股价反弹到V形的起跌位置附近时，可以离场观望。

3. 实盘案例

如图1-4所示，猛狮科技（002684）日K线走势图。该股股价见顶后逐波下跌，2018年5月28日，股价向下破位后出现连续杀跌走势，短期股价严重超卖，做空能量得到彻底释放，随时可能出现报复性反弹行情。止跌企稳后，6月19日股价放量拉起，出现快速反弹行情，形成V形反转走势，在8个交易日中出现6个涨停。当股价重新回到V形的起跌位置附近时，遇到前期套牢盘和低位获利盘的抛压，此后股价再次陷入弱势调整。

从技术指标组合来分析，不难发现低位已经发出了买入信号。

（1）6月14日，KDJ指标在20以下超卖区形成金叉，构成短线提示性买入信号。

（2）次日，+DI在低位钝化后向上跃起，-DI向下回落，ADX在高位钝化后下行，之后ADXR也随之拐头下行，验证了KDJ指标金叉的有效性，短线买入信号得到加强。

（3）6月19日，K线收出涨停大阳线，成交量大幅放大，此时股价距离30日均线较远，5日或10日均线开始上行，买入信号明确。

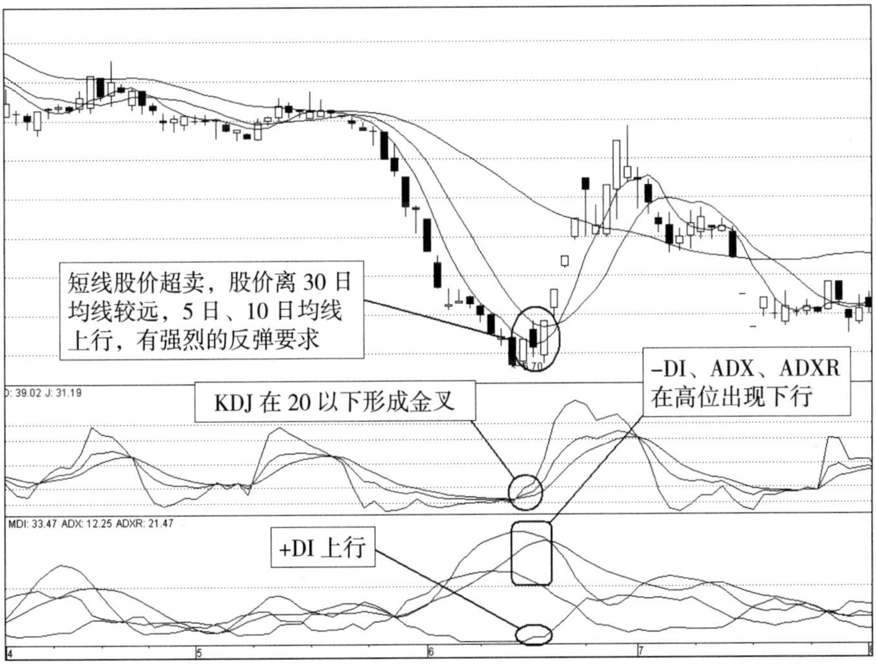

图1-4　猛狮科技（002684）日K线图

这个指标组合信号适用于头部阶段，也具有非常好的实盘效果，特别在倒V形顶部形态中效果更佳。

在持续上涨后的高位，短期股价出现超买态势。KDJ指标在80以上超买区形成死叉，或者KDJ指标出现顶背离形态，表明股价短线有滞涨回落的要求，是短线卖出信号。

这时DMI指标中的-DI在低位钝化后向上跃起，+DI在60以上拐头向下，

ADX 在 80 以上拐头向下，之后 ADXR 也随之拐头下行，说明有多头资金离场迹象，趋向指标出现转弱，构成短线卖出信号。

此时，短期乖离率较大，股价远离 30 日均线，根据葛氏移动平均线八大法则，短期股价有回落要求。结合 KDJ 和 DMI 指标发出的信号，如果在高位收出见顶 K 线，就构成明确的卖出信号。

如图 1-5 所示，赫美集团（002356）日 K 线走势图。该股由于爆出重大资产重组利好消息，从 2019 年 3 月 4 日开始，股价出现连续涨停，在 13 个交易日中拉出 11 个涨停，短期股价严重超买，有回落整理的要求。3 月 21 日，在高位收出高开低走的大阴线后，股价伴随利空消息出现持续下跌走势。其实在该股见顶之时，技术指标就及时发出了卖出信号。

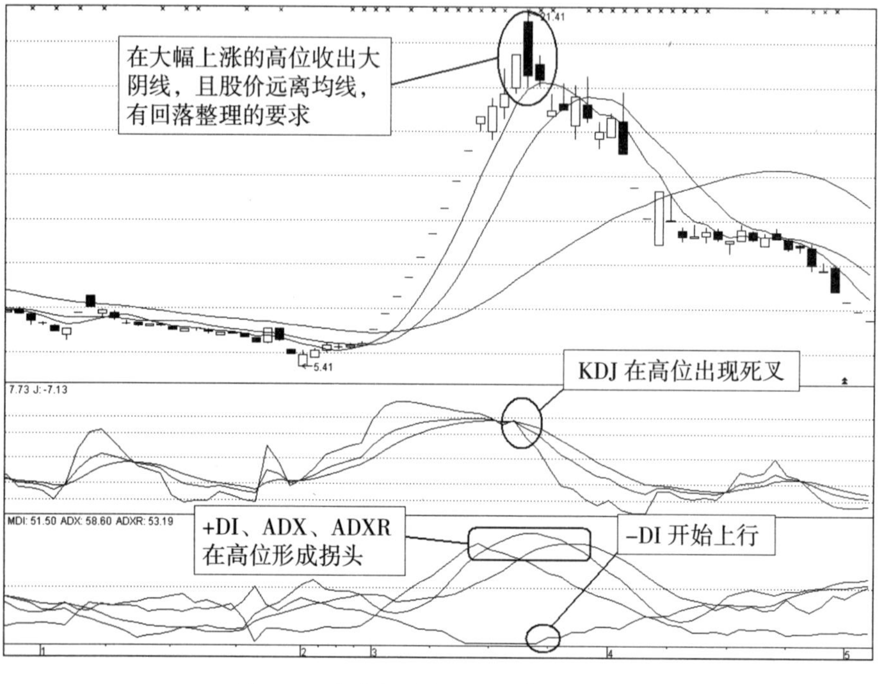

图 1-5　赫美集团（002356）日 K 线图

（1）在 3 月 21 日收出大阴线的当天，KDJ 指标在高位出现死叉信号。

（2）在此之前的 3 月 18 日，+DI 在接近 90 的高位出现向下拐头。随后，ADX 和 ADXR 相继在高位拐头下行，而 -DI 开始向上运行，说明盘中有多头资金撤离市场，构成卖出信号。

（3）短期乖离率较大，股价远离 30 日均线。结合 KDJ 和 DMI 指标发出的信号，当高位收出见顶大阴线时，应及时逢高离场观望。

六、洗盘结束组合

1. 图形特征

（1）在这个指标组合中，KDJ 指标有两种现象值得重点关注。

第一种现象：在强势区域，当 J 线、K 线回调至 D 线附近时，即将与 D 线形成死叉而拒绝死叉，J 线、K 线反转向上，D 线维持原来的上升趋势或走平，也是极佳的买入信号。在一轮牛市行情中，这种现象会多次发生（尤其是在盘升行情中更为明显），每次出现都是买入的时机。这一信号表明庄家洗盘结束，行情即将进入快速拉升阶段，是很好的加仓买入点。

第二种现象：KDJ 指标从底部金叉向上（第一次金叉），股价从低位启动，出现小幅上涨，接着庄家便开始震仓洗盘。由于庄家洗盘所致，J 线、K 线从超买区快速回落并跌破 D 线形成死叉，D 线稍稍向下移动（如仍然维持原来的上升趋势更佳）。但在 3～5 个交易日内，J 线、K 线再次快速向上金叉 D 线（第二次金叉），D 线反转继续上升，在指标曲线上形成一个类似“萝卜坑”的图形，表明主力洗盘结束，股价有望出现拉升行情。实盘操作中，第二次金叉介入的信号意义比第一次金叉更强，股价更具上涨空间。

（2）在主力洗盘阶段，DMI 指标也有可能出现两种现象。

第一种现象：+DI 金叉 -DI 后，+DI 在 -DI 上方运行，突然 +DI 掉头向下，-DI 掉头向上，当两者即将形成死叉时，却有惊无险，两线拒绝死叉，并朝各自相反的方向离开，这是理想的介入点。

第二种现象：股价从底部启动后，+DI 金叉 -DI，+DI 在 -DI 之上运行，突然 +DI 由上向下、-DI 由下向上快速形成死叉，但这时 ADX 和 ADXR 仍然保持原来的方向向上运行或走平，其值在 40 以下。几个交易日后（一般在 8 个交易日以内），+DI 再次金叉 -DI，在图形上留下一个“菱形”形态，这时应立即买入。

（3）在均线系统中，5 日均线金叉 10 日均线后，继续上行穿过 30 日均线，随后 10 日均线向上金叉 30 日均线，此时 30 日均线走平或向上运行，形成一个尖头向上的不规则三角形；或者 30 日均线保持向上运行，5 日均线在 30 日均线上方向下死叉 10 日均线后快速拉起，或 5 日均线向下回落触及 10 日均线时，5 日均线与 10 日均线拒绝死叉，反转继续向上运行，均线系统向多头发散，股价出现新一轮上涨行情。

2. 市场意义

这组信号多为庄家洗盘所致，任何一只大牛股在启动前都会发生类似的现象。如果 KDJ 指标的两种信号与 DMI 指标的两种信号同时发生时（可以交叉出现，具有同等效果），均线系统出现走强迹象，可以大胆加仓买入，成功地做一把短线。

这一交易技术，在 3 个交易日以内，可以是 KDJ 指标首先发出买入信号，也可以是 DMI 指标首先发出买入信号，其判断效果都一样。同时，两大指标的两种现象可以交叉使用，即 KDJ 指标的任一种多头信号，可以与 DMI 指标的任一种多头信号交叉组合使用，只要均线系统支持多头信号，均能达到同样的使用效果。

3. 实盘案例

如图 1-6 所示，宜亚国际（300612）日 K 线走势图。该股经过大幅下跌后，成功探明了底部，股价出现筑底走势。2019 年 1 月 29 日开始连收三根中阴线，造成技术破位走势，但股价很快企稳回升到前期盘区附近。这时 DKJ 指标在低位发生金叉，J 线、K 线迅速到达强势区。庄家为了后市更好地拉升股价，便进行洗盘换手，股价出现振荡走势，然后向上突破形成主升浪行情。

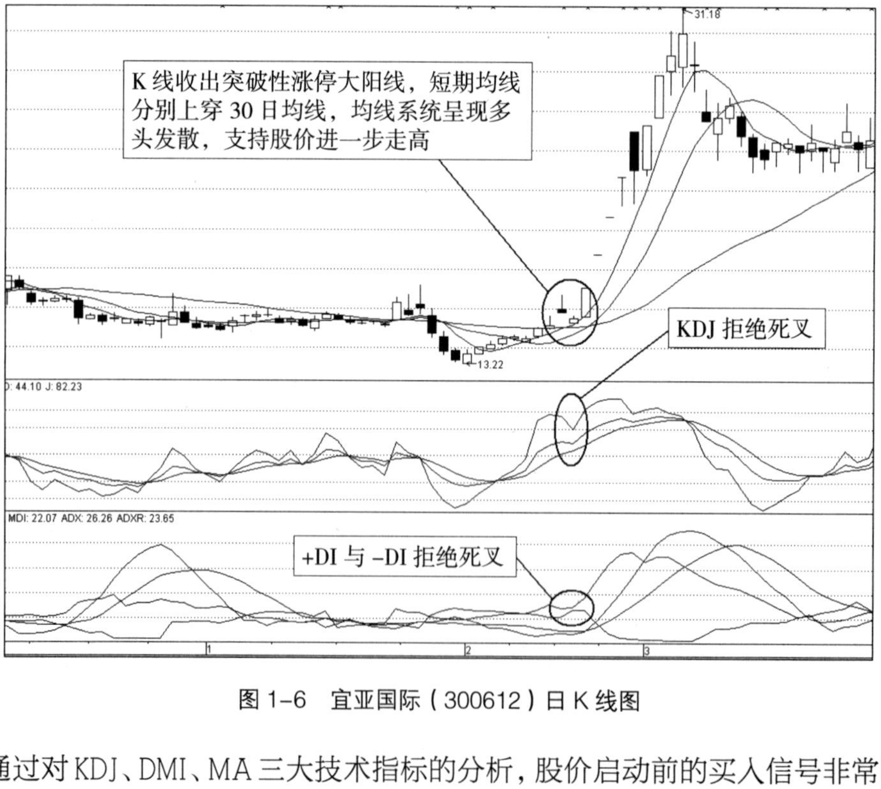

图 1-6 宜亚国际（300612）日 K 线图

通过对 KDJ、DMI、MA 三大技术指标的分析，股价启动前的买入信号非常明显。

（1）2 月 21 日，J 线、K 线即将与 D 线形成死叉时拒绝死叉，次日 J 线、K 线反转向上，D 线维持原来的上升趋势或走平，形成较好的买入信号。

（2）同期 +DI 金叉 -DI 后，+DI 在 -DI 上方运行。受股价振荡影响，+DI 与 -DI 即将形成死叉时却拒绝死叉，+DI 拐头向上，-DI 拐头向下，买入信号得到加强。

（3）从 K 线图来看，2 月 22 日收出突破性放量涨停大阳线，5 日和 10 日均线强势上行，30 日均线走平后上行，支持股价继续走高，买入信号进一步明确。

如图 1-7 所示，诚志股份（000990）日 K 线走势图。该股庄家在低位成功完成建仓计划后，股价渐渐向上走高，并突破均线系统的压制，然后庄家进行洗盘整理。股价回落到 30 日均线附近时，得到有力的技术支撑。2019 年 3 月 11 日，股价强势拉出涨停，成功脱离底部盘区，从而走出一轮主升浪行情。

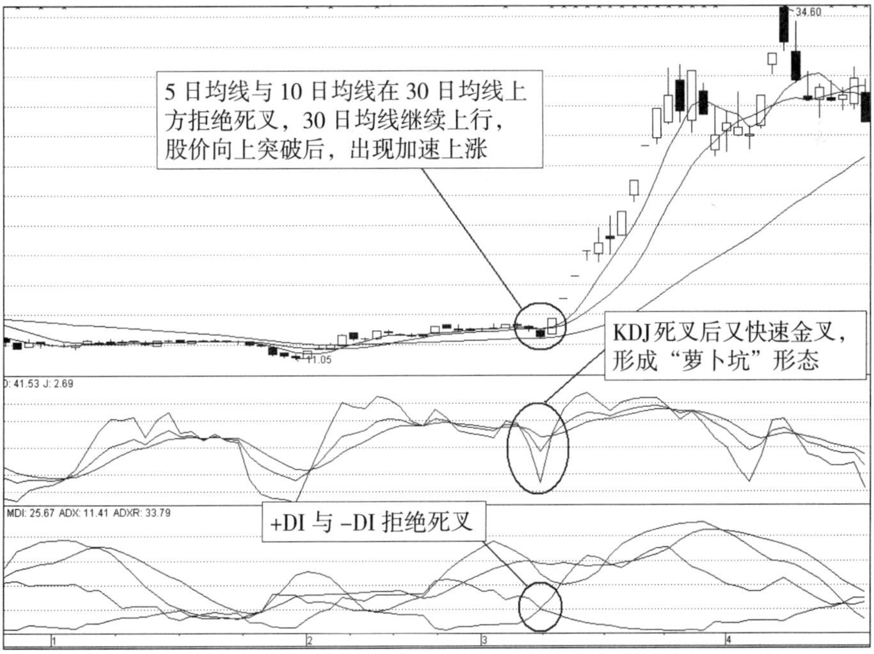

图 1-7　诚志股份（000990）日 K 线图

从图中可以看出，5 日均线和 10 日均线即将与 30 日均线形成死叉时拒绝死叉，并继续向多头发散。同期 KDJ 指标快速形成死叉后，J 线、K 线在 D 线之下短暂停留，第三天 J 线、K 线再次快速金叉 D 线，此时 D 线拐头向上，出现“萝卜坑”图形。

为了进一步验证 KDJ 信号的真伪，再来看看 DMI 指标。此时 +DI 由上向下、-DI 由下向上即将形成死叉时拒绝死叉，+DI、-DI 分别朝有利于多头发展的方向运行，表明新增多头资金不断进场，从而证明 KDJ 多头信号的有效性。

通过分析，KDJ、DMI 和 MA 三大技术指标相互印证，买入信号一致，表明庄家洗盘结束，行情将进入拉升阶段，投资者可以大胆介入。此后，短线出现暴涨行情，股价涨幅超过 140%。

七、拉高出货组合

1. 图形特征

（1）股价经过一轮较大的涨幅后，KDJ 指标在高位出现钝化，J 线、K 线多次触顶（触及 100 线）。不久，股价出现小幅下跌，J 线、K 线向下死叉 D 线后（80 以上死叉是投资者认可的“危险区”，具有较强的杀伤力），由于庄家没有完全出货，随后股价再次上涨，J 线、K 线上行穿过 D 线形成金叉（或受阻于 D 线之下，拒绝金叉），但很快 J 线、K 线反转向下死叉 D 线，预示股价短期将出现调整走势。

（2）DMI 指标中，持续向上运行的 ADX 线在高位（70 以上）掉头向下，ADXR 线走平或向下，+DI 下行，-DI 上行，四条指标曲线逐渐收敛，预示行情将在高位出现振荡走势，投资者可以逢高减仓。随后，ADX 继续下行，与 ADXR 形成死叉，+DI、ADXR 线也下行，-DI 上行，四条指标曲线继续收敛。不久，+DI 与 -DI 形成死叉，预示涨势行情即将结束，股价将出现下跌。

（3）股价在高位，5 日均线死叉 10 日均线后，继续下行击穿 30 日均线，随后 10 日均线向下死叉 30 日均线，此时 30 日均线走平或向下运行，形成一个尖头向下的不规则三角形。或者 30 日均线呈向下趋势，5 日均线在 30 日均线下方向上金叉 10 日均线后，到达 30 日均线附近时遇阻回落，5 日均线向下死叉 10 日均线后下行，均线系统向空头发散。

2. 市场意义

出现这组信号，多为庄家出货所致，表明一轮涨升行情接近尾声，行情将由强转弱，后市可能出现下跌走势。实盘操作中，拉高后出现的下跌走势，其势头一般较猛，跌幅较大。当 KDJ 和 DMI 同时发出卖出信号时，均线系统走弱，其准确性较高。投资者应看空做空，坚决离场观望。这组信号既可以判断底部，又可以预测顶部，效果均佳。

3. 实盘案例

如图 1-8 所示，兴齐眼药（300573）日 K 线走势图。该股 2019 年 4 月 10 日向上突破后，出现一轮飙升行情，股价大幅上涨，在 13 个交易日中拉出 12 个涨停，然后在高位出现大幅振荡，庄家不断向外派发获利筹码。

从图中可以看出，KDJ 指标在高位钝化一段时间后，随着股价的振荡调整，J 线、K 线向下死叉 D 线，表明股价已经离顶部不远。由于庄家没有完全派发获利筹码，5 月 8 日股价再次向上拉起，J 线、K 线上行穿过 D 线形成金叉（或受阻于 D 线，拒绝金叉），但很快 J 线、K 线反转向下死叉 D 线，KDJ 指标与股价形成顶背离现象，预示股价短期将出现调整走势。

同期 DMI 指标中的 ADX 线在高位钝化后向下掉头，ADXR 线也向下滑落，+DI 下行，-DI 上行，四条指标曲线逐渐收敛，说明行情将在高位出现振荡走势，短期不会出现持续性上涨行情，投资者应逢高减仓。随后，ADX 线与 ADXR 线形成死叉，四条指标曲线继续收敛，说明一轮涨势行情即将结束，股价将出现下跌调整。

不久，在距离 30 日均线较远的高位，5 日均线死叉 10 日均线，随后 10 日均线下行，说明股价有强烈的回落要求。此时再结合 KDJ、DMI 指标分析，可以判断股价已经到了顶部，股价每一次上涨都是庄家出货行为的表现，投资者应及时逢高离场，回避市场调整的风险。

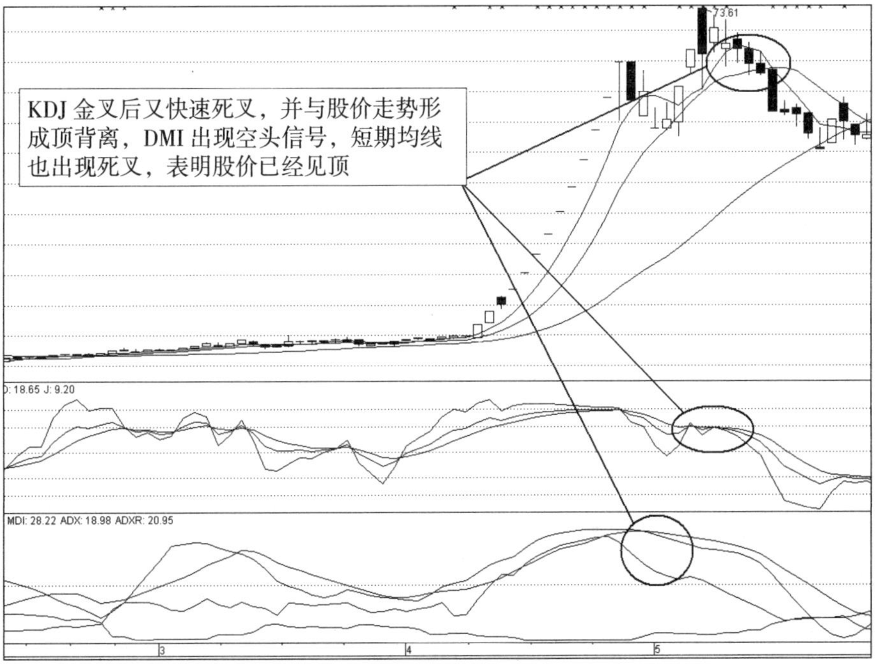

图 1-8　兴齐眼药（300573）日 K 线图

如图 1-9 所示，龙津药业（002750）日 K 线走势图。2019 年 3 月，该股庄家成功地将股价大幅炒高后，在高位大量派发获利筹码，导致股价出现振荡走势。

KDJ 指标在高位出现钝化，J 线、K 线多次触及顶边线（100 线）。之后，J 线、K 线向下死叉 D 线。由于庄家筹码较多，一时难以全部派发，只能维持股价在高位振荡，以保持 K 线形态完好无损。

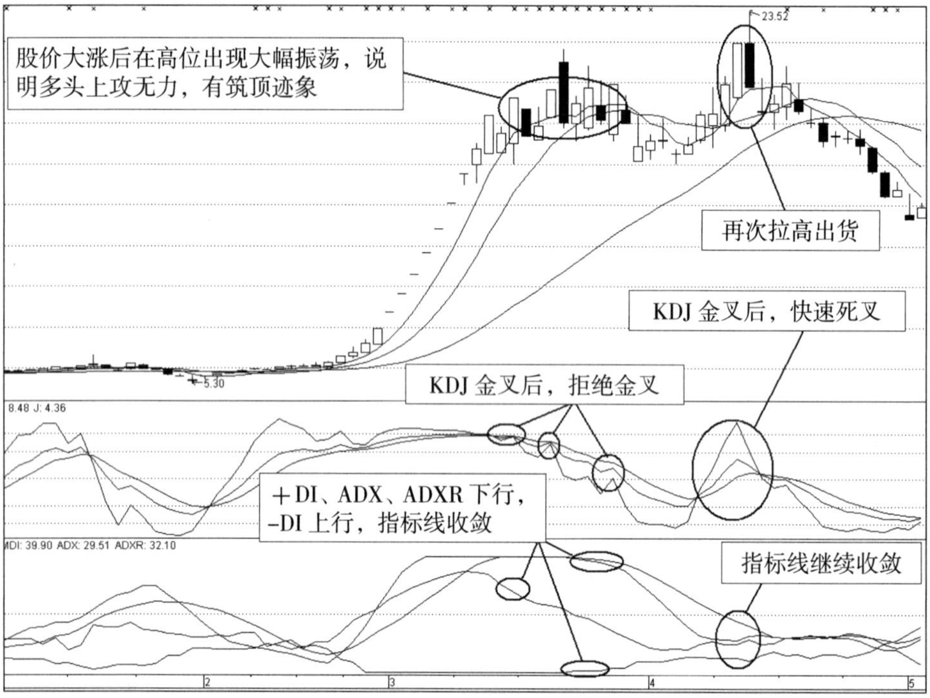

图 1-9　龙津药业（002750）日 K 线图

但是，当 J 线、K 线多次试图重新回到 D 线上方时，KDJ 指标拒绝金叉，D 线继续下行。此后，在 4 月 9 日，KDJ 指标金叉后无法继续上行，很快 J 线、K 线反转向下死叉 D 线，表明股价上行压力逐渐加大，构成卖出信号。

同期的 DMI 指标表现怎么样呢？持续上行的 ADX 线和 ADXR 线在高位钝化后向下掉头，+DI 下行，-DI 上行，指标曲线逐渐向中间收拢，说明涨势行情即将结束。之后，ADX 线继续下行，与 ADXR 线形成死叉，而且四条指标线继续收敛，说明涨势行情即将结束，股价将进入下跌调整。

此时 5 日均线掉头向下死叉 10 日均线，说明多头上攻无力。此后在 4 月份再次出现死叉，并向下击穿 30 日均线，随后 10 日均线向下死叉 30 日均线，此时 30 日均线在高位由上行转为走平，表明股价上行乏力，涨升行情即告结束。

KDJ 和 DMI 指标发出相同的卖出信号，同时均线系统走弱，做空信号的准确性大大增强，后市行情不容乐观，投资者应逢高坚决离场。

第二节　KDJ+MACD+MA 实战经典组合

一、MACD 指标简介

MACD 指标全称为指数平滑异同移动平均线，是从双移动平均线发展而来的，由快的移动平均线减去慢的移动平均线得出。它是利用短期（常用为 12 日）移动平均线与长期（常用为 26 日）移动平均线之间的聚合与分离状况，对买进、卖出时机作出研判的一个中线技术指标，可以提供清楚的短期或中期趋势形成或完结的信号。

1. MACD 指标的特性

MACD 指标的设计原理，是利用两条不同速度（短期和长期）的平滑移动平均线的变化关系，用快速平滑移动平均线减去慢速平滑移动平均线，得到一个差离值（DIF）。若这个值是正数时，叫+DIF；是负数时，叫-DIF，然后再拿这个 DIF 与连续数日的 DIF 值比较，得出一个差离平均值 DEA。DEA 对 DIF 作移动平均，就像对收盘价作移动平均线一样，消除了诸多偶然因素的影响，从而使发出的信号更加准确。

当 MACD 指标从负数转为正数，是买入信号；当 MACD 指标从正数转为负数，是卖出信号。当 MACD 指标以大角度变化时，表示快的移动平均线和慢的移动平均线的差距非常迅速地拉开，代表了一个市场大趋势的转变。

在技术分析软件中，还有一个红绿相间的辅助指标——柱状线（BAR 指标），它是用来表明 DIF 线和 MACD 线两者之间距离大小的。BAR 指标与 MACD 指标结合起来，能够很好地研究股价的走势变化，达到最佳买卖效果。

红色柱状线为做多信号。当红柱增多或拉长时，说明多方气势旺盛，多头行情仍将持续；反之，当红柱减少或缩短时，说明多方气势在衰减，股价随时有可能下跌。

绿色柱状线为做空信号。当绿柱增多或拉长时，说明空方气势旺盛，空头行情仍将持续；反之，当绿柱减少或缩短时，说明空方气势在衰减，股价随时会止跌或见底回升。

0 轴是 MACD 指标的中心，上方为正值区域，下方为负值区域。MACD 指标围绕 0 轴作无规则的波谱式运行，但在某个区域里运行的时间长短不一。DIF 线的运行速度相对较快，MACD 线的运行速度相对较慢。

两条曲线在 0 轴上方正值区域运行，说明现在的市场为多头市场；两条曲线在 0 轴下方负值区域运行，说明现在的市场是空头市场。无论是在 0 轴上方或下方运行，当 MACD 指标远离 0 轴时，都有向 0 轴回归的要求，正值区和负值区对 MACD 值的大小没有限制。

在一段真正持续的涨势或跌势行情中，DIF 线和 MACD 线之间的距离必将越拉越大，随后渐渐趋于缓慢，两者之间的距离也必然缩小，最后形成互相交叉并趋向 0 轴。DIF 线由下向上穿过 MACD 线，称为 MACD 金叉，为买进信号；DIF 线由上向下穿过 MACD 线，称为 MACD 死叉，为卖出信号。

2. MACD 指标应用法则

MACD 指标的应用法则与葛兰碧移动平均线八大法则有许多共同之处，但也有其自身的特点。在实盘操作中，应注意把握以下几点。

（1）差离值 DIF 线向上突破 MACD 线时，形成金叉，为买进信号；DIF 线向下跌破 MACD 线时，形成死叉，为卖出信号。

使用 MACD 指标时，必须判定市场的属性，即目前的市场是多头市场还是空头市场。根据不同的市场属性，采取不同的操作策略，以回避风险，保障利润。

具体操作中，MACD 指标金叉一般是重要的买入时机。其分析要点是，当 DIF 和 MACD 两线在 0 轴之下且距离较远时，当其由下行转为走平，且快线 DIF 上穿慢线 MACD 形成金叉，是较佳的短线买入时机。

必须注意，判断 DIF 线和 MACD 线距离 0 轴的远近，主要根据前期盘面显示作为参考。发生在 0 轴之上的金叉不能离 0 轴太远，否则其可靠性将大大降低。在 0 轴上方，DIF 线正向交叉 MACD 线形成金叉，其中线可靠性较好。反之亦然。

若 MACD 指标中 DIF 线在 0 轴以下与 MACD 线金叉后，没有上升至 0 轴以上，而是很快又与 MACD 线死叉，此时投资者可等待两线再次金叉。

若两线再度金叉（在 0 轴以下），并且在其金叉前后 KDJ 指标也拐头向上，宝塔线平底翻红上行，表明底部构筑成功，随后出现一波大的上涨行情的可能性较大。MACD 指标一旦上穿 0 轴线，必将收出大阳线。

（2）差离值 DIF 与 MACD 在 0 轴之上运行时，表明市场趋向为多头市场，可以买入或持股。当两者在0轴之下时，表明市场为空头市场，应逢高离场观望。DIF和MACD在0轴以下时，操作策略应以卖出为主。若DIF向下跌破MACD时，宜暂时平仓。

（3）向下移动的MACD指标转为向上移动，DIF线向上穿过MACD线产生黄金交叉，表明多方占有一定的优势，以做多为主。这种现象可以分为以下两种情况。

第一，当DIF和MACD的值为正值时，即两线均在0轴以上，属多头市场。此时，若DIF线向上突破MACD线，构成黄金交叉，通常表示股价回档已告结束，为买入信号。

第二，如果两线值还处于0轴以下运行，此时形成的黄金交叉，只能视为一次短暂的反弹走势，还不能确定为趋势就此反转上涨，是否买入还需要借助其他指标来综合判断。

（4）向上移动的MACD指标转为向下移动，DIF向下穿过MACD形成死叉，表明空方占有一定的优势，以做空为主。这种现象也可以分为两种情况。

第一，如果DIF和MACD两线处于0轴以上运行，此时形成死亡交叉，通常表示股价回档开始，可先暂时退出观望。

第二，当DIF和MACD的值为负值时，即两线均在0轴以下，属于空头市场。此时，若DIF线向下突破MACD线，构成死亡交叉，通常表示股价反弹结束，为卖出信号。

（5）股价处于上升的多头态势时，若DIF线远离MACD线，造成两线间乖离率加大，多头应分批了结。

（6）股价盘整时，常会出现DIF线与MACD线交错运行的现象，此时可以不必理会。只有在乖离率加大，曲线变得陡峭时，方可视为盘局出现突破，这时可以采取相应的买卖操作策略。

（7）MACD指标也强调形态和背离现象。当DIF线与MACD线形成高位看跌形态，如头肩顶、双头等，应当保持警惕。当DIF线与MACD线形成低位看涨形态时，应考虑买入。在判断形态时，以DIF线为主，MACD线为辅。

不管是从“差离值”的交叉还是从“差离值柱线”进行判断，都可以发现背离信号的使用价值。当股价持续升高，而MACD指标却走出一波比一波低的走势时，意味着出现顶背离，股价可能在不久之后转头下行。当股价持续走低，而MACD

指标却走出一波高于一波的走势时，意味着出现底背离现象，股价将很快结束下跌，转头上涨。

（8）在高位二次或多次死叉可能大跌，应及时止损离场；在低位二次或多次金叉可能大涨，应转变思维，做好做多准备。

MACD低位二次金叉，易出暴利机会，主要看红色柱、绿色柱、DIF线、MACD线。其中，当DIF、MACD线处于0轴以下的时候，如果短期内（8或13个交易日以内）连续发生两次金叉，那么第二次金叉之后，可能发生暴涨行情。

使用这一技法寻找短线暴涨机会时，应注意以下几点。

第一，MACD指标低位一次金叉的，未必不能出暴涨，但MACD低位二次金叉，出现暴涨的概率和把握更高一些。

第二，MACD低位二次金叉出现暴涨的概率和把握之所以更高一些，是因为经过第一次金叉之后，空头虽然再度小幅进攻，造成又一次死叉，但是空头的进攻在多方的防御面前遭遇溃败，二次金叉从而造成多头力量喷发。

第三，MACD低位二次金叉，如果结合K线形态上的攻击形态研判，则可信度将大大提高，投资者更容易下决心介入。如K线同时形成了两阳夹一阴形态，并且当天温和放量，综合研判的可信度明显增加。将MACD低位二次金叉和K线形态、量价关系等因素综合起来考虑，可以增加可信度。

（9）运用BAR指标柱状线的伸长和缩短信号，可以及早进行买卖。在0轴上方出现的柱状线为红柱，是做多信号。当红柱线加长时，说明多方力量强劲，行情仍将持续。当红柱线缩短时，说明多方力量衰竭，股价可能会下跌。

在0轴下方出现的柱状线为绿柱，是做空信号。当绿柱线加长时，说明空方力量强大，行情仍将持续。当绿柱线缩短时，说明空方力量减弱，股价可能会企稳回升。

（10）分析BAR指标柱状线，当柱状线由红变绿时（即DIF线下穿MACD线），为卖出信号；相反，当柱状线由绿变红时（即DIF线上穿MACD线），为买入信号。

（11）在BAR指标中，红色能量柱和绿色能量柱分别代表了多头和空头能量的强弱盛衰，它们对市场的反应要比短期均线DIF在时间上提前。在MACD指标中，能量注入是一个循序渐进的过程，通常是呈逐渐放大的态势。

使用能量柱判断行情走势时，利用红色能量柱结合K线走势图就能得出行情走势结论。当K线走势以近乎80度的角度上升，同时红色能量柱快速放大，预示着大势顶部已近。尤其是相邻的两段红色能量柱产生平顶时，爆发的行情将更加迅猛。

反之，在空头市场中，这种观点也成立。熟悉了这种分析方法后，对投资者空顶和多底将大有益处。

（12）横盘振荡行情中，MACD 指标将失真。当价格并不是自上而下或者自下而上运行，而是保持水平方向移动时，此时将在 MACD 指标中产生虚假信号。这时 DIF 线与 MACD 线的交叉将会十分频繁，同时柱状线的收放也会频频出现，颜色也会经常由绿转红或者由红转绿。此时 MACD 指标处于失真状态，使用价值相应降低。

（13）当 MACD 线、DIF 线汇聚于 0 轴线，柱状线由负变正、由绿变红时，亦即柱状线由处在 0 轴线之下转为之上时，是买入信号。此时如果 MACD 线、DIF 线上穿 0 轴线，往往 K 线形态也会出现大阳线，表明市场进入多头区域，此时可以多单持有。空头市场反之亦然。

当 MACD 线、DIF 线一直在 0 轴线以上运行时，显示市况涨势仍未结束，行情随时都有走高的可能，价格只是在进行短暂的调整修正。空头市场反之亦然。

3. KDJ + MACD + MA 指标组合优点

将短线 KDJ 指标与中线 MACD 指标组合起来使用，既可以“过滤”KDJ 指标过于频繁的超买超卖信号，使发出的信号更具准确性，又可以捕捉到被 MACD 指标忽略的买卖信号，避免错过短线买卖机会。如同时参考移动平均线，其安全性更加可靠。这组信号最大的优点是可以取长补短，为投资者分析行情走势指点迷津。灵活运用这组指标，可以达到意想不到的应用效果，可谓股市“鸳鸯配”。

在操作方法上，根据 KDJ 指标发出的信号，同时参考 MACD 指标和均线系统是否支持这种信号。如果得到 MACD 指标和均线系统的支持，则准确性较高，投资者可以大胆进行操作，直到 MACD 指标发出相反信号，或均线系统形成有效交叉。如果 KDJ 指标发出的信号得不到 MACD 指标和均线系统的配合，则准确性较差，应谨慎操作。或者，根据 MACD 指标的趋势方向和均线系统的排列情况，在 KDJ 指标中寻找最佳的短线买卖点。通常，与 MACD 指标和均线系统同向的买卖信号准确性比较高，与 MACD 指标和均线系统反向的买卖信号准确性比较差。这组信号既可以判断底部，又可以预测顶部，效果均佳。

二、买入信号组合

1. 图形特征

（1）在下跌途中，KDJ 指标从高位下行到低位后仍将继续下行，多次到达超卖区 20 以下。此时，如果按照 KDJ 指标“低于 20 买入”的法则进行操作，那么买入股票后股价仍有可能下跌一大截，造成套牢的操作失误。或者，KDJ 指标在超卖区出现钝化，指标丧失了基本判断功能，此时发出的多头信号准确性极差。

只有等到 KDJ 指标金叉并回升到 50 中轴附近之后，才能说明盘面真正转强，此时如果得到 MACD 指标和均线系统的配合，则可以大胆买入。入场时机应选择在 J 线和 K 线再次回落到 D 线附近时，出现拒绝死叉信号，或者死叉后又快速金叉，是最好的买点。

（2）如果此时仍然保持原来的下行趋势不变，表明空方能量依然强大，多方的抵抗和反击没有取得决定性胜利，行情仍有下跌空间，应保持观望。直到 MACD 指标出现转势信号，在 0 轴较远位置 DIF 线低位走平，或 DIF 线金叉 MACD 线，表明空方能量耗尽，下跌空间将被封闭，多方能量开始聚集，中期行情将扭转跌势，此时才能构成买入信号，MACD 指标也强化了 KDJ 指标的多头信号。

（3）同期均线下行速度趋慢，在底部走平或向上拐头，5 日均线反转向上金叉 10 日均线，随后 10 日均线上行，30 日均线走平或上行，表明短期内空方能量基本释放，多方趁机发起猛烈攻击，股价出现强势回升，或多方小股力量发动零星反攻，股价产生反弹行情，构成买入信号。

2. 市场意义

这是庄家利用 KDJ 指标欺骗投资者的一种常用手法，因为 KDJ 是一个短线指标，频繁发出买卖信号或出现钝化现象，庄家经常根据 KDJ 指标的这一特性，制造虚假的空头信号，以此达到坐庄的目的。投资者利用 KDJ、MACD 和 MA 指标组合，可以试破庄家的坐庄意图。当 KDJ 指标发出买卖信号时，可以用 MACD 指标和均线系统验证其信号的真假，从而采取正确的操作策略。当 KDJ 指标在低位钝化，丧失基本判断功能时，不必急于行动，可以根据 MACD 指标的运行趋势和均线系统的排列情况进行研判，等到 MACD 指标出现跌势结束信号，或者均线系统形成明显掉头向上走势时再买入，这样可以帮助投资者减少操作失误。

3. 实盘案例

如图 1-10 所示，华业资本（600240）日 K 线走势图。该股大幅下跌后，庄家开始介入，吸纳了大量的低价筹码。在调整末期，庄家故意向下打压股价，制造了一个空头陷阱。然后快速将股价拉起，返回到前期盘区附近。经过短期的整理后，在 2018 年 11 月出现一轮飙升行情。

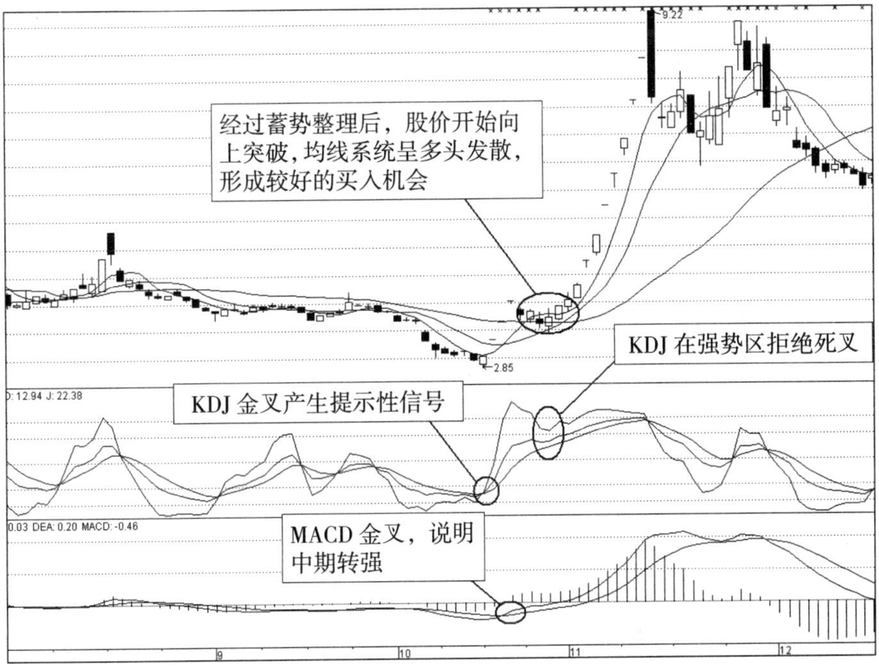

图 1-10 华业资本（600240）日 K 线图

（1）该股 KDJ 指标在超卖区 20 以下长时间徘徊，根据一般的买卖法则，这时可以进行买入操作，但此时的买入信号并不可信，买进后仍有被套的可能。只有在 10 月 22 日 KDJ 指标出现金叉，回到 50 中轴线以上时，才能确认为短线盘面渐渐转强。

（2）那么，这时的 MACD 指标处在什么状态呢？在 KDJ 指标金叉后的第二天，DIF 线开始上行，并穿过 MACD 线形成金叉，说明中期趋势向好。此时 KDJ 在强势区，短期指标得到中期指标的确认，产生双重利好信号，可以买入做多。

（3）在均线系统中，股价穿过均线后，受前期盘区的影响和庄家洗盘的原因，股价在 30 日均线附近蓄势整理，然后开始向上突破。此时 KDJ 指标中的 J 线、K 线拒绝死叉 D 线，D 线保持上行。

由此可见，在超卖区，KDJ 指标出现的金叉信号只是一个利好预警信号，不足以构成买入确认信号。配合中线趋势指标 MACD 指标和均线，却能发挥互补不足的作用。MACD 指标可以很好地为 KDJ 指标过滤掉许多常见信号。虽然 MACD 指标出现买卖信号的次数不多，但准确性较高。均线可以指示一段时间的股价运行趋势。在运用 KDJ、MACD、MA 指标组合时，克服了 KDJ 指标的虚假信号，同时捕捉到一个较好的上涨信号。

如图 1-11 所示，特发信息（000070）日 K 线走势图。该股股价成功见底后，渐渐向上爬高，30 日均线缓缓上行。2019 年 1 月 2 日，股价放量突破底部盘区，出现一波快速上涨行情。在之后的大幅整理中，盘中浮动筹码得到较好的释放，2 月 21 日出现新的突破行情。

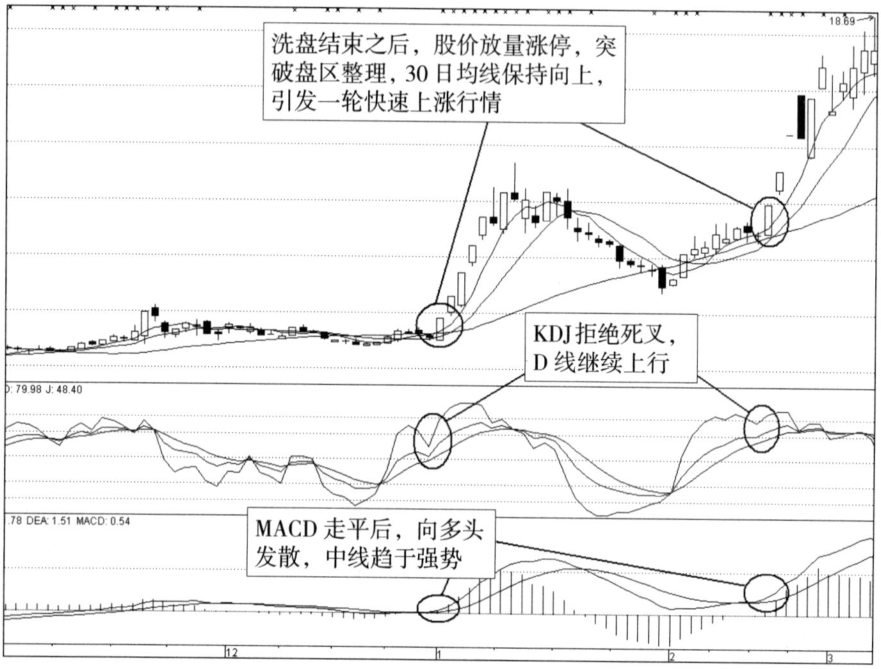

图 1-11　特发信息（000070）日 K 线图

该股两次突破走势，均构成较好的买入机会。通过 KDJ、MACD、MA 三大指标组合分析，投资者可以轻松地捕捉波段上涨行情。

（1）2018 年 12 月 24 日，KDJ 指标在 20 以下出现提示性金叉买入信号，随后穿过 50 线进入强势区，说明盘面渐渐转强。2019 年 1 月 2 日，KDJ 指标出现拒绝死叉的情况，同时 D 线保持上行状态。2 月 21 日，KDJ 出现同样的走势。

（2）MACD 指标在 0 轴附近走平后开始向上发散，说明中期有走强要求，强化了 KDJ 指标的买入信号。2 月 21 日，MACD 指标出现同样的走势，产生同样的信号效果。

（3）在均线系统中，30日均线缓缓上行，股价向上突破就是一次上涨的信号。

KDJ、MACD、MA三种指标组合分析，中短线指标起到互补作用，可以避免过早介入带来的风险，又可以抓住一波快速上涨行情，投资者应多加研究分析。

三、卖出信号组合

1. 图形特征

（1）股价从低位上升到高位，KDJ指标出现超买信号。此时，按照KDJ指标“高于80卖出”的法则进行操作，卖出股票后股价仍有可能节节上升，造成利润损失一大截。另外，KDJ指标在超买区出现钝化，就丧失了基本的研判功能，发出的卖出信号准确性极差。

这时可以等待KDJ指标回落到50线中轴附近，在得到MACD指标和均线系统的配合后，选择逢高离场。离场时机应选择在J线和K线再次回升到D线附近时，出现拒绝金叉信号或者金叉后又快速死叉，这是最好的卖点。

（2）这时，如果MACD指标仍然保持原来的上行趋势不变，表明多方能量依然强大，空方的抵抗和反击没有取得决定性胜利，行情仍有上涨空间。

如果MACD指标出现转势信号，在0轴较远位置DIF线高位出现走平，或DIF线死叉MACD线，表明多方能量耗尽，空方能量开始聚集，未来上涨空间有限，行情将可能出现跌势，应及时卖出。

（3）此时如果均线系统仍然呈多头排列，表明市场趋势没有改变，仍然处于良好的上涨过程中，投资者可以不必理会KDJ指标的超买或钝化，应继续坚持多头思维。

如果股价有效跌破5日或10日均线，5日均线向下死叉10日均线，随后10日均线下行，30日均线走平或下行，表明短期内多方上攻能量不济，股价将出现回调，此时应卖出做空。

2. 市场意义

在实盘操作中，KDJ指标是常被庄家拿来欺骗投资者的一个指标工具，庄家通过制造虚假信号来达到坐庄的目的。投资者利用KDJ、MACD和MA指标组合分析，能够在迷茫之中寻找到方向，在失误中调整策略。当KDJ指标发出买卖信号时，可以用MACD指标和均线系统验证其信号的真假，从而决定正确的操作策略；当

KDJ 指标在高位钝化，丧失基本研判功能时，不必过于惊慌，可以根据 MACD 指标的运行趋势和均线系统的排列情况进行研判，直到 MACD 指标出现涨势结束信号，或均线在高位形成明显掉头向下走势时卖出，这样可以使投资者的利润达到最大化。

3. 实盘案例

如图 1-12 所示，生益股份（002458）日 K 线走势图。该股股价向上突破后，出现一波持续拉升行情。KDJ 指标到达超买区后，出现钝化现象，指标曲线反复交叉，此时股价仍然强势上涨。2019 年 3 月 13 日，KDJ 指标向下死叉，形成卖出预警信号。

那么，此时 MACD 指标怎么样呢？ MACD 线远离 0 轴，在 KDJ 指标死叉后的次日，DIF 线在高位向下拐头，随后死叉 MACD 线。此时 KDJ 指标曲线加剧向下发散，做空信号得到加强。

同时，股价在高位收出大阴线，次日股价跌停，有效击穿了 5 日均线。随后 5 日均线向下死叉 10 日均线，表明短期上涨行情结束，进一步确认了 KDJ 和 MACD 指标的卖出信号。

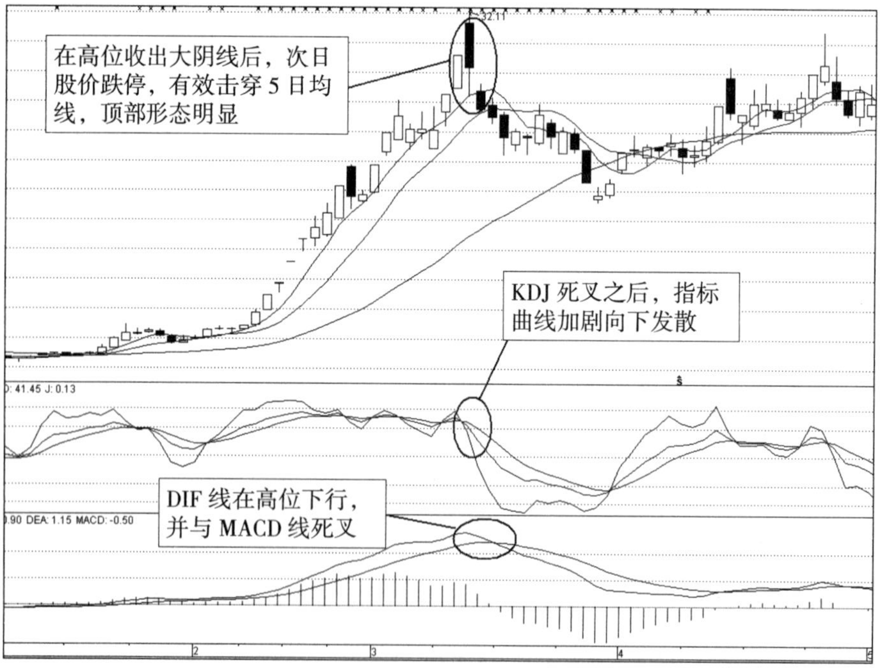

图 1-12　生益股份（002458）日 K 线图

在这组指标里，MACD 指标除了方向功能分析外，还可以根据其形态、背离等功能对行情走势进行分析研判。

如图 1-13 所示，诚志股份（000990）日 K 线走势图。该股庄家实力强大，完成建仓任务后，2019 年 3 月 11 日开始将股价大幅拉高，然后在高位拉高出货。庄家出货手法多变，4 月 8 日股价还向上创出上涨新高，何处是顶着实让投资者吃不准。如果通过技术指标组合分析，就可以轻松地得到顶部信号。

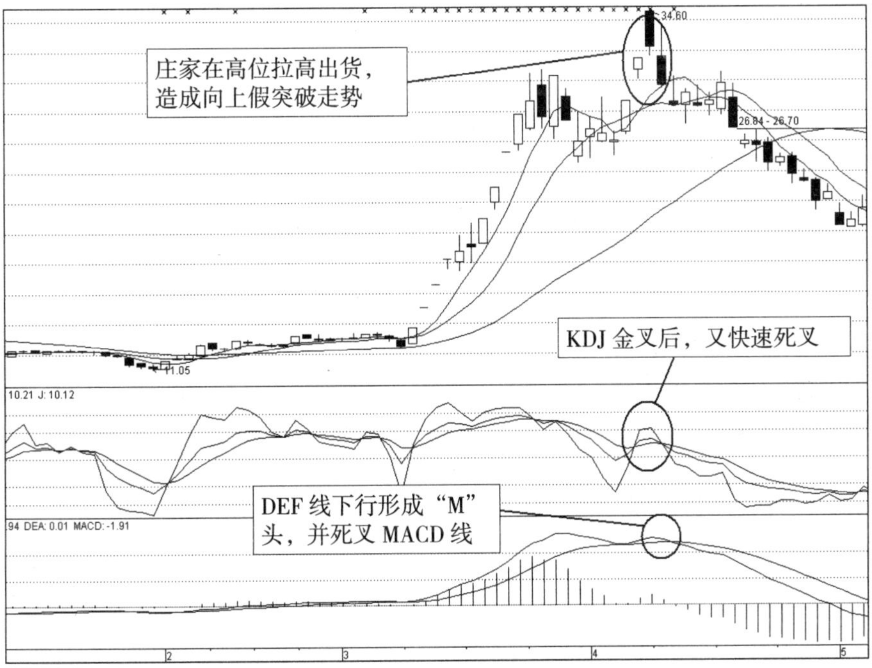

图 1–13　诚志股份（000990）日 K 线图

（1）KDJ 指标在 3 月 28 日死叉后向下回落，D 线也开始下行，说明 KDJ 指标发出见顶信号。之后股价创出新高，但 KDJ 指标金叉后又快速死叉，D 线继续下行，再次发出做空信号。由于此时 KDJ 指标与股价形成顶背离走势，说明股价离顶部不远。

（2）4 月 10 日，当 MACD 指标在顶部出现“M”头后，DIF 线向下回落，与 MACD 线形成死叉，MACD 线也跟随下行，这时发出明确的做空信号，表明中期趋势向淡。此时，KDJ 指标发出的做空信号得到 MACD 指标的验证，做空信号得到加强。

（3）均线系统中，5 日均线与 10 日均线交叉频繁，显示上方压力较重，之后几个交易日，5 日均线与 10 日均线死叉下行，可以进一步确认 KDJ 和 MACD 指标卖出信号的可靠性。

由此可见，KDJ 指标到达超买区或出现死叉信号时，只能算是一个利空预警信号，不足以构成卖出信号。配合中线趋势指标 MACD 指标和均线系统使用，可以发挥互补作用，直到股价真正见顶时，投资者就可以顺利地逢高离场。由此可见，KDJ、MACD、MA 三大指标组合群用于测顶，能够发挥神奇的效果。

四、短线买卖组合

1. 图形特征

（1）当 MACD 指标从底部转势向上运行时，根据其多头应用法则，如 DIF 线与 MACD 线在底部二次金叉，或 DIF 线与 MACD 线分别向上穿越 0 轴，或 DIF 线与 MACD 线黏合后向上发散等多头信号出现时，均构成买入信号。

当 MACD 指标从顶部转势向下运行时，根据其空头应用法则，如 DIF 线与 MACD 线在顶部二次死叉，或 DIF 线与 MACD 线分别向下穿越 0 轴，或 DIF 线与 MACD 线黏合后向下发散等空头信号出现时，均构成卖出信号。

（2）根据葛氏移动平均线八大法则，确定市场所处的位置。

①股价大幅下跌且远离均线，说明股价跌势过猛，负乖离率偏大，有向均线回归的要求，为短线做多信号。

②均线在低位由下降趋势渐渐走平或出现拐头向上的迹象，而股价由下向上突破均线，表明市场支撑有力，市场处于筑底状态，此为买入信号。

③股价向下突破均线，但很快返回到均线之上，说明市场为强势，此突破为假动作，市场处于回档状态，为买入信号。

④股价下降到均线附近遇到支撑而掉头向上，说明多头气氛浓烈，市场为强势上涨行情，为买入信号。

⑤股价大幅上涨且远离均线，说明股价涨势过猛，正乖离率偏大，有向均线回档的可能，为短线做空信号。

⑥均线在高位由上升趋势渐渐走平或有拐头向下的迹象，而股价由上向下跌破均线，表明市场抛压较重，市场处于盘头状态，此为卖出信号。

⑦股价向上突破均线但很快返回到均线之下，说明市场为弱势，此突破为假动作，市场处于做头状态，为卖出信号。

⑧股价上升到均线附近遇阻而掉头向下，说明空头气氛浓烈，市场为反弹行情，为卖出信号。

（3）明确了 MACD 指标和均线系统发展趋势后，可以根据短线 KDJ 指标的应用法则，如交叉、背离、形态等多空信号，顺势寻找 KDJ 指标的买卖点。实施买卖操作后，直到 MACD 指标和均线系统出现转势信号时再采取行动。

2. 市场意义

在振荡上升趋势行情中，如果 MACD 指标保持上行趋势不变，均线系统呈多头排列，表明多方能量依然强大，空方能量依然较弱，多方的每一次攻击，都将进一步促进行情的持续发展，空方的弱小抵抗和反击，无法改变趋势的发展方向。此时，KDJ 指标发出的买入信号准确性比较高，卖出信号的准确性比较差，两者的准确率在 8:2 左右。

在振荡下跌趋势行情中，如果 MACD 指标保持下行趋势不变，均线系统呈空头排列，表明空方能量依然强大，多方能量依然较弱，空方的每一次攻击，都将进一步促进行情的持续发展，多方的弱小抵抗和反击无法改变趋势的发展方向。此时，KDJ 指标发出的卖出信号准确性比较高，买入信号的准确性比较差，两者的准确率在 8:2 左右。

在横向振荡走势行情中，DIF 线与 MACD 线出现走平或黏合时，均线系统呈缠绕或黏合状态，表明多空双方势均力敌，不分上下，上涨和下跌的空间都有限，此时 MACD 指标和均线系统的参考价值大大降低，应放弃使用，改用其他方法研判。此时，KDJ 指标的买卖信号比较频繁，准确率只有一半左右。

3. 实盘案例

如图 1-14 所示，北方华创（002371）日 K 线走势图。在底部调整过程中，从 2019 年 1 月 7 日开始，该股股价重返 30 日均线之上，此时 30 日均线走平，KDJ 和 MACD 指标均出现金叉，与前期盘整过程中出现的金叉有本质上的区别，随后股价渐渐走强。

MACD 指标在底部金叉后向上运行，成功穿越 0 轴，并继续向上发散，表明多方占据盘面优势，庄家做多意图明显，短期不会走弱。在股价回调时，就是短线介入的好时机。入场后应坚定持股，与庄共舞，直到 MACD 指标出现顶部时卖出，也可以短线高抛低吸。

从同期的均线系统看，5 日均线向上金叉 10 日均线，随后 5 日均线和 10 日均线向上穿过 30 日均线，此后 30 日均线走平转为上行，均线系统形成多头排列，强势特征明显，投资者可以依托均线系统高抛低吸。

在这类股票当中，只要 MACD 指标上升趋势不变，均线系统保持多头排列，短线就可以从 KDJ 指标寻找最佳买卖机会，此时可以忽略 KDJ 指标的做空信号。1 月 22 日和 2 月 25 日，KDJ 指标死叉之后又快速金叉，此时“多头信号优先”，激进型投资者可以当天买入，稳健型投资者可以等回调入场。因为此时 MACD 指标趋势向上，均线系统多头排列，KDJ 指标出现的多头信号就是较好的买点。买入之后，可以短线操作，也可以中线持有。

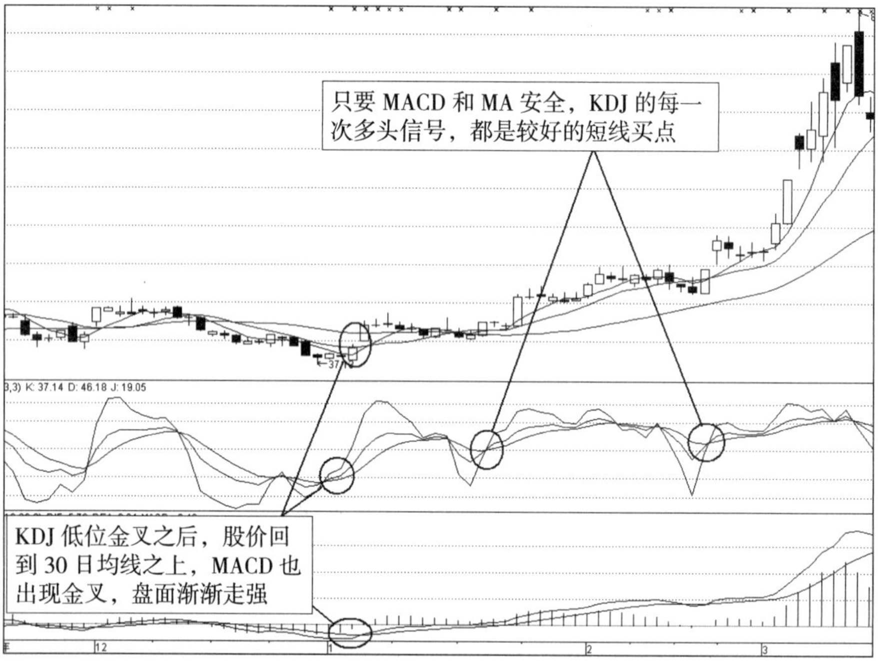

图 1–14　北方华创（002371）日 K 线图

如图 1-15，北冰洋（002376）日 K 线走势图。该股股价企稳后出现小幅反弹，由于市场缺乏做多资金支持，股价反弹力度有限。2019 年 2 月 26 日，KDJ 指标在超买区出现死叉，次日指标向下发散，MACD 指标中的 DIF 线走平后下行，MACD 线上升无力，随后转为下行，股价在高位出现盘整，5 日均线与 10 日均线胶着，显示股价上涨缺乏动力，盘面开始走弱。

当股价走弱后，KDJ 指标每一次发出的做空信号，都是一次减仓或离场的机会。只要 MACD 指标和均线系统处于空头状态，就不应该入场，此时应忽略 KDJ 指标的做多信号。3 月 14 日和 4 月 8 日，KDJ 指标两次出现金叉时，由于得不到 MACD 指标和均线系统的支持，KDJ 指标又快速形成死叉，此时“空头信号优先”，应迅速离场观望。

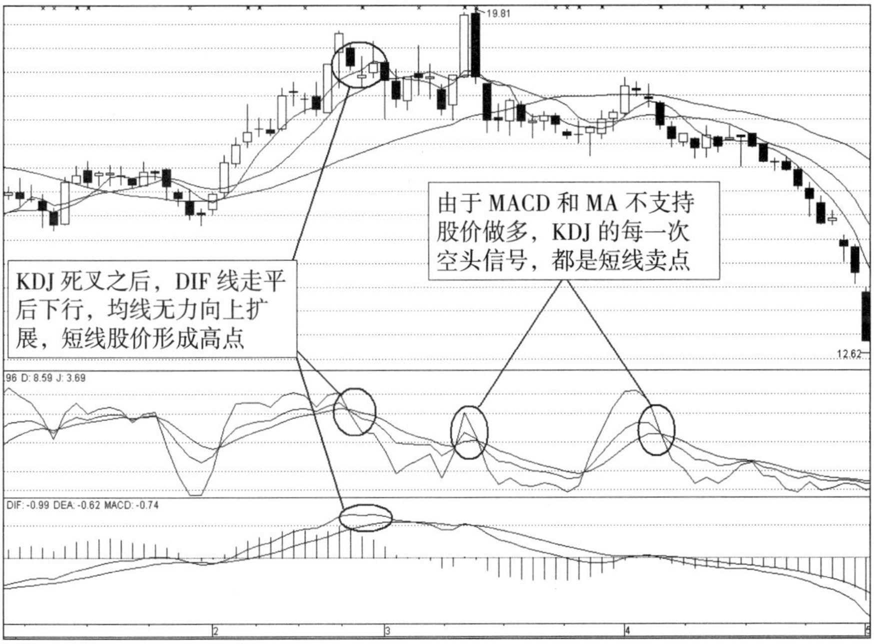

图 1-15　北冰洋（002376）日 K 线图

第三节　RSI + MACD + MA 实战经典组合

一、RSI 指标简介

相对强弱指标（RSI）是通过比较一段时间内收盘价的涨跌变化情况，来分析测量多空双方买卖力量的强弱程度，从而判断未来股市走势的一个超买超卖型中短线技术指标。其最大的优点就是提前提示买卖双方的力量对比，其变化往往先于行情的变化，能够相对测量股价本质的强与弱，根据“择强汰弱”的原则，为投资者过滤弱势股，选择强势股。它还可以显示市场是买方占优势还是卖方占优势，以减少投资者判断市场走势的主观性。

1. RSI 指标的特性

RSI 指标是波动于 0 ～ 100 之间的超买超卖型指标。相对于其他中长线技术指标而言，该指标在盘中波动速度快，适合中短线波段操作。

该指标在图表上有两条曲线（有的软件有三条曲线），分别是快线 RSI（白色）和慢线 RSI（黄色）。50 为强弱分界线，当 RSI 指标值大于 50 时，说明市场处于多头市场；当 RSI 指标值小于 50 时，说明市场处于空头市场。

RSI 指标的变动范围在 0 ～ 100 之间，常态分布在 30 ～ 70 之间，其中大多数时间波动于 40 ～ 60 之间，超过 80 或者低于 20 的机会很少。其数据区域划分与 KDJ 指标有较大的一致性，也以每 20 作为一个间隔，将这些数值划分为五个区间。

80 ～ 100 为超强势区，说明买气过于强盛，为短线卖出信号。

60 ～ 80 为强势区，说明股价仍有上涨动力，为持股或买入信号。

40 ～ 60 为整理区，说明市场处于盘整，短期买卖信号不明显。

20 ～ 40 为弱势区，说明股价仍面临技术压力，为观望或减仓信号。

0 ～ 20 为超弱势区，说明短线有反弹要求，可以逢低买入。

这里的“超强、强、弱、超弱”只是相对的分析概念，划分的区域也是一个相对的区域。取值参数不同，以及股票不同，都会使 RSI 的取值大小和研判标准有所不同。

一般而言，RSI 指标数值在 80 以上和 20 以下为超买超卖区的分界线。

（1）当 RSI 指标值超过 80 时，表示整个市场力度过强，多方力量远大于空方力量。双方力量对比悬殊，多方大胜，市场处于超买状态，后续行情有可能出现回调或转势，此时投资者可卖出股票。

（2）当 RSI 指标值低于 20 时，表示市场上卖盘大大多于买盘，空方力量强于多方力量。空方大举进攻后，市场下跌的幅度过大，已处于超卖状态，股价可能出现反弹或转势，投资者可适量建仓，买入股票。

（3）当 RSI 指标值处于 50 左右时，说明市场处于整理状态，短期方向不明确，投资者可以观望。

（4）对于超买超卖区的界定，投资者应根据市场的具体情况而定。在一般市道中，RSI 指标数值在 80 以上就可以称为超买区，20 以下就可以称为超卖区。在特殊的涨跌行情中，RSI 指标超卖超买区的划分要视具体情况而定。比如，在牛市中或对于牛股，超买区可定为 90 以上；在熊市中或对于熊股，超卖区可定为 10 以下。

需要说明的是，这是相对于参数设置较小的 RSI 而言的，如果参数设置大，RSI 很难到达 90 以上和 10 以下。

2. RSI 指标的功能

在股市技术指标应用方面，除了移动平均线（MA）外，RSI 指标属于使用最普遍的技术指标之一，因为它有许多的技术分析功能。

（1）强弱分界明显。RSI 指标波动于 0 ～ 100 之间，投资者能够准确地知道 RSI 指标什么时候是顶部，什么时候是底部，从而很方便地推测股价的顶部和底部。

坐标 50 是 RSI 指标的强弱分界线，上方是强势区，表明市场处于多头状态；下方是弱势区，表明市场处于空头状态。一般认为，当 RSI 值大于 80 时，表示市场处于超买状态；小于 20 时，表示市场处于超卖状态。

（2）具有先期预知性。由于 RSI 指标提前揭示了买卖双方的力量对比，因而其变化往往领先于行情的变化。它的精巧之处在于，有时尽管股价仍在上涨，但上涨速度已趋于缓慢，股价还未回落之时，RSI 指标却已开始回落。同样，在股市下跌过程中，当下跌速度已趋于缓慢，但股价尚未回升时，RSI 指标已经开始转强，并发出买入信号。

RSI 指标的图形变化早于其他分析指标，变化速度也快于股价变动速度。所以，RSI 指标是先行指标，具有良好的预测作用。比如，股价尚在整理阶段，RSI 指标已完成整理，且呈反转形态，随后股价将突破整理区。

（3）RSI 指标的支撑和阻力作用较为明显。在 RSI 指标图形中，曾经出现过的最高点具有较强的反压作用，曾经出现过的最低点具有较强的支撑作用。当股价上涨或下跌时，遇到支撑线或阻力线后，大多会产生反弹或回落行情。

（4）RSI 指标具有单一性。当 RSI 指标处在极高或极低位置时，可以不考虑其他因素，仅依据该指标采取买卖行动，这一点在众多技术指标中是不多见的。比如，如果指数或股票的 RSI 值达到 95 以上时，应考虑出货；RSI 指标低于 5 时，则应坚持分批建仓。

（5）在多头市场中，如果价格回档，多头的第一道防线为 50，第二道防线为 40，第三道防线为 30。具体来说有以下三条细则。

第一，若股价回档，RSI 指标未能突破第一道防线 50，说明多头力量强劲，股价再度向上时，会超越原先的高价，RSI 指标也极易创出新高。

第二，若行情回档，RSI 指标突破多头第二道防线 40，那么待股价再度上升时，除非急速上涨，超越先前的最高价，否则 RSI 指标不会同时配合股价再创新高，表明多头力量已不如以前那样强大。

第三，若行情回档，RSI 指标连续突破多头第一道、第二道防线，回落至多头的第三道防线 30 左右才止跌回稳，那么待股价再度上涨时，由于 RSI 指标的起点太低，即使股价再创新高，RSI 指标也可能穿越不了常态分布区域的上界线 70，或是勉强穿越，但距先前 RSI 指标的最高值仍有相当差距。这种情况表明多头力量后劲不足，是大势反转下跌的前兆。

空头市场中，如果股价反弹，空头的第一道防线是 50，第二道防线是 60，第三道防线是 70，具体也有三条细则。这与多头市场中价格回档产生的情形相反，可参阅上述内容，这里不再赘述。

另外，在多头市场中，RSI 指标每次因股价回档而下跌，盘整形成的低点密集区域也是多头的一道防线；在空头市场中，股价反弹盘整阶段 RSI 指标出现的高点，也是空头的一道防线。

（6）从图形形态看，RSI 指标的形态比 K 线图上的形态更为清晰。从其头肩形、三角形、双重顶（底）等形态中，较容易判断买进与卖出点。RSI 指标在 80 附近呈现头肩顶或 M 头形态时，应卖出股票；RSI 指标在 20 附近呈现头肩底或 W 底形态时，则应买进股票。

（7）RSI 指标与股价经常出现背离现象。当股价创新高而 RSI 指标不能创新高时，称为顶背离；当股价创新低而 RSI 指标不能创新低时，称为底背离。出现背离是良好的买卖时机，顶背离是卖出信号，底背离是买入信号。

（8）在转势过程中，RSI 指标的变化非常明显。在多头市场上升初期，RSI 指标比股价升得快，斜率陡峭，很快就进入强势区。但达到 70 以上后，股价仍大幅上升，而 RSI 指标却上升较慢，甚至出现顶背离现象。

在空头市场开始的初期，RSI 指标比股价下跌得快，下降陡直，很快就进入弱势区。但达到 30 以下后，股价仍大幅下跌，而 RSI 指标却下降缓慢，甚至出现底背离现象。

（9）在多头市场里，RSI 指标超过 70 以后，若股价回档，RSI 指标很难再低于 30（至多跌至 30 附近）。一旦回到 30 以下，即使股价再创新高，RSI 指标一般很难再创新高。在空头市场里，RSI 指标低于 30 是常见的情况，一般很难达到 70 以上。如果 RSI 指标反弹至 70 附近，则会见顶回落。

（10）在多头市场里，RSI 指标回落幅度越大，说明第二轮涨幅越大；在空头市场里，RSI 指标反弹的幅度越大，说明下一轮跌幅越大。

3. RSI 指标应用法则

RSI 指标的分析方法，主要围绕它的取值、交叉、背离、曲线形态及超买超卖等现象展开。

（1）RSI 线的位置原则。

第一，当 RSI 指标大于 80 时，为短期超买状态，预示短期股价有回调整理的要求；当 RSI 指标小于 20 时，为短线超卖状态，预示股价短期有见底和企稳反弹的要求。

第二，RSI 指标以 50 为强弱分界线，大于 50 时，视为多头强势市场；小于 50 时，视为空头弱势市场。

第三，当短期 RSI 指标值大于长期 RSI 指标值时，说明市场中多头占据优势，应买入或持股；当短期 RSI 指标值小于长期 RSI 指标值时，说明市场中空头占据优势，应卖出或观望。

（2）RSI 线的交叉原则。

短期 RSI 指标是指参数相对较小的 RSI，长期 RSI 指标是指参数相对较长的 RSI。比如，6 日 RSI 线和 12 日 RSI 线中，6 日 RSI 线即为短期 RSI 指标，12 日 RSI 线即为长期 RSI 指标。当 RSI 指标的长期、短期两条曲线发生交叉时，可以作为研判行情的依据。

RSI 指标的交叉信号，可以分为两种：黄金交叉和死亡交叉。

第一，黄金交叉。当短期 RSI 线在低位向上突破长期 RSI 线时，一般为 RSI 指标的黄金交叉，为买入信号。一般而言，股价经过一段时间的下跌后，在底部区域，6 日 RSI 线与 12 日 RSI 线形成金叉，表明空方能量减弱，多方能量逐步增强。如果量价齐升，配合理想，移动平均线支持多头信号，应立即介入，这与 KDJ 指标的功能是完全相同的。在应用中，既然是短线行为，就不必拘泥于 RSI 短线与 RSI 长线金叉所处的绝对空间位置（高位、中位和低位）。

第二，死亡交叉。当短期 RSI 线在高位向下突破长期 RSI 线时，一般为 RSI 指标的死亡交叉，为卖出信号。一般而言，股价经过一段时间的上涨后，在高位区域，6 日 RSI 线与 12 日 RSI 线形成死叉，该死叉信号也不受绝对空间位置的影响，表明多方能量减弱，空方能量逐步增强，行情涨势接近尾声，无论成交量放大与否，均构成卖出信号。如果移动平均线支持空头信号，则卖出信号更加可靠。

（3）RSI 线的形态法则。

RSI 指标在高位盘整或低位横盘时出现的各种形态，也是判断行情、决定买卖行动的一种分析方法。通常，RSI 曲线顶部反转形态对行情判断的准确性要高于底部形态。

第一，当 RSI 曲线在高位（80 以上更佳）形成头肩顶、双重顶（M 头）或三重顶等高位反转形态时，意味着股价上升动能已经衰竭，有可能出现长期反转行情，投资者应及时卖出股票。如果股价走势曲线也先后出现同样的形态，则可靠性更高。股价下跌的幅度和过程可参照头肩顶、双重顶（M 头）或三重顶等顶部反转形态进行研判。

第二，当 RSI 曲线在低位（20 以下更佳）形成头肩底、双重底（W 底）或三重底等低位反转形态时，意味着股价的下跌动能已经减弱，有可能构筑中长期底部，投资者可逢低分批建仓。如果股价走势曲线也先后出现同样的形态，则见底的可能性更大。股价的上涨幅度及过程，可参照头肩底、双重底（W 底）或三重底等底部反转形态进行研判。

（4）RSI 线的背离法则。

RSI 线的背离是指 RSI 指标的曲线走势与股价 K 线图走势向相反的方向运行，可以分为顶背离和底背离两种形态。

第一，底背离信号。当股价下跌一定幅度后，不断创出近期的新低点，而 6 日 RSI 线不但不创新低，反而一浪比一浪高，此为底背离形态。RSI 指标与股价形成底背离，表明股价的下跌为非理性所致，或庄家刻意打压所为，多头可以逢低买入。当 6 日 RSI 线向上金叉 12 日 RSI 线时，为最佳买入点。

若连续两次出现底背离，形成“W”底形态时，应大胆介入，短线成功率较高。底背离所处的位置越低，形成的时间越趋于跌势末期，其形态效果越可靠。如果底背离信号出现在股价大幅下跌后的低位区域，其信号的准确性较高。

第二，顶背离信号。当股价上涨一定幅度后，股价再创新高，而 6 日 RSI 线不但不创新高，反而不如前期高点数值大。RSI 指标与股价形成顶背离，表明股价上涨为虚张声势，通常是庄家刻意拉抬出货，为中短线卖出信号。当 6 日 RSI 线向下死叉 12 日 RSI 线时，为第二次卖出时机。

若连续两次出现顶背离，形成“M”头形态时，应坚决做空，这是最后的卖出机会。顶背离所处的位置越高，形成的时间越趋向于涨势末期，其形态效果越可靠。如果顶背离信号出现在股价大幅上涨后的高位区域，其信号的准确性更高。

4. RSI + MACD + MA 指标组合的优点

将 RSI、MACD、MA 这三大指标组成一组指标群，其最大的优点是为投资者在复杂多变的市场中捕捉中短线黑马股提供可靠的买卖信号。

主要操作方法：利用 RSI 指标研判市场的强弱和超买超卖情况，再用 MACD 指标寻求中线指标的支持，这样可以避免短期市场的虚假信号，从而更精确地为投资者提示买卖信号。某一只个股如果在某一时段里，RSI、MACD、MA 三大指标同时发出买卖信号，其短线成功率极高。这组信号判断底部和预测顶部具有同样的效果，中短线操作效果较佳。

二、三线金叉组合

1. 图形特征

（1）股价经过一轮持续的下跌或暴跌后，RSI 指标下降到超卖区，6 日 RSI 线向上金叉 12 日 RSI 线。通常来说，RSI 指标的值在 20 以下金叉，是投资者普遍认可的“安全区”，这与 KDJ 指标相似。在应用中，既然是短线行为，就不必拘泥于 RSI 指标金叉或死叉所处的绝对空间位置，即高位、中位、低位。之后，12 日 RSI 线随之向上，或 RSI 指标向上突破重要压力位（线）、技术形态，或 RSI 指标向上成功突破 50 强弱分界线，量价配合理想，则表明行情已经摆脱弱势局面，后市将出现强势上涨行情，为买入信号。

（2）随着股价在底部企稳上涨，向下运行的 MACD 指标在 0 轴下方出现走平或向上，DIF 线向上金叉（或即将金叉）MACD 线后，继续上行穿越 0 轴。BAR 指标的绿柱缩短，红柱增长，表明市场跌势已近尾声或上升行情即将开始，中短期底部初现，可以买入做多。

（3）股价在低位突破 5 日、10 日均线压制，5 日均线金叉 10 日均线，随后 10 日均线向上运行，30 日均线走平或向上运行，均线系统出现多头排列。这时 RSI、MACD 指标发出的多头信号更加可靠，可以根据 RSI 指标提供的买入信号进行操作。

需要说明的是，在这组指标组合里，通常 RSI 指标会提前 1～3 个交易日发出买入信号，然后 MACD 指标和均线系统发出多头信号，所以 RSI 指标起到了提示的作用。

2. 市场意义

这组信号表明股价经过一轮下跌后，空方力量得到充分释放，逐步放弃打压，多方力量趁机发起反攻，占据市场优势。从市场操作方面讲，在股价下跌调整过程中，庄家吸纳了大量的低价筹码，这部分筹码需要通过市场拉升发酵，才能达到资金增值。从技术分析方面讲，RSI 金叉意味着势道渐渐转强，市场趋向活跃。从 MACD 指标分析，当指标纵坐标上的数值越高或越低时，出现失败交叉的可能性就越小，产生有效交叉的可能性就越大。投资者可以在指标还没有出现交叉或可能出现交叉之前采取买卖操作。均线系统产生金叉，表明近期买入的市场交易价高于近期市场平均价，新多头资金愿意以高于近期市场平均价买进筹码，通常后市继续看好。投资者在操作中一旦发现“三线金叉”信号时，可以在股价回调的低点介入，成功地做一把中短线涨升行情。

3. 实盘案例

如图 1-16 所示，创维数字（000810）日 K 线走势图。该股见顶后逐波下跌，股价严重超卖，累计跌幅超过 80%。庄家在底部吸纳了大量的低价筹码后，2019 年 1 月开始萌发向上做多的欲望，技术指标先后发出买入信号。

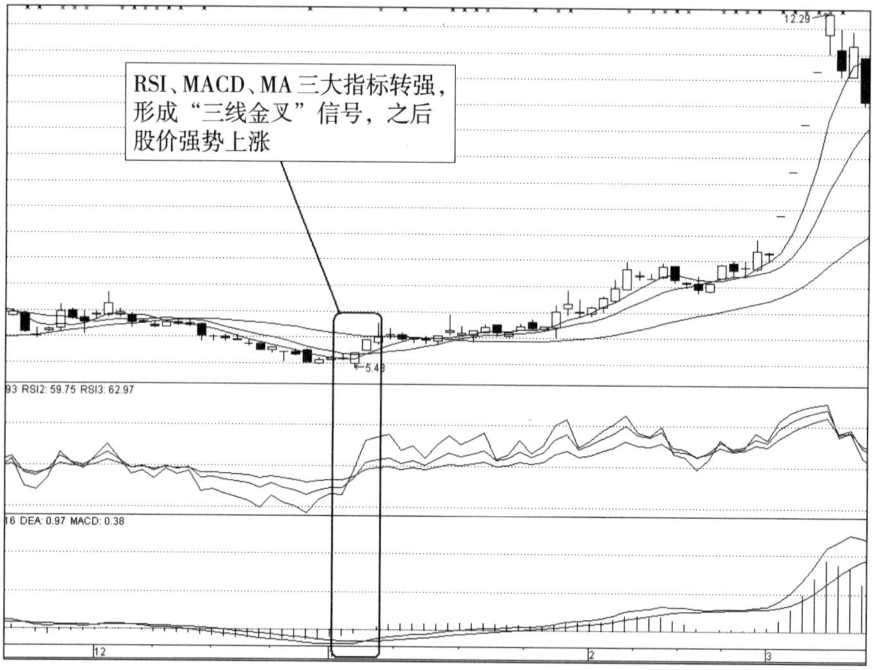

图 1-16　创维数字（000810）日 K 线图

（1）1 月 4 日，6 日 RSI 线在低位向上金叉 12 日 RSI 线，随后 12 日 RSI 线向上运行，次日成功向上突破 50 强弱分界线，表明行情由弱势闷局转向强势活跃，提示短线买入。

（2）同期 MACD 指标的 DIF 线在 0 轴下方向上金叉 MACD 线后，两线向多头发散，并继续上行穿越 0 轴，表明市场中期底部已经形成，强势特征初现，从而证明 RSI 指标金叉的可信性。

（3）股价成功突破 5 日、10 日均线的压制，5 日均线金叉 10 日均线后，继续上行金叉 30 日均线。随后 10 日均线上行金叉 30 日均线，30 日均线走平后上行，均线系统渐渐走好，进一步支持 RSI、MACD 指标的金叉信号。

根据 RSI、MACD、MA 三大指标组合分析，该股在底部形成“三线金叉”信号，中短期底部得到确认，强势信号确立，投资者可以在 30 日均线附近逢低买入做多。此后，股价出现强势上涨行情，实盘证明指标组合的分析结果是正确的，投资者在实盘操作中要多加验证，力求捕获更多可靠的投资获利信号。

如图 1-17 所示，领益智造（002600）日 K 线走势图。在底部振荡过程中，该股庄家吸纳了大量的低价筹码。2019 年 2 月 11 日股价放量涨停，从而开启一轮主升浪行情。

在该股中，2 月 11 日短期 RSI 线向上金叉长期 RSI 线后，指标继续向上发散，穿过 50 强弱分界线，表明行情开始进入强势，构成短线买入信号。同日 DIF 线与 MACD 线在 0 轴附近重合，次日两线向多头发散，并穿越 0 轴，表明市场中期向好，也证明了 RSI 指标金叉的可信性。同期均线系统黏合后向上发散，股价放量突破底部区域，从而支持 RSI、MACD 指标的多头信号。

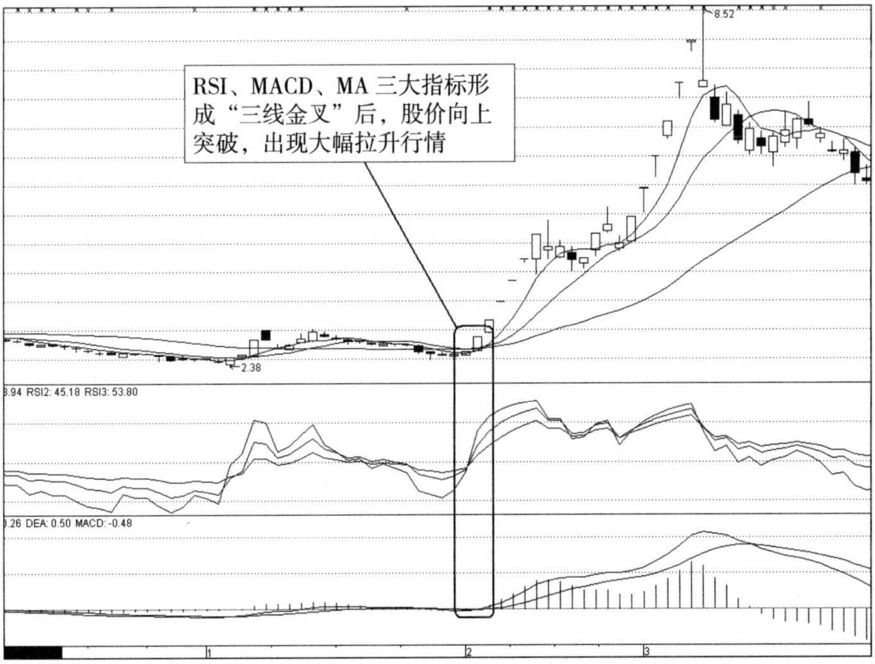

图 1-17　领益智造（002600）日 K 线图

三、洗盘信号组合

1. 图形特征

（1）当股价上涨一段时间后，庄家开始洗盘整理，股价出现回落走势。6 日 RSI 线与 12 日 RSI 线下滑到 50 强弱分界线附近（或击穿 50 线后快速拉起），企稳后再次向上；或者 6 日 RSI 线碰触到 12 日 RSI 线后，两线拒绝死叉，6 日 RSI 线和 12 日 RSI 线都反转向上；或者 6 日 RSI 线与 12 日 RSI 线死叉后又快速形成金叉。这三种现象都是庄家洗盘结束的重要标志，是短线较好的买入时机。在一轮持续的牛市行情中，这种现象会多次发生，尤其在盘升行情中更为明显。每一次出现这样的图形时，均具有同样的看涨意义。

（2）随着股价的回调下跌，MACD 指标中的 DIF 线向下滑落到 MACD 线附近，企稳后再次反转上行；或者，DIF 线向下死叉 MACD 线后快速拉起，DIF 线和 MACD 线继续向上发散。BAR 指标绿柱消失，红柱出现并逐日加长，表明股价回档洗盘结束，行情仍然处于强势之中，此时可以买入做多。

（3）这时在 30 日均线上方，5 日均线死叉 10 日均线后继续滑落到 30 日均线附近，获得 30 日均线支撑后重新上行，30 日均线保持上行，均线系统形成多头排列；或者在 30 日均线上方，5 日均线死叉 10 日均线后继续滑落并击穿 30 日均线，10 日均线随之下行，不几日，5 日均线反转向上金叉 10 日均线并再次向上突破 30 日均线，10 日均线随之向上，30 日均线保持向上走势，均线系统形成多头排列。表明股价回调洗盘结束，市场进入新一轮涨势或主升浪行情，此时应坚决做多。

2. 市场意义

这组信号多为庄家振荡洗盘或二次探底所为，任何一只大牛股、大黑马在启动之前，都会出现类似的走势。庄家对洗盘或二次探底的价位和时间上的把握显得十分重要，既要达到庄家洗盘或探底的目的，又要在时间上、幅度上做到恰到好处，这也反映出庄家对筹码的控盘能力和市场做多意愿的强度。通常来说，洗盘是为了更好地拉升，只有经过充分振荡洗盘后，才能有更大的上涨空间和更加健康的发展趋势。投资者只要发现 RSI 指标得到 MACD、MA 指标的支持，出现再度向上的走势时，便是中短线买入的良好时机。

3. 实战案例

如图 1-18 所示，嘉应制药（002198）日 K 线走势图。该股庄家在向下打压股价的过程中，顺利地完成建仓计划。2019 年 2 月初，股价企稳后渐渐向上走强，RSI 指标出现一个强势信号，MACD 指标穿过 0 轴向上运行，均线系统呈现多头排列，股价不断向上走高。当股价有了一定的涨幅后，庄家主动展开洗盘整理，股价出现小幅回落。3 月 21 日洗盘结束后，股价放量向上突破，展开加速上涨行情。

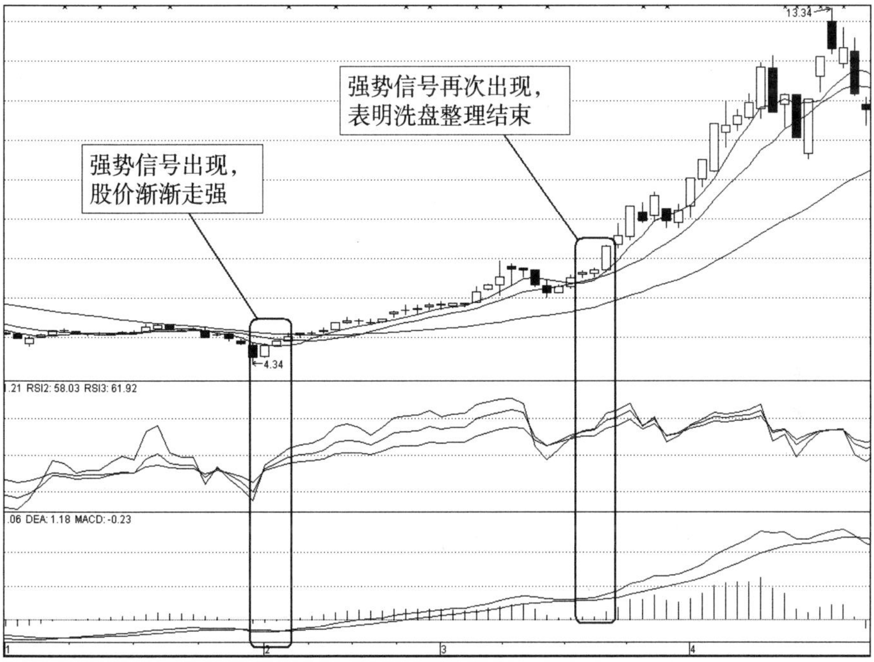

图 1-18　嘉应制药（002198）日 K 线图

从该股的技术指标可以看出以下几点。

（1）6 日 RSI 线与 12 日 RSI 线死叉，并向下击穿 50 强弱分界线，之后快速拉起形成金叉，6 日 RSI 线和 12 日 RSI 线都反转向上，表明洗盘整理结束。

（2）MACD 指标中的 DIF 线向下滑落到 MACD 线附近时，得到 MACD 线的支撑反转上行，两线拒绝死叉并向上发散，BAR 指标红柱再次加长，表明股价回档洗盘结束。

（3）在均线系统中，5 日均线与 10 日均线在 30 日均线上方拒绝死叉，30 日均线保持上行状态，均线系统形成多头排列，表明股价回调洗盘结束。

通过对 RSI、MACD、MA 三大指标的分析，在股价上涨过程中出现这种盘面现象，表明庄家洗盘整理结束，后面股价将展开新一轮上涨行情，此时应坚决做多。

如图 1-19 所示，大智慧（601519）日 K 线走势图。该股股价向上突破后，庄家为了日后更好地拉升和派发，在进入拉升之前进行了洗盘调整。当洗盘达到目的后，2019 年 2 月 18 日放量向上突破，股价出现“井喷”式拉升行情，短期涨幅巨大。

在该股拉升之前，技术指标也发出了买入信号。

（1）RSI 指标从超买区滑落到 50 线附近，6 日 RSI 线拒绝死叉 12 日 RSI 线，之后继续上行，表明洗盘整理结束，后市上涨空间再度打开。

（2）MACD 指标中的 DIF 线拒绝死叉 MACD 线，并继续向上发散，BAR 指标红柱再次加长，盘口保持强势特征。

（3）均线系统进一步向上发散，支持股价上涨。

由此可见，该股庄家洗盘非常成功，市场顺利切换到下一个坐庄阶段，即快速拉升阶段。此时散户应果断跟风进入，一定能够享受到股价上涨的喜悦。

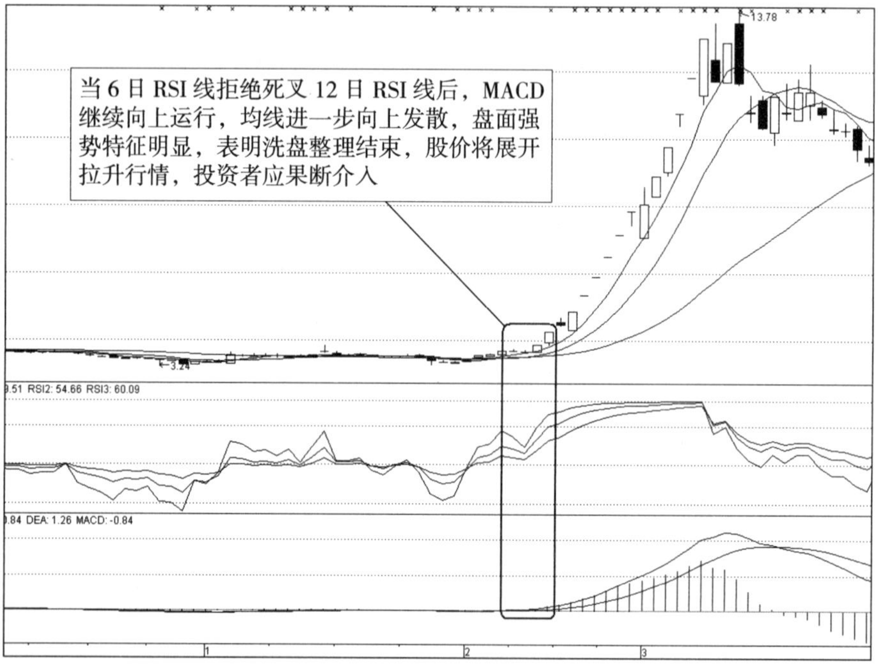

图 1-19　大智慧（601519）日 K 线图

四、三线死叉组合

1. 图形特征

（1）随着股价的上涨或反弹，RSI 指标也上升到了超买区，之后股价在高位出现振荡，6 日 RSI 线在超买区（一般认为是 80 以上）死叉 12 日 RSI 线后下行，12 日 RSI 线也开始下滑，RSI 指标击穿 50 强弱分界线。或者，RSI 指标向下突破重要支撑位（线）或技术形态。以上情况表明上涨行情即告结束，股价可能出现下跌走势，为短线卖出点。

（2）同期 MACD 指标持续上行后远离 0 轴，此时 DIF 线在高位出现走平或向下掉头，死叉 MACD 线后下行，MACD 线也随之向下并击穿 0 轴。BAR 指标的红柱缩短并消失，绿柱出现并增长，此为中短期头部特征，以逢高退出为宜。

（3）这时股价在高位向下突破 5 日、10 日均线支撑，5 日均线死叉 10 日均线后继续下行，击穿 30 日均线，随后 10 日均线向下死叉 30 日均线，此时 30 日均线走平或向下运行，形成一个尖头向下的不规则三角形，均线系统出现空头排列。或者 30 日均线呈向下趋势，5 日均线在 30 日均线下方向上金叉 10 日均线后，在到达 30 日均线附近时遇阻回落，5 日均线向下死叉 10 日均线后继续下行，均线系统向空头发散。这种情况验证了 RSI、MACD 指标空头信号的可靠性，此时可以根据 RSI 指标发出的卖出信号进行操作。

2. 市场意义

这组信号表明股价经过一轮上涨或反弹后，多方力量得到充分发挥，上攻能量逐渐减弱，空方力量开始聚集，占据市场优势。从市场操作方面讲，庄家经过充分的炒作后，已经成功地将股价拉升到目标价位区，盘内堆积了包括散户在内的大量获利筹码，这部分筹码需要通过市场交换才能兑现利润，因此容易造成振荡下跌走势。

从技术分析方面讲，RSI 指标死叉意味着盘面渐渐转弱，市场走向沉寂。从 MACD 指标分析，表明市场中期走向弱势，当指标纵坐标上的数值越高时，向下滑落的可能性就越大，投资者可以在指标还没有出现死叉之前，及时采取抛售操作。MA 产生死叉，表明近期卖出的市场交易价低于近期市场平均价，空头愿意以低于近期市场平均价卖出筹码，通常后市继续看跌。投资者在操作中一旦发现“三线死叉”信号时，应在振荡中逢高卖出，及时兑现利润。“三线死叉”信号应用在反弹行情中具有神奇的效果。

3. 实战案例

如图 1-20 所示，顶点软件（603383）日 K 线走势图。该股庄家顺利完成建仓计划后，股价在 2019 年 2 月 1 日向上突破，庄家成功地进行了一轮大幅炒作，股价从 30 元附近上涨到 120 元之上，短期涨幅超过 300%，庄家获利非常丰厚。随后庄家在高位不断向外派发获利筹码，盘面出现大幅振荡。当庄家基本兑现获利筹码后，盘面开始渐渐走弱，技术指标组合发出见顶信号，此后股价开始向下调整。

从该股的技术指标可以看到，4月16日，RSI指标下行到50强弱分界线附近后，在再次拉起时，RSI指标不能形成金叉，反而继续向下滑落，指标线继续空头发散，说明盘面渐渐走弱。从MACD指标分析，DIF线死叉MACD线，同时带动MACD线下行，盘口发出中短线做空信号。同时，股价在高位向下突破5日、10日均线支撑，5日均线下行死叉10日均线，10日均线走平后下行，短期均线形成空头态势。

RSI、MACD、MA三大指标同时发出空头信号，构成“三线死叉”形态，投资者应及时抛空离场，此后股价出现快速下跌。

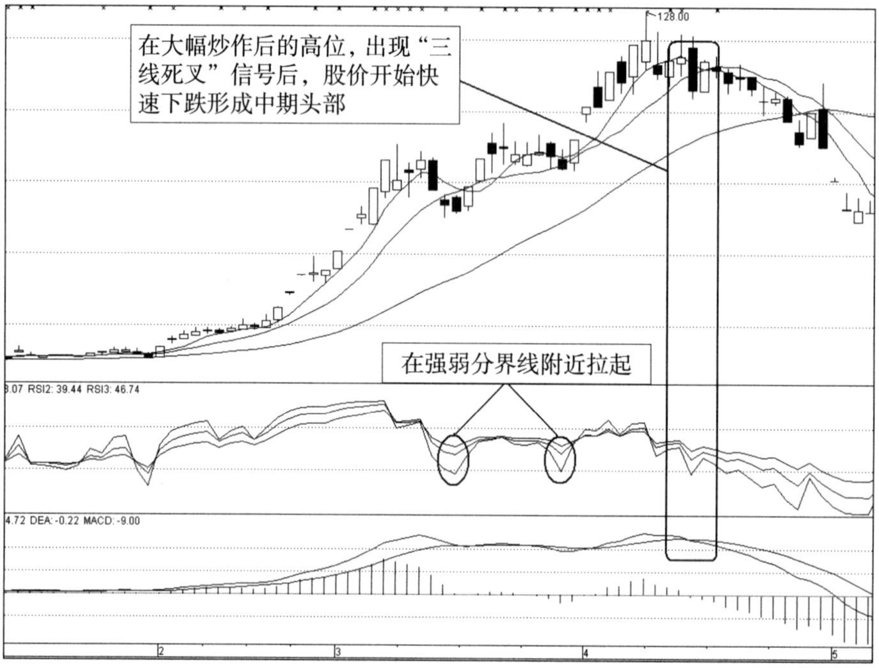

图1-20 顶点软件（603383）日K线图

运用这组指标预测顶部时，还可以与指标形态结合起来。如果RSI、MACD、MA三大指标中的一个或三个都出现“M”头、顶背离等形态时，那么顶部信号的可靠性会大大加强。

如图1-21所示，凯盛科技（600552）日K线走势图。该股庄家在底部吸纳了大量的低价筹码后，2019年2月12日，股价拔地而起，出现一轮“井喷”式飙升行情，股价一口气拉出6个涨停，然后庄家在高位振荡中大量出货。由于庄家手中握有大量筹码，需要经过二次拉升出货。3月7日，股价上涨到前高附近时，出现快速回落走势，K线形成“M”头形态，顶部迹象明显，此时应及时离场观望，此后股价进入中期调整。

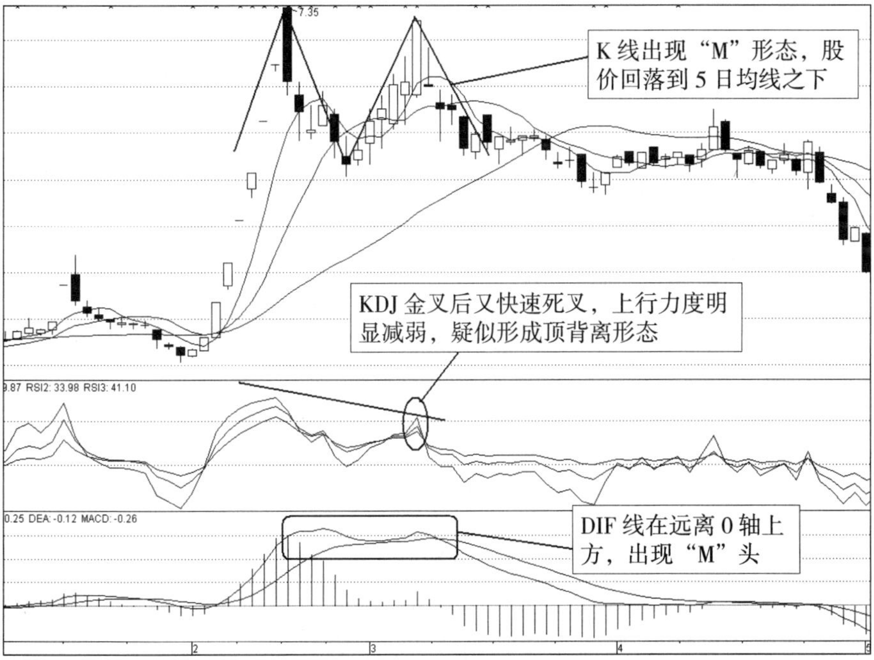

图 1–21　凯盛科技（600552）日 K 线图

在股价见顶时，RSI、MACD、MA 三大指标及时准确地为投资者提供了风险防范信号。

（1）在 RSI 指标中，后一个高点的力度显然不及前一个高点强，疑似出现顶背离现象。特别是第二次上行时，RSI 金叉后快速死叉，说明多方上攻力度减弱，应及时减仓为好。

（2）MACD 指标向上远离 0 轴，DIF 线形成“M”头，MACD 线走平后下行，BAR 指标红柱缩短并消失，绿柱出现并增长，表明市场中短期走势趋弱，应逢高退出为宜。

（3）受前高压力影响，股价低开跌停，向上冲关失败，回落到 5 日均线之下，说明多头放弃上攻，K 线形成“M”头形态，应逢高及时了结。

第四节 KDJ + MA + VOL 实战经典组合

一、VOL 指标简介

1. VOL 指标的特性

均量线（VOL）是股价涨跌趋势的先行指标，价、量是技术分析的基本要素，一切技术分析方法都是以价量关系为研究对象的，其重要性可见一斑。在技术分析中，成交量（或成交额）是一个相当重要的技术指标，能够反映市场的供需状况、买卖气势强弱，以及投资者对未来股价变动的看法是否具有一致性。

实际使用时，由于成交量的变化忽大忽小，不一定能反映多空力量的真实情况，有时投资者不容易把握其规律。单日交投情况往往取决于一些偶然多变的因素，从而在成交量图上经常出现跳跃式变动的图形，使分析人士无法作出正确的判断。

在成交量图上引进移动平均线的概念，将一定时期内的成交量相加后再平均，在成交量的柱条图中做出较为平滑的曲线，就出现了均量线（VOL）指标。均量线是反映一定时期内市场平均成交情况的技术指标。

均量线是将若干个交易日的成交量之和，除以交易日数所得到的算术平均值，是一种反映一定时期市场平均成交情况亦即交投趋向的技术指标。由此可以看出，均量线反映了一定时期内市场的成交情况，从而更加清晰地反映出市场交投的活跃程度，同时也在一定程度上反映了庄家的控筹程度和持仓成本。均量线反映市场成交的主要趋势，能有效地对庄家活动进行监控。

一般情况下，均量线以 5 日、10 日、30 日作为采样天数，在柱条图中绘制三条均量线。其中 5 日均量线代表短期的交投趋势，10 日均量线代表中期的交投趋势，30 日均量线代表长期的交投趋势。5 日和 10 日均量线是成交量技术分析中的常用指标，其排列组合、交叉发散的变化，对准确判断股价涨跌、预测行情走势，具有重要的参考价值。

2. VOL 指标的应用法则

股市离不开价和量。价和量是股市中两个最基本的构成要素。量是因，价是果，量和价的变化对研判股市行情很有帮助。实盘中应掌握以下法则。

（1）股价见底后，随着成交量的递增而上涨，此为典型的多头上攻行情。这种价升量增的关系，表示股价仍将继续上升。实盘中遇到这种盘面现象时，可以逢低积极做多。

（2）在一个波段的涨势中，股价随着成交量的递增而出现上涨，突破前一波的高峰，创下新高，股价继续上涨。如果后一个波段上涨时，成交量水平低于前一个波段上涨时的成交量水平，此时股价创新高，成交量却没有突破前高，价量出现背离，此波段股价的上涨得不到市场的更多认同，是股价趋势潜在的反转信号。

（3）股价随着成交量的递减而回升，股价出现持续上涨，而成交量却逐渐萎缩，呈现价升量减的走势。成交量是股价上涨的原动力，动力不足则表明股价续涨乏力，是趋势潜在的反转征兆，这种盘面现象为逢高卖出信号。

（4）股价随着成交量的缓慢放大而逐渐上涨，渐渐转为爆发式井喷行情，成交量显著增加。在股价连续暴涨之后，成交量大幅萎缩，同时股价快速回落，表明此时涨势已接近尾声，股价上涨乏力。由于多头能量过度释放，庄家有出货迹象，趋势将出现明显的逆转，股价将大幅下跌，这种盘面现象为离场观望信号。

（5）股价经过长期下跌之后形成谷底，在初次反弹时，成交量并未出现放大配合，表明市场人气仍未恢复。当股价反弹遇阻回落，再次跌至前期底部或略高于谷底，而成交量却明显萎缩，出现价跌量减的走势时，暗示市场极度惜售，股价将出现上涨，这种盘面现象为逢低吸纳信号。

（6）股价经过长期的下跌之后，出现恐慌性抛盘，股价在成交量放大的配合下急速探底，呈现明显的价跌量增走势，表明此时空头能量过分释放，同时也反映出买盘承接踊跃，暗示股价跌势已近尾声，有较强的反弹欲望。而且，由于恐慌性抛盘创出的新低对后市具有较强的支撑作用，在后市很长一段时间内将很难被跌破。股价经过反复筑底后，将展开一轮较大的升势，这种盘面现象为逢低吸纳信号。

（7）股价持续下跌，在跌穿某些重要阻力位或形态、趋势、移动平均线的同时，成交量显著放大，表明市场在股价底部承接踊跃，是股价强烈要求反弹的征兆，股价趋势将发生明显的反转，这种盘面现象为逢低吸纳信号。

（8）当股价连续大幅上涨之后，成交量出现急剧放大，而此时股价的上涨幅度已明显缩小，无法再度向上大幅拉升，显示股价在高位出现放量滞涨。量价背离，表明卖压沉重，这是股价趋势潜在的反转征兆，这种盘面现象为逢高卖出信号。

（9）股价经过连续下跌之后，在低档出现密集的大成交区域，此时股价却没有进一步下跌，而是反复构筑底部，显示有庄家在积极逢低吸纳，盘面经过整固后，股价将出现反转上升，这种盘面现象为逢低吸纳信号。

（10）在上涨过程中，股价运行到某一个重要的阻力区附近时，出现放量突破走势，形成价升量增之势，说明后市股价仍有新高可期，应及时跟进做多，这种盘面现象为积极买进信号。

3. KDJ、MA、VOL 指标组合的优点

将 KDJ、MA、VOL 这三大指标组成一组指标群，其最大的优点是将短线 KDJ 指标与中短期均线系统和成交量大小一起进行分析，既可以“过滤”KDJ 指标过于频繁的超买超卖信号，使其发出的信号更具可靠性，又可以捕捉到被市场忽略的买卖信号，不错过短线买卖机会。

在操作方法上，根据 KDJ 指标发出的信号，然后分析均线是否支持这种信号，同时判断主力资金的进出情况，这样可以增加操作成功的概率。如果得到均线的支持，又有场外资金介入，则准确性较高，投资者可以大胆操作，直到均线形成有效死叉，主力资金大量流出。如果 KDJ 指标发出的信号得不到均线和成交量的配合，则准确性较差，属于庄家盘中刻意的拉升或打压动作，应谨慎操作。或者，根据均线的排列情况和成交量大小，在 KDJ 指标中寻找最佳的短线买卖点。通常来说，与均线同向的、量价关系合理的 KDJ 买卖信号，准确性比较高，与均线反向的、量价背离的 KDJ 买卖信号，准确性比较差。这组信号既可以判断底部，又可以预测顶部，效果均佳。

二、起涨信号组合

1. 图形特征

（1）在股价大幅下跌的底部区域，KDJ 指标在 20 以下出现金叉，或者在 20 左右出现二次金叉，表明股价短期见底，构成买入信号。

（2）股价向上突破 5 日或 10 日均线，5 日均线和 10 日均线金叉后上行，并穿过 30 日均线，此时 30 日均线走平或上行，表明短期股价渐渐转强。

（3）同期成交量出现持续温和放大，说明有场外资金介入做多。

2. 市场意义

市场经过长时间的调整后，空方能量得到较好释放，短期股价有超卖现象，此时聚集了一定的多头力量，股价需要反弹修复或展开上涨行情。指标组合发出做多信号时，说明有新的资金看好后市，纷纷介入抄底，以推动股价上涨，因此是一个买入信号。

3. 实战案例

如图 1-22 所示，银星能源（000862）日 K 线走势图。该股庄家在大幅下跌的底部区域，成功吸纳了大量的低价筹码，并构筑了扎实的底部基础。2019 年 1 月 30 日，股价放量涨停，开启了一轮大幅飙升行情，11 个交易日中出现 10 个涨停板，股价短期涨幅巨大。

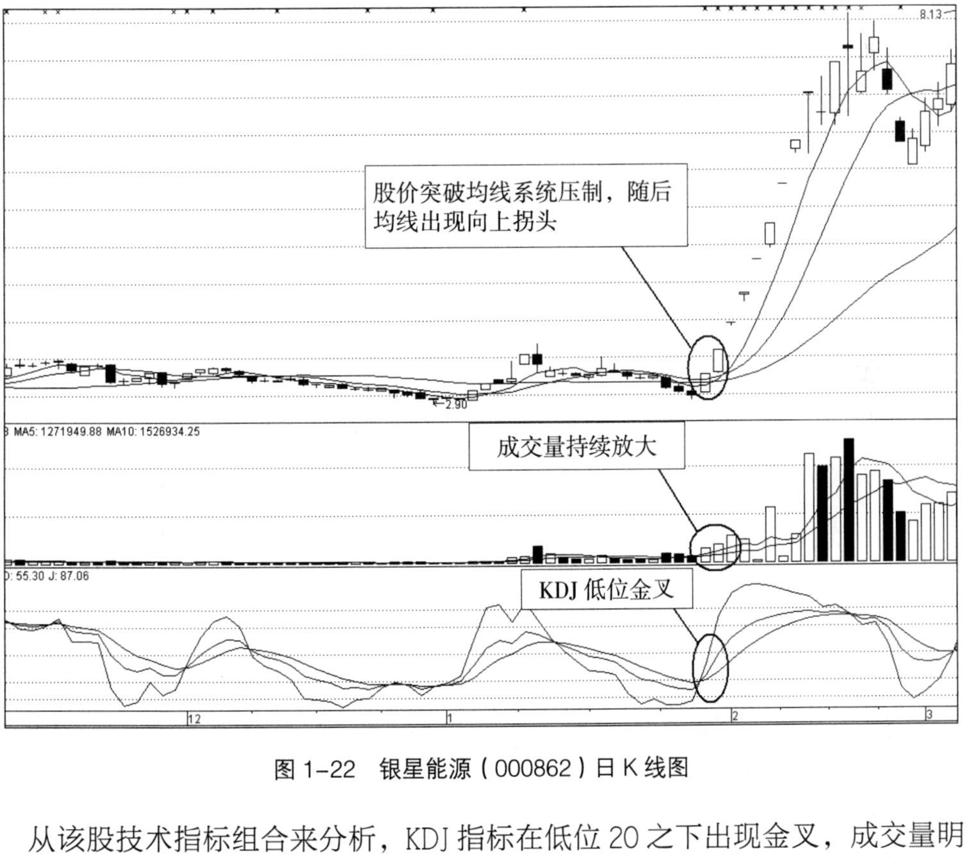

图 1-22　银星能源（000862）日 K 线图

从该股技术指标组合来分析，KDJ 指标在低位 20 之下出现金叉，成交量明显放大，当日换手率超过 6%，5 日 VOL 线大于 10 日 VOL 线，并出现持续性放大，股价向上突破均线系统压制，并出现向上拐头，次日股价继续涨停，盘面强势特征得到进一步巩固。

三、洗盘结束组合

1. 图形特征

（1）股价大幅下跌后见底企稳回升，经过小幅上涨后，庄家开始洗盘整理。此时 KDJ 指标从强势区死叉后回落，然后再次出现快速金叉，出现“萝卜坑”形态；或者，J 线、K 线在 50 附近拒绝死叉 D 线，然后反身上行，D 线继续上行，表明洗盘整理结束，形成买入信号。

（2）股价回落到 30 日均线附近时，得到有力支撑而回升。5 日和 10 日均线在 30 日均线上方拒绝死叉或死叉后快速拉起；或者 5 日和 10 日均线跌破 30 日均线后，又快速返回到 30 日均线之上，表明洗盘整理结束。

（3）同期成交量萎缩后再次出现持续放大，超过前一波上涨的成交量更好。

2. 市场意义

通常来说，洗盘是为了更好地拉升，只有经过充分振荡洗盘，才能有更加强劲的上涨空间和更加健康的发展趋势。投资者只要发现 KDJ 指标得到均线和成交量的支持，股价再度开始向上时，便是中短线买入的良好时机。

这种情况多为庄家振荡洗盘或二次探底所为，任何一只大牛股或大黑马启动大涨之前，都会出现类似的走势。庄家对洗盘或二次探底的价位和时间的把握显得十分重要，既要达到庄家洗盘或探底的目的，又要在回调时间上、回调幅度上做到恰到好处，这涉及庄家对筹码的控制程度和做多意愿程度。

3. 实战案例

如图 1-23 所示，光洋股份（002708）日 K 线走势图。该股庄家成功完成建仓计划后，故意向下打压股价，制造一个空头陷阱，然后向上拉起，使股价返回到前期盘区之内。这时，庄家利用前期盘区的压力作用，展开洗盘整理走势。当盘中的浮动筹码得到较好的换手后，2018 年 11 月 8 日股价放量涨停，形成向上突破的走势，表明洗盘整理结束，出现较好的买入信号。随后，股价出现大幅拉升行情，在 11 个交易日中拉出 10 个涨停，股价短期涨幅巨大。

在大涨之前，该股技术指标发出明显的买入信号。KDJ 指标死叉后又快速金叉，出现“萝卜坑”形态，表明洗盘整理结束。成交量再次放大，并超过前期的成交量，之后出现缩量拉板，表明量价配合良好。5 日均线与 10 日均线拒绝死叉，并再次向上发散。可见，KDJ、MA、VOL 三大指标均出现重新走强的迹象，构成较好的买入信号。

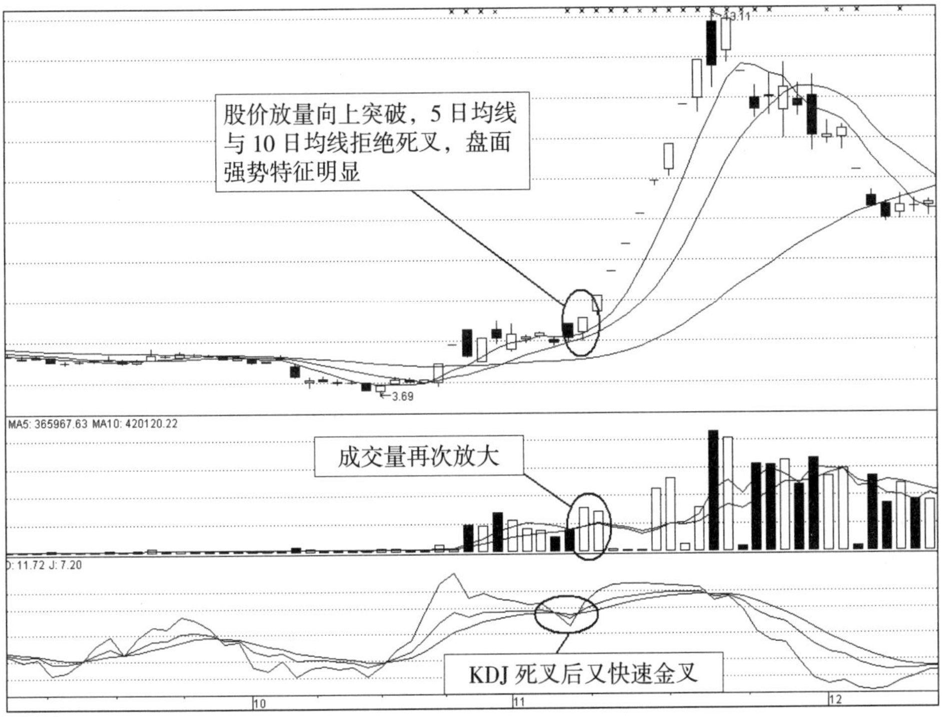

图 1-23　光洋股份（002708）日 K 线图

四、见顶信号组合

1. 图形特征

（1）在股价大幅上涨的高位，KDJ 指标在 80 以上出现死叉，或者在 80 左右出现二次死叉，曲线下行攻击势头有力，表明股价短期即将见顶，构成卖出信号。

（2）股价向下突破 5 日或 10 日均线，5 日均线和 10 日均线死叉后下行，并下穿 30 日均线，此时 30 日均线走平或下行，表明短期股价渐渐转弱。

（3）成交量出现放量滞涨现象，有主力对倒出货的嫌疑，之后出现持续萎缩态势，说明没有新增资金介入。

2. 市场意义

在实盘操作中，由于 KDJ 指标经常被庄家用来制造虚假的买卖信号，在强势市场中也会发出很多虚假信号，以致让散户失去很多获利机会，所以利用 KDJ、MA 和 VOL 指标组合分析，可以避免操作失误。当 KDJ 指标发出买卖信号时，可以用均线和成交量验证其信号的真假，从而确定正确的操作策略。

在操作方法上，当 KDJ 指标在高位死叉后，不必过于惊慌，此时如果均线和成交量仍然属于多头特征，就可以坚定持有。否则预示一轮涨升行情接近尾声，行情将由强转弱，后市可能出现下跌走势，应及时抛售离场。

3. 实战案例

如图 1-24 所示，陕国投 A（000563）日 K 线走势图。该股经过一轮放量快速拉高后，庄家获利丰厚，在高位不断兑现获利筹码，盘面出现大幅振荡。从 KDJ 指标观察，2019 年 3 月 8 日在高位出现死叉，曲线下行攻击势头有力。那么股价是否就见顶了呢？此时，成交量大幅放大，在 K 线图中虽收出大阳线，但连续 4 个交易日都出现低开高走的态势，股价实际涨幅并不大，有放量滞涨的嫌疑，反映庄家在盘中有对倒出货的行为。在均线系统中，股价以跌停的方式向下击穿 5 日均线，短期给多头士气造成巨大的打击，之后盘面陷入振荡，上涨动能减弱。

可见，KDJ 指标出现死叉后，得到了均线和成交量的支持，说明主升浪行情已经结束，此时应及时逢高了结。

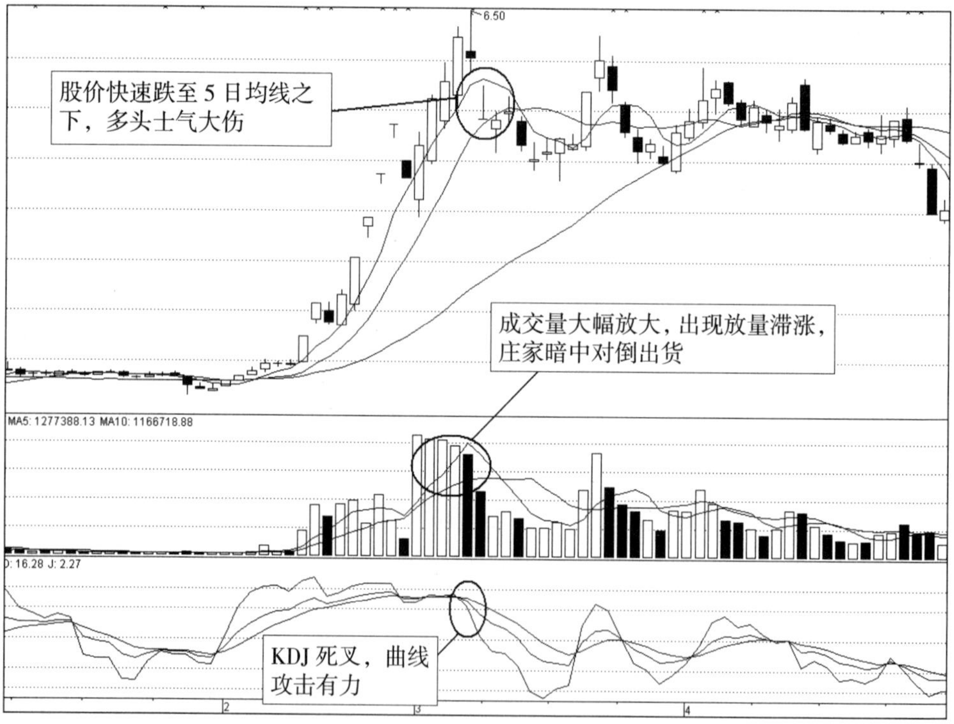

图 1-24 陕国投 A（000563）日 K 线图

第五节 DMI + MA + VOL 实战经典组合

DMI 指标最大的特点就是能够准确地预测未来行情的变化趋势，为投资者提供恰当的短线买卖时机。MA 指标是借助一定时期内股票收盘价的移动走势，反映真实的股价变动趋势和一段时间内的平均市场成本。VOL 是股价涨跌趋势的先行指标，能够反映市场供需状况，买卖气势强弱，以及投资者对未来股价变动的看法是否具有一致性。

将 DMI、MA、VOL 这三大指标组合成一组指标群，可以达到意想不到的效果。在操作方法上，当 DMI、MA 指标发出做多信号时，如果得到成交量放大的配合，说明行情上攻能量充足，短期爆发力强。当 DMI、MA 指标同期发出做多信号时，如果成交量未见有效放大，则上攻力度较弱，或有假多头的嫌疑。反之，即使成交量持续放大，如果 DMI 或 MA 不具备买入特征，也不可轻易介入。只有当 DMI、MA、VOL 三大指标出现共振，能够相互验证时（时间差在 3 个交易日以内为宜），方可作为买卖依据。这组信号既可以判断底部，又可以预测顶部，中短线操作效果均佳。

一、见底信号组合

1. 图形特征

（1）DMI 指标中 +DI、-DI、ADX、ADXR 四线的值均处在 20 ～ 30 之间，长时间呈盘绕状态，几乎拧成一股绳。某日，+DI 由下向上、-DI 由上向下形成金叉，几个交易日（一般 8 个交易日以内）后，ADX 向上金叉 ADXR，随后 ADX 和 ADXR 上行。DMI 指标出现“双重金叉”，发出买入信号。

（2）在均线系统中，5 日均线金叉（已经金叉或即将金叉）10 日均线后，继续上行金叉 10 日均线，随后 10 日均线上行金叉 30 日均线，此时 30 日均线走平或上行，均线系统向上发散或呈多头排列。

（3）成交量连续温和放大，5 日成交均量大于 10 日成交均量，表明有场外多头资金介入，上攻能量持续配合。

2. 市场意义

这组信号表明庄家在股价低位区耐心地收集筹码，构筑扎实的底部基础。风平浪静，悄无声息之中，股价慢慢脱离底部区域，随后乘风破浪而上，出现一轮波澜壮阔的上扬行情。根据多年经验，这组信号在实盘中的成功率较高，中短线操作效果均佳。

3. 实战案例

如图 1-25 所示，数字认证（300579）日 K 线走势图。该股庄家完成建仓计划后，2019 年 2 月 14 日放量涨停，股价向上突破底部盘区，开启了一轮波澜壮阔的拉升行情，股价累计涨幅巨大。

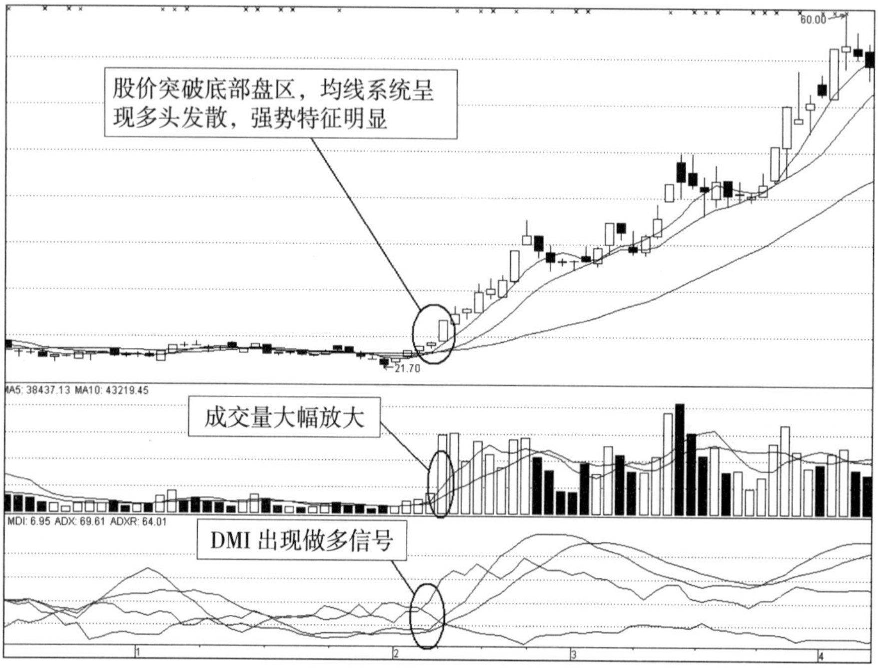

图 1-25 数字认证（300579）日 K 线图

（1）在股价启动之前，+DI、-DI、ADX、ADXR 的值均不大，在 30 以下呈盘绕走势，几乎拧成一股绳。2 月 13 日，+DI 由下向上、-DI 由上向下提前形成金叉。次日，ADX 和 ADXR 两线出现上行，+DI、-DI 两线继续分离，表明有新多资金不断介入，是明显的买入信号。

（2）2 月 14 日，股价放量涨停，黏合的均线系统向上发散，均线系统形成多头排列，表明市场渐渐转强，构成买入信号。

（3）从成交量看，该股在底部经过长时间的缩量整理后，成交量出现成倍放大态势，5 日均量高于 10 日均量，呈价升量增趋势，量价配合理想，表明有做多资金不断介入。

根据 DMI、MA、VOL 三大指标组合分析，多头信号能够相互印证，底部特征十分明显，表明庄家做多意图明显，买入信号清晰、强烈，是理想的入场机会。

如图 1-26 所示，特发信息（000070）日 K 线走势图。该股下跌见底后，股价渐渐向上爬高，30 日均线缓缓上行。经过一段时间的横盘振荡后，2019 年 1 月 2 日，股价放量突破底部盘区，出现一波快速上涨行情。

（1）在股价启动之前，+DI、-DI、ADX、ADXR 四条曲线在 20 左右拧在一起。1 月 2 日，+DI 上行，-DI 下行，ADX 和 ADXR 两线同步上行，表明有新多资金不断介入，是明显的买入信号。

（2）1 月 2 日，股价突破 30 日均线压制，5 日均线金叉 30 日均线，10 日均线随之上行，支撑股价向上运行，表明市场渐渐转强，构成买入信号。

（3）同期成交量持续放大，5 日均量高于 10 日均量，显示主力资金不断介入，盘面趋于活跃。

通过 DMI、MA、VOL 三大指标组合分析，可以及时发现主力资金的动向，轻松捕捉波段行情。

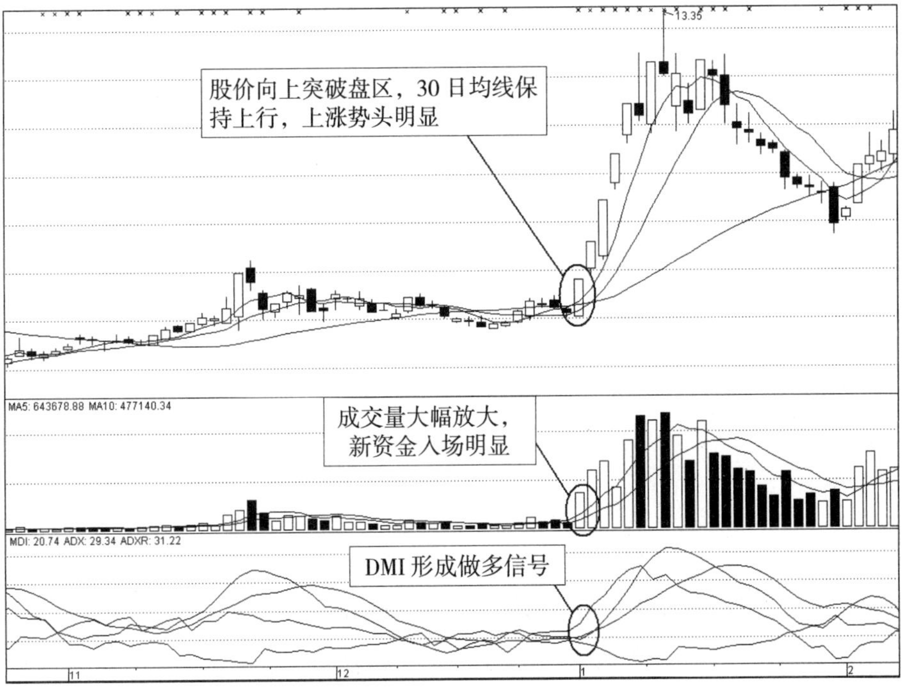

图 1-26　特发信息（000070）日 K 线图

二、洗盘买入组合

1. 图形特征

（1）股价经过一轮小幅上涨后，庄家为了清洗浮筹，开始向下打压股价，+DI 下行，-DI 上行。当两者即将发生死叉时，却出乎意料地拒绝死叉，或死叉后又快速形成金叉，并朝多头方向运行，-DI 继续向下延伸，+DI 继续向上前进，ADX 或 ADXR 继续向右上方运行，表明振荡洗盘结束，行情将出现新一轮涨升或展开主升浪攻势，此时可以买入做多。

（2）均线系统中，5 日均线和 10 日均线在 30 日均线之上运行，5 日均线与 10 日均线即将死叉时却拒绝死叉，并反转向上，或死叉后快速向上拉起，形成新的金叉，10 日均线继续向上，30 日均线维持原来的上行趋势。或者均线系统首次金叉后向上发散，呈现多头排列。这种情况说明行情处于强势之中，即将出现新一轮涨升或展开主升浪攻势，此时可以买入做多。

（3）成交量萎缩后再次持续放大，当日成交量大于 5 日成交均量，或者 5 日成交均量大于 10 日成交均量，表明盘内双方交投活跃，有资金不断流入市场，股价将继续升势，此时可以跟风买入。

2. 市场意义

出现以上指标走势，表明庄家正在采用先拉高后打压的方式洗盘，出现上述指标形态，说明洗盘已经结束，市场即将展开主升浪行情。投资者可在+DI 与-DI 出现拒绝死叉或 5 日均线金叉 10 日均线时逢低大胆介入，短期获利机会较大。庄家完成吸货后，可以不经过洗盘，一步到位进入拉升阶段，也可以经过小幅上涨后进行振荡洗盘整理，然后再展开拉升。一般而言，经过洗盘整理，后市行情往往持续时间较长，累计涨幅较大，多为长庄、强庄所为。未经过洗盘整理的，后市行情往往持续时间较短，涨幅也不是很大（大多表现为短期暴涨行情），多为短庄所为。

3. 实战案例

如图 1-27 所示，精确信息（300099）日 K 线走势图。庄家在底部区域悄然完成吸货后，股价出现小幅盘升，然后开始洗盘整理。2019 年 3 月 27 日，+DI 回落，-DI 上升，两线发生死叉，但次日股价放量涨停，+DI 与-DI 快速形成金叉，+DI 反转向上运行，-DI 反转向下掉头，ADX 和 ADXR 也随之上行，形成买入点。

这时，5 日、10 日均线运行于 30 日均线之上，5 日均线与 10 日均线拒绝死叉，30 日均线保持上升趋势，均线系统向上发散，强势行情进一步显现。

3 月 28 日，股价放量涨停，5 日成交均量大于 10 日成交均量，出现价升量增势头，量价配合理想。

通过对 DMI、MA、VOL 三大指标的综合分析，指标信号相互印证，买入条件成熟，当天可以大胆介入。由于庄家实力强大，随后出现缩量拉板，股价连拉 8 个涨停，短线涨幅较大。

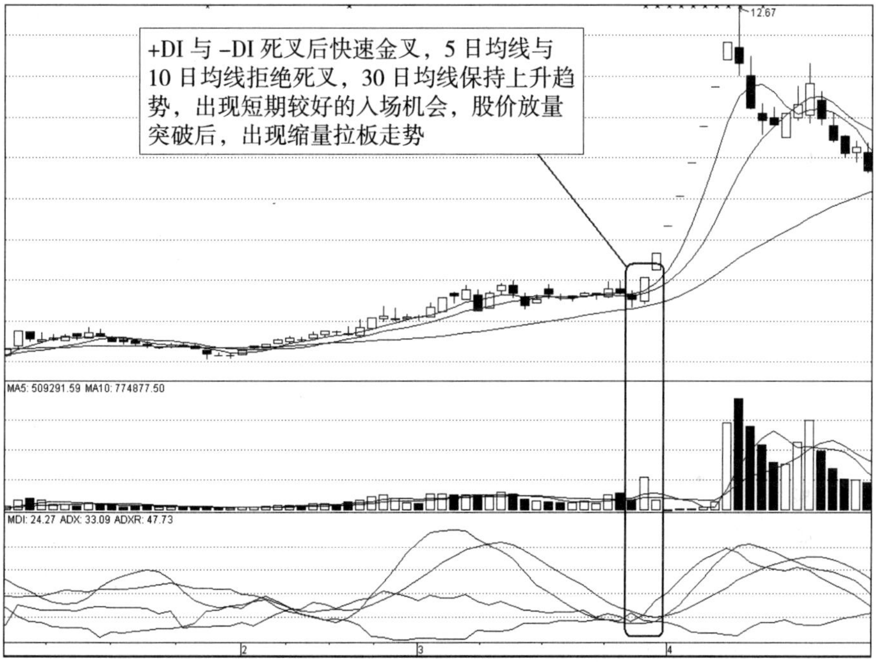

图 1-27　精确信息（300099）日 K 线图

三、起死回生组合

1. 图形特征

（1）股价从底部启动后，+DI 与 -DI 形成金叉后不久，突然 +DI 向下，-DI 向上，快速形成死叉。但在死叉后不久（一般 8 个交易日以内），+DI 再次快速金叉 -DI，在图形上留下一个“菱形”形态。这时 ADX 和 ADXR 走平或向上延伸，其指标值在 40 以下，形成买入信号。

（2）在均线系统中，5 日、10 日均线在 30 日均线之上形成金叉，30 日均线持续上行，均线呈多头排列。或者5日、10日均线在30日均线之上快速死叉但不破30日均线，而后再度快速向上形成金叉，30日均线保持上升趋势，均线呈多头排列，为买入信号。

（3）成交量萎缩后再度放大，当日成交量大于前一日成交量和5日成交均量，5日成交均量大于或等于10日成交均量，或5日均量线金叉10日均量线，表明有场外资金介入，后市继续看多。

2. 市场意义

这组信号是庄家拉高股价后再刻意打压股价以达到强制洗盘的目的形成的，当洗盘结束后，股价快速腾空而起，即将展开第二轮拉升或主升浪。反映在指标图形上，短线指标有趋空之势，K线有做头迹象，但在生死存亡的关头，指标曲线擦肩而过，盘面再度走强。出现这组信号，持筹者应坚定持有，持币者应逢低坚决介入做多。这组信号既可以判断底部，又可以预测顶部，效果均佳。

3. 实战案例

如图1-28所示，鼎捷软件（300378）日K线走势图。该股在底部经过较长时间的整理后，庄家开始向上缓缓推升股价，使股价成功脱离底部区域。然后进行洗盘整理，股价出现小幅回落。股价在30日均线附近得到有效支撑后，2019年4月2日放量突破盘区，洗盘整理结束，随后出现快速拉升。

（1）由于庄家洗盘所致，3月27日，+DI向下死叉-DI。死叉之后，+DI在-DI之下运行3个交易日，然后+DI再度金叉-DI，在图形上留下一个菱形形态，ADX由下降转为上升，ADXR走平后上升，其指标值均不大，表明主力做多意愿十分强烈。

（2）此时5日、10日均线在30日均线上方形成死叉后，逐渐向30日均线靠近，但不下破30日均线，然后再次向上形成金叉，30日均线继续上行，均线系统进一步向上发散，此时应积极做多。

（3）在成交量上，成交量萎缩后再度放大，当日成交量大于前一日成交量和5日成交均量，5日成交均量大于10日成交均量，表明场外资金纷纷介入，继续看好后市，盘面成交十分活跃，此后出现两个交易日的缩量封板现象。

可见，该股符合上述组合指标的买入条件，持筹者应坚定持有，持币者应逢低坚决介入做多。其后股价短线出现飙升行情，短期获利丰厚。可见，DMI、MA、VOL指标组合群可以成功地捕捉到主升浪行情，投资者在实盘中应多加验证。

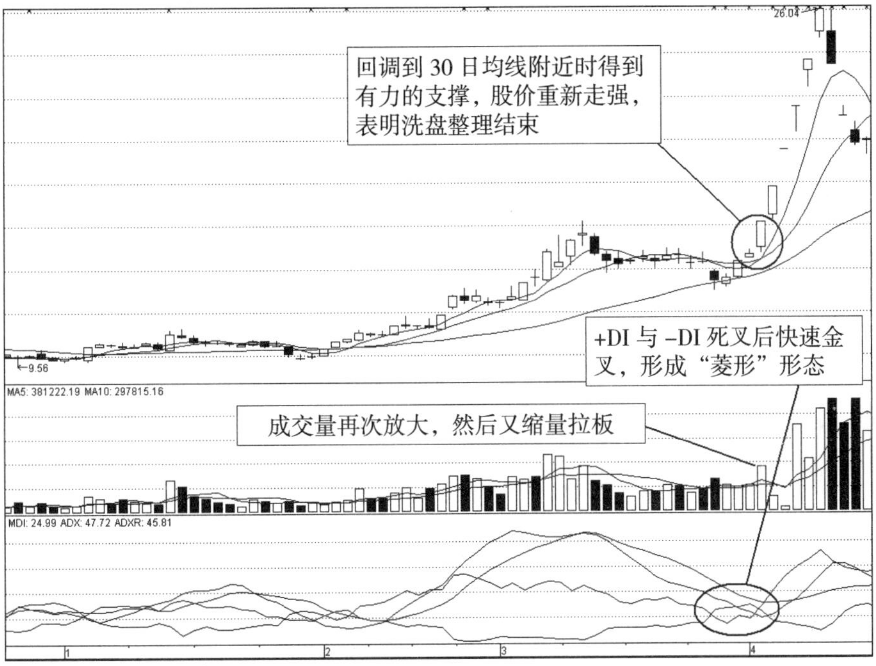

图1–28　鼎捷软件（300378）日K线图

四、见顶信号组合

1. 图形特征

（1）在股价持续上升的过程中，单向上行的ADX线在70以上无法继续向上，而是开始掉头下行。此时ADXR线走平或向下，+DI下行，-DI上行，四条指标曲线逐渐收敛，预示行情将在高位出现振荡走势，投资者可以逢高减仓。之后，ADX继续下行，与ADXR形成死叉，此时+DI、ADXR线也下行，-DI上行，四条指标曲线继续收敛。不久，+DI与-DI出现死叉，形成卖出信号。

（2）这时，均线系统在高位可能出现三种下跌强度不一的盘面现象：一是5日均线向下死叉10日均线，短期卖出；二是5日均线继续向下死叉30日均线，10日均线开始走平或下行，坚决离场；三是当10日均线死叉30日均线，30日均线开始走平或掉头向下，形成一个尖头向下的不规则的下降三角形，是最后的卖出时机。

（3）在成交量方面，经过几天的放量滞涨后，成交量开始逐步萎缩，5日均量线处于10日均量线之下，或在高位出现价跌量增和放量滞涨的背离走势，表明多空分歧意见加大，场内资金在陆续撤离，市场人气逐渐退潮，应趁机退出观望。

需要说明的是，这组指标信号不宜用于快速回落的倒 V 形走势，在振荡型复合头部中具有很好的实盘应用效果。

2. 市场意义

这组信号多为庄家出货所致，股价经过一轮充分炒作后，后续能量不继，股价上档遇到强大压力，或已经达到庄家既定的目标价位区域，预示一轮涨升行情将告一段落。不进则退，投资者一旦发现指标出现这种现象时，无论是否获利，都以先卖出为宜，一旦错失离场机会，难逃套牢之苦。

3. 实战案例

如图 1-29 所示，中信建设（601066）日 K 线走势图。该股庄家成功完成建仓计划后，从 2019 年 2 月开始走出一波升势较大的上涨行情，然后庄家在高位出货，盘面出现大幅振荡。在高位，呈单一方向上行的 ADX 线在 70 上方开始向下掉头，ADXR 线也出现下行，+DI 下行，-DI 上行，四条指标曲线向中间逐渐收拢，预示涨势行情即将结束。之后，ADX 继续下行，与 ADXR 形成死叉，+DI 与 -DI 渐渐收紧，即将出现死叉，说明盘中没有多头资金进场，反而有资金抽离市场，做空信号明显。

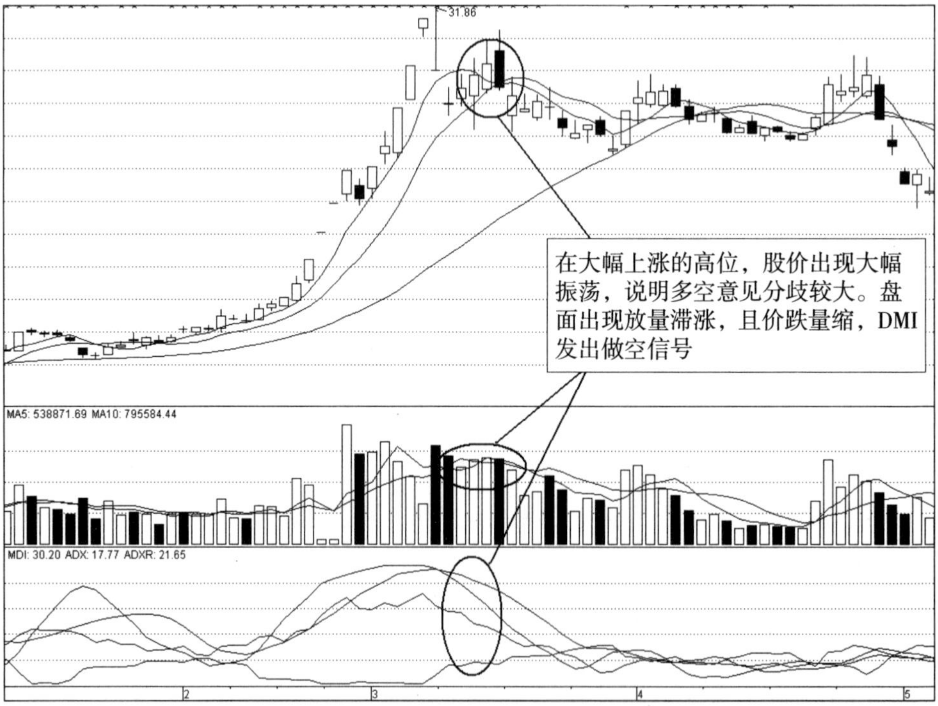

图 1-29 中信建设（601066）日 K 线图

此时，均线系统也出现恶化，5 日均线在高位拐头后向下死叉 10 日均线，随后 10 日均线下行，短期均线形态遭到严重破坏，发展趋势对多方十分不利，为卖出信号。

成交量开始逐步萎缩，5 日均量线处于 10 日均量线之下，形成价跌量增之势，庄家派发筹码的意图表露无遗，应趁机退出。

根据这组信号判断，该股后市短期难有作为，投资者应逢高退出，以免身陷套牢之苦。经过一段时间的横盘后，股价出现向下破位走势。

第六节　MACD + MA + VOL 实战经典组合

MACD 利用短期移动平均线和长期移动平均线之间聚合与分离的情况，来研判股市的未来变化趋势，以确定股票最佳的买卖时机，可以提供清楚的短期或中期趋势形成或完结信号。MA 借助一定时期股票收盘价的移动走势，反映真实的股价变动趋势和一段时间内股价的平均市场成本。VOL 是股价涨跌趋势的先行指标，能够反映市场的供需状况，买卖气势强弱，以及投资者对未来股价变动的看法是否一致。

将 MACD、MA、VOL 这三大指标组合成一组指标群，并熟练地运用其搭配使用方法，可以达到意想不到的效果。在操作方法上，当 MACD、MA 指标发出做多信号时，如果得到成交量放大的配合，说明行情上攻能量充足，爆发力强；当 MACD、MA 指标发出做多信号时，如果成交量未见有效放大，则表明上攻力度较弱，或有假多头嫌疑。反之，即使成交量放大，但如果 MACD 或 MA 指标不具备买入特征，也不可轻易介入。只有当 MACD、MA、VOL 三个指标发生共振，相互验证时（时间差在 3 个交易日以内为宜），方可作为买卖依据。这组信号既可以判断底部，又可以预测顶部，中短线操作效果均佳。

一、金叉信号组合

1. 图形特征

（1）行情经过一轮下跌调整后，空方力量渐渐耗尽，多方占据市场优势，DIF 线在低位与 MACD 线发生金叉，BAR 指标红柱出现并逐日增长，表明股价有见底反弹要求。

（2）股价向上突破 5 日或 10 日均线压力，5 日均线和 10 日均线金叉后上行，并穿过 30 日均线，此时 30 日均线走平或上行，表明短期股价渐渐转强。

（3）同期成交量出现持续温和放大，说明有场外资金介入做多。

2. 市场意义

MACD 指标在低位出现金叉，说明空方力量得到释放，股价调整基本结束，有向上反弹的要求。均线系统金叉，说明近期入场的成本略高于前期成本，对后市投资价值产生预期。成交量放大，说明主力资金看好后市。当盘面出现这种信号时，预示将产生一波反弹行情，对短线操作具有重要意义。

3. 实战案例

（1）MACD 指标在 0 轴以下区域出现金叉，为弱势金叉。DIF 线和 MACD 线在远离 0 轴以下区域并同时向下运行一段时间后，当 DIF 线开始横向运行，或慢慢掉头向上靠近 MACD 线时，如果 DIF 线向上突破 MACD 线，这是 MACD 指标的第一种"黄金交叉"，表明股价经过很长一段时间的下跌并在低位整理后，将开始反弹向上，是短线买入信号。

从辩证角度讲，MACD 指标离 0 轴越远，越有回归 0 轴的要求。市场本身就是一个由弱转强、由强转弱的轮回交替运行过程，所以 MACD 指标离 0 轴越远，越具有投资潜力。

但是从理论上讲，这种"交叉"只是预示着可能出现反弹行情，并不表示该股的下跌趋势已经结束，有可能反弹行情很快结束，甚至是金叉后没有出现反弹，股价即再度下跌。所以，大跌后 MACD 指标首次金叉，投资者应谨慎对待，少量参与为宜。当出现第二次金叉或得到其他技术指标的支持时，方可加仓操作。

如图 1-30 所示，精确信息（300099）日 K 线走势图。该股股价见顶后持续下跌，经过一波快速下跌后，空方能量得到较好的释放，股价渐渐企稳回升。此时 MACD 指标远离 0 轴，DIF 线与 MACD 线出现金叉，但金叉后股价并没有持续反弹。经过一段时间的底背离走势后，2019 年 2 月 15 日，DIF 线与 MACD 线再次金叉，此时成交量放大，5 日均线与 10 日均线形成金叉，MACD、MA、VOL 指标多头信号发生共振，由此产生一波力度较大的反弹行情。

面对这样的个股时，投资者应结合股价运行趋势和成交量变化进行分析。如果成交量明显放大，显示有新的多头资金入场，则金叉信号的可信度大大提高，否则应谨慎操作。

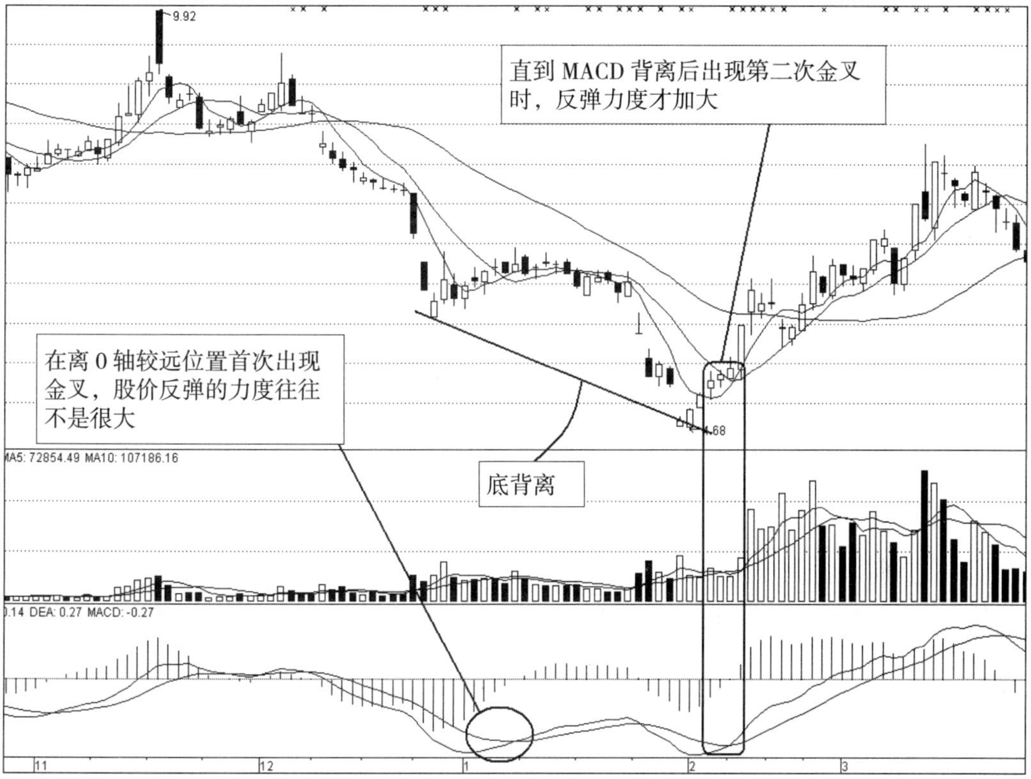

图 1-30　精确信息（300099）日 K 线图

（2）在 0 轴附近区域出现金叉，为强势金叉。DIF 线和 MACD 线运行在 0 轴附近时，如果 DIF 线在 MACD 线下方并向上突破 MACD 线，这是 MACD 指标的第二种“黄金交叉”。表明股价经过一段时间的涨势并经过洗盘整理后，将开始新一轮比较大的上涨行情，是中长线买入信号，短线可以波段操作。

对于这种“交叉”要注意，若股价在底部小幅上升，并经过了一段时间的横盘整理，然后股价放量向上突破，此时 MACD 指标出现金叉，是中线买入信号。或者，当股价从底部启动，已经出现一轮涨幅比较大的上升行情，并在上涨途中经过较长时间的中位回档整理，然后股价再次掉头向上扬升，当 MACD 指标出现这种交叉时，是短线买入信号。

如图 1-31 所示，罗牛山（000735）日 K 线走势图。庄家成功完成建仓计划后，股价渐渐爬高，脱离底部区域，然后展开洗盘整理，MACD 指标回落到 0 轴附近。当洗盘结束后，2018 年 5 月 8 日，一根大阳线向上拉起，次日 DIF 线与 MACD 线形成金叉。此时，股价站在 30 日均线之上，5 日均线与 10 日均线已经出现金叉，

30 日均线保持上行状态，成交量积极放大，显示主力资金介入明显。MACD、MA、VOL 指标均发出多头信号，从而构成理想的买入点，之后股价出现一波比较大的拉升行情。

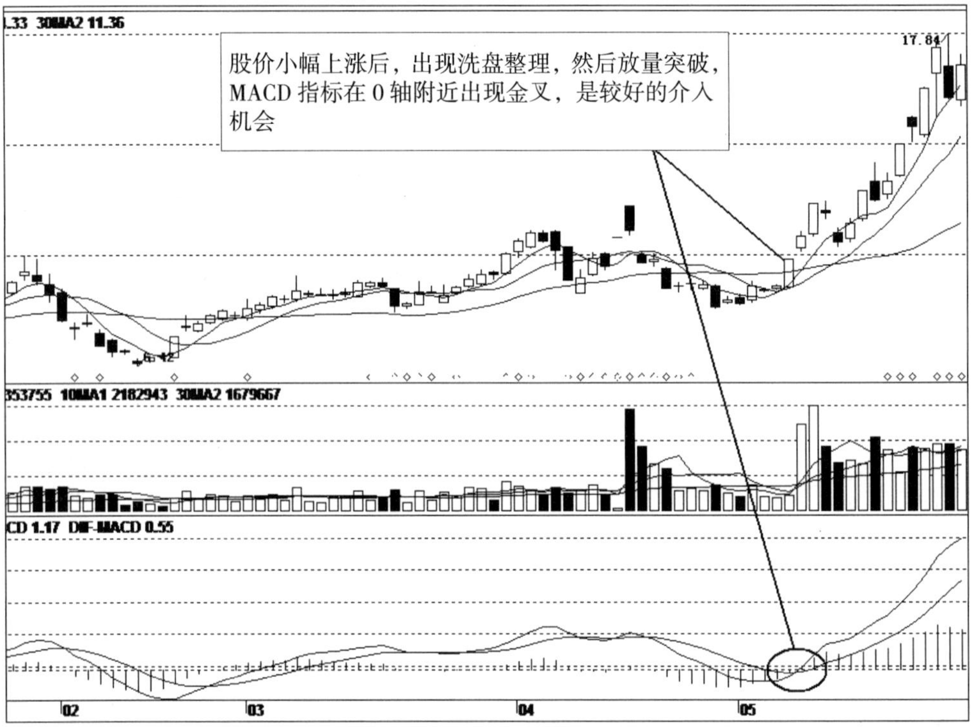

图 1-31　罗牛山（000735）日 K 线图

（3）在 0 轴以上区域出现金叉，为一般金叉。DIF 线和 MACD 线运行在 0 轴以上区域时，如果 DIF 线在 MACD 线下方掉头并向上突破 MACD 线，这是 MACD 指标的第三种"黄金交叉"，表明股价经过一段时间的高位回档整理后，开始新一轮涨势行情。此时短线技术高手可以加仓介入，稳健型投资者可以持股待涨。

如图 1-32 所示，安科瑞（300286）日 K 线走势图。庄家顺利完成建仓计划后，股价逐波走高，从 6 元下方开始启动，不久股价就突破了 22 元，涨幅已超过 250%。随后股价出现回落调整，DIF 线回落到 MACD 线之下。经过短暂的调整后，股价再次向上突破，MACD 指标形成金叉，构成较好的买入信号。此后股价出现一波拉高行情，经过洗盘调整后，MACD 指标在高位出现第二次金叉，股价也出现了不错的上涨走势。

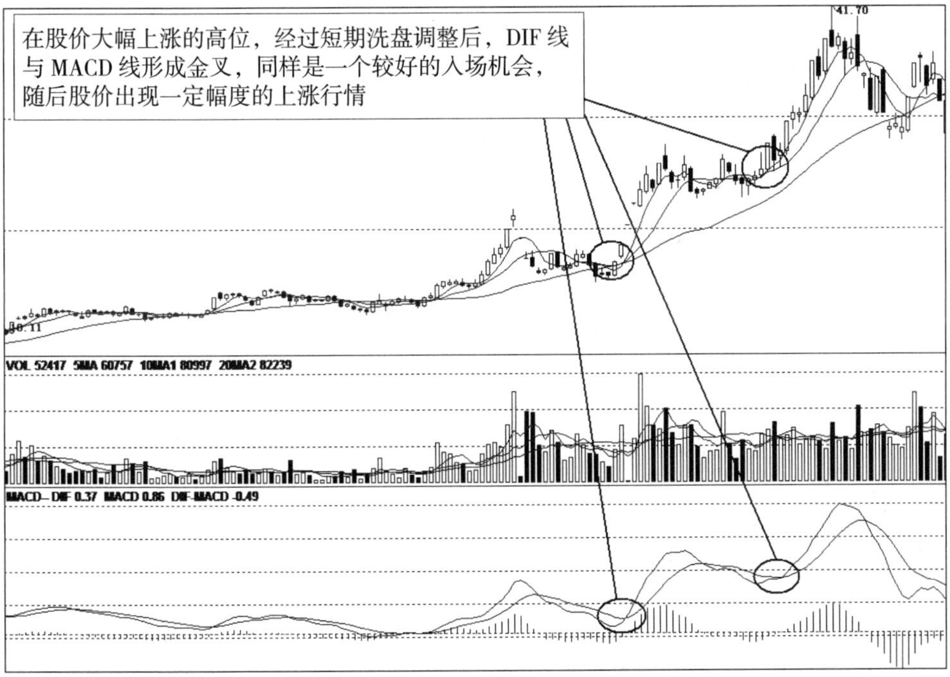

图 1-32　安科瑞（300286）日 K 线图

二、发散信号组合

1. 图形特征

（1）实盘操作中，经常发现 DIF 线和 MACD 线靠得很近或黏合在一起，其差值十分接近，甚至出现重合，此时要重点关注该股走势，但不应过早作出买卖决定，因为后市仍然存在许多变数，待方向明朗后再果断出击。根据其所处的位置高低，可分为以下三种情况。

第一，在低位发生黏合或走平。出现这种现象，多数是市场经过一轮下跌后，空方力量耗尽，庄家进场收集低价筹码，采取打压或压箱顶吸货的方式，导致 DIF 线和 MACD 线黏合在一起。通常来说，黏合时间越长，后市上涨力度越大。一旦 DIF 线向上脱离 MACD 线，表明多头力量取得胜利并开始进攻，空方力量败退，此时可以大胆买入。这种信号多为庄家吸货所致。

第二，在中途发生黏合（0 轴上下）或走平。实盘中，很多个股经过一轮小幅上涨后，DIF 线和 MACD 线在中途（0 轴上下）黏合成一条线（黏合时间越长，距离 0 轴越近，后市涨幅越大）。这多数是横盘市道，庄家一般控筹较好或采用压箱顶方式吸货形成的。突然有一天 DIF 线发力上攻，脱离 MACD 线，是买入的最好时机。

相反，如果 DIF 线和 MACD 线在 0 轴上下黏合后，突然某一天 DIF 线脱离 MACD 线向下发散，表明庄家前期已经抛出了大量筹码，目前所持筹码已不多，股价可能出现新一轮跌势，此时应当卖出手中的股票。

这种信号多为庄家换档整理所致，如上涨途中的蓄势整理，下跌途中的派发整理。

第三，在高位发生黏合或走平。这种情况大多是经过一轮上升行情后，多方后续能量不足，或者股价已经远离持仓成本区域，庄家在高位构筑平台出货，DIF 线和 MACD 线产生黏合或走平。如果某日 DIF 线向下脱离 MACD 线，表明行情已经见顶，应坚决卖出。这种信号多为庄家出货所致。

（2）在盘中，均线系统的短期、中期、长期均线也经常出现黏合现象，这与 MACD 指标出现的黏合情况基本一致。根据其位置高低，也可分为以下三种情况。

第一，在低位出现黏合或走平。股价经过一轮下跌后，在低位进行盘整，庄家进场建仓，或压箱顶吸取廉价筹码，使 5 日、10 日、30 日均线在底部黏合在一起（黏合时间越长，黏合越紧，后市上涨空间越大）。如果某一天 5 日均线脱离黏合区域开始向上，10 日、30 日均线尾随其后跟上，呈多头排列，表明一个中级大底将出现，这时可以及时跟进，成功地做一波中级行情。

第二，均线系统在上涨中途黏合或走平。行情经过一轮涨升后，庄家开始洗盘，导致股价回调，5 日、10 日、30 日均线黏合在一起（时间不宜过长，这与其他几种现象存在区别），呈水平横盘或略向上趋势。一旦 5 日均线发力上攻，脱离黏合状态时，表明第二轮拉升行情或主升浪行情开始，没赶上第一轮拉升行情的投资者此时可以介入，出色地做一轮短线行情。

相反，股价在高位出现一波小幅下跌行情后，股价出现企稳整理，5 日、10 日、30 日均线黏合或走平，呈水平横盘或略向下趋势。一旦 5 日均线向下脱离黏合状态，表明行情出现新一轮跌势，在顶部没有出局的投资者，这时应坚决清仓退出。

第三，在高位黏合或走平。行情经过一轮上涨后，股价上档遇到强大压力或已达到庄家的既定拉升价位，在高位形成平台整理区域，5 日、10 日、30 日均线黏合在一起。不久，5 日均线向下脱离黏合状态，表明阶段性头部已经出现，股价将出现中短期调整走势，此时应及时卖出。

（3）股价在低位，前期成交量大幅萎缩，当 MACD 指标和均线系统出现向上突破时，当日成交量大于前一日成交量和5日成交均量，5日成交均量大于10日成交均量，为做多信号。

股价在中位，当MACD指标和均线系统向上突破时，萎缩后的成交量必须再度放大，当日成交量大于前一日成交量和5日成交均量，5日成交均量大于10日成交均量，这也是做多信号。当MACD指标和均线系统出现向下破位时，成交量出现萎缩或价跌量增，为做空信号。

股价在高位，当MACD指标和均线系统出现向下破位时，成交量出现萎缩或价跌量增态势，为做空信号。

2. 市场意义

这种信号如果出现在筑底阶段，多为庄家吸货所致，后市具有一定的投资价值，投资者应多加关注。一旦向下发散，表明庄家吸货结束，即将展开一轮涨升行情。

若在上涨过程中出现这种现象，多为庄家洗盘整理走势。一旦向上发散，说明洗盘结束，后市出现新一轮升势。

若在上涨过程中出现这种现象，说明上方抛压较重。一旦向下发散，表明反弹行情或自救行情即将结束，股价可能出现新一轮跌势，应当逢高退出。

若在头部阶段或反弹行情中出现这种现象，表明庄家正在逢高派发筹码，股价欲涨无力，行情即将进入调整，投资者应多加防范。

在相同位置（低、中、高）出现同步（指标信号的时间差以3个交易日为宜）买卖信号时，其准确率达到90%以上，投资者可在其中找到更多丰收的喜悦。

3. 实战案例

如图1-33所示，三钢闽光（002110）日K线走势图。该股有强庄入驻其中，庄家在底部长时间吸纳低价筹码，股价呈现筑底走势，此时MACD指标在0轴附近长时间形成黏合状态。2017年7月7日，股价放量向上脱离盘整区域，DIF线脱离MACD线向上抬头，两线向上发散，BAR指标红柱增长。

同期均线系统也长时间黏合在一起，此时5日均线与10日均线在30日均线上方向上跃起，30日均线缓缓上行，均线系统呈多头排列，形成较好的买入点。同期成交量也出现持续温和放大，表明有场外资金不断介入。此后股价出现快速拉升行情，短期涨幅较大。

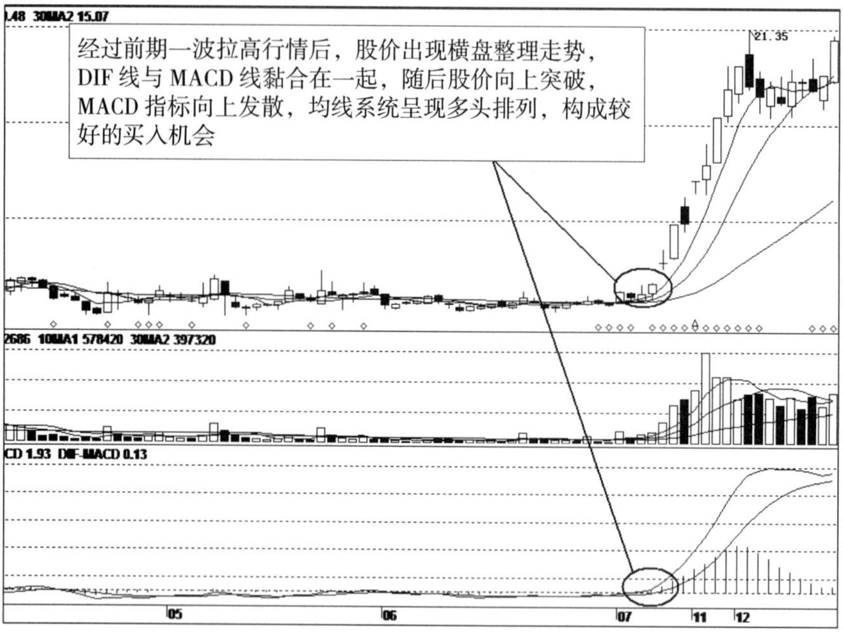

图 1-33　三钢闽光（002110）日 K 线图

在上涨途中出现这种盘面现象时，说明洗盘整理结束，后市即将展开新的上涨行情，应积极介入。

如图 1-34 所示，超频三（300647）日 K 线走势图。该股经过长时间的下跌调整，股价在低位企稳回升。经过一波拉高后，庄家开始洗盘整理。2018 年 3 月 29

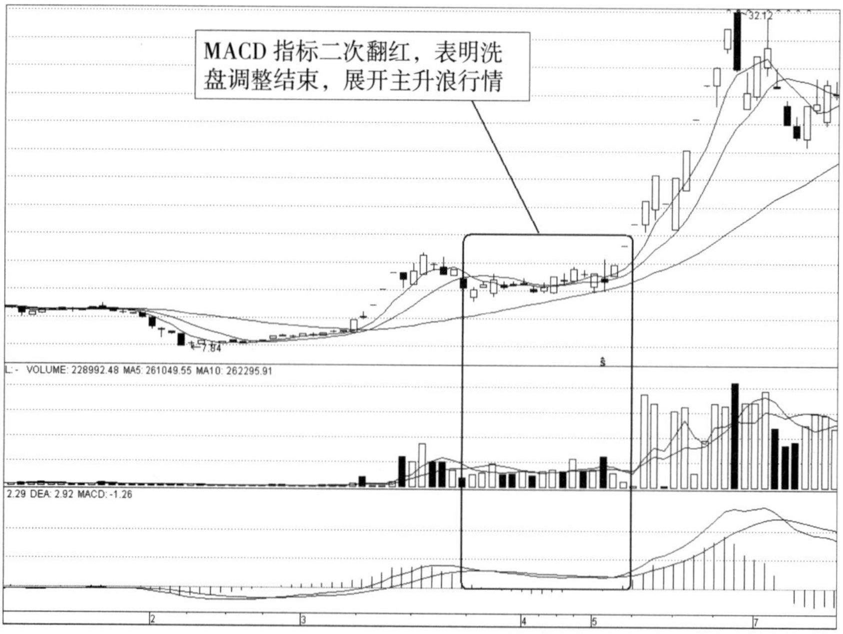

图 1-34　超频三（300647）日 K 线图

日，DIF 线回落与 MACD 线发生死叉，但没有出现持续下滑走势，而是出现了一段时间的黏合状态。6 月 5 日，DIF 线反转向上脱离 MACD 线，DIF 线继续向上攀升，随后 MACD 线也渐渐上行，BAR 指标红柱消失后又出现并逐日增长。此时，5 日、10 日均线在 30 日均线上方黏合后向上发散，30 日均线继续向上移动，均线系统多头排列完好。成交量方面，由于“一”字涨停市场出现惜售，可以忽略缩量现象。以上情况表明庄家洗盘换手已经成功结束，有望展开主升浪走势，一旦回调就是较好的买点。随后，该股出现一波主升浪行情，在 12 个交易日中拉出 11 个涨停，短期股价涨幅较大。

在反弹高点出现这种盘面现象时，说明上方压力较重，庄家完成减仓计划后，后市可能出现新的下跌行情，应及时离场。

如图 1-35 所示，重庆啤酒（600132）日 K 线走势图。股价经过一轮盘升行情后，DIF 线和 MACD 线在 0 轴上方形成黏合状态，并持续了一段时间。不久，一根大阴线向下突破 30 日均线的支撑，DIF 线向下脱离 MACD 线。同时，5 日均线与 10 日均线形成死叉，预示股价将向下运行。成交量持续低迷，显然没有大资金在护盘。此后 MACD 指标继续向下运行，均线系统形成空头发散，随后股价出现大幅下跌。

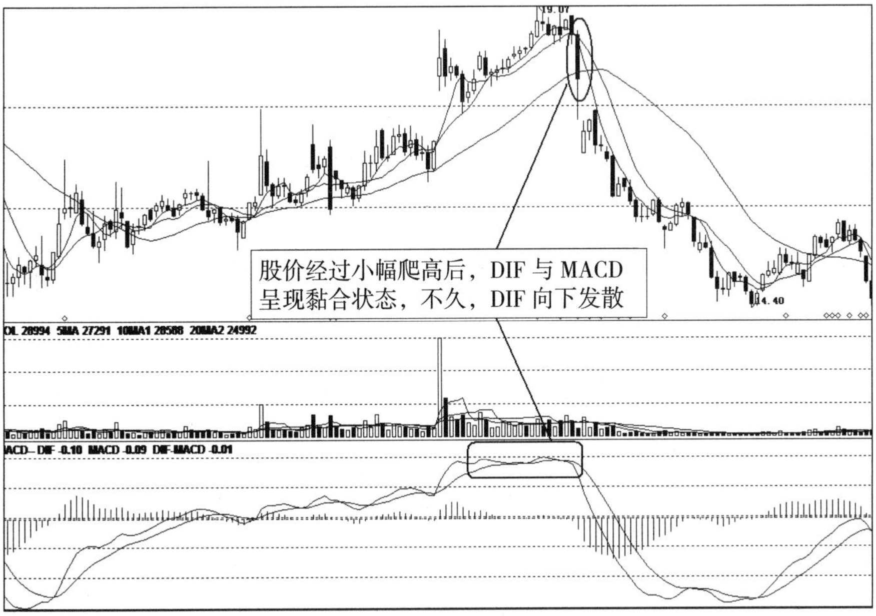

图 1-35　重庆啤酒（600132）日 K 线图

这种盘面现象常常出现在下跌中继阶段，大多是因为庄家减仓所致，表明后市仍然存在较大的下跌空间，投资者应加强风险意识。

如图 1-36 所示，欧浦智网（002711）日 K 线走势图。该股反弹结束后再次回落，出现较长时间的弱势振荡走势，股价重心渐渐下移，盘面走势十分低迷，DIF 线与 MACD 线出现黏合状态，均线系统缓缓下行，成交量出现价跌量增之势。

2018 年 6 月下旬，连续出现多根阴线，导致 MACD 指标向下发散，均线系统形成空头排列，从而进一步加剧了做空势头，接着股价出现连续一字跌停。在实盘操作中，投资者遇到这种盘面走势时，应及早退出观望，以免损失进一步扩大。

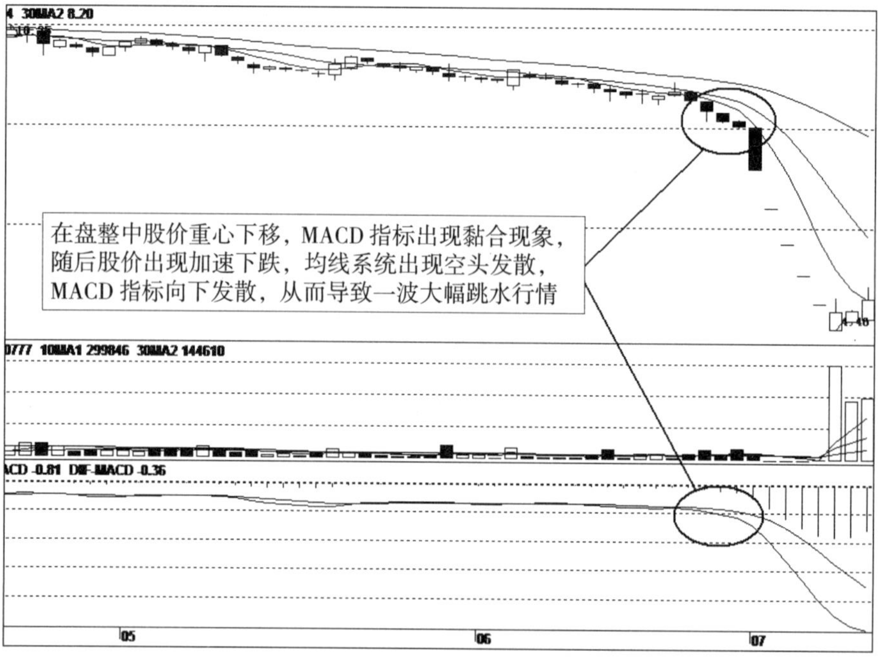

图 1-36　欧浦智网（002711）日 K 线图

MACD 指标在高位（在 0 轴上方较远的位置更具有判断价值）发生黏合或走平，这种情况大多是经过一轮上升或反弹行情后，盘中堆积了大量的获利筹码，多方后续能量供应不足，股价上档压力显现，庄家在高位构筑平台出货，投资者应注意市场风险。

如图 1-37 所示，和晶科技（300279）日 K 线走势图。股价经过一波反弹行情后，跟风盘渐渐稀少，股价上升乏力，上方压力日渐显现。DIF 线在远离 0 轴上方走平后，与 MACD 线发生黏合。持续几个交易日后，DIF 线选择向下，MACD 线也随之下降，BAR 指标绿柱增长。

同时，5 日均线向下死叉 10 日均线后，继续向下死叉 30 日均线，均线系统向空头发散，形成卖出信号，其后该股出现盘跌走势。在成交量方面，前期成交量大幅放大，股价出现滞涨，明显有庄家对倒出货的动作。实盘中遇到这种信号时，应止损出局，细细领悟“割肉也是赚钱”的股谚。

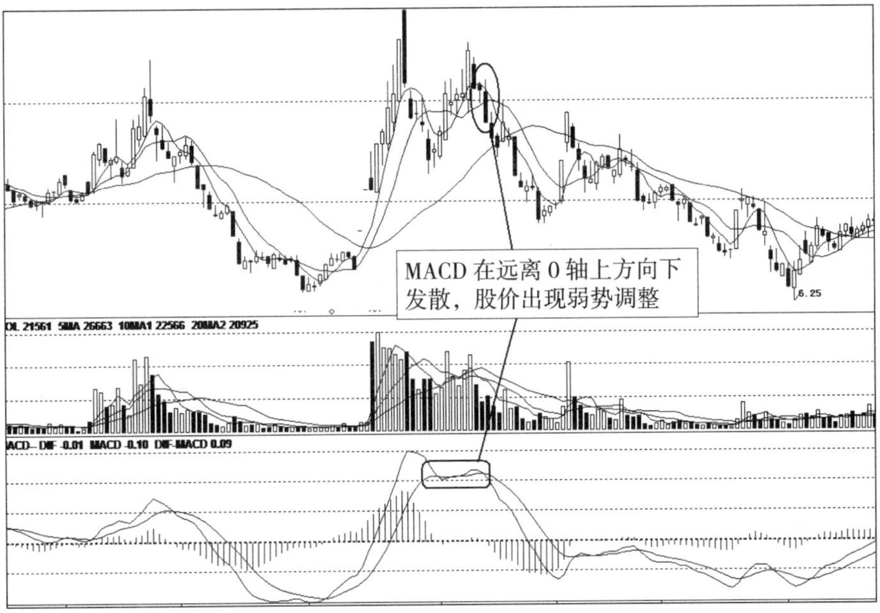

图 1–37　和晶科技（300279）日 K 线图

三、空中加油组合

1. 图形特征

（1）DIF 线与 MACD 线金叉后，随着股价的上行而上升，之后随着股价的回调而下降。庄家进行洗盘时，股价出现回调，当 DIF 线回调到 MACD 线附近即将形成死叉时，DIF 线快速反转向上，拒绝死叉并继续向上爬升，曲线图如同“空中加油”形态。这时，BAR 指标的红柱缩短后再度加长，表明行情展开第二次涨升或拉开主升浪行情。

（2）在均线系统中，5 日均线与 10 日均线金叉后向上运行，因庄家洗盘而股价回调，5 日均线也向下回落。当回落到 10 日均线附近即将形成死叉（或死叉后快速金叉）时，5 日均线擦边而过，快速反转向上，10 日均线和 30 日均线继续向上移动，形成多头排列，形态如同“空中飞舞”。这种形态表明行情仍然处于强势之中，洗盘结束后将展开新一轮攻势或出现主升浪行情。

（3）此时 5 日均量线金叉 10 日均量线后，随着股价上涨持续放量，之后随着股价的回调而缩量。当庄家开始洗盘时，5 日均量线回到 10 日均量线附近即将形成死叉（或死叉后快速金叉）时，5 日均量线反转向上，继续向上升高，表明场外资金跟风踊跃，上升能量充足。

2. 市场意义

形成这组信号多为庄家洗盘行为所致，盘面走势如同“蜻蜓点水”，点到即止，其目的是为了日后更好地拉升股价减少抛盘阻力，从而实现坐庄的目的。也有可能是庄家发动自救行情，随后出现“梅开二度”的飙升走势。

投资者一旦发现这组信号，无论如何是要杀进去的，因为庄家即将发动第二次拉升或主升浪行情，这时介入，可以尽情地享受一下坐轿子的惬意。其最佳买入点是在指标曲线向上抬头之时跟进。通常来说，在实盘操作中，第二波涨升比第一波涨升的力度更大，涨势更猛。这组信号既可以判断底部，又可以预测顶部，中短线操作效果均佳。

3. 实战案例

如图 1-38 所示，中国应急（300527）日 K 线走势图。在长时间的底部振荡过程中，庄家获取了大量的低价筹码。之后股价开始向上推高，MACD 指标向上爬升到 0 轴上方，BAR 指标红柱逐日加长。然后庄家开始洗盘整理，股价出现小幅回落。2019 年 3 月 25 日，洗盘结束后，股价放量突破，出现一波主升浪行情。

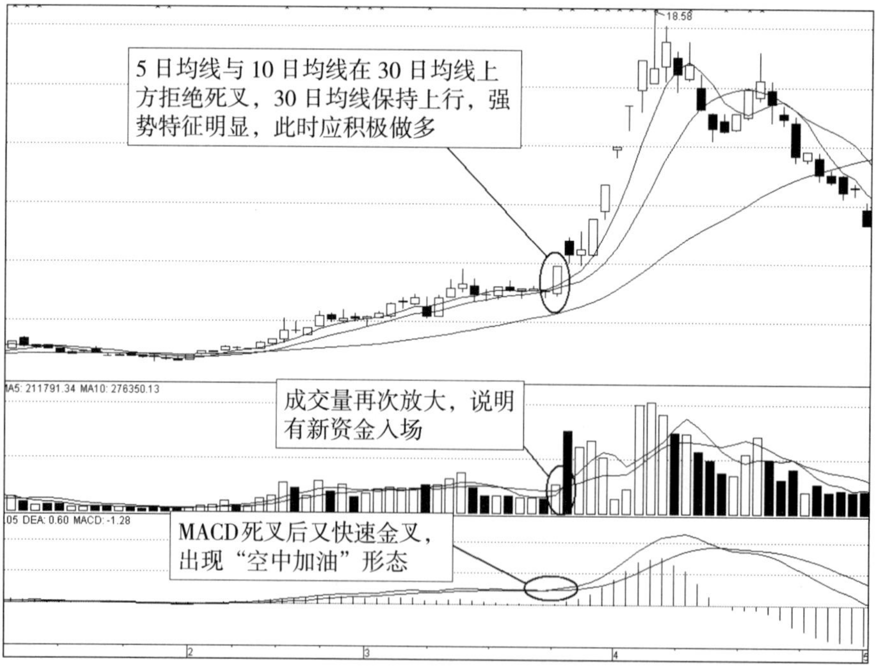

图 1-38 中国应急（300527）日 K 线图

从技术指标中可以看出，在股价突破的前一天，DIF 线向下死叉 MACD 线，当天股价收出一根涨停大阳线，MACD 指标又快速金叉，BAR 指标红柱消失后再次迅速拉长。在均线系统中，5 日均线与 10 日均线在 30 日均线上方拒绝死叉，30 日均线保持上行。成交量萎缩后再次放量，说明有大资金积极介入。这种情况表明庄家洗盘成功结束，即将展开主升浪行情，为中短线买入时机。此后股价大幅走高，短期内累计涨幅较大。

如图 1-39 所示，华仁药业（300110）日 K 线走势图。该股在底部出现长时间的横盘整理走势，庄家吸足廉价筹码后，渐渐向上推高股价。当股价涨幅达到 30% 时，庄家开始洗盘整理。此时，DIF 线掉头向下死叉 MACD 线，5 日均线向下死叉 10 日均线，成交量开始大幅萎缩。一轮盘升态势十分完美的行情遭到破坏，市场似乎出现一些微妙的变化，多空分歧意见明显加大，后市走势是好是坏难以明确，于是一些短期投资者开始动摇，纷纷把筹码抛了出去，留下的是坚持不抛售的投资者。

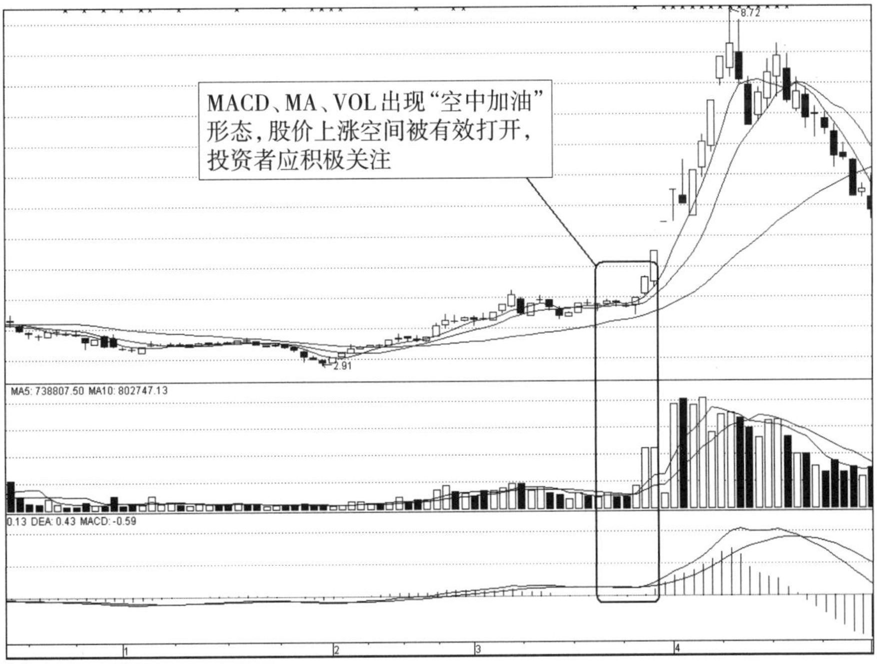

图 1-39　华仁药业（300110）日 K 线图

2019 年 3 月 27 日，股价放量拉升，突破整理盘区。那么，市场是否会出现持续的上涨行情呢？这一点可以从技术指标中找到答案。此时，死叉后的 DIF 线重新金叉 MACD 线，上升角度加大，BAR 指标红柱出现并逐日增长。5 日均线与 10

日均线向上发散，30 日均线保持原来的上升速率，均线系统呈多头排列。成交量再度放大，5 日均量大于 10 日均量，说明上攻动能充足。股价突破得到技术指标的支持，表明上涨空间被有效打开，这时应积极做多。

上述指标出现“空中加油”图形，表明庄家洗盘行为全面结束，后市行情乐观。对这样的信号组合，投资者应当积极关注，激进型投资者应坚决杀进，或不惜追高买入。之后，该股出现飙升行情，短期内股价即翻倍。

在股价大涨后的高位，由于庄家很难一次性完全撤退，往往会再次发动涨升行情，以便实现最后的出逃计划。DIF 线和 MACD 线形成金叉，但很快又发生死叉，BAR 指标刚刚产生的红柱很快消失，绿柱再度迅速增长。此时，均线系统在高位出现胶着状态，一旦股价向下击穿短期均线，则表明庄家发动的反弹或自救行情结束，行情进入下跌调整，应及时卖出观望。

如图 1-40 所示，和晶科技（300279）日 K 线走势图。该股股价见底后出现一波较大的上涨行情，庄家在高位不断兑现获利筹码，从而形成盘整振荡走势，同期 MACD 指标渐渐向下滑落。随着股价不断向上推高后，MACD 指标形成金叉，但是金叉后不久，在 2017 年 9 月 15 日收出一根下跌大阴线，从而使 DIF 线很快与 MACD 线形成死叉，此时 BAR 指标刚刚产生的红柱很快消失，绿柱再度迅速增长，MACD 指标与股价已经形成“顶背离”走势。同一天，股价向下击穿 5 日和 10 日

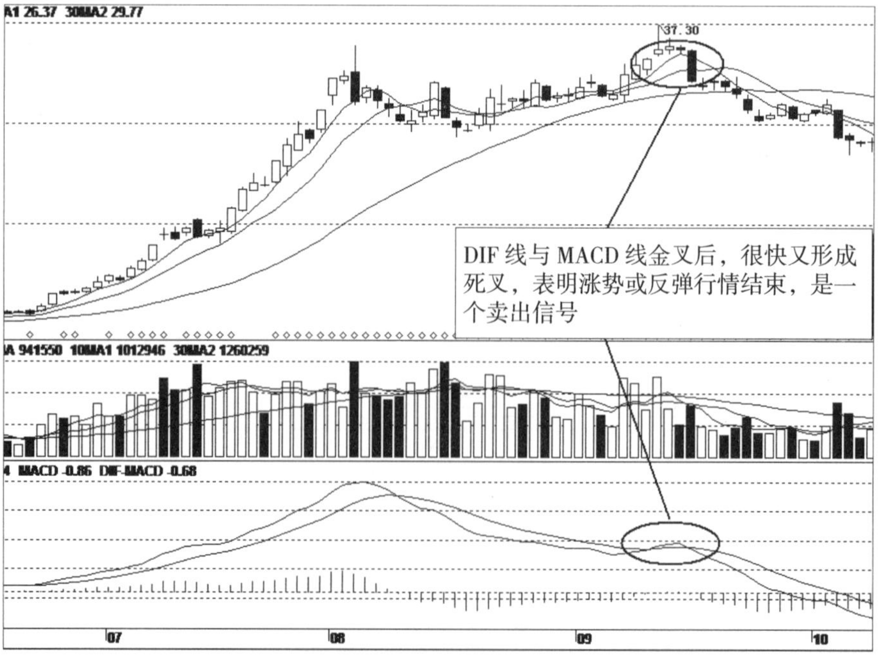

图 1-40　和晶科技（300279）日 K 线图

均线的支撑。这种情况表明股价上涨得不到多头的支持，上涨压力日趋增大，从此股价进入中期调整走势。

同样，在股价下跌过程中，DIF 线由下降拐头向上即将与 MACD 线发生金叉时，两线却拒绝金叉，DIF 线快速反转，悬空而下，BAR 绿柱缩短后再度迅速增长。均线系统出现死叉，或者已经形成空头排列，此时成交量大小并不重要。这种情况表明反弹行情结束，股价将再次出现下跌走势，构成卖出信号。

如图 1-41 所示，格力电器（000651）日 K 线走势图。股价见顶后小幅下跌，庄家为了出货再次推高股价，但股价触及前期高点时遇阻回落。2018 年 3 月 22 日股价向下破位，盘面再次走弱。在技术指标中，DIF 线碰触 MACD 线后，即将形成金叉时，却拒绝金叉并向下发散。BAR 指标绿柱逐渐缩小后又开始加长，盘面弱势特征进一步显现。

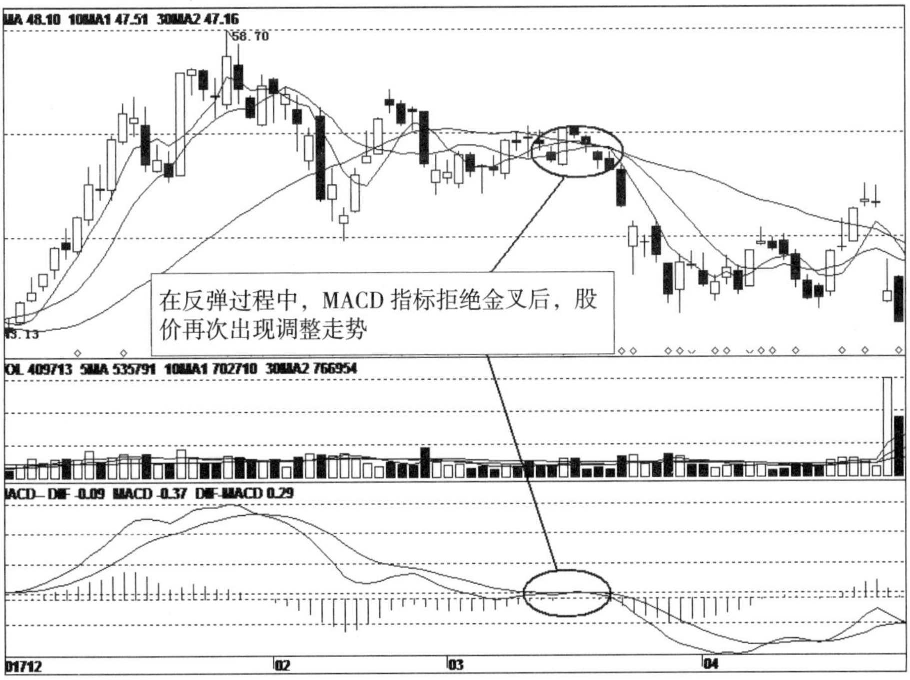

图 1-41　格力电器（000651）日 K 线图

在均线系统中，5 日均线与 10 日均线死叉后，继续向下击穿 30 日均线的支撑。30 日均线开始掉头向下，均线系统向空头发散，盘面弱势特征非常明显，应及时止损观望。

四、小鸭戏水组合

1. 图形特征

（1）DIF 线和 MACD 线在底部形成金叉并上穿 0 轴，其后随着庄家的洗盘出现回调，DIF 线向下死叉 MACD 线，但不下破 0 轴（在 0 轴附近较好），在 MACD 线下作短暂（一般为 10 个交易日以内）停留后，再次金叉 MACD 线，上升角度增大。BAR 指标绿柱消失，红柱出现并加长。在图形上出现如同“小鸭戏水”的形态，这表明庄家洗盘结束，股价将再拾升势，为买入信号。

（2）原来向上的 5 日均线转为向下，并死叉 10 日均线，10 日均线掉头向下接近 30 日均线，但不下破 30 日均线，此时 30 日均线几乎保持原来的角度上升。几天后，5 日均线在 30 日均线上方金叉 10 日均线，10 日均线重新上翘。

或者，5 日均线死叉 10 日均线后继续下行，死叉 30 日均线，10 日均线掉头向下接近 30 日均线，但不下破 30 日均线，不几日 5 日均线快速拉起金叉 30 日均线，10 日均线随之上行，30 日均线几乎保持原来的角度上升。

这两种走势在图形上均出现“小鸭戏水”形态，表明庄家洗盘结束，后市行情向好，为买入信号。

（3）成交量萎缩后再度放大，5 日均量大于 10 日均量，也就是说，5 日均量线金叉 10 日均量线。这种情况说明股价上涨有成交量积极放大的配合，呈现典型的价升量增的多头攻势，可能会产生一波中级以上行情。此时，应持股或利用股价的短暂回档逢低加码买进，将有短线获利机会，因为庄家介入的资金一时难以顺利撤退。

2. 市场意义

这组信号比“空中加油”走势的力度更大，整体走势如同在水上嬉戏的小鸭，忽然一头扎进水里，片刻又露出水面，然后向前飞跃。形成这种形态多为庄家拉升前再次试探底部，或是试拉升后回调洗盘，或是构筑双底形态，目的是为了清洗浮筹，进一步夯实底部基础。投资者如果遇到这组信号，应买入做多，一般成功率较高。这组信号既可以判断底部，又可以预测顶部，中短线操作效果均佳。

3. 实战案例

如图 1-42 所示，圣达生物（603079）日 K 线走势图。该股经过长时间的调整后，庄家成功完成建仓计划，股价渐渐向上爬高，脱离底部区域。MACD 指标中的 DIF

线向上金叉 MACD 线，并上穿 0 轴，这时股价处于前期成交密集区附近，上档遇到强大压力。庄家借机打压洗盘，股价出现向下回调。DIF 线向下死叉 MACD 线，5 日均线向下死叉 10 日均线，且向 30 日均线逼近，10 日均线向下掉头，成交量出现萎缩。

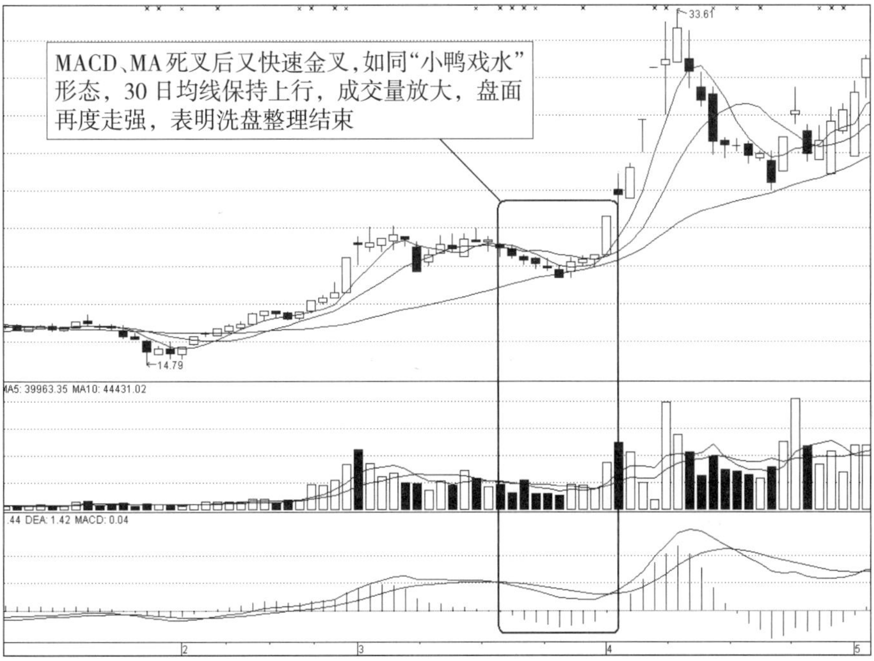

图 1-42　圣达生物（603079）日 K 线图

庄家做盘手法十分诡异，在形态上形成上攻失败的假象，不少投资者见此纷纷抛空离场。观察随后几个交易日的走势，可以发现 BAR 指标绿柱逐渐缩小，2019 年 4 月 1 日股价放量涨停，此时 DIF 线已在 MACD 线之下运行 9 个交易日，之后转身向上金叉 MACD 线，BAR 指标红柱产生并逐日增长。5 日均线在 30 日均线上方与 10 日均线构成金叉，10 日均线随后也向上移动，30 日均线走势坚挺。当日成交量明显放大，5 日均量大于 10 日均量。

根据上述指标组合信号判定，该股出现“小鸭戏水”形态，是一个理想的买入点，随后该股出现快速拉升行情。由此可见，当 MACD 指标形成金叉时，可以参考 30 日均线，不论股价怎样回调，如果 30 日均线按照股市运行规律向上运行，一旦形成买入信号，5 日均线金叉 10 日均线，成交量放大，即可短线介入。

如图 1-43 所示，联得装备（300545）日 K 线走势图。该股庄家在底部完成建仓计划后，2018 年 12 月 27 日股价放量突破，然后进行蓄势整理。同期 MACD 指标金叉后穿过 0 轴，由于股价回调而出现死叉，此时 5 日均线死叉 10 日均线，成交量持续萎缩。那么，该股后市如何变化呢？

2019 年 2 月 12 日，股价放量突破，开启一轮主升浪行情。当天技术指标发出明确的买入信号，在 MACD 指标死叉后的第 6 个交易日，DIF 线金叉 MACD 线，出现“小鸭戏水”形态。5 日均线与 10 日均线在 30 日均线上方再度金叉，30 日均线保持上行，同样出现“小鸭戏水”形态，当日成交量同步放大(此后因涨停缩量)，买入信号明确，次日股价开始出现“一”字板涨停。

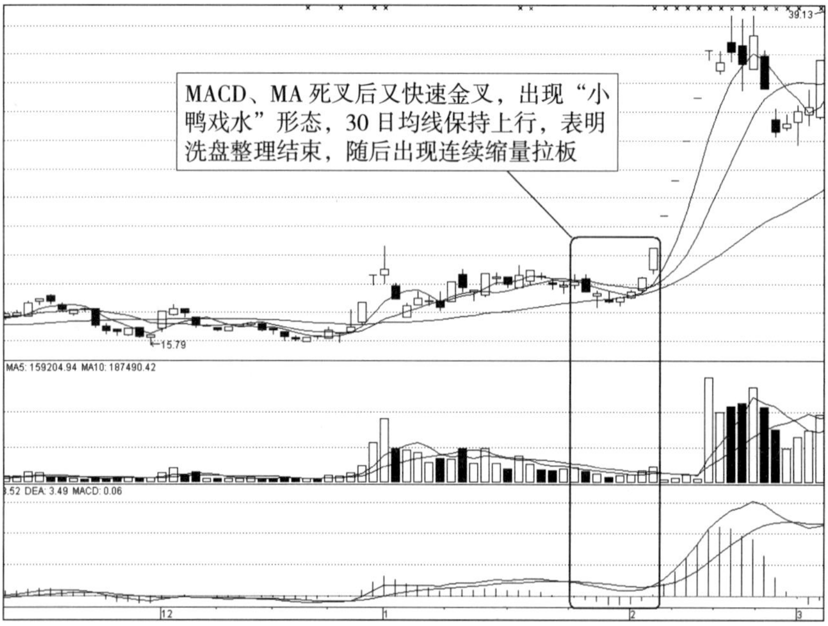

图 1-43 联得装备（300545）日 K 线图

五、死叉信号组合

1. 图形特征

（1）经过一轮上涨行情后，庄家获利丰厚，开始在高位兑现获利筹码。DIF 线在高位与 MACD 线发生死叉，BAR 指标绿柱出现并逐日增长，表明股价有见顶回落的要求。

（2）股价向下击穿 5 日或 10 日均线的支撑，5 日均线下行，或与 10 日均线死叉，此时 10 日均线走平或下行，表明一轮涨势或反弹行情即将结束。

（3）在高位出现放量滞涨现象，疑似庄家对敲出货，应及时卖出；股价向下击穿一个重要支撑位时，出现放大的成交量，说明下跌动力较强。

2. 市场意义

行情经过一轮上涨后，多方力量耗尽，股价无法继续上行，此时空方占据市场优势。庄家不断向外派发筹码，于是 DIF 线在高位与 MACD 线出现死叉走势。MACD 线随之下行，BAR 指标绿柱出现并逐日增长，意味着下跌行情即将展开。当短期均线下行或形成死叉时，说明入场意愿下降，多头动能减弱，不愿意接受更高的价位。成交量放大，说明高位筹码开始松动，多空意见出现分歧，有获利盘开始出逃的迹象。当这些信号同时出现时，投资者以卖出观望为宜。

3. 实战案例

（1）在 0 轴上方较远位置出现死叉，为强大死叉信号。DIF 线和 MACD 线在远离 0 轴以上区域同时向上运行一段时间后，当 DIF 线开始横向运行，或慢慢掉头向下靠近 MACD 线时，如果 DIF 线向下突破 MACD 线，这是 MACD 指标的第一种“死亡交叉”。

这种死叉表明股价经过很长一段时间的上涨后，庄家在高位整理出货，形成盘头走势，预示一轮比较大的跌势行情即将产生。出现这种交叉信号，预示着股价的中长期上升行情已经结束，下跌行情可能开始，投资者对这种交叉要特别小心，应及时逢高减仓或退出。特别是对于那些前期涨幅较大的股票，应加强风险防范意识。

如图 1-44 所示，中信建设（601066）日 K 线走势图。该股被实力强大的庄家看中后，在低位吸纳了大量的低价筹码。2018 年 10 月股价脱离底部区域，进入上升通道，经过一路小跑热身运动后，2019 年 2 月开始加速上涨。股价出现拉升行情，庄家获利十分丰厚，兑现获利筹码已是庄家当务之急。在高位出现大幅振荡，盘面形成放量滞涨现象，疑似庄家正在对敲出货。DIF 线走平后向下死叉 MACD 线，同时 5 日均线死叉 10 日均线，说明中期趋势转弱，应及时卖出观望。

（2）下跌趋势中，MACD 指标在 0 轴以下区域出现死叉，为弱势死叉信号。DIF 线和 MACD 线在 0 轴以下区域运行很长一段时间后，由于 DIF 线的走势先于 MACD 线，因此，当 DIF 线再次慢慢掉头向下靠近 MACD 线时，如果接着 DIF 线向下突破 MACD 线，这是 MACD 指标的另一种“死亡交叉”。

这种死叉表明，在股价长期下跌途中或经过一段时间的反弹整理后，一轮较大的跌势又要出现，股价将再次下跌，是中短线卖出信号。这种交叉信号意味着下跌途中的短线反弹结束，股价中长期趋势依然看淡，投资者应以逢高卖出或持币观望为主。

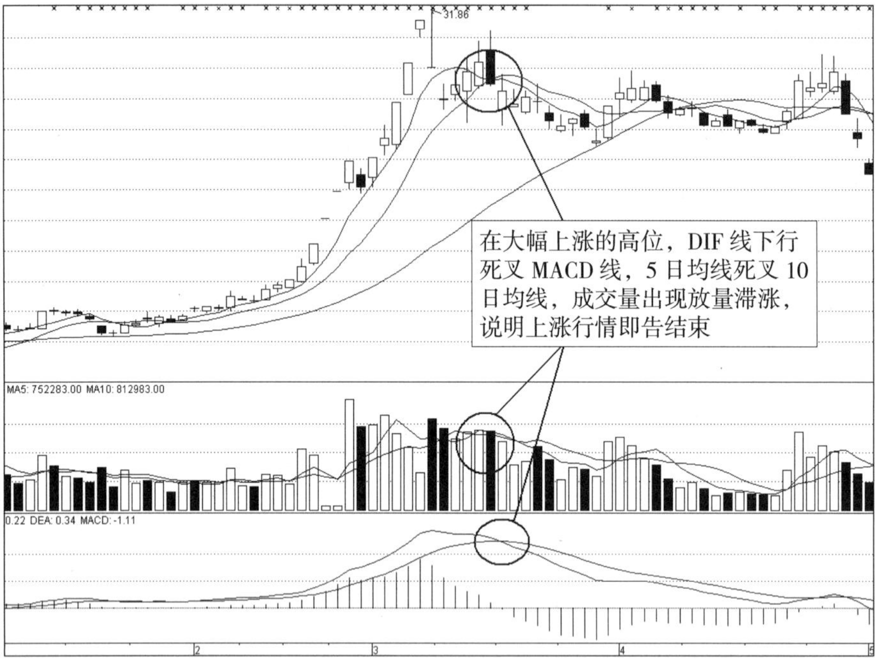

图 1-44　中信建设（601066）日 K 线图

如图 1-45 所示，正平股份（603843）日 K 线走势图。股价从高位下跌后，出现小幅反弹行情。因庄家出货态度坚决，后续做多能量不足，股价上行乏力，反弹行情很快夭折，股价重回 30 日均线之下。2018 年 1 月 23 日，DIF 线向下死叉

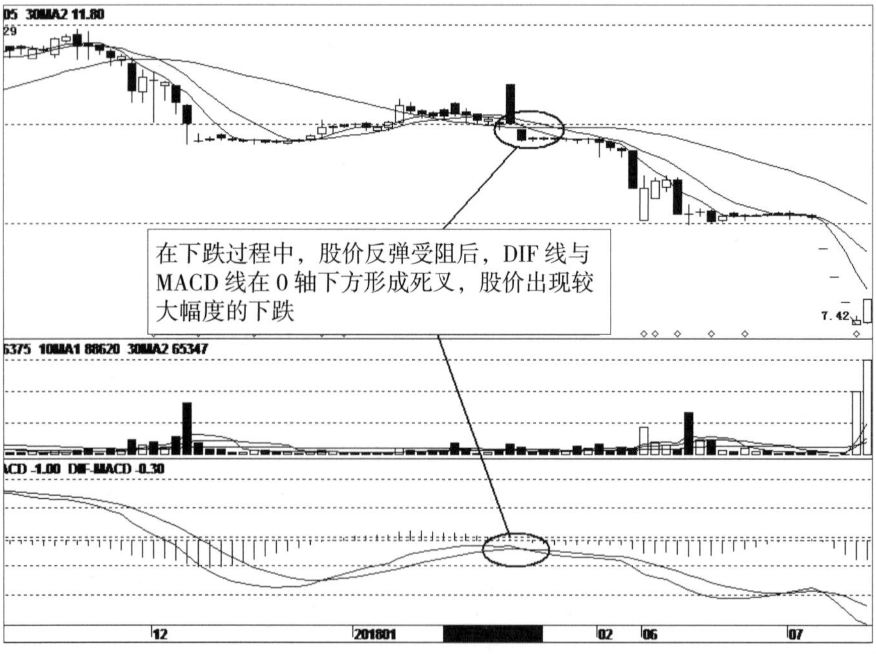

图 1-45　正平股份（603843）日 K 线图

MACD 线，MACD 线随之向下拐头，BAR 指标绿柱出现并逐日增长，构成典型的卖出信号。5 日均线向下死叉 10 日均线后继续下行，死叉 30 日均线，随后 10 日均线随之下行，30 日均线也同步下行，股价滑落到均线下方运行，均线系统构成空头排列，此后股价出现加速下跌走势。

第七节　RSI＋MA＋VOL 实战经典组合

RSI 指标是通过比较一段时间内收盘价的涨跌变化情况，来分析测量多空双方买卖力量的强弱程度，从而判断未来的股价走势。MA 指标是借助一定时期内股票收盘价的移动走势，反映真实的股价变动趋势和一段时间内股价的平均市场成本。VOL 是股价涨跌趋势的先行指标，能够反映市场的供需状况，买卖气势强弱，以及投资者对未来股价变动的看法是否具有一致性。

将 RSI、MA、VOL 这三大指标组合成一组指标群，在短线操作中应用效果比较好。操作方法上，当 RSI 指标发出做多信号时，如果得到成交量放大的配合，说明行情上攻能量充足，短期爆发力强，此时如果均线系统支持多头信号，就是一个较好的入场机会。反之，当 RSI 指标发出做多信号时，如果成交量未见有效放大，说明上攻力度较弱，为虚张声势的表现，有假多头嫌疑，此时如果均线系统不支持多头信号，则不能介入。同样，即使成交量持续放大，如果 RSI 或均线系统不具备买入特征，也不可轻易介入。只有当 RSI、MA、VOL 三大指标出现共振，相互验证时（时间差在 3 个交易日以内为宜），方可作为买卖依据。这组信号既可以判断底部，又可以预测顶部，中短线操作效果均佳。

一、金叉信号组合

1. 图形特征

（1）股价经过一轮下跌或暴跌后，6 日 RSI 线与 12 日 RSI 线形成金叉（指标值在 20 以下更好），然后继续上行穿过 50 强弱分界线，表明短线股价进入强势区域。

（2）5 日均线与 10 日均线金叉或已经金叉，30 日均线走平或上行，均线系统形成多头发散状态。或者，股价距离 30 日均线较远，5 日均线金叉 10 日均线，也是短线较好的买入时机。

（3）成交量持续放大，场外增量资金积极介入。

2. 市场意义

当短期 RSI 线在低位向上突破长期 RSI 线时，一般为 RIS 指标的“黄金交叉”，为买入信号。一般而言，股价经过一段时间的下跌后，在底部区域，6 日 RSI 线与 12 日 RSI 线形成金叉，表明空方能量减弱，多方能量逐步增强。此时，如果股价打破均线系统的压力，或者已经形成多头排列，成交量有效放大，量价配合默契，中短线具有看涨意义，应立即介入。这与 KDJ 指标的功能是完全相同的。在应用中，既然是短线行为，就不必过多考虑金叉所处的绝对空间位置（高位、中位和低位）。

3. 实战案例

如图 1-46 所示，天和防务（300397）日 K 线走势图。该股股价见顶后逐波向下调整，然后在底部企稳振荡，庄家在低位大量吸纳低价筹码。庄家建仓末期，再次打压股价后，股价企稳回升，2019 年 2 月初产生一轮主升浪行情。

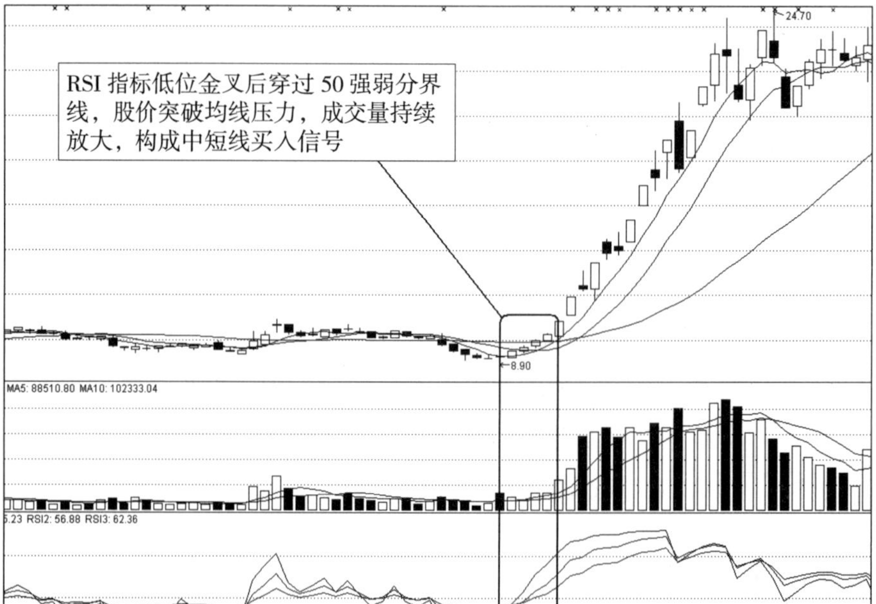

图 1-46 天和防务（300397）日 K 线图

从技术指标来分析，2 月 11 日短期 RSI 线向上金叉长期 RSI 线，之后继续上行穿过 50 强弱分界线。成交量出现温和放大，量价配合理想。随后，5 日均线向上金叉 10 日均线，再次向上金叉 30 日均线，30 日均线开始上行，构成中短线买入点。可见，RSI、MA、VOL 指标均出现做多信号时，构成较好的中短线买点。

相反，股价经过一段时间的上涨后，在高位或反弹高点，6 日 RSI 线与 12 日

RSI 线形成死叉，表明多方能量减弱，空方能量逐步增强，行情涨势接近尾声，此时无论成交量放大与否，均构成卖出信号。如果均线系统支持空头信号，则卖出信号更加可靠。

有时候，这种信号也出现在弱势调整的末期，其杀伤力同样不可忽视。

如图 1-47 所示，金亚科技（300028）日 K 线走势图。该股经过长时间的下跌调整后，渐渐企稳，形成横盘整理走势，但多头并无做多意愿。2018 年 5 月 25 日，短期 6 日 RSI 线快速向下死叉长期 12 日 RSI 线，之后 RSI 指标继续下行到 50 以下的弱势区域，表明盘面已经进入弱势区。此时，股价向下跌破 30 日均线的支撑，均线系统出现空头发散，从而引发一轮大幅跳水行情。

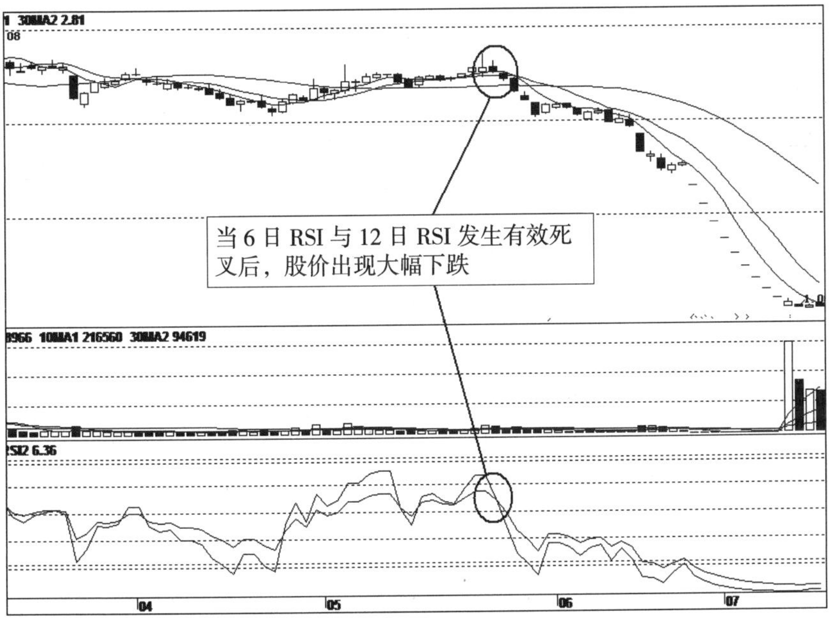

图 1-47　金亚科技（300028）日 K 线图

二、突破信号组合

1. 图形特征

（1）将 RSI 指标的两个或两个以上连续高点连成一条直线，就会形成一条压力线。当 RSI 指标向上突破其高点连线时，为买进信号。

（2）5 日均线与 10 日均线金叉或已经金叉，30 日均线走平或上行，均线系统形成多头发散状态。

（3）成交量持续放大，入场资金积极。

2. 市场意义

这组信号表明股价调整充分，多方积蓄了一定的做多能量，成功消化了上方的压力。通常反映庄家在低位建仓或洗盘结束，一旦放量向上突破，容易引发一轮有力的上涨行情。

实盘中能够产生压力作用的有均线、趋势线、颈线位、重要技术形态以及成交密集区、黄金分割位和重要心理关口等。庄家消化了这些技术位置的抛盘后，如果抛压不重，又有跟风盘介入，股价可能很快进入主升段行情，具有强烈的做多意义。

3. 实战案例

在股价的一段走势中，RSI 指标的两个或两个以上高点（RSI 值接近）形成一条压力线，股价上涨触及压力线时，通常遇到较强的压力向下回落。某日，RSI 指标发力向上，成功突破压力线，则后市上涨机会增大。如果成交量持续放大，移动平均线支持多头信号，这时可以大胆买入，成功地做一把中短线行情。

如图 1-48 所示，格尔软件（603232）日 K 线走势图。在底部振荡过程中，该股庄家大量吸纳低价筹码，RSI 指标形成多个相对高点。将这几个高点连成一条直线，就构成了一条压力线。RSI 指标每次触及该压力线时，均出现短线回落走势。

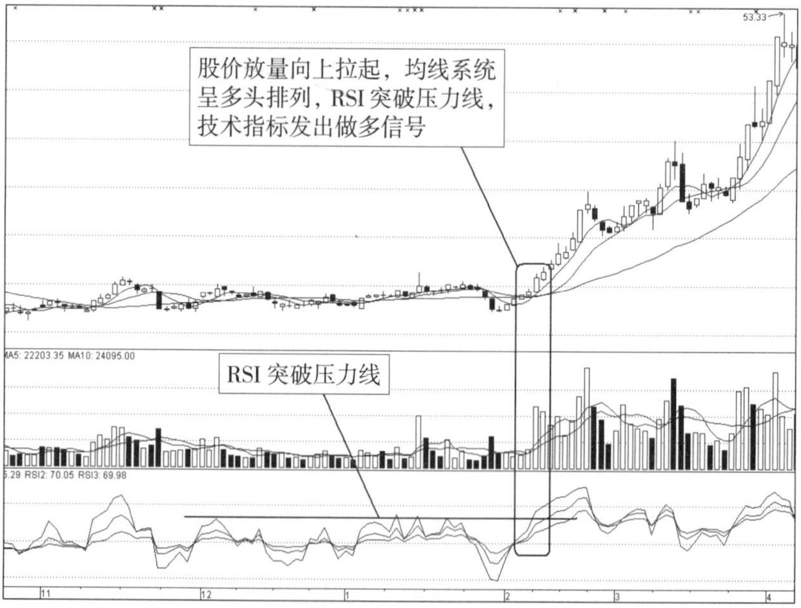

图 1-48 格尔软件（603232）日 K 线图

调整末期，庄家在底部做了一个空头陷阱，然后渐渐向上拉起。2019 年 2 月 14 日，股价放量向上拉起，RSI 指标成功突破压力线，5 日均线金叉 30 日均线后继续上行，10 日均线随之上行，30 日均线缓缓上移，均线系统向多头发散，同期成交量出现积极放大，形成较好的买入时机。

实盘操作中，RSI 指标的两个或两个以上低点（RSI 值相近）连成一条线，就会形成一条支撑线。股价回落到该支撑线附近时，通常会受到支撑而企稳反弹。某日，若 RSI 指标向下有效跌破这条支撑线，则后市下跌机会增大。如果移动平均线趋向空头信号，则是卖出信号。

如图 1-49 所示，通葡股份（600365）日 K 线走势图。股价经过洗盘整理后再次振荡上涨，此时 RSI 指标产生多个低点，低点之间的指标值十分接近。将这几个低点连接成一条直线，就形成一条明显的支撑线，股价每次回探到低点附近时，均出现一定幅度的上升走势。

当股价有了一定幅度的反弹上涨后，盘中遇到空头的抛压，RSI 指标的支撑线终于被强大的空方击破，股价出现见顶回落。在均线系统中，5 日均线死叉 10 日均线后继续下行，随后 10 日均线也转为下行，从而构成短线卖出信号。

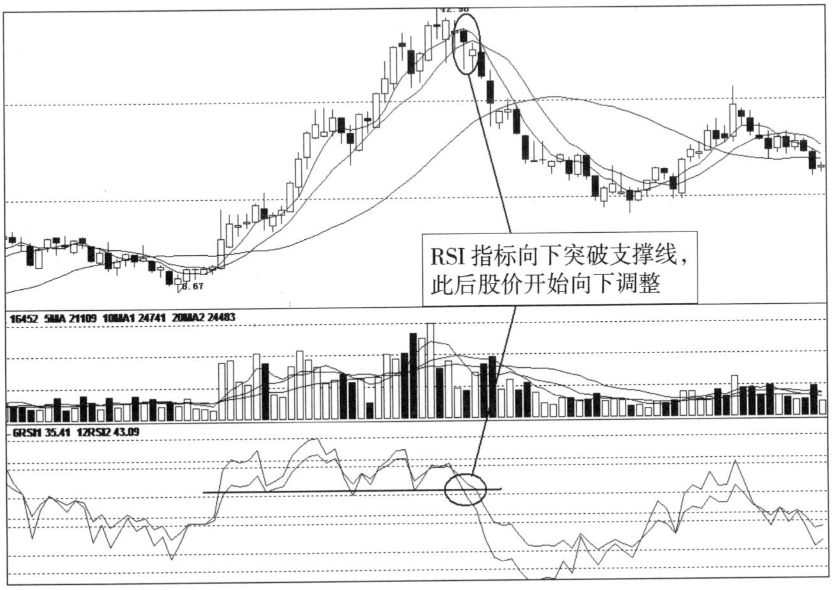

图 1-49　通葡股份（600365）日 K 线图

三、洗盘结束组合

1. 图形特征

（1）RSI 指标从弱势区穿过 50 强弱分界线进入强势区，然后因股价回调而下行，6日RSI线向下死叉（或拒绝死叉）12日RSI线后，不几日（一般在5个交易日以内），6日RSI线与12日RSI线快速形成金叉，表明洗盘结束，构成买入信号。

（2）5日均线与10日均线死叉（或拒绝死叉）后再次快速金叉，30日均线走平后上行，均线系统出现多头排列。

（3）成交量萎缩后再次放大。

2. 市场意义

出现这组信号意味着洗盘整理结束。对于很多个股来说，行情转入强势后，在股价上升途中会作短暂的洗盘休整，此时股价往往出现触及支撑线后便迅速企稳回升的走势，呈现更加强势的上攻形态。此时持仓者应持股待涨，持币者应果断介入，其最佳买入点就在指标曲线向上抬头之时。这组信号既可以判断底部，又可以预测顶部，中短线操作效果均佳。

3. 实战案例

当股价上涨一段时间后进入调整阶段，股价出现回落，RSI指标随之下行。当6日RSI线下滑到50强弱分界线附近时企稳并向上，或者碰触到12日RSI线后，两线拒绝死叉。之后，6日RSI线反转向上，12日RSI线继续向上，表明回档洗盘结束，市场仍然处于强势上涨之中。此时，如果均线系统安全，成交量放大，可以中短线买入。

如图1-50所示，九典制药（300705）日K线走势图。该股股价于2018年2月见底后，出现两次典型的洗盘整理走势。随着股价渐渐向上回升，RSI指标也从超卖区开始向上穿过50强弱分界线，然后因庄家洗盘而出现回落。3月20日股价向上拉高，6日RSI线与12日RSI线死叉后快速金叉，此时5日均线与10日均线出现同样的信号，即死叉后又快速金叉，成交量再次放大，买入信号非常强烈。

3月29日，当6日RSI线向下碰触12日RSI线时，第二天6日RSI线反转掉头向上，两线拒绝死叉，5日均线与10日均线也拒绝死叉，成交量再次放大，表明洗盘整理结束，形成中短线买入点。

在股价下跌过程中，股价出现反弹后回落，当6日RSI线向上到达50强弱分界线附近时受阻回落，或者碰触到12日RSI线时，两线拒绝金叉，6日RSI线反转掉头向下，12日RSI线继续向下，此时如果均线系统呈空头排列，则说明反弹受阻或反弹见顶，市场仍然处于弱势之中，从而构成卖出信号。

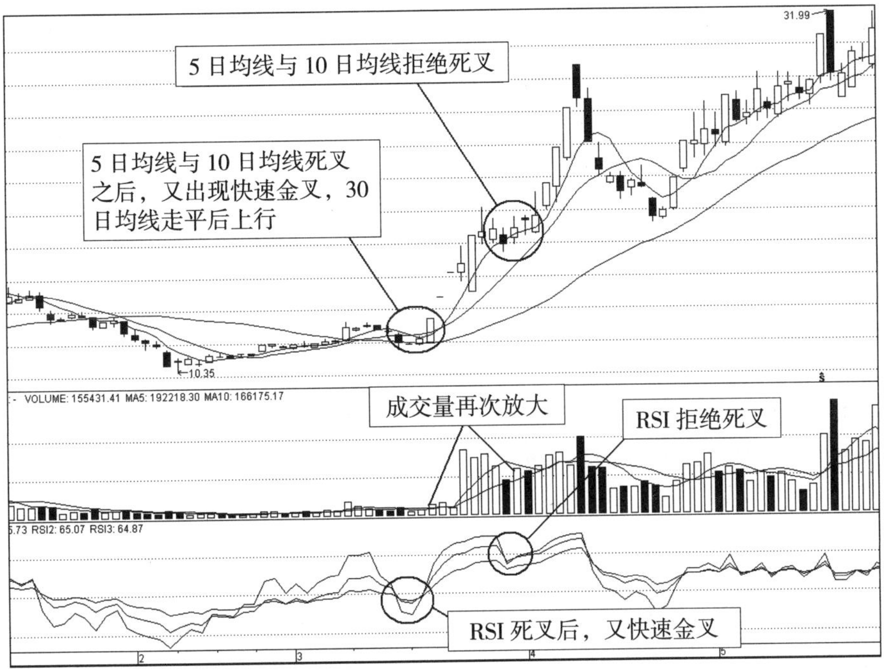

图 1-50　九典制药（300705）日 K 线图

如图 1-51 所示，海王生物（000078）日 K 线走势图。该股反弹结束后，股价再次陷入弱势行情。2018 年 6 月 15 日，当 6 日 RSI 线向上即将与 12 日 RSI 线形成金叉时，两线却拒绝金叉，6 日 RSI 线重新掉头下行，此时均线系统处于空头排

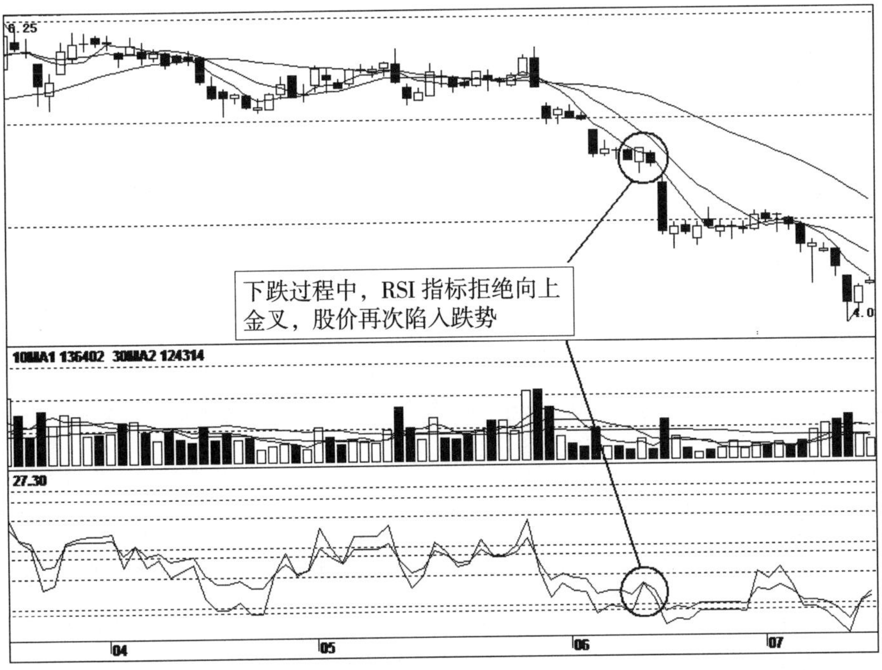

图 1-51　海王生物（000078）日 K 线图

列状态，从而使股价再次陷入盘跌走势。

四、背离信号组合

1. 图形特征

（1）股价走势一波比一波低，RSI 指标不但没有出现同步下跌，反而出现一波比一波高的走势，股价与 RSI 指标出现底背离形态，此为潜在的做多信号。相反，股价走势一波比一波高，RSI 指标不但没有出现同步上涨，反而出现一波比一波低的走势，股价与 RSI 出现顶背离形态，此为潜在的做空信号。

（2）当股价与RSI指标出现底背离形态后，如果股价向下击穿5日或10日均线，5 日均线与 10 日均线形成死叉，10 日均线开始下行，说明短期缺乏上涨动力，应及时卖出。

（3）股价与 RSI 指标出现底背离形态时，向上突破必须得到成交量有效放大的配合；股价与 RSI 出现顶背离形态，则不必考虑成交量的大小，就可以作为卖出信号。

2. 市场意义

当股价与技术指标发生背离时，反映股价出现“过度”的上涨或下跌，为非理性所致，大多受人为因素或市场惯性影响。RSI 指标的底背离信号，如果得到均线和成交量的支持，说明这种“过度”的市场现象将发生逆转，是较好的买卖信号。需要说明的是，底背离形态必须得到成交量放大的配合，否则底背离仍然是一个疑似做多信号，不能作为确定性买入信号。

3. 实战案例

当股价下跌一定幅度后，不断创出近期新的低点，而6日 RSI 线不但不创新低，反而一浪比一浪高，RSI 指标与股价形成底背离，表明股价的下跌为非理性所致，或是庄家刻意打压所为。当 6 日 RSI 线向上金叉 12 日 RSI 线时，均线系统也出现强势信号，并得到成交量的支持，为最佳买入点。

如图 1-52 所示，海航创新（600555）日 K 线走势图。股价从高位开始一路下跌，不断创出调整新低。在跌势末期，股价仍不断地向下调整，出现一波比一波低的走势，而同期 RSI 指标形成一浪比一浪高的走势，指标与股价形成底背离走势。

不久，股价放量向上突破，RSI 线继续向上运行并穿过 50 强弱分界线，形成强大的支撑作用，在底部构成“W”底形态，发出强烈的买入信号。此时成交量持续温和放大，股价一举突破均线系统的压制，均线系统渐渐转为多头排列，支持多头信号，其买入信号进一步明确。其后，该股走出一波较大的中级上升行情，累计涨幅较大。

RSI 指标如果连续两次出现底背离，形成“W”底形态时，可以大胆介入，短线成功率较高。底背离所处的位置越低，形成的时间越靠后，其形态效果越可靠。如果底背离信号出现在股价大幅下跌后的低位区域，其信号的准确性较高。

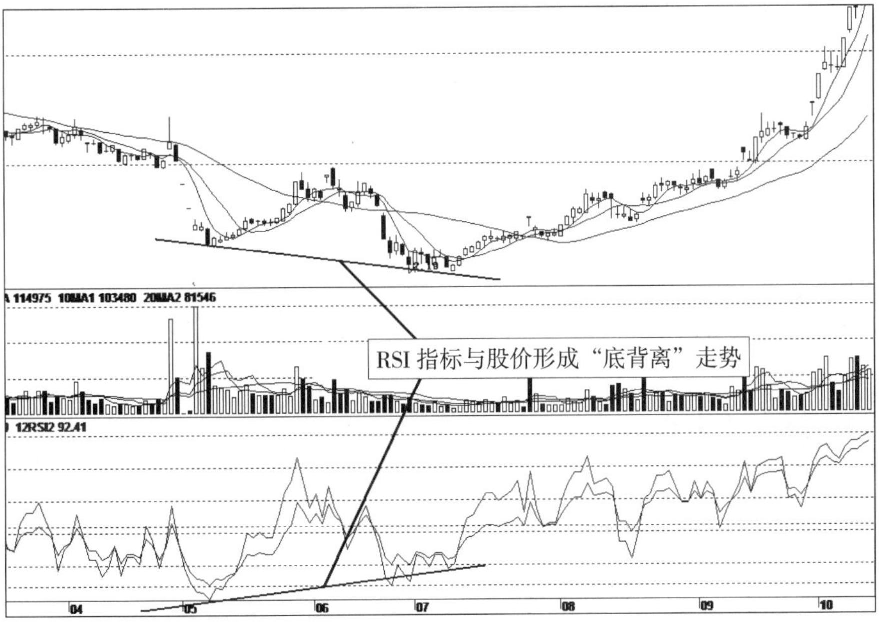

图 1-52　海航创新（600555）日 K 线图

相反，当股价上涨一定幅度后，股价再创新高，而 6 日 RSI 线不但不创新高，反而不如前期高点数值大，RSI 指标与股价形成顶背离，表明股价上涨为虚张声势，通常是庄家刻意拉抬出货。当 6 日 RSI 线向下死叉 12 日 RSI 线时，均线系统也出现做空信号，此时不论成交量大小，都是较好的卖出时机。

如图 1-53 所示，人民网（603000）日 K 线走势图。股价强劲盘升，一浪比一浪高，不断创出新的高点，而同期 6 日 RSI 线却未能同步上升，反而出现一波比一波低的走势。指标与股价形成顶背离现象，表明股价续涨极为困难，最后股价终于选择向下。

不久，6 日 RSI 线向下有效死叉 12 日 RSI 线，5 日均线与 10 日均线也同步形成死叉走势，投资者此时应全线抛空，该股后市出现向下阴跌的调整走势。

RSI 指标如果连续两次出现顶背离，形成“M”头形态时，应坚决做空，这是最后的卖出机会。顶背离所处的位置越高，形成的时间越靠后，其形态效果越可靠。如果顶背离信号出现在股价大幅上涨后的高位区域，其信号的准确性更高。

在 RSI 指标的背离中，顶背离研判的准确性要高于底背离。当股价在高位，RSI 指标在 80 以上出现顶背离时，可以认为股价即将反转向下，投资者可以及时卖出股票。股价在低位，RSI 也在低位出现底背离时，一般要反复出现几次底背离才能确认股价转势，并且投资者只能战略性建仓或做短期投资。

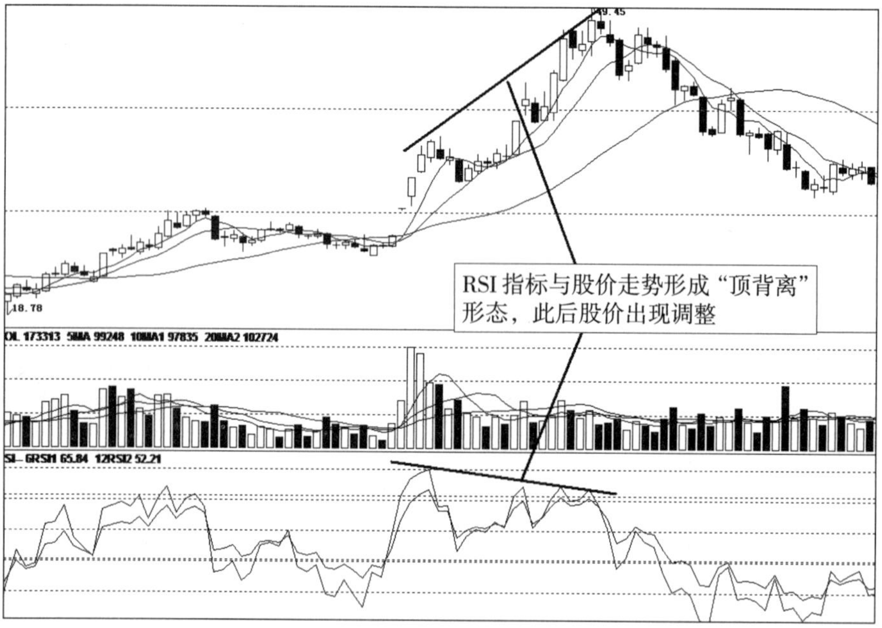

图 1-53　人民网（603000）日 K 线图

第八节　BOLL + MA + VOL 实战经典组合

一、BOLL 指标简介

1. BOLL 指标的特性

布林线（BOLL）也叫布林带，由上轨（压力线）、中轨（行情平衡线）、下轨（支撑线）三条轨道线和 K 线（价格线）组成，属于通道式指标或路径式指标。

布林线指标由两部分组成。

第一部分是构成通道的三条轨道线，分别为上轨、中轨和下轨。

第二部分是股价的 K 线图（也叫美国线或价格线），由股价在通道内的位置判断股价的运行趋势及阻力与支撑。

一般情况下，价格线在上下轨道组成的带状区间游走，其带状宽度是变化的，随着股价波动幅度的大小变化自行调整。当波带变窄时，激烈的价格波动有可能随时产生；若高低点穿越波带边线时，立刻又回到波带内，则会有回档产生。正是因为 BOLL 指标的灵活性和顺应趋势的特点，所以该指标成为市场上最受欢迎的技术分析指标之一。

布林线、布林极限、布林极限宽三者构成一组指标群，俗称布林“三件套”指标，合并使用效果更佳。

2. BOLL 指标的功能

BOLL 指标作为跟踪趋势的技术指标是很有效的，应用起来也很方便。布林线的主要功能有四个：一是可以指示支撑和压力的位置；二是可以显示超买、超卖状态；三是可以指示趋势；四是具备通道功能。

BOLL 指标上轨、中轨、下轨三条轨道线的技术意义如下。

（1）在 BOLL 指标中，上轨线、中轨线、下轨线形成的股价通道，其移动范围是不确定的，通道的上下限会随着股价的上下波动而变化。正常情况下，股价应始终在股价通道内运行。如果股价脱离通道运行，则意味着行情处于极端状态。

（2）在 BOLL 指标中，股价通道的上下轨显示股价安全运行的最高价位和最低价位。中轨线和下轨线可以对股价的运行起到支撑作用，而上轨线和中轨线有时则会对股价的运行起到压力作用。

（3）一般而言，股价在 BOLL 指标的中轨线上方运行时，表明股价处于强势走势；当股价在 BOLL 指标的中轨线下方运行时，表明股价处于弱势走势。

3. BOLL 指标应用法则

（1）当 BOLL 指标的上轨线、中轨线、下轨线同时向上运行时，表明盘面强势特征非常明显，短期内将继续上涨，投资者应坚决持股待涨或逢低买入。相反，当 BOLL 指标的上轨线、中轨线、下轨线同时向下运行时，表明市场弱势特征非常明显，短期内将继续下跌，投资者应坚决持币观望或逢高卖出。

（2）当 BOLL 指标的上轨线向下运行，而中轨线和下轨线却还在向上运行时，表明股价处于回调整理态势之中。如果之前股价处于长期上升趋势，表明是上涨途中的强势整理，投资者可以持股观望或逢低短线买入。如果之前股价是处于长期下跌趋势，则表明是下跌途中的弱势整理，投资者应以持币观望或逢高减仓为主。

（3）当 BOLL 指标的上轨线、中轨线、下轨线几乎同时处于水平方向横向运行时，则要看股价目前的走势情况来进行具体判断。具体关注以下三种盘面现象。

第一，当股价前期一直处于长时间的下跌行情中，BOLL 指标的三条线出现横向移动时，表明股价处于构筑底部阶段，投资者可以开始分批少量建仓。一旦三条线向上发散，则可以加大买入力度。

第二，当股价前期处于小幅上涨行情中，BOLL 指标的三条线出现横向移动，表明股价处于上升阶段的整理行情，投资者可以持股待涨或逢低短线吸纳。一旦三条线向上发散，则可短线加码买入。

第三，当股价刚刚经历一轮大跌行情时，BOLL 指标的三条线出现横向移动，表明股价处于下跌阶段的整理行情中，投资者应以持币观望和逢高减磅为主。一旦三条线向下发散，则坚决清仓离场。

（4）当价格线从 BOLL 指标中轨线之下向上突破中轨线时，说明盘面出现强势特征，股价将开始上涨，投资者应以中长线买入股票为主。当价格线从 BOLL 指标的中轨线之上向上突破 BOLL 上轨线且量能充沛，说明盘面强势特征已经确立，股价将可能短线大涨，投资者应以持股待涨或短线买入为主。

（5）当价格线向上突破 BOLL 指标上轨线以后，其运行方向继续向上时，如果 BOLL 指标的上轨线、中轨线、下轨线的运动方向也同时向上，则预示着股市强势特征依旧，股价短期内还将上涨，投资者应坚决持股待涨。直到价格线的运动方向开始有掉头向下的迹象时，要密切注意行情是否转势。

（6）当价格线突破 BOLL 指标的上轨线运行一段时间后，如果价格线的运行方向开始掉头向下，且 BOLL 指标上轨线的运行方向也开始向下，则预示股价短期的强势行情可能结束，投资者应及时短线卖出股票，特别是那些短线涨幅很大的股票。相反，当价格线在 BOLL 指标的下轨线下方运行了一段时间后，如果价格线的运行方向有掉头向上的迹象，且 BOLL 指标的下轨线由向下转为走平向上，则表明股价短期内将止跌企稳，投资者可以少量逢低建仓。

（7）当价格线从 BOLL 指标的中轨线上方向下突破中轨线时，预示着股价前期的强势行情已经结束，将要进入弱势走势，投资者应减仓应对调整或可能出现的下跌。如果 BOLL 指标的上轨线、中轨线、下轨线同时向下，则可以确认跌势形成，应及时卖出股票。

（8）当价格线向下跌破 BOLL 指标的下轨线并继续向下时，预示着股价处于极度弱势行情，投资者应以持币观望为主，尽量不要买入股票。

（9）当价格线一直处于BOLL指标的中轨线上方，并和中轨线一起向上运行时，表明股价处于持续上涨过程中，只要价格线不跌破中轨线，投资者可以一路持股。

相反，当价格线一直处于 BOLL 指标的中轨线下方，并和中轨线一起向下运行时，表明股价处于持续弱势的下跌过程中。只要价格线不向上反转突破中轨线，稳健的投资者都可以一路观望（短线抢反弹除外）。

（10）当价格沿着 BOLL 指标的上轨线运行时，市场为单边上涨行情，该情况下一般为爆发性行情。持有多单的投资者此时一定要守住，只要价格不脱离上轨区域，就可以耐心持有。相反，当价格沿着 BOLL 指标的下轨线运行时，市场为单边下跌行情，该情况一般为一波快速下跌行情。此时只要价格不向上脱离下轨线，持有空单的投资者就应坚决观望。

（11）BOLL 指标通道的缩口状态。当价格经过一段时间的上涨和下跌后，会在一个范围内进行振荡休整，振荡的价格区域会越来越小，BOLL 指标通道表现为上轨、中轨、下轨三条轨道线收缩。此状态为大行情来临前的预兆，此时应密切关注盘面的变化。

（12）BOLL 指标通道缩口后的突然扩张状态。在BOLL指标通道缩口的状态下，经过一段时间的振荡整理后，BOLL 指标通道突然扩张，意味着一波爆发性行情已经来临，从此之后，行情便会进入单边行情。在这种情况下，可以根据股价的突破方向积极调整自己的仓位，顺应行情操作。

4. BOLL、MA、VOL 指标组合的优点

BOLL 指标具有很多优点，如果与 MA、VOL 指标组成一组指标群，实盘效果会更加理想。因为 MA 指标是基于一定时期股票收盘价的移动走势，能够反映真实的股价变动趋势和一段时间内股价的平均市场成本。VOL 是股价涨跌趋势的先行指标，能够反映市场的供需状况，买卖气势强弱，以及投资者对未来股价变动的看法是否一致。

在操作方法上，当 BOLL 指标出现张口时，如果得到成交量放大的配合，说明行情上攻能量充足，短期爆发力强；否则，说明上攻力度较弱，为疑似多头信号。同样，如果成交量持续放大，但 BOLL 指标或均线系统不支持做多信号，说明有主力对敲或对倒行为，不宜介入做多。只有当 BOLL、MA、VOL 三大指标出现共振，

互相验证时，才能视为一个可靠的信号。这组信号既可以判断底部，又可以预测顶部，中短线操作效果均佳。

二、开口喇叭组合

1. 图形特征

（1）股价经过长时间的底部整理后，BOLL 指标的上轨线和下轨线逐渐收缩，上轨线、下轨线之间的距离越来越小。某日，随着盘面的变化，上轨线急速向上走高，下轨线加速向下运行，这样 BOLL 指标的上轨线、下轨线之间，就形成了一个类似于大喇叭的特殊形态，这种喇叭口称为开口喇叭。

（2）均线系统在低位出现金叉，5 日均线金叉（或已经金叉）10 日均线或 30 日均线，30 日均线走平后上行，均线系统出现多头排列。

（3）成交量开始逐渐放大（涨停惜售除外），出现量价齐升状态。

2. 市场意义

BOLL 线的开口和收口形态称为“喇叭口”形态。运用 BOLL 指标选股，主要是观察 BOLL 线开口的大小。对那些开口逐渐变小的个股，应多加留意。因为 BOLL 线开口逐渐变小，代表股价的涨跌幅度逐渐变小，多空双方力量趋于平衡，股价将会选择突破方向。通常开口越小，股价突破的力度越大。

根据 BOLL 指标上轨线和下轨线运行方向和所处位置的不同，喇叭口分为开口喇叭、收口喇叭和紧口喇叭等三种类型。

开口喇叭形态经常出现在个股短期暴涨或暴跌行情的初期。收口喇叭形态经常出现在个股转势行情（暴跌或暴涨行情之后）的初期。紧口喇叭形态则经常出现在股价大幅下跌或上涨的末期。

3. 实战案例

开口喇叭是一种显示股价短线大幅向上突破的形态，是股价经过长时间低位横盘筑底之后，即时向上变盘时出现的一种形态。BOLL 指标上轨线、下轨线出现方向截然相反而力度却很大的走势，预示多头力量逐渐强大，空头力量逐步衰竭，股价短期将处于大幅拉升行情之中。

形成开口喇叭形态，必须具备两个条件。其一，股价经过长时间的中低位横盘整理，通常整理时间越长，上下轨线之间的距离越小，未来涨升的幅度越大；其二，BOLL 指标开始开口时，要有明显放大的成交量出现。

开口喇叭形态的确立，以价格线（或K线）向上突破上轨线、股价带量向上突破中期均线为准。对于出现开口喇叭形态的走势，投资者如能及时短线买进，定会获利丰厚。

如图1-54所示，姚记扑克（002605）日K线走势图。该股在低位出现长时间的横盘整理，BOLL指标上轨线、下轨线之间的距离渐渐缩小。不久，股价向上突破底部盘区，BOLL指标开口迅速向外扩张，均线系统呈现多头排列，成交量大幅放大，此后股价出现一波上涨行情。

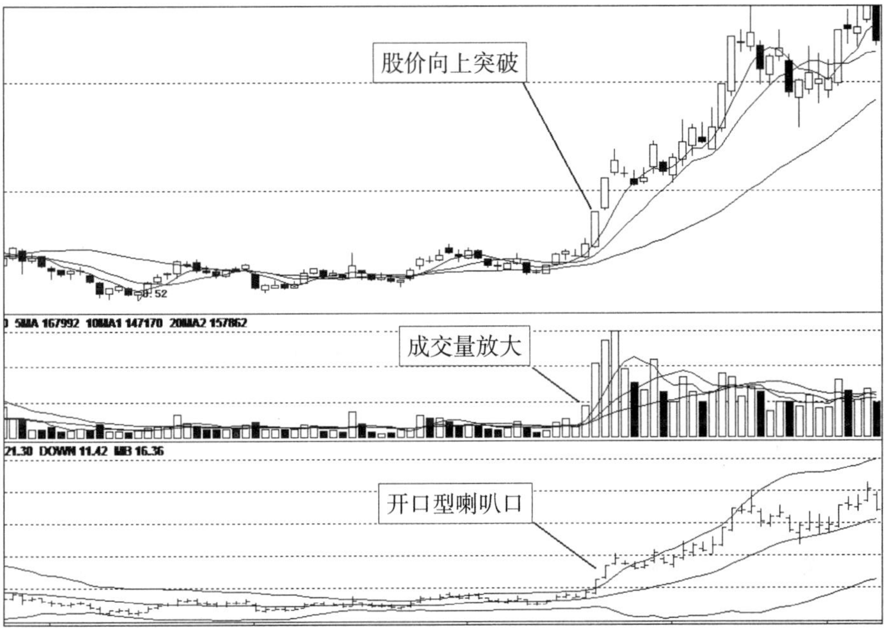

图1-54　姚记扑克（002605）日K线图

当BOLL指标在高位出现向下开口的喇叭形态时，其盘面现象和操作策略与上述情况完全相反。

如图1-55所示，日照港（600017）日K线走势图。该股经过一段时间的横盘整理后，股价出现向下破位走势，均线系统开始空头发散。BOLL指标的喇叭口迅速向下张口，说明股价将要出现大跌走势，应及时卖出观望，此后股价出现一波大幅下跌走势。

这种形态一般要具备两个条件：一是股价经过长时间的横盘整理，通常整理时间越长，上下轨之间的距离越小，未来突破的力度和幅度越大；二是在BOLL通道开口的关键位置，无论涨跌都要有明显的大成交量出现，否则为疑似突破信号。

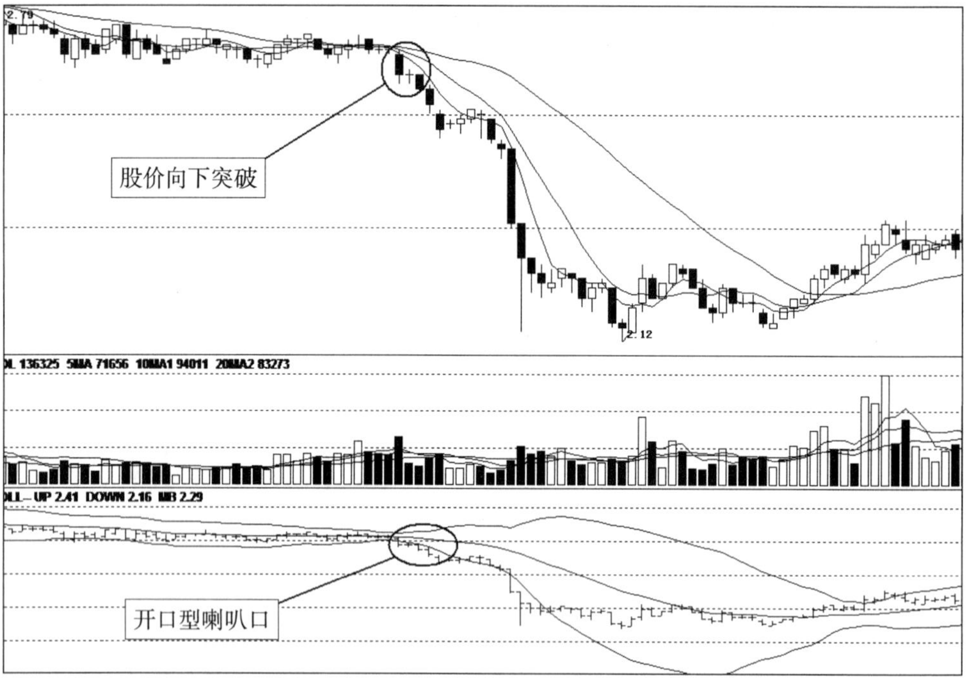

图 1-55 日照港（600017）日 K 线图

三、收口喇叭组合

1. 图形特征

（1）股价经过短时间的大幅拉升后，BOLL 指标的上轨线和下轨线逐渐扩张，上轨线、下轨线之间的距离越来越大。某日，随着盘面的变化，上轨线开始急速掉头向下，而下轨线还在加速上升。这样，BOLL 指标的上轨线、下轨线之间的形状，就变成一个类似于倒向大喇叭的特殊形态，这种喇叭口的喇叭称为收口喇叭。

（2）股价向下跌破短期均线，5 日均线死叉（或已经死叉）10 日均线或 30 日均线，30 日均线走平后下行，均线系统出现空头排列。

（3）成交量开始逐渐萎缩，入场资金显得谨慎。

2. 市场意义

形成收口喇叭形态，虽然对成交量没有要求，但也必须具备一个条件，即股价经过前期大幅的短线拉升。通常来说，拉升的幅度越大，上下轨线之间的距离越大，未来下跌幅度越大。

收口喇叭形态的确立，以 BOLL 指标上轨线开始掉头向下，股价向下跌破短期均线为准。出现收口喇叭形态时，投资者如能及时卖出，则能保住收益，减少较大的下跌损失。

3. 实战案例

如图1-56所示，东方银星(600753)日K线走势图。该股经过成功炒作后，累计涨幅已超过150%。庄家在高位不断兑现获利筹码，导致多头上攻力量渐渐衰竭，成交量开始萎缩。不久，BOLL指标的上轨线开始回落，而此时下轨线仍然处于上行状态，这时BOLL指标的喇叭口呈现收缩形态。同期的短期均线出现向下死叉，说明股价涨势已近尾声，应及时获利了结。随后股价渐行渐弱，出现中期调整。

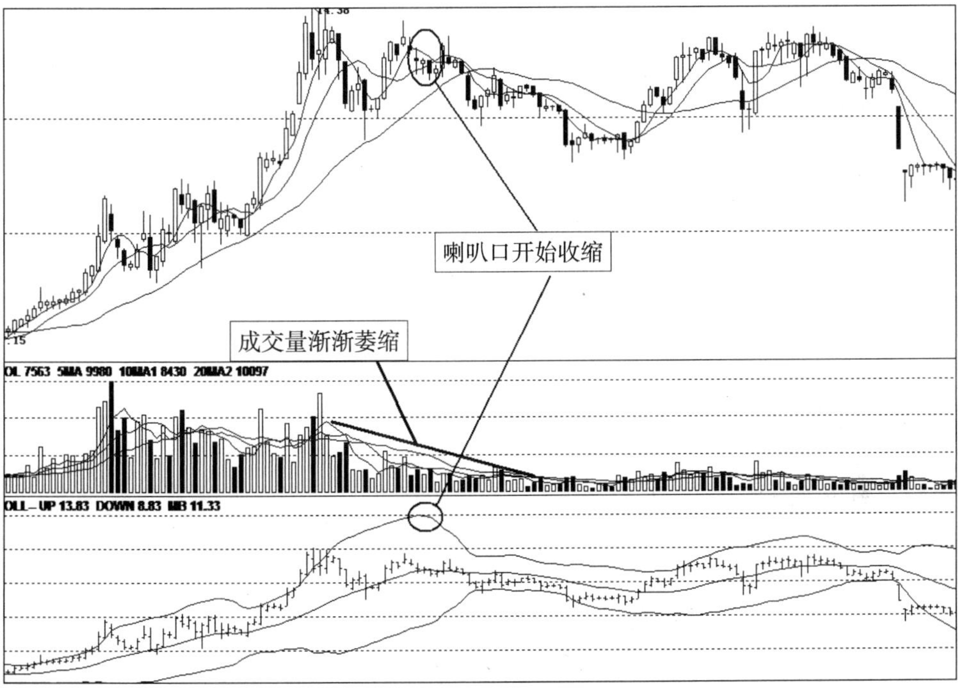

图1-56 东方银星(600753)日K线图

相反，在大幅下跌后的低位，BOLL指标出现收口喇叭形态，说明股价有企稳回升的要求，其图形特征和操作策略与上述情况完全相反，它的必备条件就是股价前期经过大幅下跌。在股价反弹时得到成交量的积极配合，否则股价的反弹幅度和力度将受到限制。

如图1-57所示，凯乐科技(600260)日K线走势图。该股经过充分的调整后，庄家打压股价收集筹码。经过一波快速下跌后，股价渐渐企稳盘整。BOLL指标的下轨线开始向上回升，上轨线仍然下行，喇叭口渐渐收缩。短期均线走平后向上形成金叉，成交量开始温和放大，说明股价调整已近尾声，此时可以逢低分批吸纳，随后股价向上稳步走高。

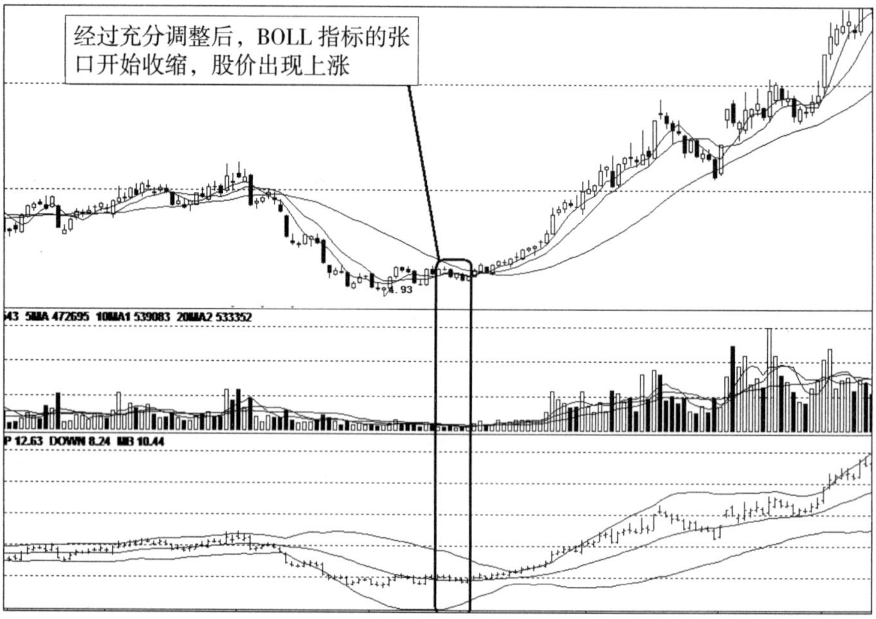

图 1-57　凯乐科技（600260）日 K 线图

四、紧口喇叭组合

1. 图形特征

（1）股价经过调整后，向上突破 BOLL 指标的上轨线，中轨线向上运行，喇叭口向两边扩张，此为底部买入信号。

（2）股价突破均线系统的压制，5 日均线金叉（或已经金叉）10 日均线或 30 日均线，30 日均线走平后上行，均线系统出现多头排列。

（3）成交量开始逐渐放大（涨停惜售除外），出现量价齐升状态。

如果在股价高位出现相反的图形特征，则是见顶信号，应当及时逢高离场。

2. 市场意义

BOLL 指标可以像 KDJ、MACD 等指标那样，将低位向上交叉作为买入信号，或将高位向下交叉作为卖出信号。但这些指标都有一个缺点，就是在股价盘整的时候，会失去作用或产生骗线，给投资者带来损失。那么，怎样才能有一个比较明确的变盘信号呢？BOLL 指标就能起到预告变盘的信号作用。

在股价盘整过程中，投资者通常最想知道的是股价要盘整到什么时候才会产生行情，如果太早买入股票，之后股价迟迟不涨，就会降低资金的利用率，投资者还要承担股价调整的风险。BOLL 指标恰恰可以在这方面发挥其神奇的预告作用。

3. 实战案例

如图 1-58 所示，凯乐科技（600260）日 K 线走势图。从该图中，可以得出如下盘面信息。

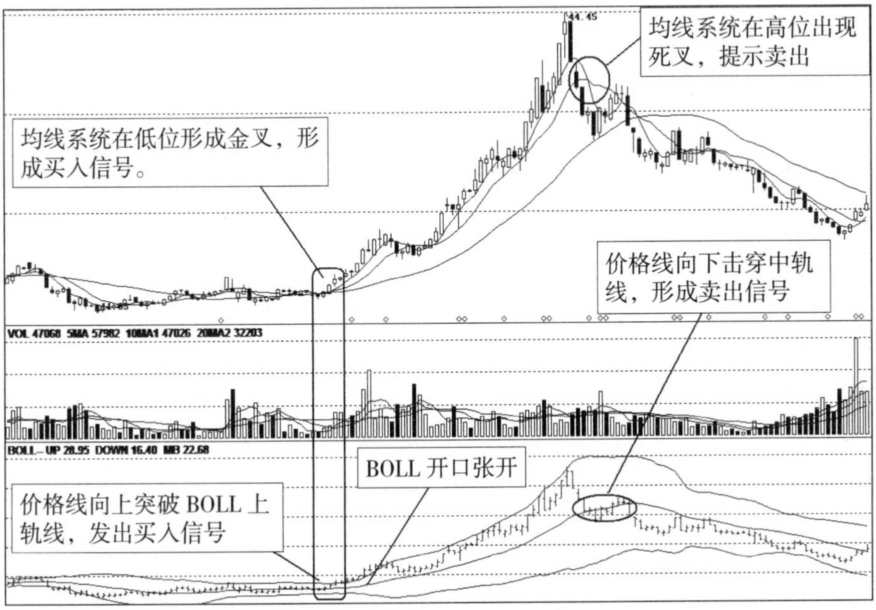

图 1-58　凯乐科技（600260）日 K 线图

（1）BOLL 指标的价格线向上突破上轨线，且均线系统也已经或即将发出低位金叉信号，成交量出现温和放大，说明股价即将见底回升，进入一个中长期上升通道之中。这是 BOLL 指标发出的买入信号，此时投资者应及时买入股票。

（2）当 BOLL 指标的轨道线经过很长一段时间的低位窄幅水平运行后，一旦价格线带量向上突破 BOLL 指标的上轨线，同时原本狭窄的 BOLL 通道突然开口向上，说明股价即将脱离原来的水平运行通道，进入新的上升通道之中，这也是 BOLL 指标发出的买入信号。

（3）当价格线向下突破 BOLL 指标的中轨线，均线系统也在高位出现死叉时，说明股价即将见顶调整，进入一个中长期下降通道之中。这是 BOLL 指标发出的卖出信号，此时投资者应尽早清仓离场。

（4）BOLL 指标的轨道经过很长一段时间的高位窄幅水平运行后，一旦价格线向下突破 BOLL 指标的下轨线，同时原本狭窄的 BOLL 通道突然开口向下，说明股价即将脱离原来的水平运行通道，进入新的下降通道之中，这也是BOLL指标发出的卖出信号。

第九节　KDJ＋RSI＋MACD实战经典组合

KDJ是一个重要的短线技术指标，是投资者进行短线投机操作的重要利器。RSI是通过比较一段时间内收盘价的涨跌变化情况，来分析测量多空双方买卖力量的强弱程度，从而判断股市未来走势。MACD指标利用短期移动平均线和长期移动平均线之间的聚合与分离的征兆功能，来研判股市未来的变化趋势，以确定股票的最佳买卖时机，它可以清楚地提供短期或中期趋势信号的形成或完结。

将KDJ、RSI、MACD这三大指标组成指标群，实盘应用效果非常明显。其操作方法是：充分利用KDJ指标反应敏感这一特性，在市场中尽可能捕捉到更多可以获利的投资信号。当捕捉到投资信号后，暂且不必过早介入，可先将它存放在备份夹里，再由RSI指标来检验一遍。如果检验结果一致，表明投资信号有效。

为什么要RSI指标与MACD指标组合在一起呢？目的就是进一步寻求中线指标的支持，这样可以避免短期指标的虚假信号，为投资者介入时多加一份保险。某一只个股在某一时段里，如果上述三大指标同时发出买入信号，可在股价回档时大胆介入，其短线成功率极高，套牢的概率极低，获利则是多寡而已。

这组指标信号的买卖关键词：在KDJ和RSI指标中找买卖点，从MACD指标和均线系统中找依靠。投资者在实盘中多加检验，一定会发现其中的惊喜。这组信号既可以判断底部，又可以预测顶部，中短线操作效果均佳。

一、两翼起飞组合

1. 图形特征

（1）股价经过一轮下跌或暴跌后，KDJ指标处于超卖状态，随着股价的止跌上涨，KDJ指标在低位（20以下是投资者普遍认可的“安全区”）向上发生金叉，量价配合理想，表明股价见底回升，是短线介入时机。

（2）随着股价的下跌，RSI指标下降到超卖区，然后6日RSI线向上金叉12日RSI线，12日RSI线随之向上；或者，RSI指标向上突破重要压力位（线）、技术形态；或者，RSI指标向上成功突破50强弱分界线，量价配合理想。这种情况表明行情已经摆脱弱势局面，后市有走强迹象，也是介入信号。

（3）随着股价的企稳上涨，向下运行的 MACD 指标在 0 轴以下出现走平或上行，或者 DIF 线开始上行，金叉或即将金叉 MACD 线。BAR 指标绿柱缩短，表明行情的下跌已近尾声，或上升行情即将开始，中短期底部初现。

2. 市场意义

这组信号表明股价经过一轮下跌后，空方力量得到充分释放，逐步放弃打压，多方力量趁机发起反攻，占据市场优势。在实盘操作中，KDJ 和 RSI 指标好比鸟之两翼，MACD 指标如同鸟之身体。当发现 KDJ、RSI 这两大指标在低位（并不强调同一天，通常在 3 个交易日以内均可）同时出现向上金叉，只要得到 MACD 指标在 0 轴以下走平或放缓下降速率的支持（DIF 线出现上翘或金叉 MACD 线更佳），成交量略有放大，就会推动股价迅速起飞。投资者在操作中要多加观察，一旦发现这组信号，在股价回档时介入，就可以成功地做一波涨升行情。

3. 实战案例

如图 1-59 所示，天和防务（300397）日 K 线走势图。该股股价见顶后逐波下跌，空头气氛笼罩市场，盘面走势极其脆弱，市场严重超卖，空方能量得到较大的释放，股价几乎跌无可跌。2019 年 2 月，多方向上推升股价，股价渐渐企稳。这时，KDJ 指标在低位 20 以下向上金叉，发出短线买入信号。

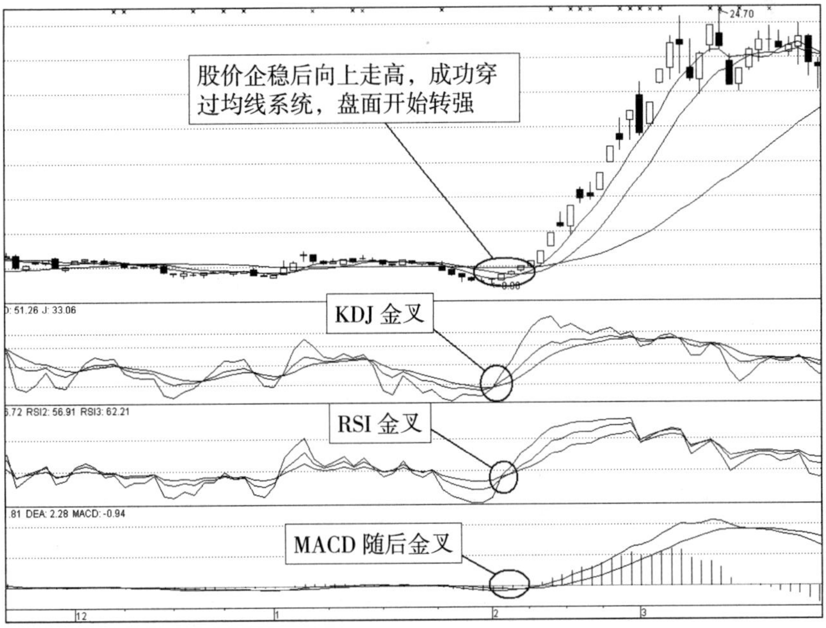

图 1-59　天和防务（300397）日 K 线图

此时 RSI 指标中的 6 日 RSI 线在低位金叉 12 日 RSI 线，12 日 RSI 线随之向上，验证了 KDJ 指标金叉的有效性，表明盘面已由弱转强，为做多信号。

根据 KDJ、RSI 指标分析判断，该股已具备“两翼起飞”中的“两翼”条件，就缺少一个有中期保障的主体了。为保险起见，再看看 MACD 指标所处的位置。这时该指标的 DIF 线在 0 轨附近开始上翘，并金叉 MACD 线，MACD 线走平后上行。BAR 指标的绿柱日渐收缩并消失，红柱出现并逐日增长，表明市场中短线走强。KDJ、RSI 指标在 MACD 指标保护下，一同推动股价起飞，投资者可大胆介入。其后股价节节拔高，短时间内涨幅接近翻倍。

如图 1-60 所示，国风塑业（000859）日 K 线走势图。该股股价在底部企稳后，出现长时间的横盘振荡走势，庄家逢低吸纳了大量的低价筹码。2019 年 2 月 11 日，股价渐渐企稳向上回升。这时，KDJ 和 RSI 指标同一天在低位出现向上金叉，发出短线买入信号。

同期 MACD 指标处在 0 轴附近，DIF 线开始上翘，支持 KDJ 和 RSI 的做多信号。次日，股价放量涨停，一根大阳线突破了长达 8 个月的底部盘区，产生一波“井喷”式飙升行情，股价连拉 10 个涨停。

这样的实例很多，当 KDJ、RSI、MACD 三大指标信号发生共振时，操作的可靠性就大大提高了。

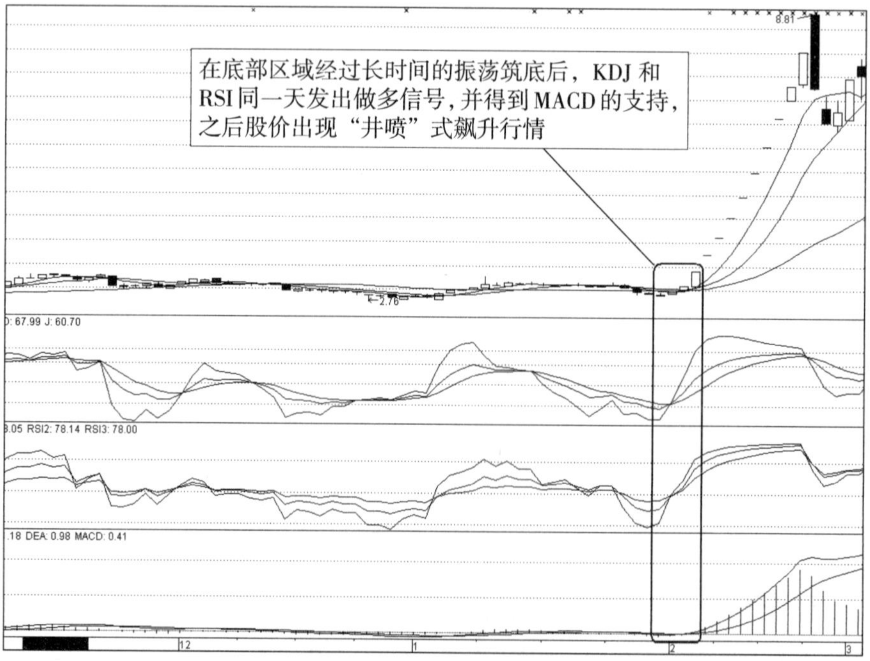

图 1-60　国风塑业（000859）日 K 线图

二、洗盘结束组合

1. 图形特征

（1）KDJ 指标从底部金叉向上，股价出现小幅上涨，J 线和 K 线上冲，很快进入超买区。因庄家打压洗盘，股价出现回调，J 线、K 线回落至 D 线附近（D 线如果维持原来的上升走势更佳）。当 J 线、K 线即将与 D 线形成死叉时却拒绝死叉，即 J 线、K 线受到 D 线的支撑反转向上（发生这种现象与其所处的位置基本无关），形成买入信号。在一轮持续的牛市行情中，这种现象会多次发生，尤其在盘升行情中更为明显，每次出现均具有同样的买入意义。

（2）股价上涨一段时间后出现回落，进入强势调整走势。6 日 RSI 线下滑到 50 左右时企稳向上，或者 6 日 RSI 线碰触到 12 日 RSI 线后，两线拒绝死叉，6 日和 12 日 RSI 线都反转向上，这是较好的买入时机。与 KDJ 指标一样，在一轮持续的牛市行情中，这种现象会多次发生，尤其盘升行情中更为明显，每次出现均具有同样的买入意义。

（3）MACD 指标在 0 轴以下，随着股价的企稳上升，DIF 线向上金叉 MACD 线，之后 DIF 线和 MACD 线继续上行，分别穿过 0 轴。MACD 指标保持中短线走强态势，BAR 指标绿柱消失，红柱出现并逐日加长，表明上涨行情可能属于中级以上的规模，可以买入做多。

2. 市场意义

这组信号彻底揭露了庄家的坐庄规律。当股价经过一轮调整后，在底部着陆，股价开始向上运行，这时庄家着手洗盘或二次试探底部。此时，庄家对洗盘或股价二次探底的价位和时间的把握十分重要，既要达到庄家洗盘或探底的目的，又要在下跌时间上、幅度上做到恰如其分，适可而止，这也反映出庄家对筹码的控制程度。在中途进行充分的筹码换手后，发动的上攻行情更有后劲。

一般而言，个股的涨升时机和幅度都由庄家掌握。庄家经过耐心吸筹后，逐步控制盘面走势。此时如果是刚产生的明星股，会将大家的注意力快速吸引到自己身上，利好传闻若隐若现，成交量随之放大。在股价启动大幅上涨之前，一般庄家会先做一次试探性的上拉，市场显示股价遇阻回落，然后庄家展开洗盘动作，最后一次将跟风者摆脱，此后迅速放量拉升，让人敢看不敢碰。当然，股价翻倍以后，自然有让人买入的理由出现，那是后话。投资者只要发现短线指标得到中线指标的支持，再度形成向上的走势时，便是短线买入的良好时机。

3. 实战案例

如图 1-61 所示，顶点软件（603383）日 K 线走势图。2019 年 2 月 1 日，该股放量向上突破后，庄家为了日后更好地拉升股价并顺利派发筹码，便展开换手整理走势。由于庄家坐庄手法稳健，并没有让股价出现明显的回落，而是保持在相对高位振荡，让前期套牢盘和低位获利盘离场，盘面控制得恰到好处。

（1）在图形上，KDJ 指标在超卖区向上金叉后，J 线快速到达超买区。由于股价出现振荡整理，J 线和 K 线随之向下掉头。2 月 21 日，当 J 线和 K 线即将与 D 线构成死叉时，却开了一个玩笑，第二天股价有惊无险地反转向上，KDJ 指标拒绝死叉，这时 D 线保持上升不变，此时是加仓买入点。

（2）其实，在 KDJ 指标拒绝死叉的前几天，RSI 指标曾出现两次拒绝死叉的走势。6 日 RSI 线向下回落，即将与 12 日 RSI 线构成死叉时，却擦肩而过，拒绝死叉并转身向上。这种情况表明庄家洗盘结束，市场强势依旧，形成买入点。

（3）当 KDJ 指标和 RSI 指标已向投资者发出积极的短线买入信号时，此时再观察中期指标 MACD 的走势形态。DIF 线和 MACD 线一直处于多头运行状态，此时均线系统也呈多头排列，且得到成交量的支持，说明盘面处于非常强势之中。在这种情况下，KDJ 和 RSI 指标的拒绝死叉信号更加有效可靠，应积极买入做多。

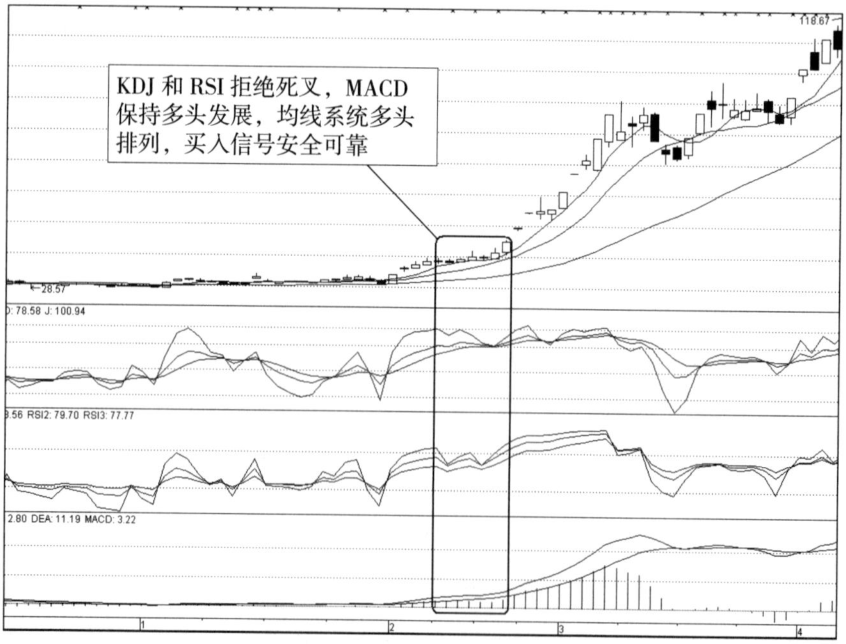

图 1-61　顶点软件（603383）日 K 线图

如图 1-62 所示，丰乐种业（000713）日 K 线走势图。该股股价成功见底后，出现一段盘升行情，然后庄家展开洗盘整理，股价出现小幅回落走势，KDJ 和 RSI 指标都出现死叉。可是 3 个交易日后的 2019 年 5 月 6 日，KDJ 和 RSI 指标都出现快速金叉，此时 MACD 指标再次向上发散，均线系统呈多头排列。表明洗盘整理结束，股价有望出现新的上涨行情，是非常好的买入信号，随后股价出现连续上涨。

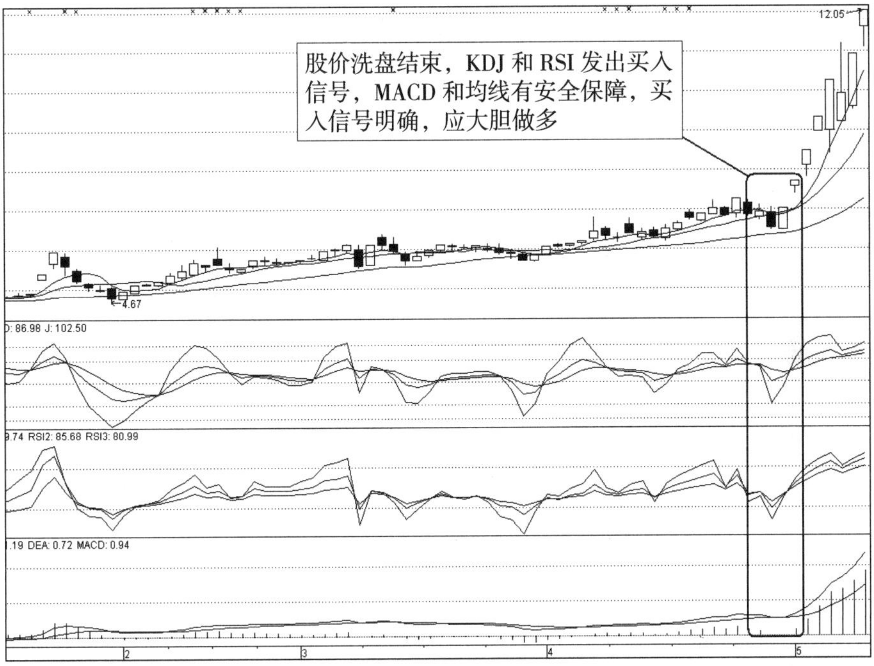

图 1-62　丰乐种业（000713）日 K 线图

如图 1-63 所示，东风科技（600081）日 K 线走势图。该股股价经过长时间的调整后，在底部企稳着陆，庄家也开始埋伏其中，暗中建仓。2019 年 2 月 11 日，股价向上突破后，出现缓慢盘升走势。4 月 1 日再次向上突破，形成加速上涨之势，然后庄家开展回调洗盘，驱逐短线获利者。4 月 8 日，KDJ 和 RSI 指标出现死叉现象。可是时隔一天，两大指标又出现快速金叉，重新发出做多信号。

此时中期指标 MACD 指标走势如何呢？ MACD 指标在 0 轴上方运行，并保持多头态势，即 DIF 线在 MACD 线上方且趋势向上。同时，均线系统保持多头排列，成交量放大，意味着该股在强势运行。

根据指标组合分析，该股短线做多条件明确，此时买入风险已大大下降，随后出现一波强势上涨行情。利用 KDJ、RSI、MACD 三大指标组合群，可以成功地捕捉到一波强势上涨行情。

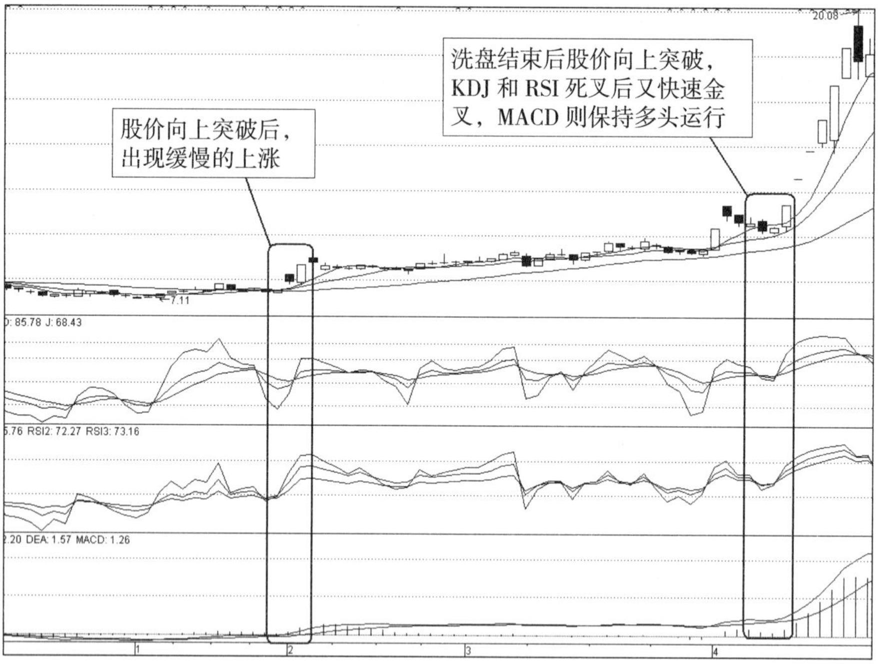

图 1-63　东风科技（600081）日 K 线图

三、化解钝化组合

1. 图形特征

（1）KDJ 指标是一个超买超卖型技术指标，是短线操作的最佳利器之一，但该指标的一个盲点就是低位（高位）钝化现象比较突出。当股价从高位开始下跌时，由于 KDJ 指标反应比较灵敏，很快就进入超卖区，由于此时跌势未尽，指标便出现钝化，研判功能失效。如果按照一般买卖法则买入后，有可能被套，甚至深套，因为股价超跌之后还会超跌，超卖之后还会再超卖，故对这一指标的钝化信号应多加关注，不可急于买入抢反弹。这时应观察 D 线的变化，如果 D 线出现明显的向上抬头走势，表明股价已经见底，可作为短线买入时的参考。

（2）在股市中，经常看到 RSI 指标在强势区一路下滑到了超卖区，在此区停留多日不见反弹，指标在底部失效，若买入就有可能被套其中，若卖出则有可能踏空行情，让投资者左右为难。此时投资者应把这类股票列入重点关注对象，以 12 日 RSI 线作为参考较好。当 6 日 RSI 线金叉 12 日 RSI 线时，RSI 指标出现明显的上升态势，可作为短线买入参考。

（3）股价呈现下跌走势，MACD 指标顺势下滑，指标呈空头形态。当股价跌到尽头的时候，MACD 指标下滑趋缓。随后 DIF 线向上金叉 MACD 线，MACD 线开始渐渐上移，是短线的最佳买入点。MACD 指标保持上升趋势不变，是中线持股信号，直到 MACD 指标发出卖出信号时离场。

2. 市场意义

这组信号最大的优点就是避免 KDJ 和 RSI 两大指标在低位钝化时造成投资者过早买入而深套其中的风险。具体操作方法是：当 KDJ 指标和 RSI 指标在低位出现钝化时，不做买入，仅保持关注（关注是因为指标迟早会上行，不可能长期躺底）。此时应根据 MACD 指标信号决定买卖策略，并以 D 线和 12 日 RSI 线作为参考。当 MACD 指标在低位出现金叉或走平时，表明股价跌势已尽，中短期底部初现，这时可以回过头来，根据 KDJ 指标和 RSI 指标决定买入点。如果 MACD 指标还没有出现金叉或走平，表明股价跌势未尽，不可贸然介入（不要被钝化时出现的假金叉迷惑）。这种信号的形成大多发生在急跌或持续下跌行情中，俗话说“急跌必有暴涨”。这组信号既可以判断底部，又可以预测顶部，中短线操作效果均佳。

3. 实战案例

如图 1-64 所示，大港股份（002077）日 K 线走势图。该股经过一波拉高后，股价大幅回落，KDJ 指标从超买区一下子坠落到超卖区。如果按照一般应用法则所

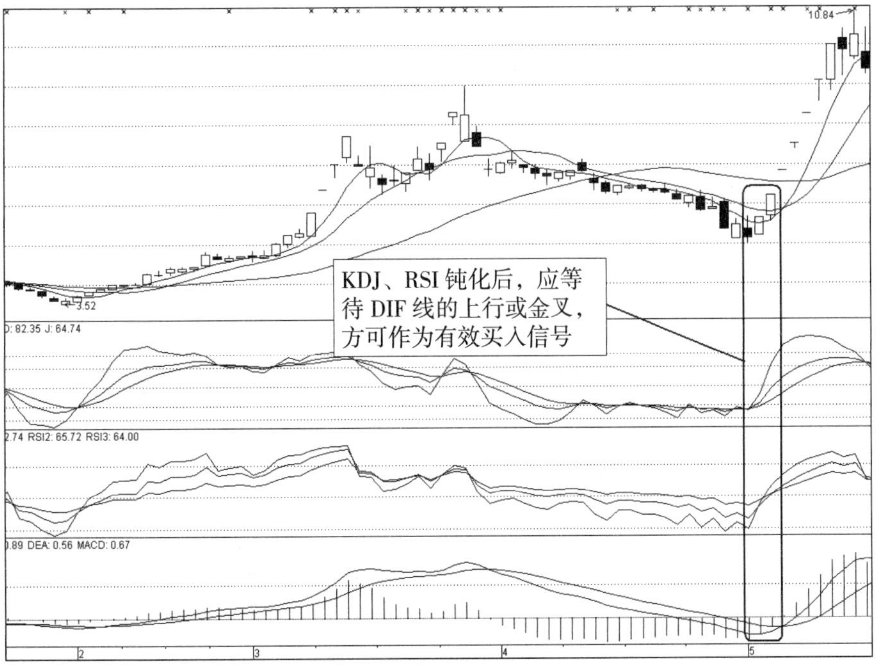

图 1-64 大港股份（002077）日 K 线图

说的“KDJ 在 20 以下买入”，将会冒很大的风险，因为此时还没有其他止跌信号的配合，后市仍有惯性下跌的可能。同期 RSI 指标同样呈逐波下滑态势，6 日 RSI 线触及超卖区多日，若据此过早介入其中，则会遭受短线套牢之苦，投资心态也会大受打击。可见，此时 KDJ、RSI 两大指标均失去了研判功能，尽管期间多次出现“金叉”或“拐头”信号，均不能为投资者提供正确的买卖依据。

那么此时投资者应该怎么办呢？不必过于着急，应观察一下 MACD 指标的变化，关注跌势穷尽到来的那一天，即等待“MACD 金叉或走平”，并关注 D 线和 12 日 RSI 线何时开始上行。2019 年 5 月 7 日开始，连续两天股价涨停，此时 DIF 线向上拐头，KDJ 指标和 RSI 指标金叉后，以大角度向上发散，这时可以加仓买入。其后，该股股价连续拉板，短线累计涨幅较大。

如图 1-65 所示，东方海洋（002086）日 K 线走势图。该股经过大幅下跌后，庄家在底部再次制造空头陷阱，此时 KDJ 指标和 RSI 指标早早地到达超卖区，但股价随后并没有止跌。2019 年 2 月 1 日，股价拉出大阳线，DIF 线上行，KDJ 指标和 RSI 指标金叉后，以大角度向上发散，这时可以加仓买入。之后，股价出现强势盘升行情，短线累计涨幅较大。

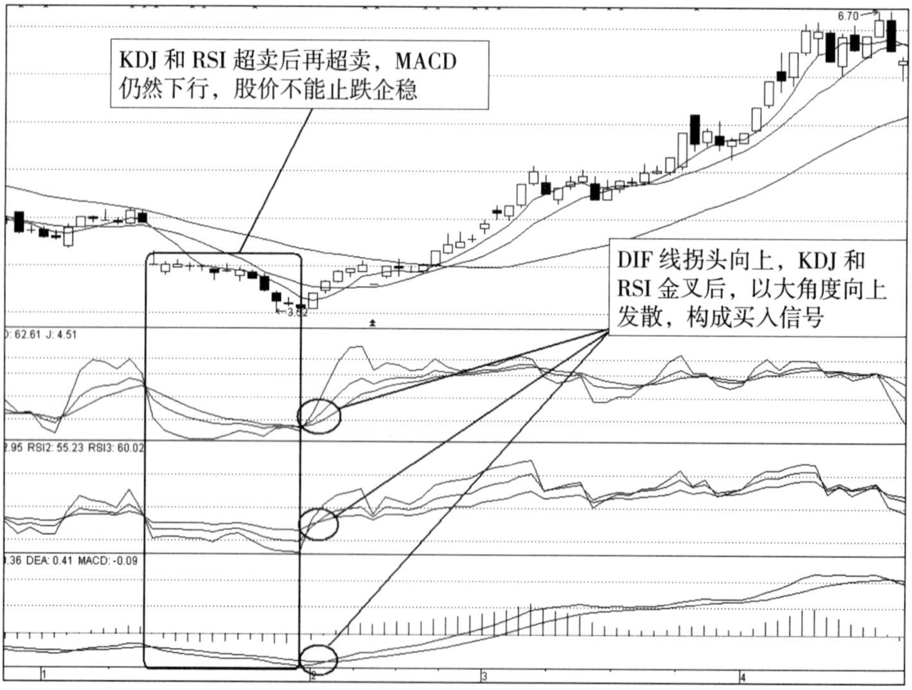

图 1-65 东方海洋（002086）日 K 线图

四、背离信号组合

1. 图形特征

（1）在一轮持续涨升的行情中，股价步步向上走高，屡创近期新高，而同期KDJ 指标（在该组信号中，该指标以 D 线作为研判依据，J 线、K 线可以忽略）不但没有创出新高，反而逐波走低，二者产生顶背离现象，一般视为短中期见顶信号，这时应卖出股票。

（2）股价屡创近期新高点，RSI 指标相应地创出一个显著的新高点之后，股价出现一定幅度的回落调整，RSI 指标也向下回落。当股价再次向上并创出新的高点时，RSI 指标虽有上行，但没有冲过前期高点就开始回落，此时 RSI 指标与股价形成顶背离走势。RSI 指标出现顶背离后，一般表明上涨行情接近尾声，股价见顶回落的可能性较大，是比较强烈的卖出信号。

（3）股价强劲盘升而上，走势一浪比一浪高，不断创出近期新高点，而同期MACD 指标在高位却上升缓慢，DIF 线走平或向下回头，甚至向下死叉 MACD 线，不久 MACD 线也出现走平或下行。或者 MACD 指标出现一波比一波低的走势，与股价形成顶背离走势。这种情况表明股价上档压力较大，继续上涨极为困难，为明显的卖出信号。

2. 市场意义

这组信号表明股价经过长期上涨后，已经累积了一定的市场风险，多头力量大大消耗，后续做多能量不济，空方能量开始聚集。此时股价或指数的上涨有一定的虚伪性，或是庄家刻意拉高股价，制造多头行情，以兑现自己的筹码，或是权重股刻意拉抬指数，掩盖其他庄股出货。其实，这时庄家已经弹尽粮绝，最后的拉升动作已经是垂死挣扎。顶背离产生的位置越高，出现的时间越晚，其准确性越高。

3. 实战案例

如图 1-66 所示，上证指数（999999）的走势图。这是上证指数 2019 年 2 月到 5 月的一段走势图。股指一波一波地强劲上拉，市场出现火爆行情，不少人跃跃欲试，纷纷加入做多行情之中，可是没过多久，指数却出现深幅调整。其实，如果静下心来认真分析一下技术指标，就不难发现股指已经摇摇欲坠了。

（1）在股指不断创新高的时候，KDJ 指标并不配合指数上涨，尽管其 J 线每次上行都到达超买区并钝化，但 D 值的高点却一个比一个低，与股指形成顶背离走势。

（2）在股指不断创新高的时候，同期的 RSI 指标却呈逐波下行走势。如果将两个或两个以上高点连在一起，就会形成一条向右下方倾斜的趋势线，这条趋势线即构成压力线。当股指触及这条压力线时，就会遇到较强的压力，因此指数的上升已显得岌岌可危，面临技术回调。

（3）在股指不断创新高的时候，此时 MACD 指标却未能随着股指创出新高点，DIF 线每次反弹时，大多受到 MACD 线的压制呈向下走势，形成中期顶背离现象。

根据上述技术指标组合分析，股指已形成阶段性高点，到了高位风险区，尽管股指在此区域之上维持了多个交易日，但已是回调前的盘头走势了。后期股指出现下跌调整走势。投资者遇到这组信号时，应当逢高了结，落袋为安。同时，这种组合信号也让那些迷恋于火爆行情的投资者付出了惨重的代价。

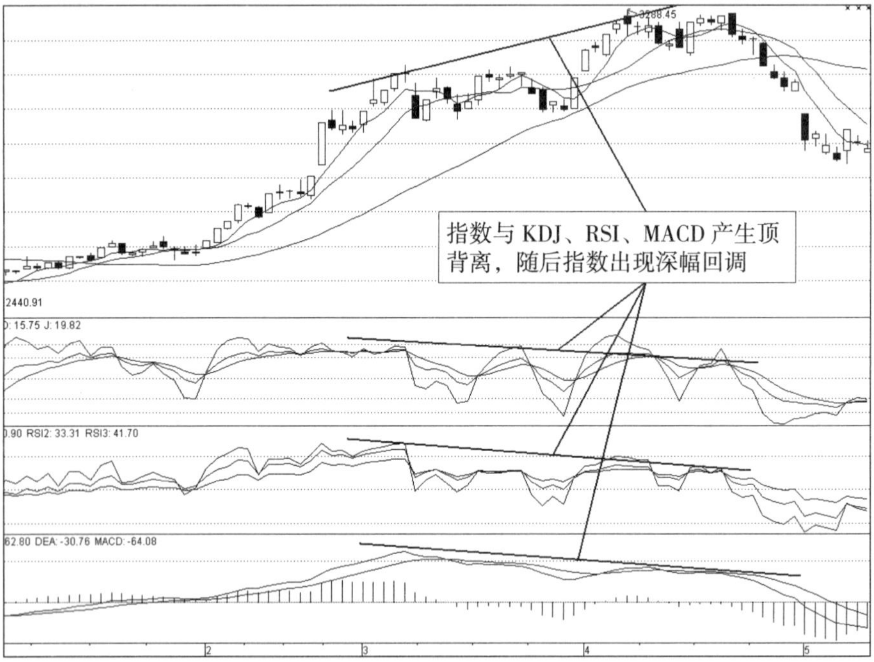

图 1-66　上证指数（999999）走势图

五、见顶信号组合

1. 图形特征

（1）股价经过一轮上涨或反弹后，KDJ 指标进入超买区，因股价续涨无力而回落。KDJ 指标在超买区（一般认为是 80 以上）形成死叉，D 线开始拐头向下，股价可能一落千丈，为短线卖出信号。在超买区，D 线是生命线。D 线如果挺拔不回，可以看多；一旦 D 线掉头向下，应短线看空。

（2）随着股价的上涨或反弹，RSI 指标也随之上升到了超买区，但因股价上涨无力而下跌。6 日 RSI 线在超买区（一般认为是 80 以上）死叉 12 日 RSI 线后下行，12 日 RSI 线也开始下滑，或 RSI 指标向下突破重要支撑位（线）或一个技术形态，表明上涨行情即告结束，股价可能出现下跌走势，为短线卖出点。

（3）MACD 指标在上方远离 0 轴，DIF 线出现走平或向下掉头，死叉 MACD 线后下行，MACD 线也随之而下。BAR 指标的红柱缩短并消失，绿柱出现并增长。这种情况为中短期头部特征，应逢高退出为宜。

2. 市场意义

这组信号表明股价上档遇到强大压力，或股价拉升达到庄家的既定目标价位，一轮上升或反弹行情即将终结，暗示一轮跌势行情即将开始。在实盘操作中，如果出现这组信号，投资者不应留恋市场，无论是否获利，都应尽快离场，其后可能产生一轮深幅跌势或较长时间的调整，有"一落千丈"之势。

3. 实战案例

如图 1-67 所示，美锦能源（000723）日 K 线走势图。该股股价见底后，庄家进行了一轮充分的炒作，股价累计涨幅较大，继续上涨显然遇到强大的压力，此时庄家只好主动开始撤退。2019 年 4 月 24 日，KDJ 指标和 RSI 指标向下死叉，D 线和 12 日 RSI 线死叉后下行，预示股价短期见顶，为卖出信号。

这时 MACD 指标走势如何呢？在远离 0 轴的位置，DIF 线在高位出现向下拐头，MACD 线上升趋缓，BAR 指标中的红柱收缩，预示上涨行情已经结束。

KDJ、RSI、MACD 三大指标发出的做空信号相互印证，信号产生共振，且股价处于大幅上涨的高位，应逢高卖出操作。其后，股价向下盘弱，出现中期调整。

为了提高实盘操作技能，补充说明一下。在该股上涨过程中，4 月 12 日，KDJ 指标死叉后，D 线下行。3 月 28 日和 4 月 12 日，RSI 指标也两次出现死叉，之后 12 日 RSI 线下行。但此时 MACD 指标保持多头运行态势，表明中期趋势良好。因此，KDJ 和 RSI 指标发出的卖出信号为疑似卖出信号，不能当作确定性卖出信号看待。

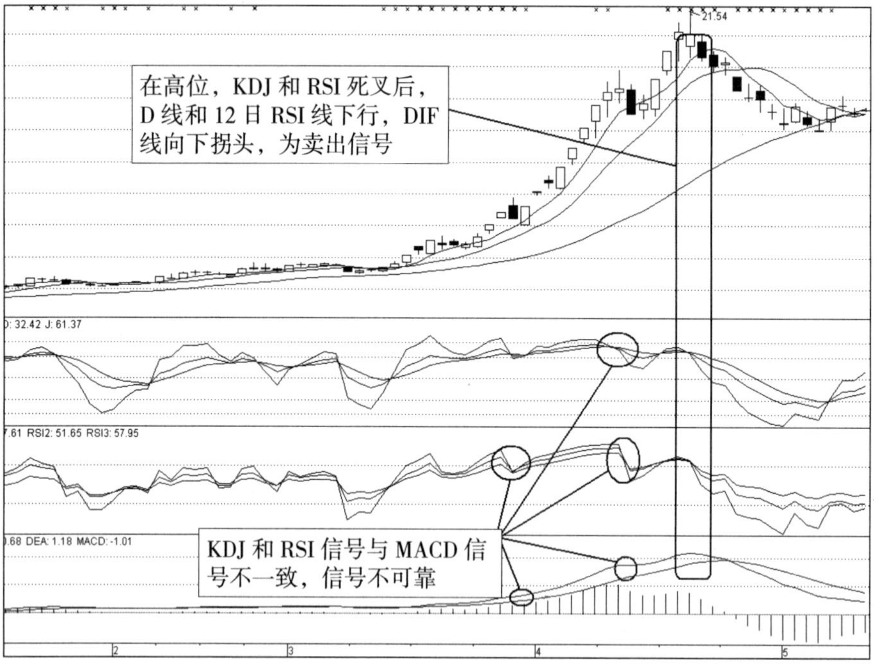

图 1-67 美锦能源（000723）日 K 线图

如图 1-68 所示，赫美集团（002356）日 K 线走势图。从 2019 年 3 月 4 日开始，该股庄家借助资产重组的利好消息进行炒作，股价出现大幅飙升，之后在高位出现振荡。3 月 21 日，KDJ 指标中的 J 线和 K 线在超买区向下死叉 D 线，D 线支撑不

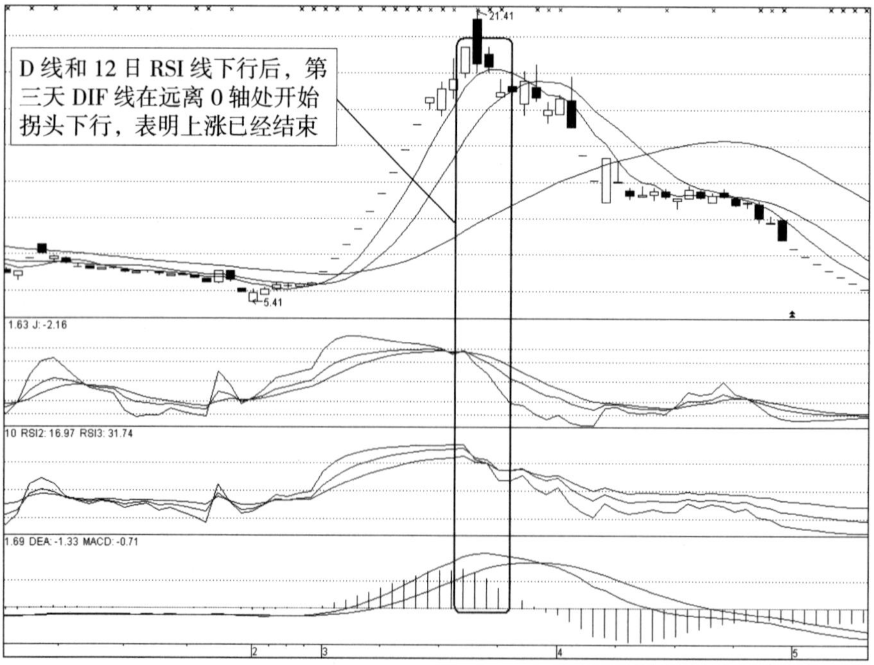

图 1-68 赫美集团（002356）日 K 线图

住，也掉头向下，预示股价短期见顶，为卖出的疑似信号。

就在同一天，RSI 指标中的 6 日 RSI 线也从高位向下死叉 12 日 RSI 线，12 日 RSI 线随之下行，KDJ 指标发出的卖出信号得到进一步印证，信号的准确性得以提升。

此时，先知先觉的投资者可以根据 KDJ 指标和 RSI 指标发出的卖出信号逢高减仓或离场。由于这一天 MACD 指标中的 DIF 线没有出现向下拐头，敢于冒险的投资者可以再观察 MACD 指标的变化。3 月 25 日，DIF 线终于在高位出现向下拐头，这时 KDJ 指标和 RSI 指标发出的疑似信号转为确认信号，表明上涨行情已经彻底结束，应清仓离场。

第十节　W%R + KDJ + RSI + MACD 实战经典组合

一、W%R 指标简介

威廉指标简称为 W%R 指标，全称为威廉超买超卖指标。它通过一定时期内市场最高价、最低价和收盘价的变化关系，来反映市场的强弱和超买超卖现象，从而提示有效的买卖信号，是用来分析市场短期行情走势的技术指标。

W%R 指标的理论基础是摆动原理，利用摆动点来度量股市的超买超卖现象，同时利用价格变动的相对位置，预测循环期内的高点与低点，研判市场人气的强弱特征，从而分析预测股价的变动趋势，并发出有效的买卖信号。

W%R 指标和 KDJ 指标、RSI 指标一样，都属于超买超卖型指标，但同时又具有强弱性质。其分析的侧重点在于强和弱这两方面，以强弱的角度去研判行情，因此有人将其纳入强弱类指标范畴。

1. W%R 指标的特性

W%R 指标的计算过程比较简单，就是周期天数内最高价与最后一日收盘价的差，与周期天数内最高价与周期天数内最低价的差的比值。

W%R 指标波动范围在 0 ～ 100 之间，上有一条天线，下有一条地线，中间有一条强弱分界线（50）。

该指标与其他指标相比有其特殊性，在股票交易软件中有两种制作方法。

第一种方法是0线位于顶部，100线位于底部，天线为20，地线为80。这种制作方法表明W%R的值越小，市场买气越强；反之，其值越大，市场卖气越强。

第二种方法则相反，100线位于顶部，0线位于底部，天线为80，地线为20。这种制作方法表明W%R的值越小，市场卖气越强；反之，其值越大，市场买气越强。

无论哪一种制作方法，50中轴线（强弱分界线）的位置都是一样的。当然，分析结果也是相同的，这一点大家了解即可。

W%R指标分布规律：理论上可将W%R指标的取值（0～100）划分为5个不同的区间，以第一种制作方法为例：0～20为超强势区；20～40为强势区；40～60为盘整区；60～80为弱势区；80～100超弱势区。

2. W%R指标应用法则

（1）W%R指标有一条买入线（即“地线”）和一条卖出线（即“天线”）。一般认为，当W%R值高于80时，属于超卖状态，表明行情即将见底，因此80这条线被称为“买入线”；相反，当W%R值低于20时，属于超买状态，表明行情即将见顶，因此20这条线被称为“卖出线”。

（2）很多时候，当行情进入超买后，还会继续超买；当行情进入超卖后，还会继续超卖。因此，当W%R指标进入超买区，行情并非立即下跌。在超买区的波动，只是表明行情仍处于原来的市道中。

同样，当W%R指标进入超卖区，行情并非立即上升。在超卖区的波动，也只是表明行情仍处于原来的市道中。

由此可见，只有当W%R指标突破超买区或超卖区后，才能形成一个完整的信号。

（3）W%R指标以50为中轴线，将其分为上下两个区域。上方为强势区，下方为弱势区。一般而言，当W%R指标向下击穿50强弱分界线时，表明市场由强转弱，是卖出信号；相反，当W%R指标向上突破50强弱分界线后，可以确认为由弱转强，是买入信号。

（4）W%R是一个辅助性指标，通常当KDJ、RSI、MACD等技术指标尚未完全钝化失真时，仅作为对上述指标可信度再行确认的一种辅助手段。只有当KDJ指标、RSI指标的短线研判作用基本丧失（日线、分时线都呈现高位或低位钝化，却又未出现顶背离和底背离状态，产生这种情况只有一种可能：连续的涨停板或跌停板），而 MACD 指标又显示单一行情（多或空）将持续很长一段时间，成交量指标暂时也由于量能的极度缩减而无法辨别趋势的方向（在停板制度下，成交量大幅度缩减是正常的。连续涨停板时，市场惜售导致成交量减小；在跌停板时，因无人接盘，成交量也会大幅度减小）等情况下，亦即当前几项重要的技术分析工具都无法对行情趋势作出较为清晰的判断时，W%R 指标的作用才得以显现。此时其快速多变的特征，正好发挥出灵敏的优势，在行情扑朔迷离之际，为投资者指点迷津。

（5）W%R 指标比较灵敏，它是一个短期技术指标，一旦发出买卖信号，应速战速决。当 W%R 指标连续向上碰顶（0 线）4 次，股价向下回调的概率大，因此第 4 次碰顶是一个相当好的卖出点；反之，当 W%R 指标向下触底（100 线）4 次时，股价向上反弹的概率大，因此第 4 次触底是一个相当好的买入点。

（6）W%R 指标具有背离功能，其运用法则与其他指标的背离法则一样。如果指标同时在顶部或底部多次冲顶或触底，形成局部的多重顶或多重底，则是潜在的转势信号，短线应提高警惕。

3. W%R、KDJ、RSI、MACD 指标组合的优点

KDJ 是一个重要的短线技术指标，是投资者进行短线投机操作的重要利器。RSI 通过比较一段时间内收盘价的涨跌变化情况，来分析测量多空双方买卖力量的强弱程度，从而判断未来的股市走势。MACD 利用短期移动平均线和长期移动平均线之间的聚合与分离的征兆功能，来研判股市的未来变化趋势，以确定股票的最佳买卖时机，它可以提供清楚的短期或中期趋势信号的形成或完结。

将 W%R、KDJ、RSI、MACD 这四大指标组成一组指标群，其最大的优点是能为投资者在复杂多变的市场中提供可靠的买卖信号。主要操作方法为：利用 W%R、KDJ 指标搜索到短线买卖信号，然后利用 RSI 指标鉴定股势的强弱和超买超卖情况，再利用 MACD 指标确认中期走势，从而更加准确地为投资者提示买卖信号。这组信号既可以判断底部，又可以预测顶部，中短线操作效果均佳。

二、仙人指路组合

1. 图形特征

（1）股价从高位向下调整，W%R 指标卧底钝化，呈锯齿状走势（时间越长，后市涨幅越大）。某日，当 W%R 线出现明显的向上跃起时，预示跌势即将结束

或涨势即将开始，为短线买入信号。

（2）当股价从高位开始下跌时，由于KDJ指标反应比较灵敏，很快就进入超卖区。由于跌势未尽，指标在底部钝化，研判功能失效。这时应观察D线的变化，如果D线出现明显的向上抬头走势，表明股价短线已见底，是短线买入信号。

（3）在一轮下跌行情开始时，RSI指标从强势区一路下滑到超卖区，在此区域停留多日不见反弹，指标在底部失效，令投资者左右为难。此时投资者应把这类股票列为重点关注对象，当6日RSI线向上金叉12日RSI线，两线出现明显的向上走势时，表明趋势逐渐转强，为短线买入信号。

（4）股价经过一轮下跌后，在底部企稳反弹，MACD指标在0轴以下停止下滑趋势，DIF线向上金叉MACD线，随之趋平或上行，表明中短线行情趋强，为买入信号。

2. 市场意义

这组信号如同一路低头匍匐前进的饿狼，一旦前方遇到可捕猎物，便猛然抬头扑过去。股市中，这种现象表明股价跌势已到尽头，庄家已经被套其中，再下跌的话，庄家可能要破产了，因此庄家为了自救，后市必定产生一轮升势，或是超跌后的反弹，或是洗盘后的拉升，或是新一轮行情的开始。我们不探究其涨升的原因，只求其在涨升开始时介入，涨升末了时卖出，以获取最大利润。

当某只股票在某一时段里同时出现上述指标信号时，介入的风险就会大大降低，可以做一波收益颇丰的行情。当W%R、KDJ、RSI指标基本丧失研判功能时，可以用MACD指标作指引，观察W%R、KDJ、RSI指标何时脱离钝化以及之后的运行方向，因此MACD具有“仙人指路”的作用。

这组指标信号在长期持续盘跌行情中使用效果很好，在快速跳水走势中效果并不理想，应改用其他方法分析。

3. 实战案例

如图1-69所示，今世缘（603369）日K线走势图。该股股价见顶后逐波下跌，不断创出调整新低。W%R指标很快到达80以上超卖区并产生钝化，走势呈锯齿状。在这段时间内，投资者只能观望，不宜买入，否则套牢的可能性较大。2019年1月4日，W%R指标一跃而起，出现大角度向下发散，表明股价已到跌势尽头，离底部不远。

此时KDJ指标也从超买区滑落到超卖区，并出现钝化现象，指标功能基本失效，买入信号不准确，只能看多但不能做多。2019 年 1 月 4 日，KDJ 指标出现金叉，D 线出现上翘，次日开始以大角度向上发散，意味着股价短线见底，买入信号初现。

再进一步观察 RSI 指标的位置，RSI 指标从高位下滑到低位，指标显示严重超卖，但也不能作为买入的主要依据。在 KDJ 指标金叉后的次日，6 日 RSI 线金叉 12 日 RSI 线，12 日 RSI 线也随之上行。这种情况表明该股逐步由弱势转为强势，此时可以作为买入信号来看待。

那么，中期指标 MACD 指标的走势如何呢？DIF 线随后向上金叉 MACD 线，MACD 线随之上行。BAR 指标绿柱消失，红柱出现并增长，表明中期行情见底，可以买入做多。

通过对 W%R、KDJ、RSI、MACD 四大指标的组合分析，可以发现它们相互印证，同步发出买入信号，其准确性较高，在股价回档时可大胆介入。此后该股股价一路攀升而上，累计涨幅较大。

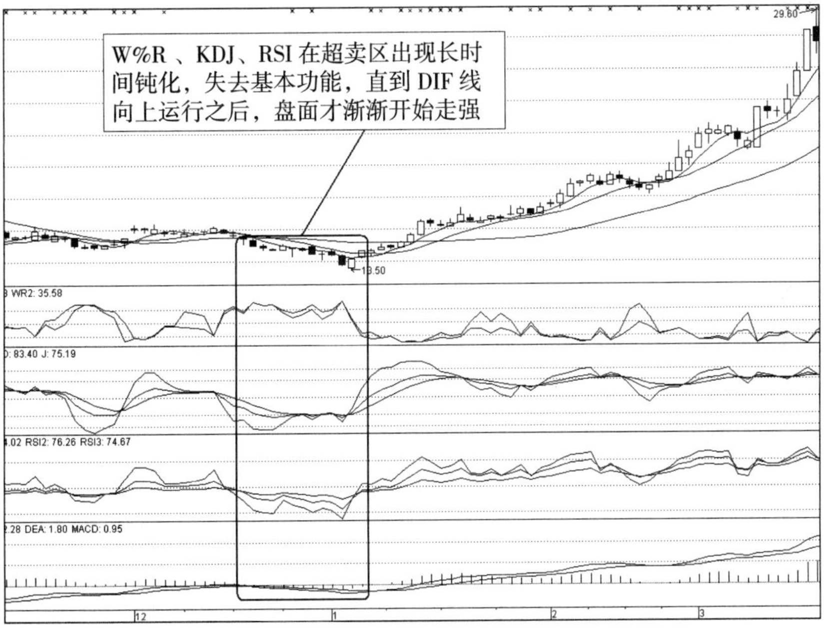

图 1-69　今世缘（603369）日 K 线图

三、振荡洗盘组合

1. 图形特征

（1）股价见底后出现反弹，W%R 指标线离底上升。由于庄家洗盘或回调确认，股价出现回落。W%R 线回升至顶部附近后，再度出现明显的向下走势，表明庄家洗盘结束，构成买入点。

（2）KDJ 指标随着股价的上涨而上升，随着股价的回调而下降。当 J 线、K 线回落至 D 线附近时，受到支撑反转向上，D 线起到中流砥柱的作用，并保持原来的上升趋势或走平。或者 J 线、K 线向下击穿 D 线后快速拉起，再次金叉 D 线，D 线保持原来的上升走势或走平，形成“萝卜坑”图形，此为买入点。

（3）RSI 指标随着股价的回调而回落，6 日 RSI 线向下碰触 12 日 RSI 线后反转向上，两线拒绝死叉并继续上行。或者 6 日 RSI 线击穿 12 日 RSI 线后快速拉起，再次金叉 12 日 RSI 线，12 日 RSI 线继续上行。这种情况表明市场处于强势之中，为买入点。

（4）MACD 指标在底部向上金叉后，随着股价的回调，DIF 线放慢了上升速率，向 MACD 线靠近，而 MACD 线走势强劲，维持原来的上升速率。不久，DIF 线加快了上升速率，出现如同“空中加油”的图形。或者 MACD 指标不受股价回调的影响（庄家快速洗盘或回抽），持续向上运行。

2. 市场意义

这组信号大多表示庄家洗盘或二次探底结束，是即将展开主升段行情的前奏，股价将迎来“梅开二度”的涨升行情。这种情况一方面表明庄家筹码锁定性较好，洗盘恰到好处；另一方面表明股价回调时承接盘较多，股性已经被有效激活。在实盘操作中，许多大牛股、大黑马在飙升前，都有这种类似的走势。当 W%R、KDJ、RSI、MACD 四大指标组合同时发出买入信号时，其准确性较高，可以大胆介入或持有，一般获利的机会较大。

3. 实战案例

如图 1-70 所示，嘉应制药（002198）日 K 线走势图。该股庄家在向下打压股价的过程中，顺利地完成建仓计划。2019 年 2 月初，股价企稳后渐渐向上走强，均线系统呈现多头排列。当股价有了一定的涨幅后，庄家主动展开洗盘整理，股价出现小幅回落。3 月 21 日洗盘结束后，股价放量向上突破，展开加速上涨行情，此时技术指标组合显示的买卖信号非常明了。

W%R 线向上跃起后，很快又回落，说明有洗盘结束迹象。同期 KDJ 指标中的 J 线、K 线回落，与 D 线死叉后又再度弹起，形成“萝卜坑”图形，表明洗盘即将结束。

此时，6 日 RSI 线与 12 日 RSI 线死叉，向下击穿 50 强弱分界线后，又快速拉起形成金叉，6 日 RSI 线和 12 日 RSI 线都反转向上，表明洗盘整理结束。

同期，MACD 指标中的 DIF 线向下滑落到 MACD 线附近时，受到 MACD 线的支撑反转上行，两线拒绝死叉并向上发散，BAR 指标红柱再次逐日加长，表明股价回档洗盘结束。

通过对 W%R、KDJ、RSI、MACD 四大指标的分析，在股价上涨过程中出现这种盘面现象，表明庄家洗盘整理结束，后面股价将展开新一轮上涨行情，此时应坚决做多。

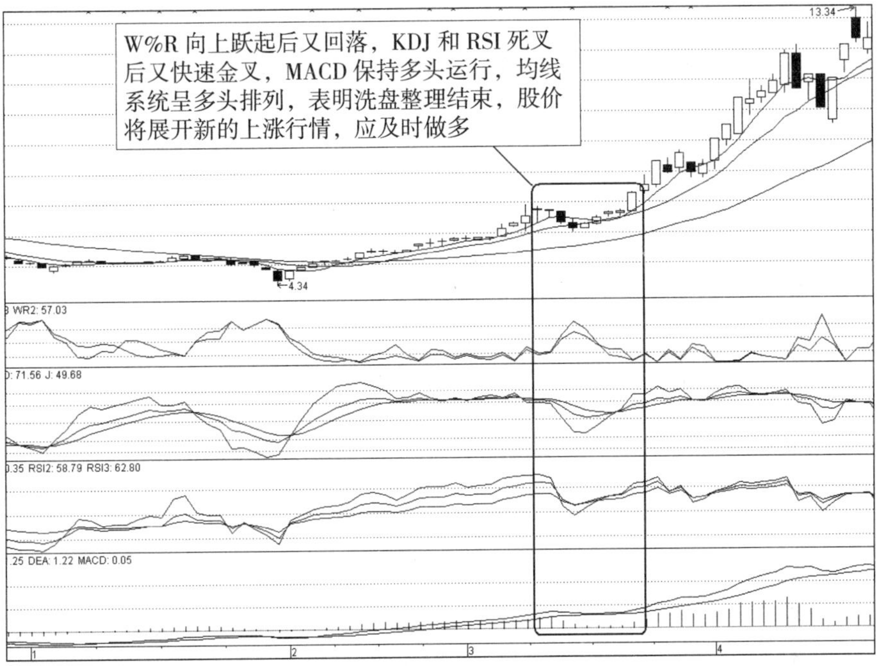

图 1-70 嘉应制药（002198）日 K 线图

四、强弱信号组合

1. 图形特征

（1）W%R 指标经常出现碰顶（0）或触底（100）现象，一般技术分析者认为，第 4 次碰顶或触底，是一个相当好的卖点或买点。但是不同股性的股票，其碰触次数也应该有所区别，不可一概而论，应与其他技术指标综合进行研判，才能增加其准确性，在安全第一的原则下再考虑出击，这样可以大幅度降低风险。据多年跟踪观察，无论 W%R 指标碰顶或触底次数多少，只要其出现碰顶或触底时，就应马上寻找其他指标的积极支持和配合，如本指标组合群。当指标组合群同时发出买卖信号时，便是最佳买卖点（不管 W%R 指标碰顶或触底多少次）。

（2）在一轮持续行情中，KDJ 指标一般在中轴线（50）上下作脉冲波动，KDJ 指标回抽时，D 线和 K 线一般不破中轴线。若 D 线和 K 线由上向下有效击穿中轴线，表明涨势行情结束，短期头部初步形成，应做好卖出准备；若 D 线和 K 线由下向上有效突破中轴线，表明跌势行情结束，短期底部初步形成，应做好买入准备。

（3）RSI 指标以中轴线（50）作为强弱的分水岭，在这组信号中，RSI 指标和 KDJ 指标的用法差不多。在一轮持续行情中，RSI 指标一般围绕中轴线（50）脉冲波动，RSI 指标回抽时，一般不破中轴线。若 RSI 向下有效击穿 50 强弱分界线，表明行情由强转弱，应及时卖出；若 RSI 向上有效突破 50 强弱分界线，表明行情由弱转强，应及时买入。

（4）当行情经过一轮上涨后，MACD 指标在高位走平后形成死叉，表明中期顶部出现，股价将出现下跌调整，投资者应执行卖出操作。当行情经过一轮下跌后，MACD 指标在低位走平后形成金叉，表明中期底部出现，股价将出现回升走势，投资者应执行买入操作。

2. 市场意义

将 W%R、KDJ、RSI、MACD 这四大指标组合起来，很好地解决了 W%R 指标碰顶和触底次数的困惑，丰富了技术指标的应用技巧，也解决了 KDJ 指标经常钝化的技术缺憾。这组信号无论出现在顶部或底部，都表明一轮持续行情的终结或一个完整信号的结束，它既可以判断底部，又可以预测顶部，效果均佳。若是在下跌行情中出现这组信号时，以买入为主；若是在上升行情中出现这组信号时，以卖出为主。

3. 实战案例

如图 1-71 所示，康泰生物（300601）日 K 线走势图。该股在 2018 年 12 月经过修复性反弹后，再次出现新一轮的下跌调整。经过一段时间的调整后，2019 年 2 月 1 日股价企稳回升，出现一波盘升行情。在该股的盘面走势中，买卖信号非常明确。W%R 指标到达高位后，出现钝化状态，产生多次碰顶现象。股价企稳回升后，W%R 指标又出现低位钝化，产生多次碰底现象。可见，W%R 指标强弱分明，并不受碰触次数的限制。

再观察分析一下 KDJ、RSI、MACD 指标的走势，盘面强弱就更加清楚了。2018 年 12 月 10 日，KDJ 指标回落到 50 中轴后，基本在 50 下方弱势运行，直到 2019 年 2 月 1 日，KDJ 指标才返回到强势区。

这时 RSI 指标也发出卖出信号，6 日 RSI 线死叉 12 日 RSI 线后，继续向下击穿 50 中轴线，进入到弱势区，行情转弱特征显现，表明庄家做多意愿不强，或上攻受到较大的阻力，应保持观望。直到股价出现放量大阳线后，才重新形成强势的盘面特征。

同期 MACD 指标中的 DIF 线拐头向下，与 MACD 线形成死叉，MACD 线随之下行，盘面一直处于弱势格局。之后，随着股价的拉起，MACD 指标出现金叉，盘面重新走强，构成买入信号。

图 1-71　康泰生物（300601）日 K 线图

五、见顶信号组合

1. 图形特征

（1）随着股价的上涨，W%R 线自下而上到达超买区后，指标线呈锯齿状走势。不久，W%R 线快速反转，有效击穿 50 中轴线后继续到达超卖区，预示一轮升势行情即将结束或一轮跌势行情即将开始，此为卖出信号。

（2）股价在高位，KDJ 指标形成向下死叉后，D 线拐头向下，为短线卖出信号。

（3）RSI 指标在高位因股价上升乏力，6 日 RSI 线向下死叉 12 日 RSI 线，12 日 RSI 线随后向下，或者 RSI 指标向下突破重要支撑位（线），表明股价走势趋弱，为卖出信号。

（4）MACD 指标在 0 轴上方较远位置放慢上升速率，DIF 线走平后向下死叉 MACD 线，MACD 线随之走平或下行。BAR 指标红柱缩短并消失，绿柱出现并增长，表明中线行情趋淡，为卖出信号。

2. 市场意义

这组图形反映庄家将股价拉高后，利润十分丰厚，最后出货逃跑了，说明一轮上涨行情接近尾声，或一轮新的跌势行情即将开始，表明股价已经到达目标价位，庄家选择主动撤退，以兑现账面利润，或者后续上涨能量不济，上行遭到强大抛压，庄家被迫撤退，以保实力，伺机再起。其卖出点发生在组合指标信号相互印证一致的时候，或在其后的回抽和盘中反弹高点。

3. 实战案例

如图 1-72 所示，数字认证（300579）日 K 线走势图。该股从 2019 年 2 月开始，出现一轮较大的涨升行情，之后在高位出现振荡走势。此时 W%R 线出现死叉，并有效击穿中轴线，产生提示性卖出信号。其间，KDJ 指标中的 J 线、K 线已经掉头向下击穿 D 线，D 线出现明显拐弯向下的走势（其实已出现顶背离），之后拒绝反弹金叉，并继续向下击穿 50 中轴线，这时 W%R 指标的卖出信号得到了 KDJ

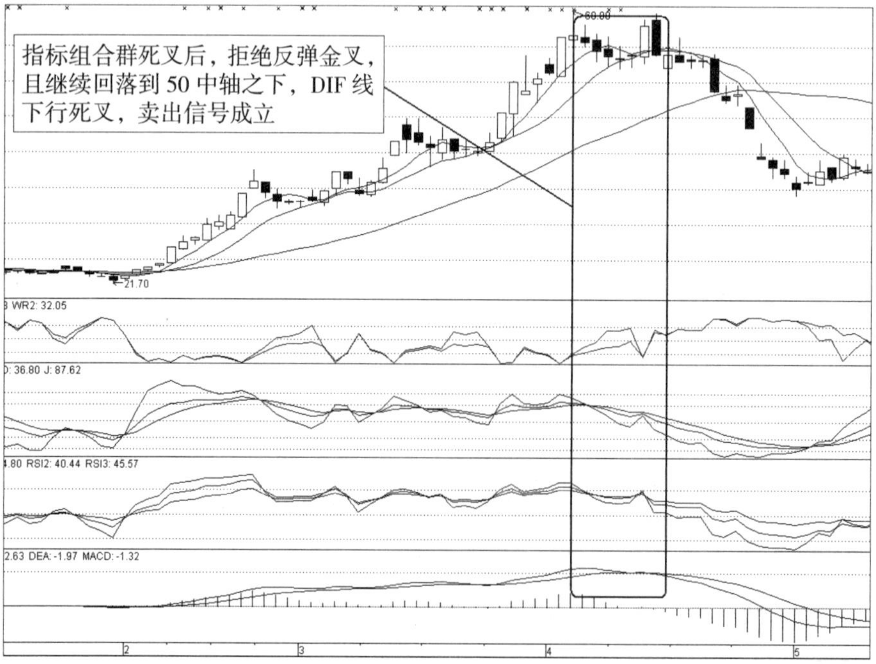

图 1-72　数字认证（300579）日 K 线图

指标的印证。

此时 RSI 指标同样发出了卖出信号，6 日 RSI 线同日死叉 12 日 RSI 线，拒绝反弹金叉后，继续向下击穿 50 中轴线，这时 RSI 指标也已经出现顶背离，表明行情开始转弱，卖出信号进一步明确。

同期的 MACD 指标上行乏力，DIF 线掉头向下死叉 MACD 线，MACD 线随之向下。BAR 红柱缩短并消失，绿柱出现并加长。这种情况表明中线行情趋淡，W%R、KDJ、RSI 指标的卖出信号得到进一步确认。

根据上述指标组合分析，该股后续上涨动力不足，股价上档遇到强大压力，卖出信号成立，投资者应逢高退出为宜。之后，该股出现一波深幅下跌走势。可见 W%R、KDJ、RSI、MACD 指标组合群为投资者找到了最佳的出逃机会，很好地规避了市场下跌的风险。

第十一节　KDJ＋RSI＋DMI 实战经典组合

KDJ 是一个重要的短线技术指标，是投资者进行短线投机操作的重要利器。RSI 指标是通过比较一段时间内收盘价的涨跌变化情况，来分析测量多空双方买卖力量的强弱程度，从而判断未来的市场走势。DMI 指标的最大特点就是能够准确地预测未来行情的变化趋势，从而为投资者提供恰当的短线买卖时机。

KDJ、RSI、DMI 是技术指标领域里的“三件宝”。这个指标组合可以帮助投资者捕捉到主升段行情，或及时发现深跌后的反弹行情，帮助投资者提前做好买入准备，让利润实现最大化，同时又可以准确地发现顶部的形成，帮助投资者及时卖出股票，保住胜利果实。

本组合的操作方法是：将 KDJ、RSI 指标作为 DMI 指标的伏笔，为最后的买卖决策打好前哨战。当发现 KDJ、RSI 指标走强后，再根据 DMI 指标买卖信号进行投资决策，这样可以寻找到更好的获利机会。这组信号既可以判断底部，又可以预测顶部，中短线操作效果均佳。

一、见底信号组合

1. 图形特征

（1）股价经过充分调整后，KDJ 指标在 20 附近形成金叉，并快速上升到强势区。或者，KDJ 指标已经在低位金叉，并在强势区运行一两个交易日，表明短线行情处于强势之中，构成短线做多信号。

（2）RSI 指标向上回升，6 日 RSI 线金叉 12 日 RSI 线后，上穿 50 中轴线进入强势区。这种情况表明短线行情进入强势，为短线介入点。

（3）股价在低位 +DI 金叉 -DI，或两线拒绝死叉，或死叉后又快速金叉而出现“菱形”图形，表明市场向多头发展，可以买入做多。

2. 市场意义

这组信号最大的优点是能够捕捉到可靠的反弹或上涨行情，为短线或超短线投资者提供短线抄底信号。这三大指标同属于中短线指标，实盘中如果发现在同一时段（时间越接近越好）发出买入信号，就是短线进场的好机会，只要不出现大空头市场，不追涨，不贪心，或多或少都能获利。

3. 实战案例

如图 1-73 所示，银星能源（000862）日 K 线走势图。该股庄家在大幅下跌的底部区域成功地吸纳了大量的低价筹码，并构筑了扎实的底部基础。2019 年 1 月 30 日，股价放量涨停，向上穿越三条均线，从此开启了一轮大幅飙升行情，在 11 个交易日中出现 10 个涨停板，短期股价涨幅巨大。

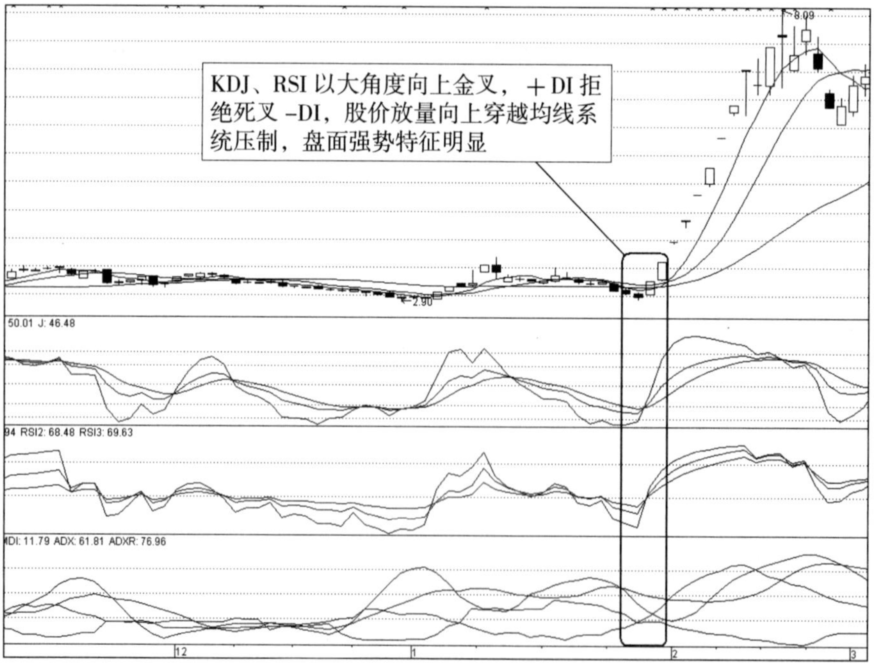

图 1-73　银星能源（000862）日 K 线图

从该股技术指标组合分析，KDJ 指标在低位 20 之下出现金叉，指标曲线以大角度上行。6 日 RSI 线金叉 12 日 RSI 线，并穿过 50 强弱分界线。+DI 拒绝死叉 -DI，表明有新多资金相继介入。此外，股价强势涨停，突破均线系统的压制，成交量明显放大，当日换手率超过 6%，可见，多头信号一致，盘面气势旺盛，是短线介入良机。

二、振荡洗盘组合

1. 图形特征

（1）股价见底后向上反弹，KDJ 指标快速回升，J 线、K 线冲到超买区后，随着股价的调整，J 线、K 线回落并击穿 D 线，但 J 线、K 线在 D 线之下运行 3 个交易日左右，再次发力向上金叉 D 线，D 线随之上行。KDJ 指标在中轴线上方形成一个“萝卜坑”图形，为短线买入点。

（2）股价见底后向上反弹，在底部，6 日 RSI 线金叉 12 日 RSI 线后，上穿中轴线进入强势区。由于股价回落整理，6 日 RSI 线回落到 12 日 RSI 线附近，当两线即将死叉时，却有惊无险，两线拒绝死叉，6 日 RSI 线企稳后反转向上，12 日 RSI 线随之向上。或者，在 50 强弱分界线附近，6 日 RSI 线与 12 日 RSI 线死叉后，再次快速金叉 12 日 RSI 线，表明行情依然处于强势走势，为短线介入点。

（3）股价在低位 +DI 金叉 -DI，行情由空头转为多头。由于庄家开始洗盘，股价出现回档，+DI 向下，-DI 向上，两线渐渐收敛。当即将构成死叉时，却有惊无险，两线拒绝死叉，分别向反方向分开。或者，+DI 与 -DI 死叉后，不几日（一般在 8 个交易日以内），+DI 再次快速金叉 -DI，形成“菱形”图形，表明市场仍然处于多头行情之中，可以买入做多。

2. 市场意义

这组信号最大的优点是能够捕捉到主升浪行情或短期即将爆发的个股，其信号形成多为庄家洗盘所致，表明行情即将进入主升浪阶段或盘升阶段。如果发现这三大指标在同一时段里（时间先后相差不超过 3 天为佳，3 天以上信号准确率降低）发出买入信号，应大胆介入，一般可以买在主升浪行情之前。这组信号判底测顶均可，中短线操作效果均佳，尤其在反弹行情或自救行情中，测顶效果更加突出，投资者可以在实盘中多加验证。

3. 实战案例

如图 1-74 所示，红阳能源（600758）日 K 线走势图。该股股价成功见底后，庄家采用边拉边洗的手法向上推升，每一次洗盘都恰到好处，点到为止。2019 年 4 月 15 日，拉升时机成熟，股价大幅向上突破。

从该股技术指标可以看出，4 月 11 日，KDJ 指标中 J 线和 K 线回落即将死叉 D 线，第二天却止跌回升，D 线继续上行，构成买入信号。此前曾出现一个“萝卜坑”洗盘图形，也是中短线入场机会。

同一天，RSI 指标也出现类似现象，6 日 RSI 线回落至 12 日 RSI 线附近时，出现微弱的刺破情形，第二天 6 日 RSI 线和 12 日 RSI 线双双上移，表明市场仍然处于强势状态之中。

在同期的 DMI 指标中，当 +DI 向下、-DI 向上，两线即将构成死叉时，却有惊无险地拒绝死叉，有力地朝两边分开，表明趋向指标向多头发展，有明显的新多资金入场，构成买入信号。

KDJ、RSI、DMI 三大指标同时发出买入信号，且成交量迅速放大，均线系统安全，表明振荡洗盘结束，短线上涨欲望强烈，投资者应大胆买入持有。之后几天里，该股出现急速拉升行情，连拉 6 个涨停，短线利润丰厚。可见，KDJ、RSI、DMI 三大指标组合群可以成功地捕捉到准确的买入点。

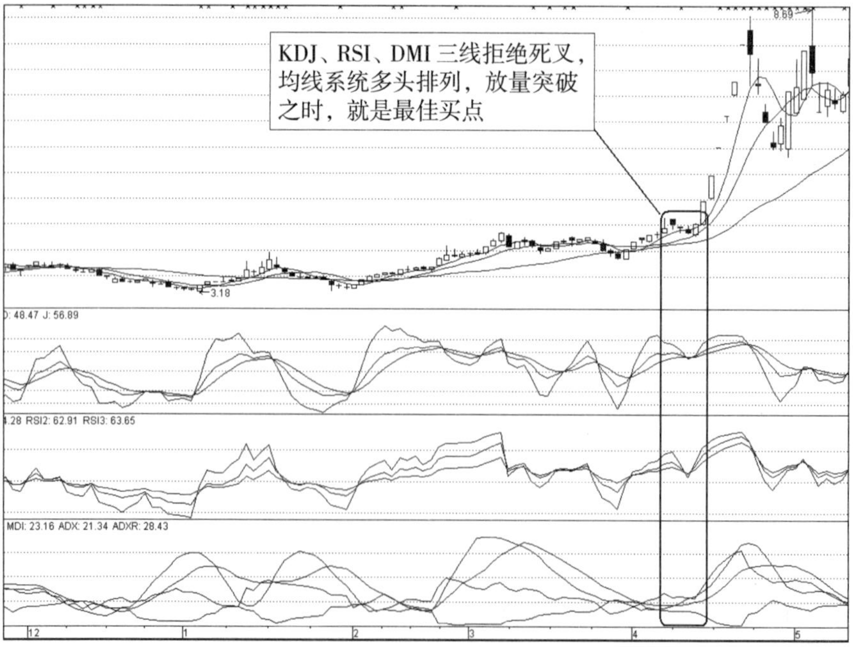

图 1-74 红阳能源（600758）日 K 线图

三、突破信号组合

1. 图形特征

（1）股价小幅上涨后再次回落，KDJ 指标的 J 线、K 线向下死叉 D 线，D 线随之下移至中轴线附近企稳。J 线、K 线在 D 线之下运行 3 个交易日左右，再次发力向上金叉 D 线，D 线随之上行，在中轴线上方出现一个“萝卜坑”图形，为短线买入点。

（2）6 日 RSI 线回落到 12 日 RSI 线附近时企稳，或 6 日 RSI 线与 12 日 RSI 线死叉后，再次快速金叉 12 日 RSI 线，12 日 RSI 线回落但不破中轴线（强弱分水岭）。此后在 3 个交易日以内，6 日 RSI 线反转向上，12 日 RSI 线随之向上。这种情况表明行情依然处于强势之中，为短线介入点。

（3）+DI 向下，-DI 向上，两线趋向收敛（接近或黏合），此时 ADX、ADXR 也由上向下收敛，四条线纠缠在一起（相互间的差值越接近，后市的爆发力越大），且 +DI、-DI、ADX、ADXR 的数值均不大（一般在 20～30 之间）。很快，-DI 下行，+DI、ADX、ADXR 三线上行，DMI 指标产生一个“蝴蝶结”图形，可谓彩蝶飞舞，此为中短线买入点。

2. 市场意义

这组信号最大的优点是，能够捕捉到主升浪行情或短期即将突破的个股，该信号的形成同样是庄家洗盘行为所致，并说明洗盘已经结束，行情即将进入拉升或出现突破走势。遇到这种情况，投资者应逢低介入，与庄共舞。这组信号既可以判断底部，又可以预测顶部，中短线操作效果均佳，尤其在反弹行情或自救行情中测顶，效果更加突出，投资者可以在实盘中多加验证。

3. 实战案例

如图 1-75 所示，精准信息（300099）日 K 线走势图。该股股价成功见底后，渐渐向上推升。当股价回升到前期盘区附近时，庄家为了日后更大幅度地拉升股价，在此进行横盘整理，以消化上方的压力，从而形成一个小的盘区。2019 年 3 月 28 日，股价放量涨停，突破盘区整理，引发一轮“井喷”式飙升行情。

从该股技术指标中不难发现强烈的买入信号。KDJ 指标中的 J 线、K 线向下死叉 D 线，第二天快速反转向上金叉 D 线，D 线随之上行，出现一个“萝卜坑”图形，表明庄家洗盘整理结束，为短线买入点。

6 日 RSI 线死叉 12 日 RSI 线后，第三天快速金叉 12 日 RSI 线，而 12 日 RSI

线不破中轴线，随后 6 日 RSI 线和 12 日线同时上行，为强势信号特征。

此时，DMI 指标中的四条曲线在 20 左右收敛，并纠缠在一起。股价突破后，+DI 与 -DI 迅速向两边分开，形成多头格局。ADX、ADXR 向上运行，出现一只向上飞舞的“彩蝶”。这种情况表明行情出现向上突破走势，后市继续看多。

据此分析，该股短期将继续出现上涨行情，应积极介入做多，分享庄家拉升的利润。可见，KDJ、RSI、DMI 三大指标组合群为投资者成功捕获了一个多头突破信号。

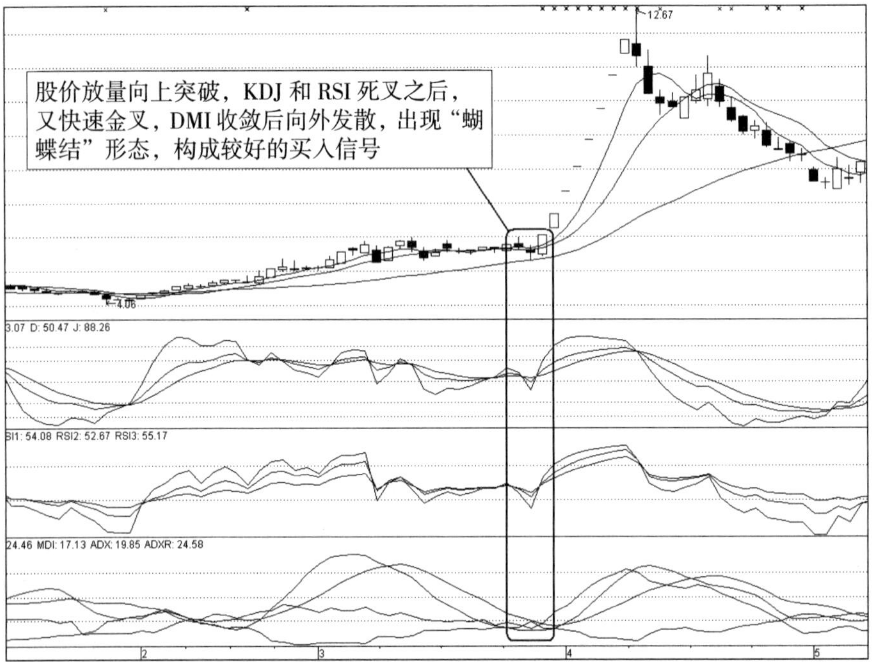

图 1-75 精准信息（300099）日 K 线图

四、反弹受阻组合

1. 图形特征

（1）股价经过一轮下跌后企稳反弹，KDJ 指标金叉向上，但 J 线、K 线未到超买区就掉头向下（或冲到超买区后快速回落），D 线也未过中轴线而转身向下，KDJ 指标再次形成死叉，反弹昙花一现。这种情况表明市场跌势未尽，空方力量没有完全释放，为短期卖出点。

（2）股价经过一轮下跌后，产生小幅反弹，6 日 RSI 线金叉 12 日 RSI 线后，无力有效上攻到达强势区，在中轴线附近反转向下，再度构成死叉，盘面再度转弱。

多空反转的可能性越大。

BIAS 指标可以分为正乖离率、负乖离率和 0 乖离率。若股价在均线之上，则为上乖离，叫正乖离率；若股价在均线之下，则为下乖离，叫负乖离率；当股价与均线重合时，则乖离率为 0，叫 0 乖离率。

正乖离率越大，表明短期内多头获利越多，那么获利回吐的可能性越大；负乖离率越大，表明空方力量强大，那么空头回补的可能性也就越大。

2. BIAS 指标的特性

（1）在通用股票交易系统上，BIAS 指标可以设立 4 条不同参数的曲线，其中一条为乖离率的 N 天平均数，其他三条可以根据需要设立不同周期的乖离率曲线。主要是以它所处的位置或形态对行情走势进行研判，其交叉信号在此指标中无多大意义。从图表中可以看出，长线乖离率的值比短线乖离率的值变化要大。离 0 值线远的线，为长线乖离率；离 0 值线近的线，为短线乖离率；居中的线，为中期乖离率。这与其他技术指标的短期、中期、长期曲线位置排列有所不同。

（2）BIAS 指标是一个辅助技术指标，就其本身而言，主要功能是对葛兰碧移动平均线八大应用法则进行补充和修正，在理论上解决了均线理论的某些不足。同时，BIAS 指标是一个短线技术指标，由于 BIAS 指标的原理有“回归平均线”的要求，所以它周而复始地围绕 0 值上下运动。无论是在大级别的牛市行情，还是大级别的熊市行情，BIAS 指标离开均线远了，必须“回归平均线”（积蓄力量后，重新离开均线）。因此，在短线应用时，它具有一定的效果。

（3）BIAS 指标是一个超买超卖指标，可以作为出入市参考。当正乖离率超过某个数值时，为超买状态，就应该出货；当负乖离率达到某个数值时，为超卖状态，就应该买进。至于这个“值”是多少，不能死板地执行同一个标准，必须根据不同的大市，不同的市道，不同的个股，进行跟踪研究，才能得出比较准确的数据。

（4）BIAS 指标的 0 线具有支撑和阻力的作用。0 值是由股价与平均线重合得来的。理论上，均线对股价有支撑和阻力作用。在多头市场中，股价产生回档，当 BIAS 指标到达 0 值时，大多能够获得支撑，股价重新向上；在空头市场中，股价产生反弹，当 BIAS 指标到达 0 值时，一般会遇到阻力，股价重新向下。

（5）多头市场的暴涨与空头市场的暴跌，会使 BIAS 指标出现出乎意料的百分比值，但出现次数极少，持续时间也很短，可视为一种例外情形。

（6）在大势上涨的行情中，如遇负乖离率，可以待回跌时低价买进，此时进场风险较小。在大势下跌的行情中，如遇正乖离率，可以待回升时高价出售。

（7）BIAS 指标的正负转换关系。由负值变为正值时的现象是：BIAS 指标曲线向上穿过 0 线，意味着多方攻破了空方用均线构筑的一道防线，是转强信号。根据均线所处的状态不同，BIAS 指标转强信号的可靠程度也不相同：①当均线向上移动时，出现 BIAS 指标由负值变为正值时，表明多方已控制局势，投资者可跟进做多。②当均线向下移动时，出现 BIAS 指标由负值变为正值，表明多方虽然经过努力，暂时将股价控制到了均线上方，但是因为均线仍处于向下移动过程中，所以多方并没有从根本上把局势扭转过来。此时，行情仍有继续向淡的可能，投资者还不宜看多、做多。③当均线处于横向波动时，BIAS 指标即进入了盲区，即使由负值变为正值，实际上已经没有参考价值，此时投资者应参考其他技术分析作出买卖选择。

BIAS 指标由正值变为负值时，出现的盘面现象与 BIAS 指标由负值变为正值时的盘面现象正好相反，不再赘述。

（8）BIAS 指标接近历史最大值与最小值的识别。BIAS 指标曲线接近或高于历史最大值时，从技术上来说，BIAS 指标接近历史最大值，表明多方做多能量已到极限，行情随时会掉头向下。投资者见到这种情形时，应做好出局的准备，持股者可以分批派发，持币者不可盲目追高，以免承接最后一棒的风险。

相反，BIAS 指标曲线接近或低于历史最低点，从技术上来说，乖离率接近历史最小值，表明空方做空力量已到极限，行情随时会掉头向上。投资者见到这种情形时，不该对行情继续看空、做空，应做好做多准备。此时，持股者不要再盲目割肉出逃，轻仓或空仓者可逢低分批吸纳。

3. BIAS 指标应用法则

（1）在弱势市场上，股价与 6 日均线的乖离率达到 +6% 以上时，为超买现象，是卖出时机，当达到 -6% 以下时为超卖现象，是买入时机。在强势市场上，股价与 6 日均线乖离率达 +8% 以上时为超买现象，是卖出时机，当达到 -3% 以下时为超卖现象，是买入时机。

（2）在弱势市场上，股价与 12 日均线的乖离率达到 +5% 以上时为超买现象，是卖出时机；达到 -5% 以下时为超卖现象，是买入时机。在强势市场上，股价与 12 日均线的乖离率达到 +6% 以上时为超买现象，是卖出时机；达到 -4% 以下时为超卖现象，是买入时机。

（3）对于个别股票，由于受多空双方激战的影响，股价和各种均线的乖离率容易偏高，因此运用中要随机应变。

（4）当股价与均线之间的乖离率达到最大百分比时，就会向 0 值逼近，有时也会低于 0 或高于 0，这都属于正常现象。

（5）多头市场的暴涨和空头市场的暴跌，都会使乖离率达到意想不到的百分比值，但出现的次数极少，而且持续时间也很短，因此可将其看作一种例外情形，不能作为日常研判标准。

（6）在大势上涨行情中，如果出现负乖离率，可以在股价下跌时买进，此为回档行情，买入的风险较小。相反，在大势下跌行情中，如果出现正乖离率，可以在股价上升时及时卖出，此为反弹行情。

（7）由于个股的特性不同，投资者需要根据具体情况参考最佳的极限买卖值。

二、36BIAS 指标简介

1. 36BIAS 指标的基本特性

不同周期移动平均线之间的差距称为乖离，3 日平均数值与 6 日平均数值之间的差值称为三六乖离（36BIAS），它是衡量短期和中期投资者获利的状态，进而评估短期、中期投资者对后市的看法。

36BIAS 指标具有以下基本特征。

36BIAS 指标值有正数与负数之分，多空平衡点为 0 轴，其数值随着股市的强弱，周而复始地围绕 0 轴上下波动。从长期图形变动可以看出，当正数达到某个程度，无法再往上升的时候，便是卖出的时机；当负数达到某个程度，无法再往下降的时候，便是买进的时机。

在多头走势中，行情回档多半是在 36BIAS 指标到达 0 轴附近获得支撑，即使跌破，也能够很快拉回；在空头走势中，行情反弹多半是在 36BIAS 指标到达 0 轴附近时获得压力，即使升破，也能够很快拉回。

2. 36BIAS 指标应用法则

（1）36BIAS 指标的极限值随个股的不同而不同，使用者可设定参考线，固定其乖离范围。一般 6-12BIAS 信号的可靠度比 3-6BIAS 强。

（2）当股价的正乖离扩大到一定极限时，股价会产生向下拉回的作用力。

（3）当股价的负乖离扩大到一定极限时，股价会产生向上拉升的作用力。

（4）大涨小回时，不必着急获利了结；大跌小回时，不必着急买进。

（5）从历史的角度观察 36BIAS 或 612BIAS 的波动规律，这样更能判断个股的顶底形成趋势。

3. 36BIAS 指标使用注意事项

（1）理论上，BIAS 指标设置参数仅是参考，投资者应该在实盘操作中寻找分界线的位置。

（2）当 BIAS 指标快速上升至第一峰或者是第一谷的时候，这时候也是最容易犯错的时候，投资者需要小心。

（3）BIAS 指标与均线结合使用效果更佳，当然，与更多的技术指标结合，BIAS 指标的错误也会大幅下降。

4. MA + BIAS + 36BIAS 指标组合的优点

MA 是借助一定时期股票收盘价的移动走势，反映真实的股价变动趋势和一段时间内股价平均市场成本，配合 BIAS、36BIAS 指标使用效果更好。

这种指标组合的最大优点就是，能够及时地反映出股价短期偏离正常价值运行的规律，即远离（向下或向上）短期平均价值区，使股价产生反弹或回档，从而产生买卖信号。

具体操作方法：当股价向上或向下远离平均线时，根据葛氏移动平均线原理，有向移动平均线回归的要求。在实盘操作中，当均线出现过大的空隙时，应立即观察 BIAS 指标，找到一个参考数据。当它大于或小于某个数值（绝对值）时，随时有可能产生反弹或回档，即构成买卖信号。为了提高保险系数，可以再引入 36BIAS 指标参考，如果信号一致，可以大胆果断地作出买卖决策。这组信号判底测顶均可，短线效果较佳，中长操作效果不够理想。

三、回归 0 值组合

1. 图形特征

（1）股价运行于正常走势中，突然出现持续性大幅下跌，远离 30 日均线，意味着股价下跌过急，有短线反弹要求，以修复技术指标，可以适当介入抢反弹。相反，股价突然持续大幅上涨，远离 30 日均线，意味着股价上涨过急，有短线回档要求，以修复技术指标，此时应减磅或清仓。

（2）BIAS 指标向下远离 0 轴，30 日 BIAS 值超过 -25 或接近历史最小值（可以根据不同个股设立正负各两条参考线），此时负乖离偏大，表明空方力量已到极限，行情随时有反弹的可能，可以短线介入。相反，BIAS 指标向上远离 0 轴，30 日 BIAS 值超过 25 或接近历史最大值，此时正乖离偏大，表明多方力量已到极限，行情随时有回档的可能，可以短线卖出。

（3）36BIAS 指标向下远离 0 轴，其值超过 -0.50 或接近历史最小值（可以根据不同个股设立正负各两条参考线），此时负乖离偏大，表明空方力量已到极限，行情随时有反弹的可能，可以短线介入。相反，36BIAS 指标向上远离 0 轴，其值超过 0.50 或接近历史最大值，此时正乖离偏大，表明多方力量已到极限，行情随时有回档的可能，可以短线卖出。

2. 市场意义

在下跌行情中，这组信号大多为庄家大幅洗盘或受到利空消息影响所致，股价经过持续深幅下跌后，空方力量基本消耗竭尽，股价很快见底，或利空消息出尽，股价重归老路。遇到这组信号时，不该对行情继续看空做空，而是应做好做多准备，持筹者坚定持股，空仓者可以分批介入。

在上涨行情中，这组信号大多为庄家大幅拉升或受到利多消息影响所致，股价经过持续大幅上涨后，多方力量基本得到有效释放，股价很快见顶，或利多消息出尽，股价重归老路。遇到这组信号时，不该对行情继续看多做多，应有风险防范意识，持筹者应减仓或沽出，空仓者应观望。这组信号既可以判断底部，又可以预测顶部，短线效果较佳，中长操作效果不够理想。

3. 实战案例

如图 1-77 所示，方盛制药（603998）日 K 线走势图。该股经过连续拉升后，股价远离 30 日均线，根据葛氏移动平均线原理，有回归移动平均线的要求，以修复过快波动的技术指标。2019 年 4 月 18 日，股价出现倒 V 形下跌。其实在股价高位时，6 日 BIAS 为 19.68，12 日 BIAS 为 45.79，24 日 BIAS 为 80.07，正乖离偏大，表明 BIAS 指标偏离正常运行轨道，创出历史最大值，随时有回档的可能。同期 36BIAS 指标向上远离 0 轴，其值达到 1.15，接近历史最大值，正乖离偏大，有强烈的回归 0 轴的要求，表明多方力量基本耗竭，有回档要求，应及时卖出。根据指标组合分析，卖出信号一致，一旦 K 线出现见顶形态时，投资者应及时离场。

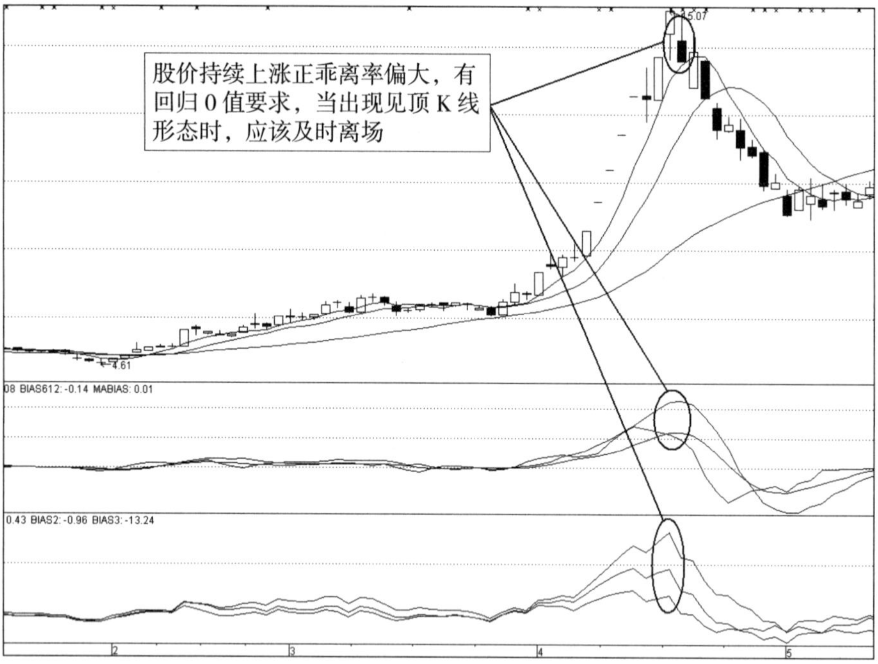

图 1-77　方盛制药（603998）日 K 线图

如图 1-78 所示，友邦吊顶（002718）日 K 线走势图。该股从 2019 年 4 月 22 日开始一轮急速杀跌行情，短期跌幅较大。这时股价远离均线，根据葛氏移动平均线原理，有回归移动平均线的要求（即便跌势未尽，也有短期回抽行情产生），

图 1-78　友邦吊顶（002718）日 K 线图

以修复技术指标。此时股价远离30日均线，短线技术高手完全可以抢反弹。如果灵活运用本指标组合，则利润更为丰厚。

此时，6日BIAS超过-12，12日BIAS超过-17，24日BIAS超过-18。BIAS指标偏离正常运行轨道，接近历史最小值，负乖离值偏大，BIAS有回归0轴的要求，因此反弹行情在即。同期36BIAS指标向下远离0轴，其值达到-1.11，接近历史最小值，负乖离值偏大，36BIAS指标也有回归0轴的要求，表明空方力量弹尽粮绝，多方将趁机反攻，反弹行情一触即发。据此指标组合分析，买入信号一致，有短线获利机会，其后该股出现强劲的反弹行情。

四、突破信号组合

1. 图形特征

（1）股价经过一轮下跌后，在低位进行盘整。庄家进场采用压箱顶的方法来收集筹码，5日、10日、30日均线在底部（中途、高位也会发生）黏合或接近在一起。一般持续时间越长，黏合越紧，后市上涨力度越大。某日，如果5日均线脱离黏合开始上行，10日均线上行，30日均线走平或上行，均线系统呈多头或趋向多头排列，成交量放大，表明底部形成，为买入信号。

（2）随着股价在底部企稳，BIAS指标逐步向0轴靠近，6日、12日、24日BIAS线黏合在一起，一般持续时间越长，黏合越紧，距离0轴越近，后市涨幅越大。或者呈锯齿状窄幅波动，此时BIAS指标处于盲区，应予以重点关注。某日，如果6日、12日、24日BIAS线脱离黏合状态，出现向上发散走势，为行情启动信号，应及时跟进做多。

（3）股价处于调整时期，振幅渐渐收敛，36BIAS线在0轴附近窄幅波动。一般持续时间越长，距离0轴越近，波动幅度越小，后市涨幅越大。此时36BIAS指标处于盲区，应予以重点关注。某日，如果36BIAS指标脱离0轴，出现明显的上升走势，为行情启动信号，应及时跟进做多。

2. 市场意义

这组信号大多出现在趋势行情的末期或横盘阶段，庄家埋伏在其中悄悄吸取筹码或暗中出货，使行情处于低迷状态，一旦出现向上突破，沉寂多时的上攻能量会一下子爆发出来，上涨行情势不可挡。当突破信号发生时，应果断做出买卖决定。

本组指标需要注意的是，在买入信号形成之前，不可以过早介入，因为股价并没有到达真正的底部，还有可能出现更低的低点。这组信号既可以判断底部，又可以预测顶部，短线效果较佳，中长操作效果不够理想。

3. 实战案例

如图 1-79 所示，航天通信（600677）日 K 线走势图。该股经过长期调整后，在低位出现盘整走势，庄家进场建仓或压箱顶吸收廉价筹码，使 5 日、10 日、30 日均线在底部几乎黏合成一条线，时间长达 2 个多月。2019 年 1 月 2 日，股价放量涨停，向上突破盘整区域，5 日均线脱离黏合状态，出现明显的向上走势，10 日、30 日均线随之向上，均线形成多头排列，当日成交量放大，构成买入信号。

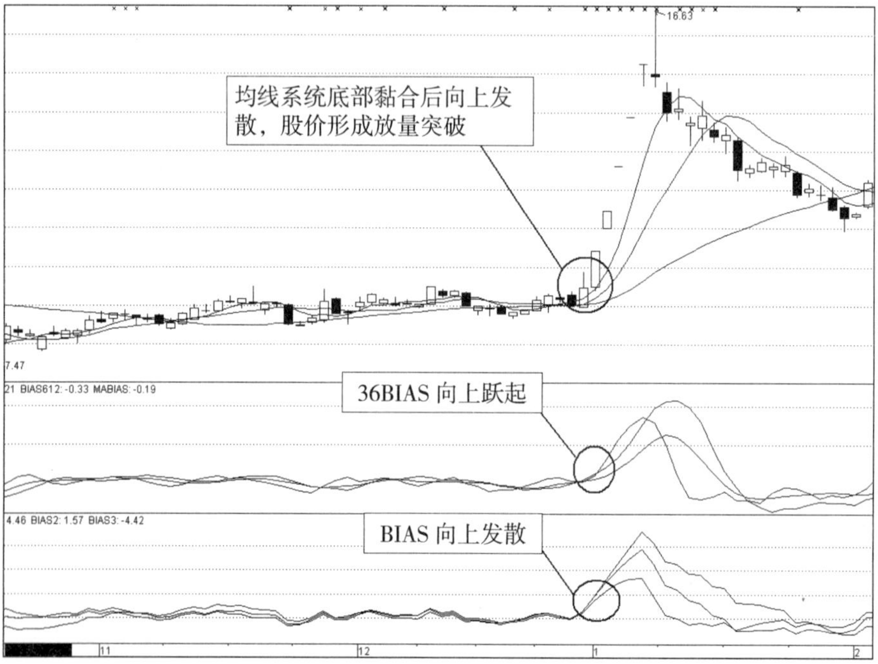

图 1-79 航天通信（600677）日 K 线图

此时 BIAS 线在 0 轴附近窄幅波动，6 日、12 日、24 日 BIAS 线黏合在一起，持续时间达 40 多个交易日。作为散户投资者，这时应重点关注后市的盘面变化，做好向下卖出、向上买入的准备，行动果断迅速，不应犹豫不决。随着股价的突破，三条 BIAS 线出现向上发散，为行情启动信号。

同期的 36BIAS 与 BIAS 指标走势基本一致，也在 0 轴附近窄幅波动，持续时间较长。随着股价的上升，36BIAS 线脱离 0 轴，出现明显的上升势头。

根据 MA、BIAS、36BIAS 指标组合群分析，信号相互印证，做多信号准确性较高，投资者可以大胆介入。之后，该股出现“井喷”式上涨行情，连续拉出 5 个涨停板，短期获利丰厚，令投资者喜笑颜开。

经过一轮短线暴涨后，股价又远离均线，BIAS 和 36BIAS 指标又出现正乖离值偏大的情况，有强烈的回归 0 轴的要求。这时投资者可以根据 MA、BIAS、36BIAS 指标组合群，判断顶部信号出现，1 月 9 日股价冲高回落，可以将筹码抛出离场。

在股价大幅上涨的高位，出现这种信号组合时，表明上涨行情结束，中短期下跌行情即将开始。此时不论成交量是否放大，都表明是一个见顶信号，应及时获利了结。

如图 1-80 所示，中兴通讯（000063）日 K 线走势图。该股经过充分炒作后，无法继续再上台阶，庄家在高位构筑平台（小箱体）出货，时间长达 1 个多月。此时，5 日、10 日、30 日均线在高位黏合在一起。当庄家把手中的筹码派发得差不多以后，2018 年 1 月 29 日，一根接近跌停的大阴线向下破位，黏合在一起的均线系统开始向下发散，均线系统出现空头排列，股价出现较大幅度的下跌走势，形成卖出信号。这时 BIAS 指标在 0 轴附近窄幅波动，6 日、12 日、24 日 BIAS 线有黏合迹象并呈锯齿状走势，持续时间较长。随着股价的下跌，BIAS 线向下发散，发出下跌信号。同期 36BIAS 指标也呈现同样的走势，在 0 轴附近窄幅波动，达 1

图 1-80　中兴通讯（000063）日 K 线图

个多月之久，最终选择向下突破走势，卖出信号进一步显现。

根据对 MA、BIAS、36BIAS 三大指标组合群的分析，卖出信号成立，投资者应在第一时间坚决卖出。之后股价破位下跌，没有及时离场者即遭套牢。

在下跌过程的中位出现这种情形时，市场风险也不可小觑，应及时离场观望，以免造成更大的损失。

如图 1-81 所示，精伦电子（600355）日 K 线走势图。在股价见顶回落的过程中，由于庄家未能顺利完成出货计划，于是反弹后形成横盘整理走势，持续时间 2 个多月，其间 5 日、10 日、30 日均线几乎黏合在一起，持续时间长达一个多月。2018 年 2 月 1 日，股价向下破位，脱离平台整理区域，均线系统呈现向下空头发散状态。此后股价出现大幅跳水走势，跌幅超出预料之外。

这时 BIAS 指标在 0 轴附近窄幅波动，6 日、12 日、24 日 BIAS 线出现紧密黏合，持续时间较长。随着股价破位，BIAS 线向下发散，发出下跌信号。同期 36BIAS 指标也呈现出同样的走势，在 0 轴附近窄幅波动，达 2 个月之久。当指标组合群发出空头信号时，应及时卖出。

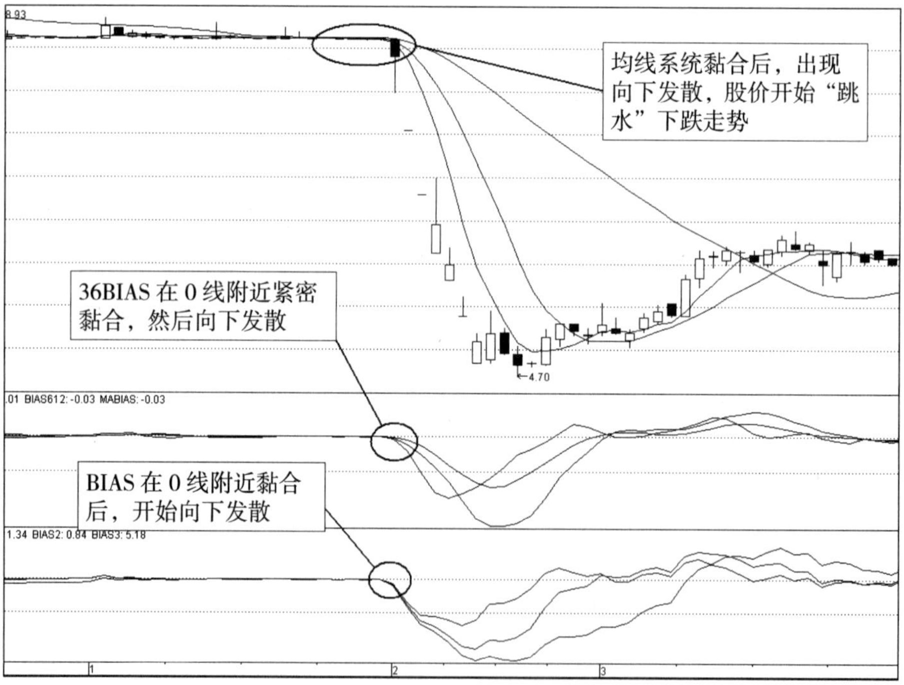

图 1-81　精伦电子（600355）日 K 线图

第十三节 BIAS＋KDJ＋MA 实战经典组合

BIAS 指标的主要功能是通过测算股价在波动过程中与移动平均线出现的偏离程度，从而得出股价在剧烈波动时因偏离移动平均线趋势而造成可能的回档或反弹，以及股价在正常波动范围内移动而继续原有趋势的可信度。KDJ 指标是反映价格走势的强弱和超买超卖动态的技术指标，可以为短线提供非常有效的买卖信号，实为投资者进行短线操作的一大法宝。MA 指标借助一定时期股票收盘价的移动走势，反映真实的股价变动趋势和一段时间内股价的平均市场成本。

将BIAS、KDJ、MA 这三大指标组合成一组指标群，称为短线操作的“黄金搭档”，不仅能提供抢反弹的最佳买点，也提供短线高手逢高派发的最高卖点。BIAS 指标的功用是确认股价是否超跌和超跌的程度，KDJ 指标的作用是显示个股是否有拐头向上的动能，而移动平均线可以判断股价的基本位置和方向，三者结合，可以打造出抢反弹的最佳工具和短线离场的最佳卖点。打开两市许多个股走势图，不难发现，其低点和高点都能被本指标组合群发出的信号所印证。

一、超跌反弹组合

1. 图形特征

（1）股价出现持续下跌或暴跌后，BIAS 指标向下远离 0 轴，6 日 BIAS 超过 -10，12 日 BIAS 超过 -15，24 日 BIAS 超过 -25 或接近历史最小值，表明股价短线严重超跌，负乖离率偏大，行情产生极端走势，反弹行情一触即发，为买入时机。

（2）KDJ 指标发生黄金交叉，J 线、K 线上穿 D 线。KDJ 交叉的位置，D 线值最好在 20 以下。或者，KDJ 在低位钝化后（股价大跌，乖离率大，必定造成 KDJ 钝化），向上大角度拉起，曲线穿越钝化期间的任一个高点，预示股价将要反弹，为买入信号。

（3）股价持续大幅下跌，远离 30 日均线，意味着股价下跌过急，跌幅过大，行情演化为极端走势，有短线反弹要求，以修复技术指标，投资者可以适当介入抢反弹。

2. 市场意义

这组信号通常反映的是短期市场过于冷淡，庄家刻意打压或遇到某种利空消息影响所致。股价经过连续下跌，随时都有触底反弹的可能。在股价所处位置较低时，以适当仓位做些反弹行情，不仅可以增加收益，也有助于培养市场感觉。由于反弹时机往往稍纵即逝，所以投资者必须要有专门的研判工具。有时一轮反弹行情不逊于一波中级行情，因此，练好抢反弹的基本功，是每个投资者的必修课。这组信号在判断短期底部时有较好的效果，且应用在大幅回档或大幅振荡行情中具有神奇的效果，在极端行情中也有特别的效果，但在判断中长线行情时，还需要参考其他技术指标进行综合分析。

3. 实战案例

如图 1-82 所示，盈方微（000670）日 K 线走势图。该股股价见顶后逐波下跌，由于庄家大幅减仓，引发恐慌盘涌出，形成加速下跌态势，股价远离 30 日均线。2018 年 2 月 7 日，开始出现超跌反弹走势。

图 1-82 盈方微（000670）日 K 线图

从该股的技术指标组合来分析，BIAS 指标向下远离 0 轴，负乖离值迅速增大，6 日 BIAS-15.99，12 日 BIAS 达到 -25.77，24 日 BIAS 达到 -32.97，指标值接近历史最小值，表明空方力量已到极限，行情随时有反弹的可能，构成短线介入信号。

此时，股价远离 30 日均线，意味着股价下跌过急，跌幅过大，有短线反弹要求，以修复技术指标，投资者可以适当介入抢反弹。

那么，投资者在什么位置买入较为合适呢？就看 KDJ 指标。该指标在超卖区严重钝化，D 线值低于 10，2 月 8 日 J 线、K 线、D 线同时一跃而起，预示股价将展开反弹行情。遇到这种盘面现象时，在股价回落时可以大胆做多，随后股价出现企稳反弹。可见，运用 BIAS、KDJ、MA 三大指标组合群，可以成功地捕捉到超跌反弹的机会。

二、振荡信号组合

1. 图形特征

（1）在常态下，BIAS 指标达到下列数值时，可以作为买卖操作依据：买进时，6 日 BIAS 超过 -5，12 日 BIAS 超过 -7，24 日 BIAS 超过 -10；卖出时，6 日 BIAS 大于 5，12 日 BIAS 大于 7，24 日 BIAS 大于 10。当然，参考数值大小不可一概而论，因个股不同，可以参考该股长时间运行形成的振荡幅度大小。

（2）KDJ 指标在低位 20 附近金叉，有反弹要求，为买入信号；KDJ 指标在高位 80 附近死叉，有回档可能，为卖出信号。

（3）30 日均线呈横向近似直线运行，或呈波谱式运行。若股价向下远离 30 日均线，有可能产生反弹行情，可以买入；股价向上远离 30 日均线时，有短线回档要求，可以卖出。

2. 市场意义

在股市中，上涨让人兴奋，下跌让人恐慌，而振荡整理行情最让人心烦。可是，股市中绝大部分时间都处于振荡整理之中，振荡整理的时间往往比上涨和下跌要长得多。而且，在振荡整理行情中，是大多数技术指标的盲区。对于大多数普通投资者来说，要想在这段行情中赚钱，是可想而不可及的事。BIAS、KDJ、MA 三大指标组合群也许在这方面发挥作用，特别是在大幅振荡整理行情中，具有神奇的应用效果。

3. 实战案例

如图 1-83 所示，安凯客车（000868）日 K 线走势图。这是该股 2019 年 1 月～5 月的走势图。股价大幅调整后，在低位箱体振荡中运行，BIAS 指标多次出现买卖信号，且均能产生一定的差价。

根据 BIAS 指标的基本规律，可以在 KDJ 指标中寻找最佳买卖点。当 KDJ 指标在 20 左右形成金叉时，则是短线较好的买点；当 KDJ 指标在 80 左右产生死叉时，则是短线较好的卖点。这些买卖信号充分发挥了 KDJ 指标的基本功能，也使投资者在时间限度内达到利润增值。

在均线系统中，30 日均线呈横向波谱式运行，这种振荡走势进一步提高了根据 BIAS 和 KDJ 指标进行短线操作的可靠性。当股价向下远离 30 日均线时，可以根据 BIAS 和 KDJ 指标进行买入操作；当股价向上远离 30 日均线时，可以根据 BIAS 和 KDJ 指标进行卖出操作。这样利用 BIAS、KDJ、MA 指标组合群来回操作，可以屡战屡胜，让人心旷神怡。

图 1-83 安凯客车（000868）日 K 线图

三、见顶信号组合

1. 图形特征

（1）股价出现持续上涨或暴涨后，BIAS 指标向上远离 0 轴，6 日 BIAS 超过 10，12 日 BIAS 超过 15，24 日 BIAS 超过 25 或接近历史最大值，表明股价短线严重超买，正乖离率偏大，股价有回档要求，为卖出时机。

（2）KDJ 指标在高位，J 线、K 线下穿 D 线形成死亡交叉。KDJ 指标交叉的位置，D线值最好在80以上。或者，KDJ指标在高位钝化后（股价大涨，乖离率大，必定造成KDJ指标钝化），向下大角度发散，曲线穿越钝化期间的任一个低点，预示股价将要见顶，为卖出信号。

（3）股价持续大幅上涨，远离30日均线，意味着股价上涨过快，涨幅过大，行情演化为极端走势，有短线回档要求，以修复技术指标，投资者可以逢高了结。

2. 市场意义

这组信号通常反映的是短期市场过于狂热，庄家刻意拉抬或遇到某种利多消息影响，导致市场走出极端走势。股价出现连续暴涨行情，必然消耗多方较多的力量，即使后面隐藏着大级别的行情，也需要有一个回档过程。千里马长途奔跑，也需要休息以保持体力，不可能从马不停蹄地跑到最后。黑马股的涨升也是有计划、有节奏的，不可能一涨到底。

投资者只有摸准庄家的脾气，踏准市场节拍，才能与庄共舞，不然踩住庄家的脚尖，这个舞就没法跳了。这组信号在预测短线顶部时有较好的效果，应用在大幅反弹或大幅振荡行情中具有神奇的效果，在极端行情中也有特别的效果，但在判断中长线行情时，还要参考其他技术指标进行综合分析。

3. 实战案例

如图1-84所示，西安饮食（000721）日K线走势图。该股经过大幅调整后，庄家在低位吸纳了大量的低价筹码。2018年7月20日发动报复性反弹行情，短期连拉5个涨停，涨速很快，涨幅也很大，盘面出现超买现象。7月27日股价冲高回落，形成短期顶部。

在技术指标中，BIAS指标向上远离0轴，正乖离值迅速增大，6日BIAS超过25，12日BIAS超过40，24日BIAS超过47，而且指标值接近该股的历史最大值，表明多方力量过分损耗，行情随时有回档的可能，短线以逢高卖出为宜。此时，股价在上方远离30日均线，意味着股价上涨过急，涨幅过大。无论后面隐藏着多么大的题材，短线都需要有一个回档过程，以等待均线系统的上升。

此时，KDJ指标中的J线在超买区钝化后拐头向下，J线、K线死叉D线后继续向下，一去不回头，KDJ指标直奔弱势区，此时应立即卖出。大势已去，如逃跑不及时，则会被套牢在顶峰之上。由此可见，BIAS、KDJ、MA指标组合群在短线抢反弹和逢高派发方面具有显著的效果，是短线操作的一大法宝。

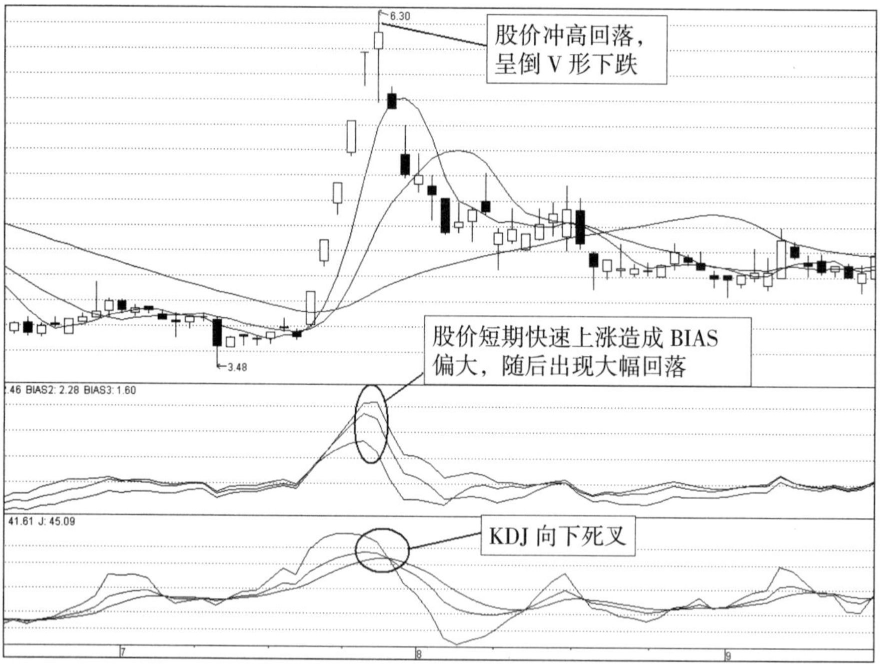

图 1-84　西安饮食（000721）日K线图

第十四节　KDJ + W%R + MACD + BOLL + SAR + MA 实战经典组合

一、SAR 指标简介

1. SAR 指标的特性

抛物线指标（SAR）是通过对股价振幅及时间的分析研究，设立止损点以观察股票买卖点的一个技术指标。由于组成该线的点以弧形的方式移动，所以称为“抛物线指标”。它可以帮助投资者有效地保住利润，控制损失，被人形象地称为股价的“保险单”。

从图形上来看，当股价遭受压力时，SAR 就像股价的守护神，一旦股价上涨速度跟不上 SAR，或是股价反转下跌，SAR 都会紧紧地盯着，发现苗头不对，投资者可以按照股价跌破 SAR 的信号马上卖掉。

大量事实证明，将 SAR 提供的卖出信号当成波段出场点，或者当成应付市场突发走势的止损点，既能较大程度地享受利润，避免过早下马，也能避免全军覆灭的惨况。

2. SAR 指标应用法则

（1）转向点指标是强市中线指标，比较适合基本面好的个股，如绩优蓝筹股、科技股，比较符合中等资金跟庄（300 万元～2000 万元）使用。

（2）当股价上涨时，SAR 的红色圆圈位于股价的下方，当该股的收盘价向下跌破 SAR 时，应立即止损卖出。

（3）当股价下跌时，SAR 的绿色圆圈位于股价的上方，当收盘价向上突破 SAR 时，可以重新买回。

（4）当股价在 SAR 的红色圆圈之上时，如果预见 CR 指标出现四条线集于一点时，是比较难得的短线主升浪加速信号。

（5）当股价在 SAR 的绿色曲线之下时，表明当前是空头市场，应离场观望。特别是在下跌过程中，虽然有时也出现绿圆圈翻红圆圈的现象，但如果只出现 3 个以下的红圆圈时，不能构成单一的买进信号，必须配合其他技术指标来判断。

（6）SAR 对于成交量较大的个股进行判断更为准确。

3. KDJ + W%R + MACD + BOLL + SAR + MA 指标组合的优点

KDJ 是一个重要的短线技术指标，是投资者进行短线投机操作的重要利器。

W%R 指标是通过一定时期内市场最高价、最低价和收盘价的变化关系，来反映市场短期的强弱和超买超卖现象，从而提供有效的买卖信号。

MACD 是一个中线技术指标，它是利用短期移动平均线和长期移动平均线之间的聚合与分离的征兆功能，来研判股市的未来变化趋势，以确定股票的最佳买卖时机。它可以提供清楚的短期或中期趋势信号的形成或完结。

BOLL 是随着股价波动幅度大小而自行变动其压力或支撑的一个中长线技术指标，具有灵活性、直观性和趋向性等特点。

MA 借助一定时期股票收盘价的移动走势，反映真实的股价变动趋势和一段时间内股价的平均市场成本。

将 KDJ、W%R、MACD、BOLL、SAR、MA 指标组合成一组指标群，其显著的特点就是有止损的作用。止损分为空头止损和多头止损。空头止损（期货、期权、融券）是指当指标发出明确的买入信号时，不管投资者在什么样的价位卖出股票，无论盈亏，都应及时停止操作，买入股票持股待涨。多头止损是指当指标发出明确的卖出信号时，不管投资者以前在什么价位买入股票，无论盈亏，都应及时停止操作，卖出股票持币观望。

本指标组合群具有广泛的市场操作意义，在中短线波段操作中，可以有效地弥补投资者瞻前顾后、犹豫不决、永远抱有幻想的弱点，投资者只要严格按照买卖信号操作即可，特别适合于大多头行情和大空头行情，不易被庄家的震仓和洗盘所欺骗，也不易被小幅反弹所引诱，避免提前卖出或买入。在实盘中，不能要求买在最低价，也不能要求卖在最高价，但使用者却可以在一定时期内获得最大的利润，回避最大的风险。

二、企稳回升组合

1. 图形特征

（1）股价经过一轮下跌或调整后，KDJ 指标中的 J 线躺底后不久拔地而起，在低位发生金叉，表明短线有走强迹象，是买入信号。特别是庄家洗盘时出现以下两种图形现象，需要投资者特别关注。

第一种现象：拒绝死叉。J 线、K 线回调至 D 线附近时，当即将与 D 线形成死叉而拒绝死叉，J 线、K 线反转向上，D 线维持原来的上升趋势或走平，是极佳的买入信号。在一轮牛市行情中，这种现象会多次发生（尤其是在盘升行情中更为明显），每次发生都是买入的时机。这一信号表明庄家洗盘结束，行情即将进入快速拉升阶段，是很好的加仓买入点。

第二种现象：快速金叉。KDJ 指标从底部金叉向上（第一次金叉），股价从低位启动，出现小幅上涨，随后庄家开始震仓洗盘。由于庄家洗盘手法怪异，J 线、K 线从超买区快速回落，跌破 D 线形成死叉，D 线稍稍向下移动（如仍然维持原来的上升趋势更佳）。但在 3～5 个交易日以内，J 线、K 线再次快速向上金叉 D 线（第二次金叉），D 线反转继续上升，在指标曲线上形成“萝卜坑”利好图形。在实盘操作中，第二次金叉介入的意义比第一次金叉更强，更具上涨空间。

（2）W%R 指标在低位长时间钝化，某日 W%R 线明显向上跃起，成功穿越 50 中轴线后，大部分时间维持在强势区运行，预示跌势行情即将结束，涨势行情即将开始，为短线买入信号。或者，W%R 指标线离底上升，由于庄家洗盘或回调确认，股价出现回落，W%R 线回落至底部附近后，再度出现明显的向上走势，表明庄家洗盘结束，构成买入点。或者，由于多方力量强大，股价出现持续上涨，W%R 几度碰撞顶部或产生钝化，表明市场处于极度强势之中。

（3）随着股价在底部企稳上涨，向下运行的 MACD 指标在 0 轴下方出现走平或向上走势，DIF 线向上金叉（或即将金叉）MACD 线后，继续上行穿越 0 轴。BAR 指标的绿柱缩短并消失，红柱出现并增长，表明市场跌势已近尾声，上升行情即将开始，中短期底部初现，可以买入做多。

（4）股价在底部向上突破 BOLL 指标的中轨线或上轨线，股价运行于中轨线与上轨线之间，此时表明行情已经处于强势，在回调到中轨线附近时可以介入。或者，在底部运行较长一段时间后，BOLL 指标通道渐渐收窄，如果 BOLL 通道向两边迅速扩张，股价向上突破 BOLL 中轨线或上轨线，随后中轨线、上轨线出现向上走势，为介入信号。或者，股价向下突破一段时间后，扩张后的 BOLL 通道上轨线已经出现下行，下轨线不能持续向下扩张，表明中短线跌势行情结束，可以短线买入。

（5）股价向上穿越 SAR 指标，小圆圈由绿翻红，股价成功站于红圈之上，随后几个交易日里，小红圈构成向上的圆弧形抛物线，表明空方已经及时止损，目前行情已经由空头市场成功切换到多头市场，可以买入做多。但由于 SAR 是抛物线指标，因此在第 4 个红色圆圈形成，构成圆弧形抛物线时，其买入信号更加可靠。

（6）股价在低位突破 5 日、10 日均线压制，5 日均线金叉 10 日均线（即将金叉或者已经金叉），随后 10 日均线上行，30 日均线呈上升趋势或走平，均线系统呈多头排列。

2. 市场意义

这组信号反映市场经过充分的调整后，由于空方力量及时止损，股价已经跌无可跌，下跌空间已经没有，多方只要动用少量资金，就能轻松地将股价拉起，因此可以积极做多。由于 SAR 指标运用了时间变量来调整止损位置，使 SAR 的变动幅度与实际价格的涨跌幅度以及时间的长短都有着密切的关系，因此将 SAR 指标与 KDJ、W%R、MACD、BOLL、MA 指标一起组合成一组指标群，可以避免许多虚假信号或疑似信号，以实现在一定时期内获得最大的利润。股价在底部经过长时间下跌整理后，如果突然出现向上突破走势，SAR 指标上方绿圈变为下方红圈，且得到指标组合群的支持，则行情形成中线上涨走势的可能性极大，此时可以在 SAR 指标翻红的第一时间介入。此外，在股价冲高后，一般会出现暂时的回落，这时翻红后的 SAR 指标在红圆圈附近常常成为一个重要的支撑参考位，该位置附近同时也是一个次级介入的较好价位。本指标组合群在预测反弹行情的顶部时具有显著的效果。

3. 实战案例

如图 1-85 所示，陕国投 A（000563）日 K 线走势图。该股经过大幅调整后，见底企稳并出现一波小幅上涨行情。庄家为了日后更好地拉升，便展开洗盘换手。整理结束之后，2019 年 2 月 18 日开始出现一波拉升行情。在拉升之前，指标组合群已经发出做多信号。

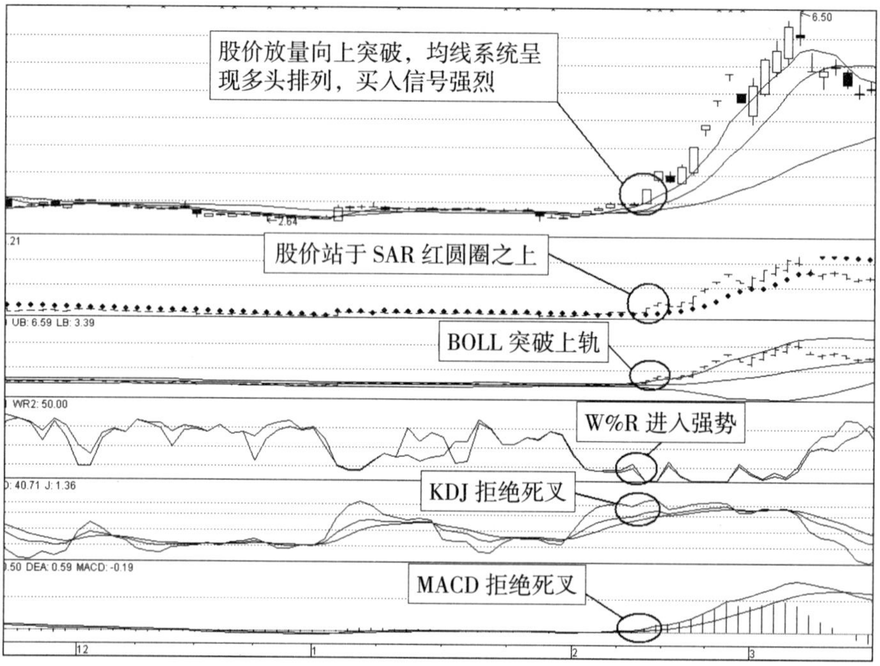

图 1-85　陕国投 A（000563）日 K 线图

（1）KDJ 指标从低位金叉后到达超买区，由于庄家开始洗盘整理，J 线、K 线回调至 D 线附近。此时两线拒绝死叉 D 线，J 线、K 线反转向上，D 线维持原来的上升趋势或走平，形成买入信号。

（2）W%R 指标超过 50 中轴线后触底钝化，表明多方力量极其强盛，后市应当看涨。

（3）此时的 MACD 指标因股价调整而回落到 0 轴附近，很快 DIF 线再度向上金叉 MACD 线，形成“小鸭戏水”的利好图形。DIF 线和 MACD 线向上发散，两线距离拉大。BAR 指标的绿柱缩短并消失，红柱出现并增长，表明市场多头力量十分强大，中短期强势信号明确。

（4）股价在底部向上穿过 BOLL 中轨线后，继续向上冲出上轨线，BOLL 通道迅速向两边扩张。从盘面分析做多力量强大，绝不是小股力量所为，应当是庄家蓄意而为，后市应持乐观态度。

（5）这时的 SAR 指标怎么样呢？小圆圈由绿翻红后，股价站稳于红圈之上，随后几个交易日里，小红圈构成向上的圆弧形抛物线。由于空方力量撤退，进一步加强了多方上攻力量，使行情更具有发展潜力。

（6）在均线系统中，股价 2019 年 2 月 18 日放量封于涨停，成功突破前高压力，5 日、10 日、30 日均线分别向上发散，均线系统呈多头排列。

根据上述指标组合群分析，做多信号相互印证，向上运行方向指示明确，投资者应及时介入做多。此后，股价出现拉升行情，指标组合群为投资者提供了一个可靠的中短期买入信号。

三、多头止损组合

1. 图形特征

（1）股价经过一轮涨升行情后，KDJ 指标在高位向下死叉，表明短线有走弱迹象，是卖出信号。或者，股价经过一波反弹行情后，J 线、K 线回升到 D 线附近，当即将与 D 线形成金叉时而拒绝金叉，J 线、K 线反转向下，D 线维持原来的下行趋势，为较好的卖出时机。在一轮跌势行情中，这种现象会多次发生（尤其是在阴跌行情中更为明显），每次发生都是卖出的时机。这一信号表明反弹行情结束，行情即将进入加速下跌阶段，多头应及时止损离场。

（2）W%R 指标在高位长时间钝化，某日 W%R 线出现明显的滑落走势，成功穿越 50 中轴线后，大部分时间维持在弱势区运行，预示涨势即将结束，跌势即将开始，为短线卖出信号。或者，W%R 指标线从高位滑落到低位，因股价出现反弹，W%R 线上升到顶部附近时，再度出现明显的滑落走势，表明股价反弹结束，构成卖出点。或者，由于空方力量强大，股价出现持续下跌，W%R 线几度碰撞底部或产生钝化，表明市场处于极度弱势之中，多头应坚决止损。

（3）MACD 指标在 0 轴上方出现走平或向下，DIF 线向下死叉（或即将死叉）MACD 线后，继续下行穿越 0 轴。BAR 指标的红柱缩短并消失，绿柱出现并增长，表明市场涨势已近尾声，下跌行情即将开始，中短期顶部形成，此时应止损观望。

（4）股价在高位向下突破 BOLL 指标的中轨线或下轨线，股价运行于中轨线与下轨线之间，表明行情已经处于弱势格局，在反弹到中轨线附近时卖出。或者，在高位运行较长一段时间后，BOLL 指标通道渐渐收窄，如果 BOLL 通道向两边迅速扩张，股价向下突破 BOLL 中轨线或下轨线，随后中轨线、下轨线出现向下走势，为中短线止损信号。或者，股价向上突破一段时间后，扩张后的 BOLL 通道下轨线已经出现上升，上轨线不能持续向上扩张，表明中短线涨升行情结束。

（5）股价向下穿越 SAR 指标，小圆圈由红翻绿，股价在绿圈之下运行，随后几个交易日里小绿圈构成向下的圆弧形抛物线，表明多方力量已经开始逐步止损离场，目前行情已经由多头市场成功地切换到空头市场，可以卖出做空。但由于 SAR 是抛物线指标，因此在第 4 个绿色圆圈形成，构成圆弧形抛物线时，其卖出信号更加可靠。

（6）股价在高位跌破 5 日、10 日均线支撑，5 日均线死叉 10 日均线（即将死叉或者已经死叉），随后 10 日均线下行，30 日均线呈下降趋势或走平，均线系统呈空头排列。

2. 市场意义

这组信号反映市场经过充分的炒作后，由于庄家暗中派发筹码，股价上升乏力，随后下跌，由于多方力量及时止损出局，加剧了股价下跌趋势，因此投资者应及时卖出。投资者在驾驭波段上升行情的强势股、热门股时，往往为人性弱点所困，难以获得满意的实际收益。正确运用 SAR 止损指标简洁明确的信号，进行冷静的止盈止损操作，则可避免自以为比市场聪明的贪婪操作，是积极型投资者保持资金流动性、把握主动权、学会波段操作、获取合理收益的关键。

股价经过大幅炒作后，如果在高位股价的上涨速度跟不上 SAR，当 SAR 指标下方红圈变为上方绿圈，且得到指标组合群的支持，则行情出现中线下跌走势的可能性极大，此时可以在 SAR 指标翻绿的第一时间止损。若错过止损机会，在股价反弹回升时，SAR 指标绿圆圈附近，常常成为一个重要的压力参考位，同时该位置附近也是一个次级卖出的较好价位。将 SAR 的卖出信号当成获利止盈点，或当作应付突发情况的止损点，既能较大程度地享受利润，避免过早下马，也能避免全军覆灭的惨况。

3. 实战案例

如图 1-86 所示，益生股份（002458）日 K 线走势图。该股经过大幅拉升后，庄家实施派发动作，股价出现回落走势。2019 年 3 月 13 日，在高位出现“乌云盖顶”K线形态，之后股价出现中期调整。其实，该股在技术指标组合群及时发出了卖出信号。

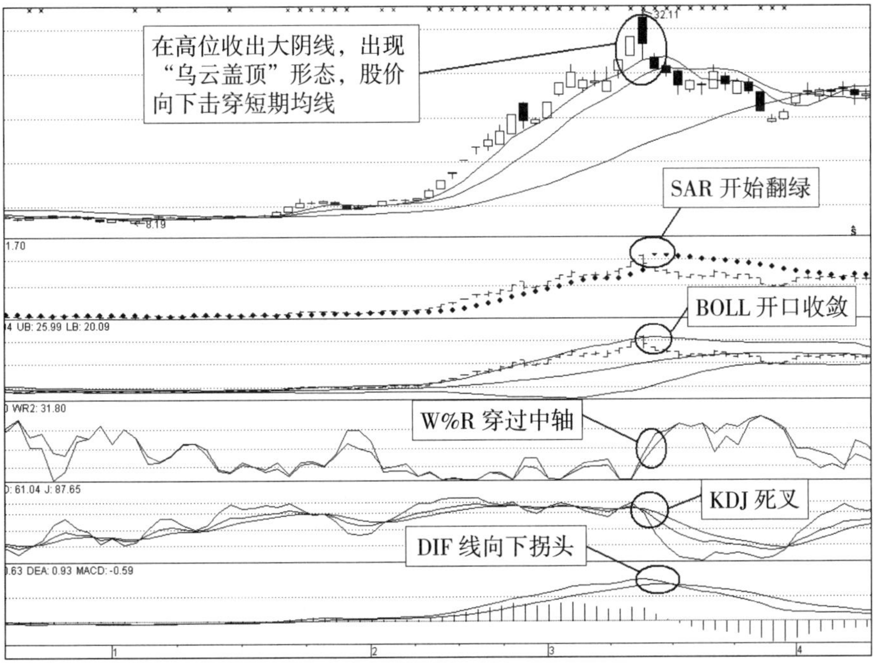

图 1-86　益生股份（002458）日 K 线图

（1）KDJ 指标向下形成死叉走势，大角度向下发散，D 线下行趋势明显，发出做空信号。

（2）此时 W%R 指标从强势区掉头向上，成功穿过 50 中轴线，直奔弱势区（上方为弱势区），维持在弱势区运行，预示涨势行情即将结束，跌势行情即将开始，为短线卖出信号。

（3）MACD 指标在 0 轴上方较远位置，DIF 线走平后向下死叉 MACD 线。BAR 指标的红柱缩短并消失，绿柱出现并增长，表明市场涨势已近尾声，下跌行情即将开始，中短期顶部形成，应及时离场观望。

（4）同期扩张后的 BOLL 通道上轨线向下拐头，喇叭口开始收敛，发出短线滞涨信号，应及时止损出局。

（5）这时的 SAR 指标怎么样呢？小圆圈由红翻绿，股价在绿圈之下运行，随后几个交易日里，小绿圈构成向下的圆弧形抛物线，表明多方力量已经开始逐步止盈止损离场，市场将由多头市场切换到空头市场，应及时止损观望。

（6）在均线系统中，由于短线涨升过急，造成正 BIAS 值偏大，5 日均线在高位向下掉头，K 线形态出现“乌云盖顶”空头信号，表明股价有回调要求。

根据上述指标组合群分析，做空信号相互印证一致，向下运行方向指示明确，投资者应及时止损离场。之后，盘面出现弱势振荡走势，指标组合群为投资者提供了一个规避市场风险的卖出信号。

第二章／中线技术指标实战经典组合

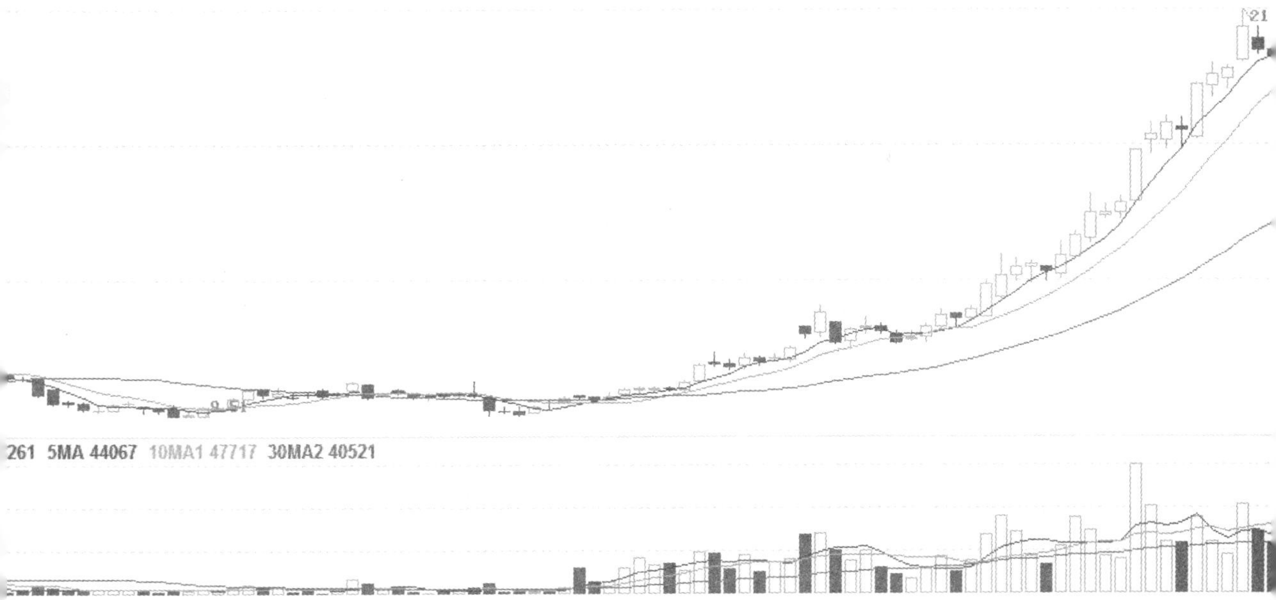

第一节 MACD＋TRIX＋DMI 实战经典组合

一、TRIX 指标简介

1. TRIX 指标的特性

三重指数平滑移动平均线（TRIX），其原理是把一条平均线进行三次平滑处理，再根据这条移动平均线的变动情况来预测股价的中长期走势。TRIX 指标能够去除移动平均线频繁发出假信号的缺陷，避免由于交易行为过于频繁而造成交易成本的浪费，但也保留了移动平均线的核心功能，凸显股价中长期的运行趋势，使投资者对未来较长时间内的股价运行形成直观准确的了解，从而降低投资者深度套牢和跑丢“黑马”的风险。

TRIX 指标的使用方法非常简单。一般来说，日 K 线图上，TRIX 指标由两条平均线构成，一条线为 TRIX 线，另一条线为 TRMA 线。这两条平均线由下向上交叉时买进，由上向下交叉时卖出。TRIX 指标不动如山，一年到头出现信号的频率也不多，甚至一些有利润空间的波动也无法引发 TRIX 指标产生信号，然而一旦 TRIX 指标产生信号，则其指示的中期趋势可靠性非常强。即使出现“失误”，也是赢大波段输小波段，不影响整体收益率。

2. TRIX 指标应用法则

TRIX 指标作为中长线指标，可以过滤短期波动的干扰，避免频繁操作带来的失误。在技术上，其应用法则如下。

（1）买入股票：当 TRIX 线从下向上突破 TRMA 线形成金叉时，预示后期股价将进入拉升阶段，此时可以积极买入股票。若 TRIX 线向上突破 TRMA 线后，二者继续向上运动，此时应坚定持股待涨。

（2）卖出股票：当 TRIX 线在高位向下突破 TRMA 线形成死叉时，预示空方力量变强，此时应坚决卖出股票。若 TRIX 指标在高位走平或者开始向下，此时 K 线图上股价也同时下跌，应果断离场。若死叉形成后，TRIX 线和 TRMA 线同时继续向下运动，更要选择离场观望。

（3）适量建仓：当股价已经有较大跌幅，并且 TRIX 线在 TRMA 线下方向下运动很长一段时间，此时 TRIX 线在底部有走平或向上勾头迹象时，若股价放量上涨，可选择部分建仓。

（4）TRIX 形态买卖：当 TRIX 曲线在高位形成 M 头或三重顶等高位反转形态，并且股价趋势也显示出同样的形态时，可按照 M 头或三重顶形态卖出股票。反之，当 TRIX 曲线在低位形成 W 底或三重底等低位反转形态时，应参照该形态指示买入股票。

（5）顶背离和底背离：股价一波比一波高，而 TRIX 曲线却一波比一波低，产生顶背离，此时应果断卖出股票。反之，则果断买入股票。背离现象在高位趋势比在低位趋势中信号作用更强，准确性更高。

3. MACD + TRIX + DMI 指标组合的优点

MACD 指标是利用短期均线和长期均线之间的聚合与分离的征兆功能，来研判股市的未来变化趋势，以确定股票的最佳买卖时机，它可以提供清楚的短期或中期趋势信号的形成或完结。

TRIX 是一个超长周期的指标，长线操作时，使用本指标可以过滤掉一些短期波动的干扰，避免交易次数过于频繁，造成无利润的交易损失。

DMI 指标最大的特点，就是能够显示股价上升和下跌过程中的供求关系，准确地预测未来行情的变化趋势，从而为投资者提供恰当的短线买卖时机。

根据多年在股市跟踪观察的实盘检验，这组指标具有很好的实盘效果，尤其在中线操作中效果更好。其操作方法是：用 MACD 指标判断市场是趋势行情还是盘整或箱体振荡行情，再用 TRIX 指标判断中长期走势，确认市场处在头部时期还是底部时期，最后用 DMI 指标选择最佳买卖点。用这样的思路操作股票，赢多输少，效果极佳。这组信号既可以判断底部，又可以预测顶部，中长线操作效果均佳，激进型投资者也可以应用于短线操作，效果同样神奇。

二、见底信号组合

1. 图形特征

（1）MACD 指标从高处快速下滑击穿 0 轴，在底部（远离 0 轴）DIF 线向上金叉 MACD 线，MACD 线开始上移或走平，BAR 指标绿柱缩短并消失，红柱产生并增长。或者在 0 轴下方，DIF 线和 MACD 线金叉后，先后分别上穿 0 轴，形成中期底部雏形。

（2）TRIX 指标经过一轮下行后，TRIX 线在底部走平或向上金叉 TRMA 线（或者已经构成金叉，TRMA 上移或走平），显示股价处于中长期底部，非系统性投资风险较小。

（3）如果某只个股已具备上述两大指标的买入条件，就可以寻找 DMI 指标的支持，根据该指标的应用法则寻找最佳买点介入，如 +DI 与 -DI 金叉，或死叉后又快速金叉，图形出现“菱形”形态，或 ADX 与 ADXR 发生金叉，或四条曲线收缩后向上发散，出现“蝴蝶结”图形等，即可做一波中期行情。

2. 市场意义

这组信号表明股价中期调整已经结束，也就是说庄家已经吸纳了大量的低价筹码，即将产生一波上涨或盘升行情。投资者遇到这组信号时，可在股价回档时逢低介入。运用这组信号时，不要强求买在最低点或卖在最高点（大多数中长期指标均有这个特点），而是取中间弃两头，投资者应克服在最佳买卖点交易的想法。

3. 实战案例

如图 2-1 所示，民和股份（002234）日 K 线走势图。该股股价见底后，出现长时间的盘整走势。庄家吸纳了大量的低价筹码，股价振荡渐渐收窄。2019 年 1 月下旬开始不断向上爬高，产生一轮中期上涨行情。

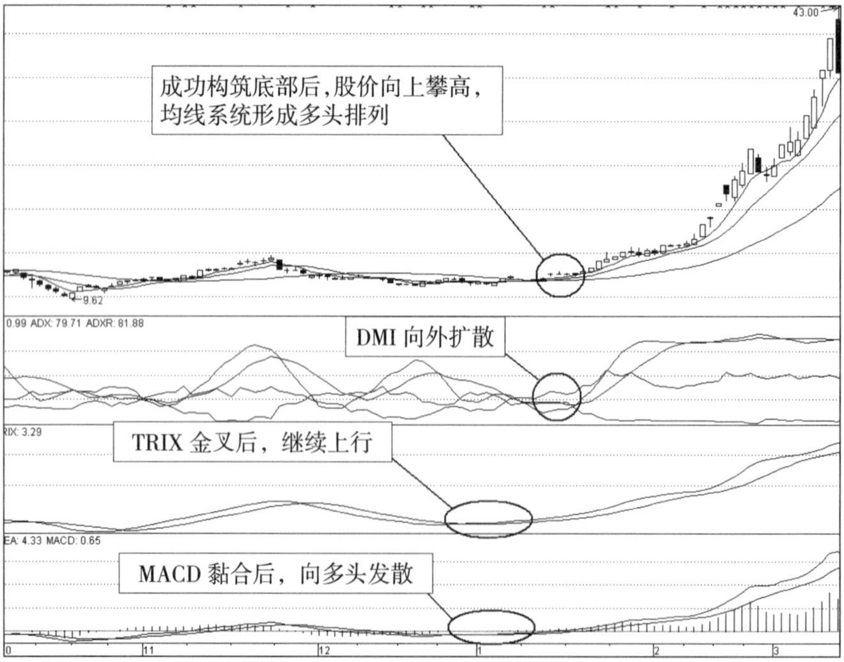

图 2-1 民和股份（002234）日 K 线图

从该股技术指标组合分析，MACD 指标黏合后，DIF 线向上发散，MACD 线随之上行，表明盘面由弱转强。同期 TRIX 指标也开始走平，很快 TRIX 线向上金叉 TRMA 线，之后 TRIX 线继续上行，为中长线走强信号。

根据 MACD、TRIX 两大指标分析，可以认定该股已经渐渐走强，预示将出现一波中级以上行情。此时，投资者应当根据 DMI 指标选择最佳买点，当收敛后的 +DI、-DI、ADX、ADXR 出现发散时，均线系统形成多头排列，就构成理想的买点。其后，股价盘升而上，介入后收益不薄。利用 MACD、TRIX、DMI 三大指标组合群提供的共振信号，成功地捕获了一轮中级上涨行情。

三、背离信号组合

1. 图形特征

（1）股价逐波走低，MACD 指标不但没有出现同步下跌，反而出现逐波上行，股价与 MACD 指标出现底背离形态，此为潜在的做多信号。

（2）股价与 TRIX 指标也在低位出现底背离形态，表明中短期股价出现超跌，有强烈的反弹要求。

（3）当上述两大指标出现底背离走势后，+DI 与 -DI 在低位出现金叉时，表明股价中短期跌势结束，市场将渐渐走强。

2. 市场意义

这组信号表明股价经过长期调整后，空头力量大大消耗，市场出现过度的下跌，股价再次下跌就属于庄家刻意的打压行为，为市场非理性的表现。庄家有打压，也必然有拉升，因此是中短期买入机会。需要说明的是，底背离形态必须得到成交量的配合，否则底背离仍然是一个疑似信号，不能作为确定性买入信号，后市可能出现盘整走势。

3. 实战案例

当股价下跌一定幅度后，不断创出近期新的低点，而 6 日 RSI 线不但不创新低，反而一浪比一浪高，RSI 指标与股价形成底背离，表明股价的下跌为非理性所致，或庄家刻意打压所为。当 6 日 RSI 线向上金叉 12 日 RSI 线时，均线系统也出现强势信号，并得到成交量的支持，为最佳买入点。

如图 2-2 所示，德新交运（603032）日 K 线走势图。这是该股 2018 年 4 月～ 8 月的一段走势图。股价出现一波跳水走势后，仍然没有止跌回升，而是继续下跌，不断创出调整新低，似乎股价深不见底。

就在此时，MACD、TRIX 两大指标出现底背离走势，表明股价下跌过度，随时有止跌回升的可能。8 月 20 日，MACD 指标率先开始走强，DIF 线向上跃起，形成多头发散。次日，TRIX 指标出现金叉，表明股价止跌走强。第三天，DMI 指标中，+DI 与 -DI 出现金叉，产生多头信号。

当底背离形态出现后，MACD、TRIX、DMI 三大指标发出买入信号，就是一个中短线入场的机会。一般情况下，底背离的买入点就出现在第二个低点之后的每一次向多头发展的时候，无论后面是否继续维持底背离形态，短线均有一定幅度的回升，中线也是一个较好的低吸机会。

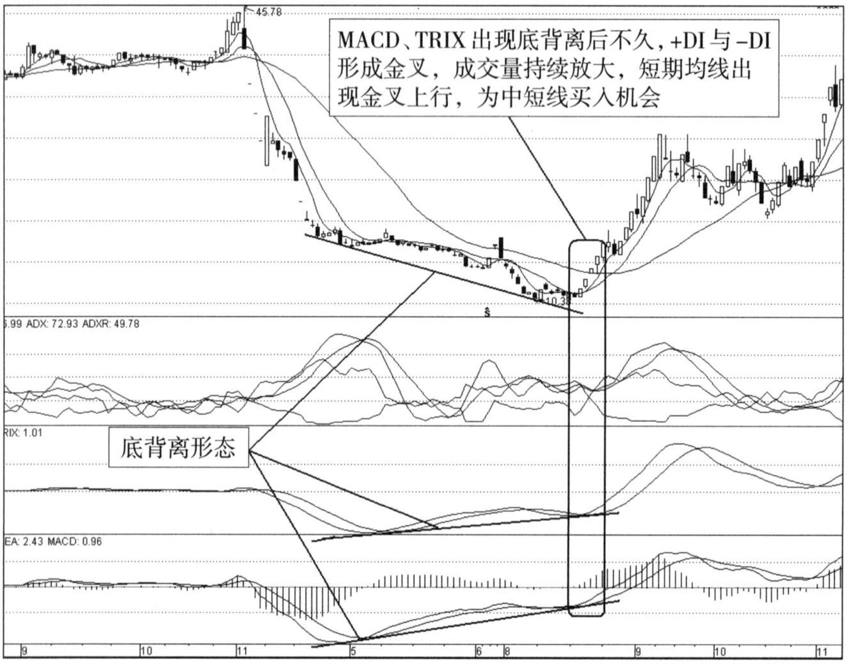

图 2-2　德新交运（603032）日 K 线图

四、持续信号组合

1. 图形特征

（1）MACD 指标上穿 0 轴后，并未形成快速上行走势，而是在 0 轴附近（离 0 轴越近越好）交替缠绕或黏合（其值接近）运行。如果 MACD 指标摆脱这种状态，转为快速向上运行，两线间距离拉大，角度明显陡峭起来，意味着行情进入主升浪阶段，是很好的买入或加仓机会。

（2）TRIX 指标从底部抬升后，TRIX 线紧挨 TRMA 线（或黏合）向上缓慢移动。在运行过程中，如果 TRIX 指标两线间距离拉大，上升角度明显陡峭起来，说明股价进入拉升期，为买入或加仓时机。

（3）个股出现上述特征时，如果 DMI 指标数值不大，+DI 金叉 -DI，或 ADX 金叉 ADXR，或 ADX 已呈单一向上运行等多头信号，均为买入点。

2. 市场意义

这组信号最大的优点是能够捕捉到大牛股、大黑马的主升段行情，但此信号发生时，股价往往已经有了一定的涨幅，甚至处于相对高位，这在投资者心中的安全系数大为降低。但要相信技术分析，不相信技术分析进行操作可以获得一时的收益，绝对不可能获得长远的利益，可见技术指标分析是何等的重要。也就是说，指标发出买进信号时，就应大胆买进；指标发出卖出信号时，就应坚决抛出。顺势而为，方得厚利。这组信号在判断突破走势时，具有较好的实盘效果。

3. 实战案例

如图 2-3 所示，顶点软件（603383）日 K 线走势图。该股在 2019 年 2 月 1 日放量向上突破后，庄家为了日后更好地拉升股价和顺利派发筹码，便展开换手整理走势。由于庄家坐庄手法稳健，股价并没有出现明显的回落，而是保持在相对高位横盘振荡，让前期套牢盘和低位获利盘离场，盘面控制得恰到好处。

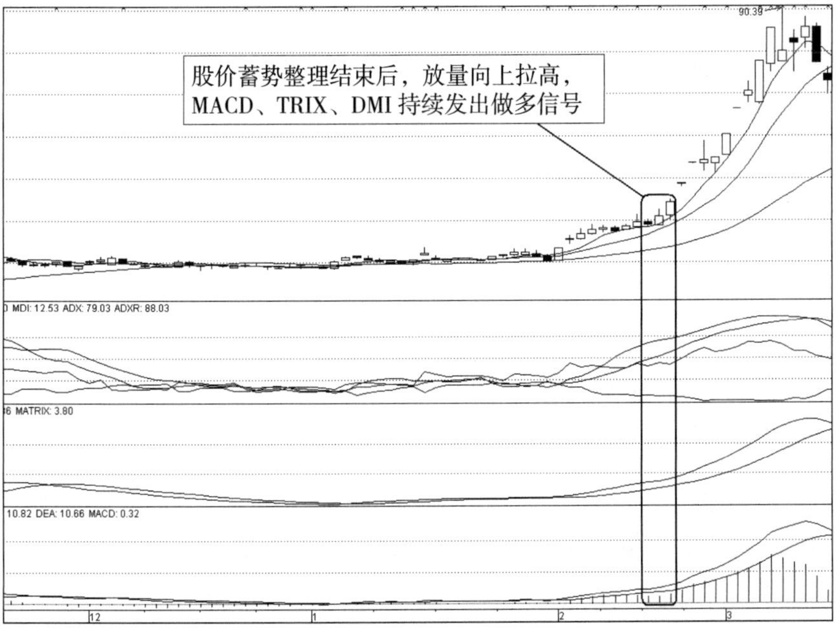

图 2-3　顶点软件（603383）日 K 线图

那么，此时庄家到底是在出货还是在洗盘呢？投资者颇感迷茫。当时认为出货的因素偏多，理由是股价欲涨无力，上方压力较大，且已有 30% 以上的涨幅，有反弹结束的可能。而事实上怎么样呢？技术指标不但没有发出卖出信号，还发出了买入信号。

2 月 22 日，股价放量拉高，DIF 线和 MACD 线黏合后向上发散，两线的距离开始加大，角度向上陡峭起来，BAR 指标红柱逐日增长，表明中期行情继续走强。此时，TRIX 线和 TRMA 线同样处于向上发散状态，两线间距离渐渐拉大，有加速上扬的趋势。

可见，该股上升趋势已经明确，投资者的任务就是寻找 DMI 指标的支持。此时 +DI 在 -DI 上方运行，ADX 和 ADXR 向上运行，多头信号明确。突破就是买点，之后该股进入主升段行情，股价短期涨幅较大。

第二节　BRAR + CR + VR 实战经典组合

一、BRAR 指标简介

1. BRAR 指标的特性

BRAR 指标分为 BR 指标和 AR 指标，前者为买卖意愿指标，后者为买卖气势指标，AR 可以单独使用，BR 必须与 AR 并用才能发挥效用。

BR 是一种“情绪指标”，以“反市场心理”的立场为基础，当众人一窝蜂地买入股票，前途似乎一片光明时，应该断然离开市场。相反，当大众已经对行情失望，市场出现一片看淡的声浪时，应该毅然决然地进场默默承接。

AR 是一种“潜在动能”，由于开盘价乃是股民经过一夜冷静思考后形成共识的一个合理价格，那么，从开盘价向上推升至当日最高价，每超越一个价位，都会损耗一分能量。当 AR 值升高至一定限度时，代表多方能量已经消耗殆尽，缺乏推升力道的股价，很快就会面临反转的危机。相反地，股价从开盘之后并未向上冲高，自然就减少做多能量的损耗，相对地也就保存了许多累积能量，这一股无形的潜能，随时都有可能在适当的时机爆发出来。

BRAR 指标的基本特征：BR、AR 指标的值越大，则多方力量越强盛，如果人气鼎沸，股价则有回档的可能；BR、AR 指标的值越小，则空方力量越大，如果人气过分冷淡，股价则有反弹的可能。但是，强者恒强，弱者恒弱，指标陷阱也不得不防。

2. BRAR 指标应用法则

一般情况下，该指标虽不适合捕捉大底部，但是灵活运用该指标，却能够抓住局部底部，特别适合做反弹。

该指标有以下应用法则。

（1）BR 介于 70～150 之间，属于盘整行情。

（2）BR 高于 400 时，需注意股价可能回档。

（3）BR 低于 50 时，需注意股价可能反弹。

（4）AR 和 BR 同时急速上升，意味着股价距离高峰已近，应注意及时获利了结。

（5）BR 比 AR 低，且指标处在 150 至 100 以下区域，可考虑逢低买进。

（6）BR 急速上升，而 AR 盘整或小回时，应逢高卖出。

（7）BR 由高档下降一半，此时选择股价回档买进，成功率可高达 95%。

二、CR 指标简介

1. CR 指标的特性

能量指标（CR）又称中间意愿指标，是以昨日中间价作为计算基础，反映多空双方力量强弱对比变化，以此研判股价涨跌幅度和时间的一个技术指标。一般而言，比中间价高的价位，其能量为“强”；比中间价低的价位，其能量为“弱”。通过“强弱”数值，可以分析其在价格波动中的作用，来预测股价涨跌的幅度和时间。

在钱龙动态图中，CR 指标由 5 条曲线组成：一条是 CR 曲线，另有 4 条是 10、20、40、60 日平均线，分别用 a、b、c、d 表示。在图形上，a 线后移 5 天，b 线后移 9 天，c 线后移 17 天，d 线后移 26 天。

c、d 两线所夹的区域称为“主地震带”，代表主要支撑区或压力区。当 CR 曲线由下向上穿越主地震带时，股价相对来说将遭遇强大压力干扰；当 CR 曲线由上向下贯穿主地震带时，股价相对来说将遭遇强大支撑干扰。

a、b 两线所夹的区域称为“副地震带”，代表次要支撑区或压力区。当 CR 曲线由下向上穿越副地震带时，股价相对来说将遭遇次级压力干扰；当 CR 曲线由上向下贯穿副地震带时，股价相对来说将遭遇次级支撑干扰。

当 d、c、b、a、CR 曲线由低向高排列时，为多头市场；当 d、c、b、a、CR

曲线由高向低排列，为空头市场。

2. CR 指标运用法则

（1）当 CR 曲线上穿 a、b 带时，可试探性买进；反之，当 CR 曲线下穿 a、b 带时，应卖出，尤其是股价处在高位时，若 CR 出现背离或双头时，卖出信号极为可靠。

（2）当 a、b 线上穿 c、d 线时，可中线买入；反之，当 a、b 线下穿 c、d 线时，应止损。

（3）当 CR 曲线在主带 c、d 线之上时，若 CR 曲线上穿 a、b 线，则应加仓买入；反之，当 CR 曲线在副带 a、b 线之下时，若 CR 曲线有力下穿 c、d，应强制性止损，一般出现这种情况都意味着股价将暴跌。

（4）当 CR 曲线站在 a、b、c、d 四线之上时，也可继续买入或持仓；反之，当 CR 曲线跌至 a、b、c、d 四线之下时，应继续卖出，至少不宜买进。

（5）当 CR 曲线与 a 线乖离率达到 -60% 时，可买入抢反弹；反之，当 CR 曲线与 a 线正乖离率达到 160% 时，应卖出，谨防股价见顶回落。

（6）CR 指标能够测量人气的热度和价格动量的潜能，并且能够显示压力带和支撑带。CR 值越大，表示多方力量越强；CR 值越小，表示空方力量越强。

（7）100 为中线，如果 CR 指标处于中线之上，表明市场属于强势；反之，如果 CR 指标运行于中线之下，表明市场属于弱势。

（8）一般而言，如果 CR 指标远离中线过快，应注意市场可能处于超买或超卖状态。CR 指标有效穿越中线，预示市场可能已经反转。

（9）当 CR 值与股价产生背离现象时，往往预示着行情将反转。当股价与 CR 指标发生顶背离，即 CR 指标不创新高，且渐渐走软，此时股价依然上行，则小心股价即将见顶，此时股价上升可视为最后上涨阶段，可择机卖出。当 CR 指标与股价发生底背离时，即股价创新低，但 CR 指标却不创新低，则股价即将见底，此时可寻机买入。

三、VR 指标简介

1. VR 指标的特性

成交量比率指标（VR）是一个通过分析一定时间周期内股价上升日成交量总额与股价下降日成交量总额的比值，从而掌握市场买卖气势、市场活跃程度和未来趋势的一种中期测市工具。

VR 指标的理论基础是“量价同步”和“量先于价”，用成交量的变化来预测股价运行趋势，以确定合适的买卖时机。VR 指标用于辨别交易的强弱，通常运用在一个过热或过弱的极度市场中，来辨别行情头部或底部的形成。

VR 指标没有一个固定的运行区间，可以是从 0 到无限大，但在实盘中会自然而然地形成一个常态波动区域。当 VR 指标低于一定数值时，市场极易形成底部；越过一定数值时，市场可能产生一段多头行情；达到一定数值以上时，市场反应过于狂热，随时有反转可能，提醒投资者应有风险防范意识。

按照一般的标准进行分类，VR 数值可以划分为 4 个主要区域。

（1）低价区域。VR 值处于 70 以下时，为低价区域，表明市场买卖盘非常稀少，人气比较涣散，但有的股票投资价值可能已经凸显，投资者可以开始少量建仓。

（2）安全区城。VR 值介于 80 ～ 150 时，为安全区域，说明市场的买卖盘逐渐开始增多，人气也开始聚积，投资者这时可以持股待涨或者加大建仓量。

（3）获利区域。VR 值介于 160 ～ 450 时，为获利区域，表明在强大的买盘推动下，市场节节上升，投资者应该将大部分获利比较丰厚的筹码及时获利了结。

（4）警戒区城。VR 值到了 450 以上时，为警戒区域，表明股价的上涨已经出现超买现象，市场后续做多资金很难跟上，股价可能随时出现一轮比较大的下跌行情，投资者应果断卖出股票，持币观望。

2. VR 指标应用法则

（1）当 VR 指标从低价区开始上行，成交量开始慢慢放大时，如果股价是小幅上升，表明市场主力资金开始介入，投资者可以开始建仓买入。

（2）当 VR 指标突破低价区时，如果股价也同步向上，表明股价涨势已经开始，投资者应加大买入力度。当股价上涨力度开始加大时，投资者可以一路持股，直到 VR 指标出现掉头向下迹象时卖出。

（3）当 VR 指标进入安全区域后仍然上升，但是股价却出现牛皮盘整，表明在此区间内筹码换手比较充分，主力可能正在酝酿一轮拉升行情，投资者应坚决以持股待涨为主，短线高手可加大买入力度。

（4）当 VR 指标进入警戒区域后，指标线掉头向下运行，而股价却仍然小幅度地向上攀升时，很可能意味着股价出现了超买现象，投资者应密切留意股价的动向。一旦股价也开始向下，应果断卖出全部股票。

（5）当 VR 指标在低价区域运行时，如果 VR 曲线是慢慢向上攀升的趋势，而股价却在不断下跌时，则可能意味着股价出现了超卖现象，投资者可以在低位少量买入建仓。

3. BRAR + CR + VR 指标组合的优点

做股票应有“反市场操作”的基本功，即市场过于狂热时卖出股票，市场极度低迷时买入股票。BRAR、CR 指标的主要作用在于从市场价格的角度预测市场人气意愿冷淡，反映多空双方力量对比变化，VR 指标主要是从成交量的角度测量股价的热度。

BRAR、CR、VR 是能量型技术指标中的“三驾马车”。其操作方法是：投资者在选择股票时，将 BRAR 指标一年来的走势浏览一遍，就可以界定出高低档的位置。当 BR 指标小于一定数值时，表明空方在市场中表现强势，投资者的心态极度悲观。根据股市历史演变规律来看，当投资者处于绝望的时候，BR 指标有可能作为导火索，点燃 AR 指标，引发更具爆发力的上攻行情。也就是说，AR 指标下降到一定限度时，减少了多方能量的损耗，相对累积了许多上攻能量，这股无形的潜能一旦条件成熟时就会爆发出来。因此，AR 指标可显示一段时期的买卖气势，具有先于价格到达巅峰或谷底的预测功能。

这时，可用 CR 指标区分行情的强弱，CR 指标不仅能够测量人气的热度，还能够测量价格动量的潜能，且能够显示压力带和支撑带，可以弥补 BRAR 指标的不足。CR 值越大，则多方力量越强；CR 值越小，则空方力量越强。然后结合 VR 指标的走势作进一步分析，如果 VR 指标逐步向上递增，是行情开始的征兆；如果 VR 指标急剧上升（角度大于 45 度，小于 75 度），通常是上涨行情的开始，是买入信号。

在底部区域，同一时段里，如果上述三大指标同时发出买入信号，应积极介入。这组指标在寻找大势底部时具有相当好的效果，按买入信号做多，其可靠性较高。但用于判别顶部时效果稍差，容易导致投资者从马背上摔下来，故测顶时应谨慎。

四、见底信号组合

1. 图形特征

（1）股价长期处于跌势或经过一轮急跌行情后，BRAR 指标进入低位区徘徊或呈锯齿状走势，其值较低（一般在 100 以下），处于非常态走势中。某一天，BRAR 指标脱离徘徊区，出现明显的向上势头时，表明市场底部已经出现，为买入点。

（2）随着股价的持续下跌，当 CR 指标跌至 40 以下，进入非常态之中。其后股价企稳向上，CR线由下向上进入“副地震带”，这时如果a线也由下反转向上时，往往预示着股价已经见底，可以考虑买进抄底。

（3）在持续下跌行情中，当VR指标小于一定数值时（一般在70以下为低位区），处于非常态之中，表明最近几天下跌日的交易量大大高于上涨日的交易量，下跌的力度过于猛烈，股价处于超卖区域，随时有可能产生反弹，应逢低吸纳。当VR出现明显的上升走势时（角度大于45度、小于75度），应坚决介入。

2. 市场意义

这组信号表明行情将从人心涣散、交投清淡的极度低迷行情中渐渐恢复过来，转向多头特征，使市场得到升温，用这组信号来寻找行情的底部具有相当好的效果。如果指标曲线图出现明显的V形底或者W形底，并配合能量潮指标OBV、随机指标KDJ等发出明显的买入信号，买入的成功率达到90%以上。

3. 实战案例

如图2-4所示，亚光科技（300123）日K线走势图。该股大幅调整后，在低位继续出现加速下跌，使不少投资者对市场丧失信心。正当人们几乎绝望的时候，市场正在悄悄地发生变化。2018年10月19日，在出现一个明显的低点后，股价渐渐回升走强。

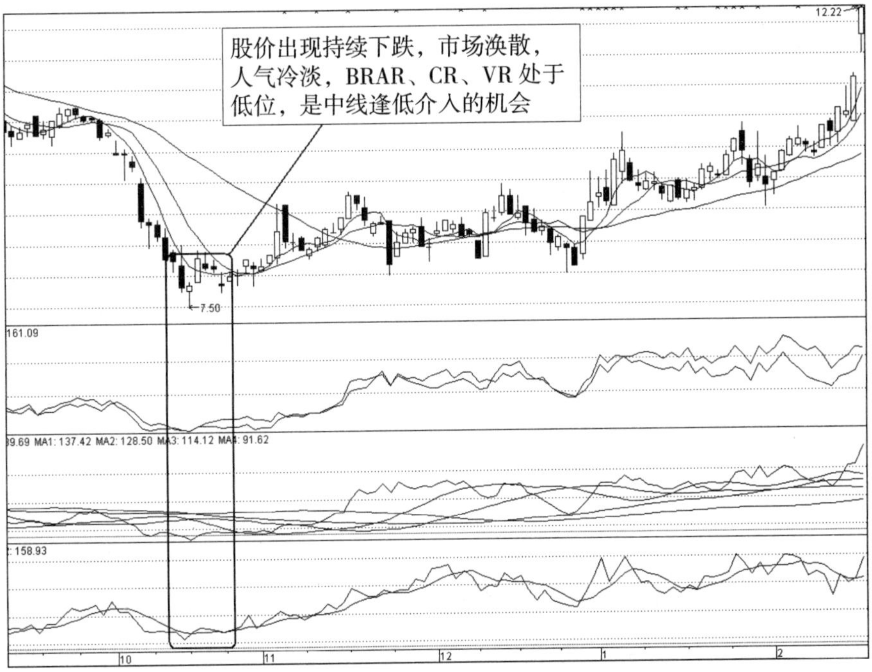

图2-4　亚光科技（300123）日K线图

从该股技术指标组合分析，BRAR 指标值跌至 50 以下，进入非常态之中。经过短期的低位徘徊后，BRAR 指标慢慢向上抬升，买入信号初步显现，说明人气初步得到恢复。这时 CR 指标线上穿“副地震带”，随后 a 线出现上升走势，是潜在反弹信号。同期 VR 指标进入低价区，指标严重超卖，处于非常态之中。在此位置徘徊一段时间后，VR 线向上走高，表明市场即将发生变化，在此区域买入的安全性较高。

根据 BRAR、CR、VR 三大指标组合群分析，该股离底部区域为时不远，以低吸建仓为主。之后，股价脱离底部区域，向上慢慢盘升，股价累计涨幅较大。

五、背离信号组合

1. 图形特征

（1）BRAR 指标从高处向下滑落，到达谷底后回头向上，而此时股价仍在下跌，形成底背离走势。那么，何处是最佳买点？当 BRAR 指标第二次（或二次以上）下滑时，没有创出新低而出现明显的向上拐头的时候，这个拐点即是最佳买入点。

（2）CR 指标同样形成底背离走势，5 条指标线距离较近，买入点发生在 CR 线向上跃起的时候。

（3）VR 指标也与 BRAR、CR 指标几乎同步出现底背离走势，买入点也发生在第二次（或二次以上）下滑时，没有创出新低点而出现明显的向上拐头的时候，上涨角度在 45 度以上、75 度以下。

2. 市场意义

这组信号表明股价跌无可跌，不排除庄家在盘中刻意打压的行为，表明庄家在底部吸纳了大量的低价筹码，股价渐渐脱离底部区域，做多意愿非常明显。用这组指标来抄底是非常合适的，如果上述信号出现于同一时间，其可靠性更强，应大胆介入，成功地做一波有利润可图的涨升行情。

3. 实战案例

如图 2-5 所示，润和软件（300339）日 K 线走势图。该股反弹后继续阴跌，一路下滑，不断创出调整新低，而技术指标却出现企稳回升信号。BRAR 指标形成一个显著的低点后，没有继续创出新低，与股价形成底背离走势。此时 CR 指标触底后盘升而上，并与股价形成底背离走势。VR 指标在低位徘徊，也没有创出相应的新低，同样具有底背离意义。

2019 年 2 月开始，股价企稳走高，BRAR 指标出现明显的拐头向上走势，并超过前面的高点，成交量明显放大，此为最佳买入点。CR 线一举上穿 a、b、c、d 四条指标曲线后继续上行，为买入信号。VR 指标也出现明显的向上拐头走势，角度大于 45 度，上行力度强劲，此处为买入点。根据组合指标分析，表明底部运行阶段结束，股价将迎来上涨行情，投资者应逢低大胆介入。之后股价出现上涨走势，可见用 BRAR、CR、VR 三大指标组合群可以准确地预测中期底部。

图 2-5　润和软件（300339）日 K 线图

六、突破信号组合

1. 图形特征

（1）BRAR 指标长时间在常态区徘徊或呈锯齿状走势，指标曲线起伏不大。某一天，随着股价在底部企稳回升，BRAR 脱离徘徊区，出现明显的向上势头时，为买入点。或者，当 BRAR 在底部出现稳步推高走势时，意味着底部在即，在股价回档时介入。

（2）CR 指标在底部与 a、b、c、d 四条指标线拧成一团，某日 CR 线一举向上穿过并站稳于 a、b、c、d 四条线之上，势如“神针穿线”，力度较大，为买入信号。

（3）当 VR 指标小于一定数值时（一般在 70 以下为低位区），表明最近几天下跌日的交易量大大高于上涨日的交易量，下跌的力度过于猛烈，股价进入超卖区域，随时有可能产生反弹，应逢低吸纳。当 VR 指标线出现明显的上升态势时（角度大于 45 度、小于 75 度），应坚决介入。

2. 市场意义

形成这组信号多为庄家长期压箱顶吸货所致，买入信号的出现，表明庄家吸货结束，即将展开上涨行情。如果投资者发现这组信号，应逢低介入，一般能买在行情启动前的价位。但行情启动往往是在不知不觉中缓缓地进行着，因此买入后还需几分耐性，以中线波段操作为主。

3. 实战案例

如图 2-6 所示，美锦能源（000723）日 K 线走势图。该股反弹结束后再次回落，在低位出现弱势盘整走势，盘面陷入僵局，多数投资者失去信心，把筹码抛给了庄家。庄家如鱼得水，吃到了大量的廉价筹码。2019 年 1 月 14 日，股价向上拉起，走出一波中期上涨行情。

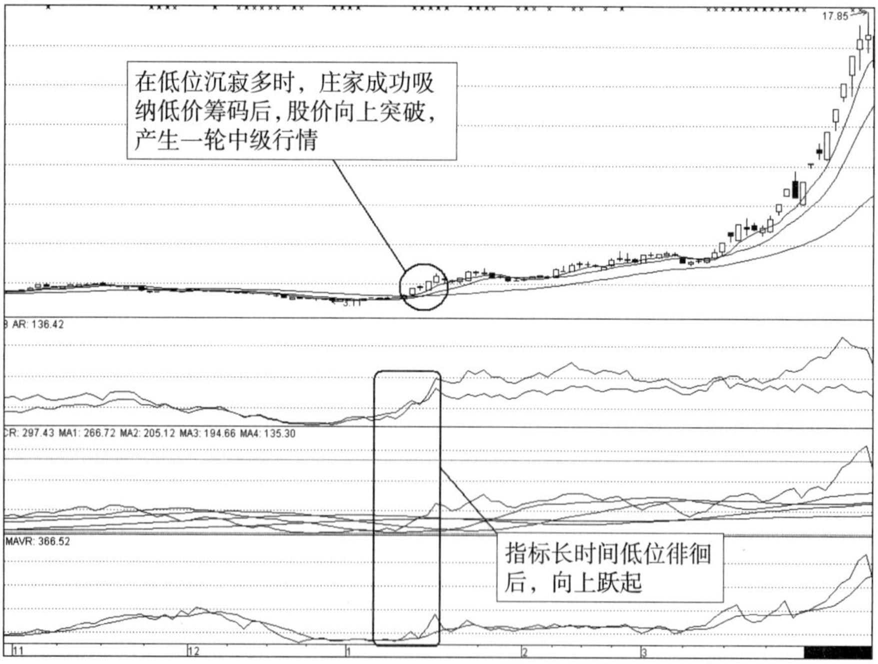

图 2-6 美锦能源（000723）日 K 线图

从该股技术指标组合分析，BRAR 指标在常态区长时间徘徊，指标曲线窄幅波动，起伏不大，看起来似乎没有多大的参考价值。但持续一段时间后，指标曲线慢慢地向上爬升，意味着行情悄悄转强。

那么，这是否预示着一轮新行情即将展开呢？这就需要CR指标提供一些帮助。CR指标长时间以来5条曲线拧成一团，难分难解，很快CR指标线一举上穿a、b、c、d四条指标线，如同“神针穿线”，经回调确认有效后，再次向上运行，此为买入点。

若此时能得到VR指标的支持，那么介入的安全性就大大提高了。VR指标严重超跌，处于非常态之中，在低位徘徊多日。很快，CR指标出现明显的拐头向上走势，是千载难逢的买入时机，买入信号得到有效确认。

根据组合指标分析，该股买入条件已经成立。之后，股价强势振荡上升，成为十分耀眼的大牛股，不到4个月时间，股价涨幅超过5倍。

第三节 PSY＋VR实战经典组合

一、PSY指标简介

1. PSY指标的特性

心理线指标（PSY）是一个中短期技术指标，是主要研究投资者对股市涨跌产生的心理波动的情绪指标。该指标将一定时期内投资者趋向买方或卖方的心理事实转化为数值，从而判断股价的未来趋势，对股市中短期走势研判具有一定的参考意义。

PSY指标适用于判断大势，也可以用来研判个股行情。它对投资者的心理承受能力及市场上人气的兴衰，具有比较重要的衡量作用，是股市技术分析中一种反映市场能量的辅助指标。

在股市技术分析软件中，一般研判标准主要是围绕PSY的取值情况、PSY值的超买超卖情况、PSY曲线的趋势情况及PSY曲线的形态等方面进行分析。

第一，取值情况。实盘中可以分为以下几个区域。

（1）PSY指标取值始终是处在0～100之间，0值是PSY指标的下限极值，100是PSY指标的上限极值，50值为多空双方的分界线。

（2）PSY>50，为多方区域，说明N日内上涨的天数大于下跌的天数，多方占主导地位，投资者可持股待涨。

（3）PSY<50，为空方区域，说明N日内上涨的天数小于下跌的天数，空方

占主导地位，投资者宜持币观望。

（4）PSY 在 50 左右徘徊，则反映近期股票指数或股价上涨的天数与下跌的天数基本相等，多空力量维持平衡，投资者以观望为主。

第二，超买超卖。实盘中应注意以下几种现象。

（1）一般情况下，PSY 指标变化都在 25 ～ 75 之间，反映股价处在正常的波动状态，投资者可以按照原有的思路买卖股票。

（2）在盘整局面中，PSY 指标以 50 为中心，上下限一般定为 25 和 75（有的定为 30 和 70），说明多空双方基本处于平衡状态。如果 PSY 指标超出这个平衡状态，就是 PSY 指标的超买超卖。

（3）当 PSY 指标达到或超过 75 时，说明在 N 天内，上涨的天数远大于下跌的天数，多方力量很强大而且持久。但从另外一个方面来看，由于上涨天数多，市场累积的获利盘也多，市场显示出超买的迹象，特别是在涨幅较大的情况下，股价上升的压力就会很大，股价可能会很快回落调整，投资者应多加注意。

（4）当 PSY 指标达到或低于 25 时，说明在 N 天内，下跌的天数远大于上涨的天数，空方力量比较强大，市场上悲观气氛比较浓厚，股价一路下跌。但从另一方面看，由于下跌的天数较多，市场上显示出超卖的迹象。特别是在跌幅较大的情况下，市场抛盘稀少，抛压较轻，股价可能会反弹向上。

（5）如果 PSY 指标出现高于 90 或低于 10 这种极端的超买超卖情况时，投资者更要多加注意。

（6）在多头市场和空头市场开始初期，可将超买、超卖线调整至 85 和 15，当行情发展到中后期，再调回至 75 和 25，这样更有利于 PSY 的实盘研判。

第三，趋势性情况。在股市分析软件上，PSY 指标还能通过它的趋势性情况来判断股市的趋势走向。PSY 指标体现的趋势性主要表现在无趋势、向上趋势及向下趋势等三个方面。

（1）无趋势。PSY 指标的无趋势性是指其值在 40 ～ 60 之间上下振荡，表明近期多空力量旗鼓相当，股价涨跌基本平衡。反映到 PSY 曲线图上，就是在 40 ～ 60 线区间里小幅上下运动或成一条横线运动。此时，投资者宜采取观望态度，等趋势形成后再做买卖决策。

（2）向上趋势。PSY 指标的向上趋势性有两种情况：一种是指 PSY 值大部分时间处在 50 以上，即使偶尔下滑至 50 以下，也会很快回升至 50 以上并向上爬升；

另一种是指 PSY 值从 50 以下开始向上，一举冲过 50 并缓慢向上攀升，表明近期多头力量强于空头力量，股价一路上涨。这两种情况反映到 PSY 曲线图上，就是在 50 线以上缓慢向上运动或从 50 线以下向上一路攀升的向上倾斜曲线。当 PSY 指标的向上趋势形成后，投资者应积极买入股票或持股待涨，直到向上趋势改变。

（3）向下趋势。PSY 指标的向下趋势性也有两种情况：一种是指 PSY 值大部分时间是处在 50 以下；另一种是 PSY 值从 50 以上开始向下回落，跌破 50 线并继续向下滑落，表明空方力量过于强大，股价一路下跌。这两种情况表明空头力量强于多头力量，股价一路下跌。

第四，形态情况。当 PSY 指标在低位区域出现“W”底形态时，有可能产生中级反弹，可逢低买入。当 PSY 指标在高位区域出现“M”头形态时，有可能产生调整，应逢高离场观望。

2. PSY 指标应用法则

（1）一段下跌或上升行情展开前，超买超卖的最高点或最低点通常会出现两次。出现第二次超买超卖的高低点时，一般是卖出或买进时机。由于 PSY 指标具有这种高点密集出现的特性，可给投资者带来充裕的时间进行研判与介入。

（2）PSY 指标主要反映市场心理的超买超卖情况，在 25～75 之间为常态分布，当 PSY 指标在常态区域内上下移动时，一般应持观望态度。

（3）PSY 指标超过 75 或低于 25 时，表明股价开始步入超买区或超卖区，此时需要留心其动向。当 PSY 指标超过 83 或低于 17 时，表明市场出现严重超买或超卖，价位回跌或回升的机会增加，投资者应该准备卖出或买进，不必在意是否出现第二次信号。这种情况在个股中比较多见。

（4）当 PSY<10，是极度超卖，抢反弹成功的机会相对提高，此时为短期较佳的买进时机；反之，如果 PSY>90，是极度超买，此时为短期卖出的有利时机。

（5）当 PSY 线和 PSYMA 线同时向上运行时，为买入时机；相反，当 PSY 线与 PSYMA 线同时向下运行时，为卖出时机。当 PSY 线向上突破 PSYMA 线时，为买入时机；相反，当 PSY 线向下跌破 PSYMA 线时，为卖出时机。

（6）当 PSY 线向上突破 PSYMA 线后，向下回调至 PSYMA 线附近时，只要 PSY 线未能跌破 PSYMA 线，都表明股价属于强势整理。一旦 PSY 线再度返身向上时，为买入时机；当 PSY 线和 PSYMA 线同时向上运行一段时间后，PSY 线远离 PSYMA 线时，一旦 PSY 线掉头向下，说明股价上涨的动能消耗过大，为卖出时机。

（7）当 PSY 线和 PSYMA 线再度同时向上延伸时，投资者应持股待涨；当 PSY 线在 PSYMA 线下方运行时，投资者应持币观望。

（8）当 PSY 线和 PSYMA 线始终交织在一起，在一个波动幅度不大的空间内运动时，预示股价处于盘整的格局中，投资者应以观望为主。

3. PSY + VR 指标组合的优点

VR 指标是通过分析一定时间周期内股价上升日成交量总额与股价下降日成交量总额的比值，从而掌握市场买卖气势、市场活跃程度和未来趋势的一种中期测市工具。主要用于辨别交易的强弱，通常运用在一个过热或过弱的极端市场中。当 VR 指标超过一定数值时，市场随时有转势的可能，从而提醒投资者辨别行情头部或底部的形成。

运用 VR 与 PSY 指标组合，研判当前市场量能的大小和当前投资者对后市的看法，从而确定行情的顶部或底部，是一个行之有效的方法。

综合研断方法：当 PSY 值连续两次抵达 25 以下，从图形上观察有 W 底的形态（这种形态单纯从线形上定论，而非 K 线图形中的 W 底形态）。此时，若 VR 指标从高点下滑至 70 以下，市场极易形成底部。若 PSY 指标与 VR 指标产生共同信号的话，那么这个区域几乎可以确定为底部；当 VR 值越过 100 时，市场极易产生一段多头行情；当 VR 值超过 250 以上时，市场随时有反转的可能，提醒投资者应有高档风险意识。这组信号既可以判断底部，又可以预测顶部，中短线操作效果均佳。PSY 指标与逆时针曲线组合使用效果也佳。

二、见底信号组合

1. 图形特征

（1）随着股价的下跌，PSY 线从高处下滑到低点（20 左右），然后小幅上攻，并在不长的时间内又回落到低点附近，然后开始第二次上攻走势，出现 W 底形态，为买入信号。

（2）在持续下跌行情中，当 VR 指标小于一定值（70 以下）时，表明最近几天内下跌日的交易量大大高于上涨日的交易量，下跌的力度过于猛烈，股价处于超卖区域，随时有可能产生反弹，应逢低吸纳。当 VR 指标线出现明显的上升态势时（角度大于 45 度、小于 80 度），应坚决介入。

2. 市场意义

这组信号表明短期下跌力度过大，速度过快，空方能量损耗殆尽，无论是庄家出货还是建仓，随时有可能产生一轮反弹行情，因此买入的可靠性较高。同时也反映市场处于极度低迷之中，人气涣散，交投清淡，大家对股市几乎失去了投资信心，人气到了冰点。但物极必反，绝处逢生，行情将出现新的生机和变化，给投资者带来一线希望。

3. 实战案例

如图 2-7 所示，华铁科技（603300）日 K 线走势图。该股经过长时间的回落调整后，股价累计跌幅较大，空头能量得到充分释放。2019 年 2 月 1 日开始，股价企稳回升，走出一轮中期上涨行情。

从该股技术指标组合分析，PSY 线从高处下滑到 25 以下，表明市场投资气氛十分清淡，之后向上回升，但第三天再次回落到 25 以下。然后市场出现明显的上升走势，突破上一次回升高点，在图形上形成 W 底形态，此为买入信号。

同期 VR 持续下降，最低创出 47.67，表明在此时段内股价下跌过快，空方能量损耗过大，股价有反弹要求。此后，VR 出现明显的上升走势，形成良好的买入点。

根据 PSY、VR 指标组合分析，可以判定该股底部已经形成，持筹者应坚定持有，空仓者可以买入做多。之后，该股走出一波强劲的上涨行情，累计升幅巨大，获利丰厚。

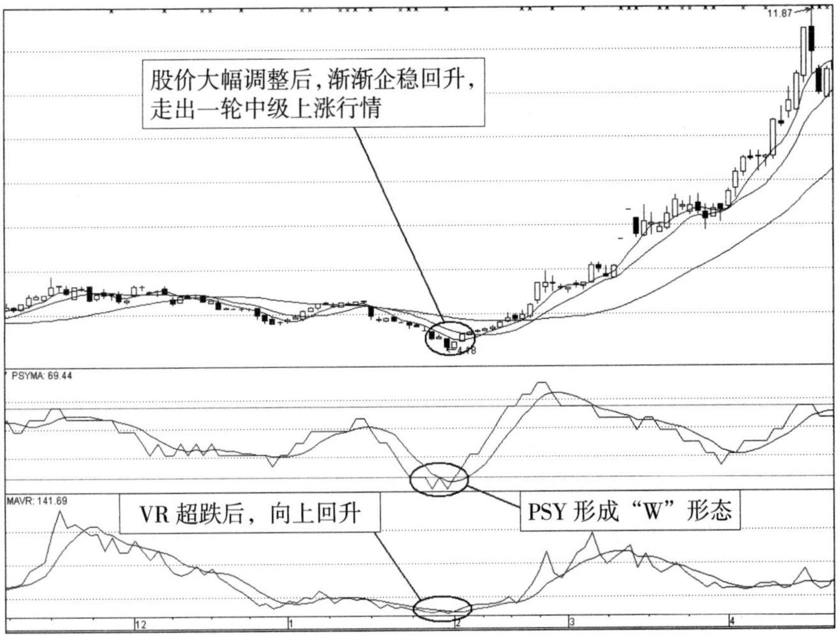

图 2-7　华铁科技（603300）日 K 线图

三、超卖信号组合

1. 图形特征

（1）随着股价的下跌，PSY 线从高处下滑到低点（20 左右），然后出现明显的上攻态势，形成 V 形底，也为买入信号。

（2）VR 指标从高处下滑到低点（70 以下）后，开始向上爬升，形成一个明显的底部区域。当 VR 值持续上升超过 100 时，预示一轮中级以上行情产生，应在回档时介入。

2. 市场意义

这组信号表明在股价下跌过程中，庄家吸取了大量的低价筹码（庄家吸货通常有三种方式：下跌时吸货、盘整或箱体吸货、拉高时吸货），吃饱肚子的黑马迟早是要奔跑起来的，当然期间不免会跑跑停停，投资者应把好市场脉搏，做中线波段操作，对后市持乐观态度。

3. 实战案例

如图 2-8 所示，西藏旅游（600749）日 K 线走势图。该股股价见顶后大幅回调，然后经过长时间的筑底，庄家成功完成了建仓计划后，从 2019 年 2 月开始，股价进入上涨趋势。

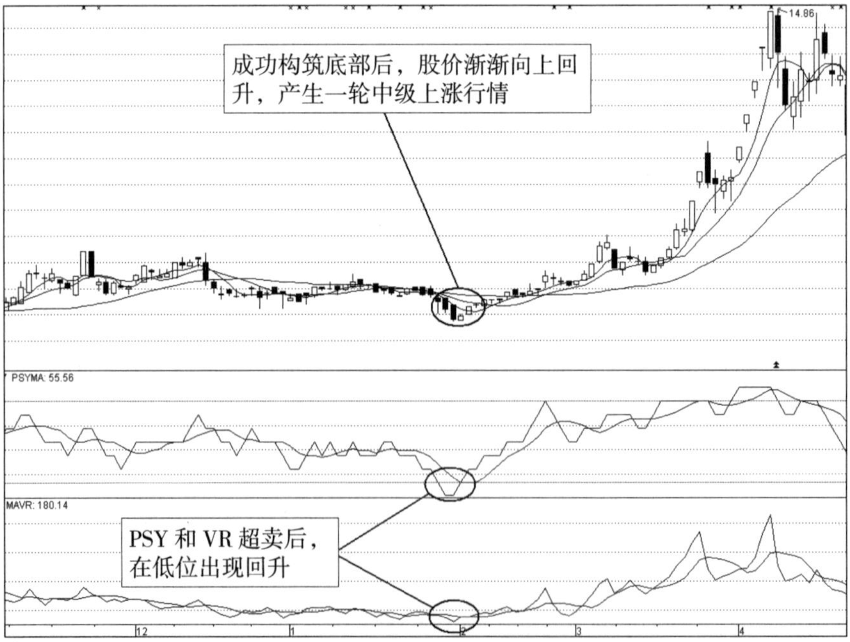

图 2-8 西藏旅游（600749）K 线图

从该股技术指标组合分析，PSY线从高处下滑到20以下，指标严重超跌。很快，PSY线向上金叉PSYMA线，形成明显的上攻态势，出现V形底形态。

同期VR指标创出58.77的低点后，出现向上拐头，随着股价企稳而继续向上爬升，成交量保持在活跃状态，持续稳步上升，其值超过100，盘面渐渐走强，预示将会产生一轮中级以上行情，在回调时可以积极介入做多。

根据这两大指标分析，该股上升趋势明朗，投资者可在股价回档时介入。之后，股价振荡上升，说明指标组合分析的正确性。

四、见顶信号组合

1. 图形特征

（1）随着股价的上涨，PSY线从低位上升到高点（80以上）后，出现小幅回落，在不长的时间内又回升到高点附近，然后再次出现回落走势，形成M头形态，此为卖出信号。或者，PSY线从低位上升到高点（80以上），然后出现明显的回落态势，形成倒V形顶，也为卖出信号。

（2）VR指标见底后持续上升，当指标值大于一定数值时（一般在450以上），表明多方能量消耗过大，市场处于狂热之中，往往成为中短期见顶信号。

2. 市场意义

这组信号大多是股价经过一轮持续的上涨行情后，市场产生过热心理，或到了疯狂时期，盘中大部分精明人士已纷纷撤离市场，股价有回档可能，投资者应提高高位风险意识。

3. 实战案例

如图2-9所示，星辉娱乐（300043）日K线走势图。该股庄家在低位吸纳了大量的低价筹码后，从2019年3月5日开始，股价出现一轮暴涨式拉升行情，在6个交易日中拉出5个涨停，短期股价出现超买，有回落调整的要求。

从该股技术指标组合分析，PSY线从低处上升到100，并出现钝化，表明投资者心理过热，市场处于极度狂热状态，股价有回档要求。

同期VR从低点开始一路向上走高，然后出现急剧上行，3月13日摸高到1355以上。一方面说明VR指标值过大，多方损耗能量过多，需要回调休整；另一方面说明VR指标上升过快（角度大于75度），短线有回调要求。此时VR指标已经发出卖出信号，短线投资者应离场观望。

根据 PSY、VR 指标分析，其卖出信号十分明显，而且相互印证，投资者应获利了结。之后，股价在 3 月 13 日出现冲高回落，形成中短期头部区域。

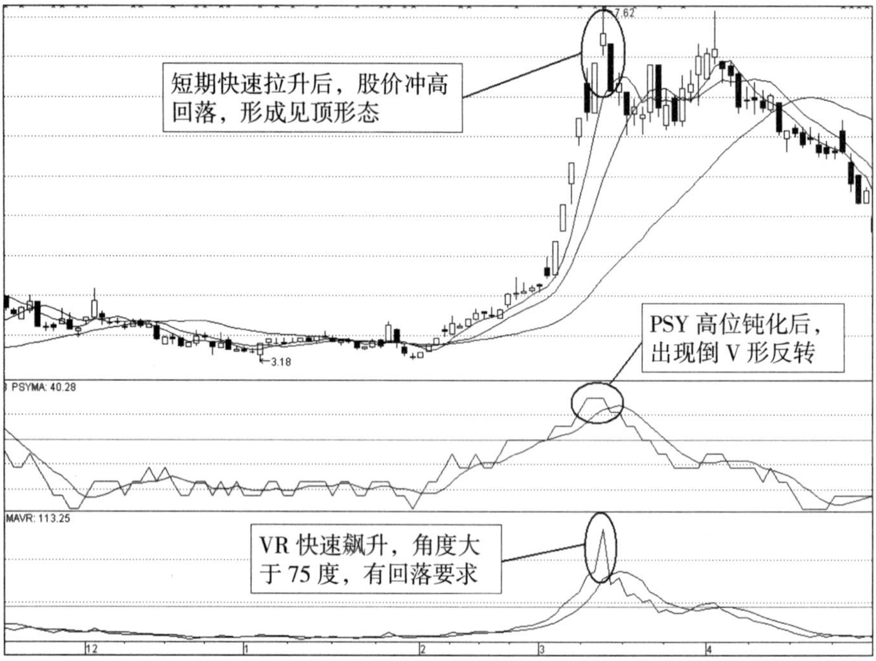

图 2-9 星辉娱乐（300043）日 K 线图

第四节 MACD + SAR + BOLL + MA 实战经典组合

MACD 指标是利用短期移动平均线和长期移动平均线之间的聚合与分离的征兆功能，来研判股市的未来变化趋势，以确定股票的最佳买卖时机，它可以提供清楚的短期或中期趋势信号的形成或完结。

SAR 指标是通过对股价振幅及时间的分析研究，设立止损点以观察股票买卖点的中短期抛物线技术指标。

BOLL 指标是研判股价运动趋势的中长线技术指标，该指标利用股价通道这一概念，通过股价通道的宽窄变化以及轨道线的支撑和压力，寻找市场的买卖机会。

MA 指标是借助一定时期股票收盘价的移动走势，反映真实的股价变动趋势和一段时间内股价的平均市场成本。

将 MACD、SAR、BOLL、MA 指标巧妙地组合起来，找到其中的一些共振点进行买卖操作，根据多年的实盘经验，其应用效果让人非常满意。

其基本操作方法是：先用MACD指标确定中期方向，了解股价所处的高低位置。用SAR指标设立止损位，在充满风险的股市中系好安全带。根据BOLL指标确定中期通道方向，掌握支撑位和压力位及股价走势强弱程度。最后根据移动平均线的排列情况作出买卖决策。如果上述指标在同一时段内发生共振，其准确性较高，可以大胆操作。

一、见底信号组合

1. 图形特征

（1）MACD指标在底部，DIF线向上金叉MACD线，MACD线随之上行，BAR指标绿柱消失，红柱产生并逐日增长；或者，DIF线和MACD线分别上穿0轴，BAR指标的红柱继续增长；或者，黏合在一起的DIF线和MACD线向上发散，BAR指标红柱产生并逐日增长，均为买入信号。

（2）股价向上穿越SAR指标，小圆圈由绿翻红，股价成功站于红圈之上，随后几个交易日小红圈构成向上的圆弧形抛物线，表明目前行情已经由空头市场切换到多头市场，可以买入做多。

（3）收敛变窄后的BOLL指标喇叭口向两边扩张，股价上穿中轨线或上轨线，表明行情已经产生了向上突破，可视行情在回调时逢低介入。或者，股价已经站在中轨线之上，此时行情已经进入强势，在回调到中轨线附近时介入。

（4）在均线系统中，5日均线金叉10日均线（即将金叉或者已经金叉），10日均线上行，30日均线呈上升趋势或走平，均线系统呈多头排列。

2. 市场意义

这组信号多为庄家洗盘换手或打压吸货所致，出现这组信号预示行情将从空头市场转向多头市场，或者由盘整（或箱体）行情转向趋势行情，投资者应根据当前行情及时做出决策。这组信号实用性很强，既可以判断底部，又可以预测顶部，效果均佳。熟练掌握，灵活运用，中长线操作皆宜，短线可波段操作。

3. 实战案例

如图2-10所示，兴齐眼药（300573）日K线走势图。在该股长时间的底部振荡中，庄家成功吸纳了大量的低价筹码。2019年4月10日股价放量突破，开启一轮飙升行情，13个交易日中拉出12个涨停板，短期股价涨幅巨大。

从该股技术指标观察，MACD 指标在底部金叉后上穿 0 轴，然后在 0 轴附近出现黏合。4 月 10 日 DIF 线向上发散，BAR 指标绿柱消失，红柱形成并逐日增长，为中线介入信号。此时，股价站于 SAR 指标之上，红圈持续增多，表明行情由空头市场切换到多头市场，为买入信号。同期 BOLL 指标向上突破上轨线，喇叭口向两边扩张，形成向上突破，为强烈的做多信号。均线系统已经形成多头排列，并继续向多头发散，成交量明显放大，强势特征明显，买入信号明确。

MACD、SAR、BOLL、MA 四大指标产生技术共振，相互验证，投资者应积极介入做多。

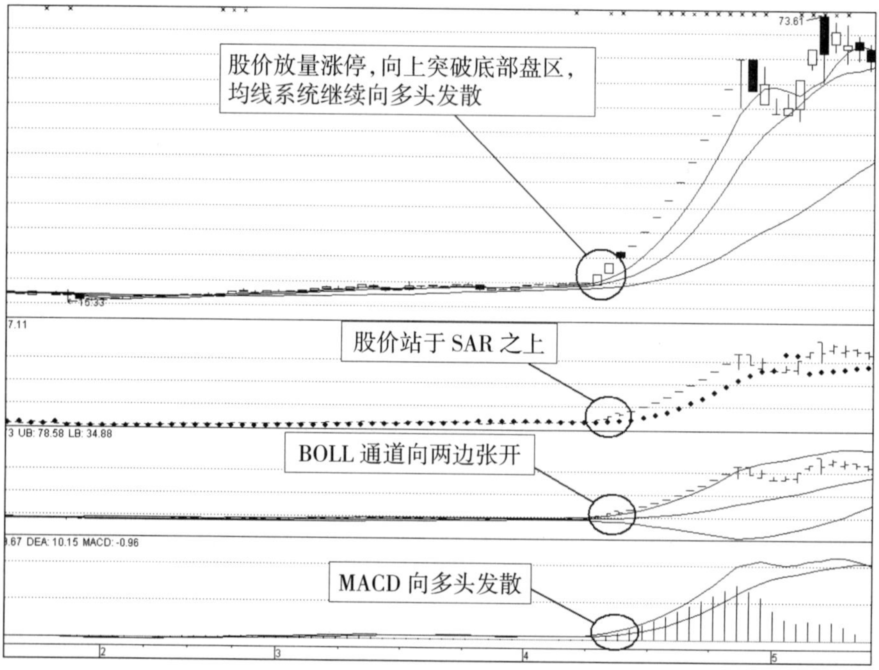

图 2-10　兴齐眼药（300573）日 K 线图

二、持续信号组合

1. 图形特征

（1）不管 MACD 指标在什么位置（0 轴上下均可），当 DIF 线向上金叉 MACD 线，或者 DIF 线已经金叉并站稳于 MACD 线之上，BAR 指标中的红柱逐日加长，表明行情处于强势之中。

（2）股价向上穿越 SAR 指标，小圆圈由绿翻红，股价站稳于红圈之上，小红圈构成向上的圆弧形抛物线，表明行情已经转为强势，可以买入做多。

（3）BOLL 指标在常态中运行，股价上穿或已经穿过 BOLL 通道的中轨线，中轨线保持连续的上升势头，表明股价处于强势上涨。或者，逐渐缩小的 BOLL 指标突然开口向两边扩张，股价向上突破，表明行情已经开始向上变盘。

（4）在均线系统中，5 日均线金叉 10 日均线（即将或已经金叉），10 日均线上行，30 日均线沿原方向上升，或者均线系统由下降趋势转为上升或走平趋势，均线系统呈多头排列。

2. 市场意义

这组信号大多出现在盘升行情中，庄家介入较深，控盘程度较好，操盘手法老到。一般来说，庄家在某只股票长期安营扎寨，庄家做多意愿十分强烈，且不受大盘涨跌所影响，未到既定目标价位绝不罢休。投资者遇到这组信号时，可以逢低介入，与庄共舞，不要受庄家洗盘影响导致从马背上摔下来。这组信号既可以判断底部，又可以预测顶部，中长期操作皆宜，短线可作波段操作，效果均佳。

3. 实战案例

如图 2-11 所示，海翔药业（002099）日 K 线走势图。该股股价完成筑底后，2019 年 2 月 18 日跳空上涨，股价脱离底部区域。在之后的 1 个多月时间里，看起来股价上涨无力，却稳健地向上盘高。4 月 2 日，股价出现加速上涨行情，累计涨幅较大。

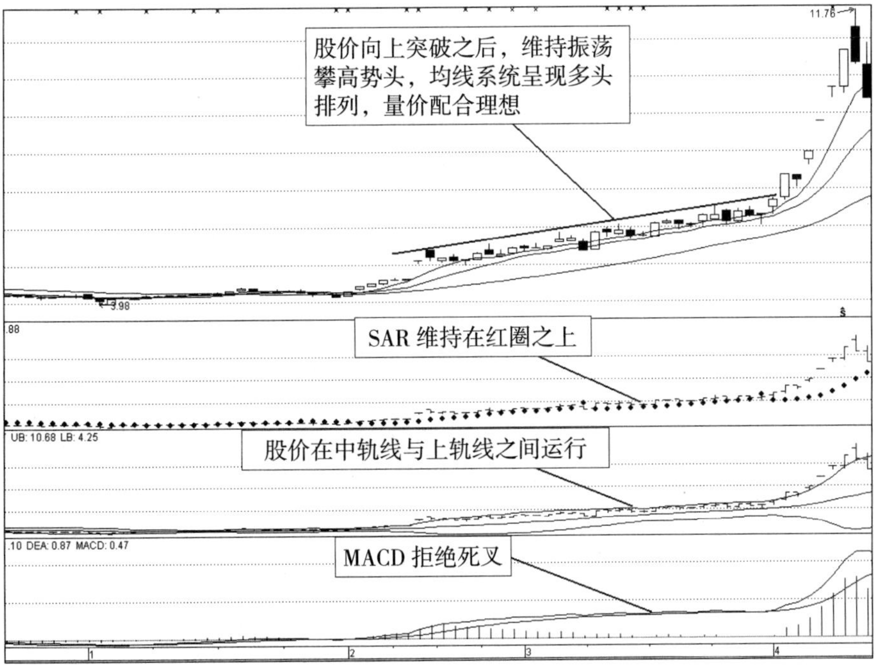

图 2-11　海翔药业（002099）日 K 线图

从该股技术指标分析，MACD 指标上穿 0 轴后，DIF 线多次拒绝死叉 MACD 线，始终保持多头趋势不改。BAR 指标没有出现绿柱，说明盘面维持在强势之中，可以继续持股。SAR 指标翻红后，呈圆弧形抛物线上行，表明行情始终处在强势之中。在 BOLL 指标中，股价在中轨线与上轨线之间运行，中轨线保持上升走势，显示股价处于强势上涨中。均线系统维持多头排列，30 日均线坚挺有力，市场处于多头走势。

根据这组指标分析判断，该股已具备中线买入条件，一旦向上突破，有望加速上涨，应及时介入做多。

第五节 SAR + MACD + CCI + EXPMA + KDJ 实战经典组合

一、CCI 指标简介

1. CCI 指标的特性

顺势指标（CCI）是专门测量股价是否超出常态分布范围，形成超买或超卖的一种特殊判断指标。它的指标值波动于正无限大和负无限小之间，不需要以 0 为中轴线，这一点与其他指标不同。该指标独有的超买“天线”和超卖“地线”分别为 + 100 和 - 100，这一点与其他指标超买值为 80、超卖值为 20 有天壤之别。

按照指标分析，CCI 指标的运行区间分为三类：+ 100 以上为超买区，- 100 以下为超卖区，+ 100 到 - 100 之间为振荡区。指标值在这三个区域中运行所包含的技术含义与其他技术指标的超买与超卖定义是不同的。在 + 100 到 - 100 之间的振荡区，该指标基本上没有分析意义，不能够对实盘操作提供多少明确的建议，在这种情况下指标是无效的，这也反映了该指标的特点——专门针对极端情况设计的。也就是说，在一般常态行情下，CCI 指标作用不明显，当 CCI 指标捕捉到异常的股价波动时，要尽量速战速决，即使亏损了也必须果断了结。

2. CCI 指标应用法则

CCI 指标的实盘应用主要是集中在 CCI 指标区间判断、CCI 指标背离、CCI 曲线走势和 CCI 曲线形状等几个方面。

（1）当 CCI 指标向上突破 +100 线进入非常态区间时，表明股价开始脱离常态，进入异常波动阶段（强势状态），中短线应及时买入。如果有较大的成交量配合，买入信号更为可靠。

（2）当 CCI 指标向上突破 +100 线进入非常态区间后，只要 CCI 指标一直向上运行，就表明股价强势依旧，投资者可以一路持股待涨。

（3）当 CCI 指标在 +100 线以上的非常态区间，在远离 +100 线的位置开始掉头向下时，表明市场强势状态难以维持，是一个转势信号。如果前期股价涨幅过高，转势信号更可确认。此时，投资者应及时逢高卖出股票。

（4）当 CCI 指标在 +100 线以上的非常态区间，在远离 +100 线的地方一路下跌时，表明市场强势状态已经结束，投资者应及时卖出股票。

（5）当 CCI 指标向下突破 +100 线，重新进入常态区间时，表明股价的上涨阶段可能结束，将进入一个比较长时间的盘整阶段，投资者应及时逢高卖出股票。

（6）当 CCI 指标向下突破 -100 线进入另一个非常态区间时（弱势状态），表明股价弱势状态已经形成，将进入一个比较长的寻底过程，投资者应以持币观望为主。

（7）当 CCI 指标向下突破 -100 线进入另一个非常态区间后，只要 CCI 指标一直向下运行，就表明股价弱势依旧，投资者可以一路观望。

（8）当 CCI 指标向下突破 -100 线进入另一个非常态区间，如果 CCI 指标在超卖区运行相当长一段时间后开始掉头向上，表明股价中短期底部初步找到，投资者可以少量建仓。CCI 指标在超卖区运行的时间越长，越可以确认短期底部。

（9）当 CCI 指标向上突破 -100 线重新进入常态区间时，表明股价的探底阶段可能结束，将进入一个盘整阶段，投资者可以逢低少量买入股票。

（10）当 CCI 指标在 +100 到 -100 线的常态区间里运行时，该指标缺乏分析意义，投资者可以用 KDJ、W%R、RSI 等其他超买超卖指标进行研判。

二、EXPMA 指标简介

1. EXPMA 指标的特性

EXPMA 即指数平均线指标，它是移动平均线的一种。该指标通过快慢两条移动平均线进行不同速度的平滑处理，再通过这两条移动平均线的交叉信号来研判行情的买卖时机。其主要功能是修正了均线较股价滞后的缺点，能随股价的波动作出快速反应，有效地解决了信号滞后的问题。

它的原理与MACD、DMA指标相比，着重考虑了当天（当期）价格行情的权重，使用中克服了MACD指标信号对于价格走势的滞后性，同时也在一定程度上消除了DMA在某些时候对于价格走势所产生的信号的提前性，是一个非常有效的分析指标。

在技术分析软件中，EXPMA指标由三条线构成：价格K线、短期EXPMA线（以白色线表示）、长期EXPMA线（以黄色线表示）。

（1）EXPMA指标由白线和黄线构成。当白线从下向上冲破黄线时，代表价格会上升，因此当两线形成金叉时，就是买入的好时机。

（2）当股价离开白线之后，回落到白线附近再次上行，此时白线是一个支撑点。

（3）当白线从上向下冲破黄线时，价格通常已经发生逆转，后市以下降为主，因此当这两条线死叉的时候，就是卖出的好时机。

EXPMA一般为中短线选股指标，比较适合以中短线操作为主的投资者，据此信号买入者均有获利机会。对中线投资者来说，其参考意义似乎更大，主要是因为该指标稳定性强，波动性小。若白线和黄线始终保持一定距离上行，说明该股后市继续看好，每次股价回落至白线附近，只要不击穿黄线，这种回落便是良好的买入时机。

2. EXPMA指标应用法则

（1）在多头趋势中，价格K线、短期EXPMA线、长期EXPMA线按照从高到低排列，视为多头特征；在空头趋势中，长期EXPMA线、短期EXPMA线、价格K线从高到低排列，视为空头特征。

（2）当短期EXPMA线从下向上穿越长期EXPMA线时，是一个值得注意的买入信号，此时短期EXPMA线对价格走势将起到助涨的作用。当短期EXPMA线从上而下穿越长期EXPMA线时，是一个值得注意的卖出信号，此时长期EXPMA线对价格走势将起到助跌的作用。

（3）一般来说，在多头市场中，价格将在短期EXPMA线和长期EXPMA线上方运行，此时这两条线对价格走势形成支撑。在一个明显的多头趋势中，价格将沿短期EXPMA线移动，价格波动的最低点位于长期EXPMA线附近；相反，在空头市场中，价格将在短期EXPMA线和长期EXPMA线下方运行，此时这两条线对价格走势形成压力。在一个明显的空头趋势中，价格也会沿短期EXPMA线移动，价格波动的最高点将位于长期 EXPMA 线附近。

（4）当价格 K 线在一个多头趋势中跌破短期 EXPMA 线，必将向长期 EXPMA 线靠拢，此时长期 EXPMA 线将对价格走势起到较强的支撑作用。当价格跌破长期 EXPMA 线时，往往是绝好的买入时机。相反，价格 K 线在一个空头趋势中突破短期 EXPMA 线后，将有希望进一步向长期 EXPMA 线发起冲击，而长期 EXPMA 线将对价格走势起到明显的阻力作用。当价格突破长期 EXPMA 线后，往往会形成一次回抽确认，而且第一次突破失败的概率较大，因此应视为一次绝好的卖出时机。

（5）当价格 K 线在一个多头趋势中跌破短期 EXPMA 线，继而跌破长期 EXPMA 线，使得短期 EXPMA 线开始转头向下运行，甚至短期 EXPMA 线跌破长期 EXPMA 线，此时意味着多头趋势发生变化，应作止损处理。相反，当价格 K 线在一个空头趋势中突破短期 EXPMA 线，继而突破长期 EXPMA 线，使得短期 EXPMA 线开始转头向上运行，甚至短期 EXPMA 线突破长期 EXPMA 线，此时意味着空头趋势已经变成多头趋势，应作加仓或补仓处理。

（6）价格对于长期 EXPMA 线的突破次数越多，表明突破越有效，第一次突破一般会以失败告终；价格对于长期 EXPMA 线的突破时间越长，表明突破越有效。一般来说，在价格日 K 线技术指标体系中，长期 EXPMA 线被价格突破之后，需要两到三个交易日的时间来确认突破的有效性。

（7）当短期 EXPMA 线向上交叉长期 EXPMA 线时，股价会先形成一个短暂的高点，然后微幅回档至长期 EXPMA 线附近，此时为最佳买入点；当短期 EXPMA 线向下交叉长期 EXPMA 线时，股价会先形成一个短暂的低点，然后微幅反弹至长期 EXPMA 线附近，此时为最佳卖出点。

3. SAR + MACD + CCI + EXPMA + KDJ 指标组合的优点

SAR 指标是通过对股价振幅及时间的分析研究，设立止损点以观察股票买卖点的一种技术指标。该指标可使投资者有效地保障利润，控制损失，被人形象地称为股价的“保险单”。

MACD 指标是一个中线技术指标，它利用短期移动平均线和长期移动平均线之间的聚合与分离的征兆功能，来研判股市的未来变化趋势，以确定股票的最佳买卖时机，可以提供清楚的短期或中期趋势信号的形成或完结。

KDJ 指标是反映价格走势强弱和超买超卖动态的技术指标，可以为短线操作提供非常有效的买卖信号，是投资者进行短线操作的一大法宝。

如果没有良好的操作技术作为指导，在实盘中容易手忙脚乱，顾此失彼。很多股民面对一大堆技术指标和分析手段，感到无所适从，无从下手，用各种方法分析出来的结论有时相互矛盾，对投资者的思维形成了干扰。本指标组合就是为投资者解决上述操作层面的各种问题提出来的。

指标的使用顺序：SAR → MACD → CCI → EXPMA → KDJ。先保持一份警觉或清醒（SAR），在变幻莫测的风浪中保护好自己，再用 MACD 指标判断未来的中线方向，行情是刚刚开始，还是已经走到尽头。选中个股后，用 CCI 指标判断近期走势的强弱，再用 EXPMA 指标来确认走势是否转强，最后用短线 KDJ 指标来确定最佳买点。这组指标既可以判断底部，又可以预测顶部，中长期操作皆宜，短线可作波段操作，效果均佳。

三、底部信号组合

1. 图形特征

（1）股价向上穿过并站于 SAR 指标圆圈之上，绿圈翻红。或者已经站于红圈上方，红圈呈圆弧形抛物线上升，表明行情由弱势转为强势，为介入信号。

（2）在低位，DIF 线金叉 MACD 线，MACD 线随之出现上升或走平，BAR 指标绿柱消失，红柱出现并逐日增长，为中期转强信号。或者，黏合后的 MACD 指标开始向上发散，BAR 红柱出现并逐日增长，为中期转强信号。

（3）CCI 指标上穿天线（+100），为中期转强信号。或者，CCI 指标穿过天线后，指标线围绕天线上下运行，表明行情处于强势之中。

（4）股价上穿并站于 EXPMA 指标之上，短期 EXPMA 线金叉长期 EXPMA 线，长期 EXPMA 线随之向上或走平，为中期走强信号。

（5）当上述指标同时（以前后 3 个交易日的时间差为宜）发生同一性质的信号时，中期走势即告确立，此时可根据 KDJ 指标发出的买入信号选择最佳介入点。

2. 市场意义

出现这组信号时，股价大多经过较长时间的调整，庄家采用打压股价的方法，吸入了大量的廉价筹码后，发动一轮上攻行情。这组指标是中级大底出现的征兆，利用该指标可以捕捉到大黑马，甚至是超级大黑马。应用于中线操作具有较好的实盘效果，短线可以用于波段操作，判断底部和预测顶部效果均佳。

3. 实战案例

如图 2-12 所示，新五丰（600975）日 K 线走势图。该股经过长时间的下跌调整后，股价见底企稳。2019 年 1 月 7 日，股价向上拉起，庄家不断将股价推高，盘面逐步走强，形成一轮强势上涨的中级行情。

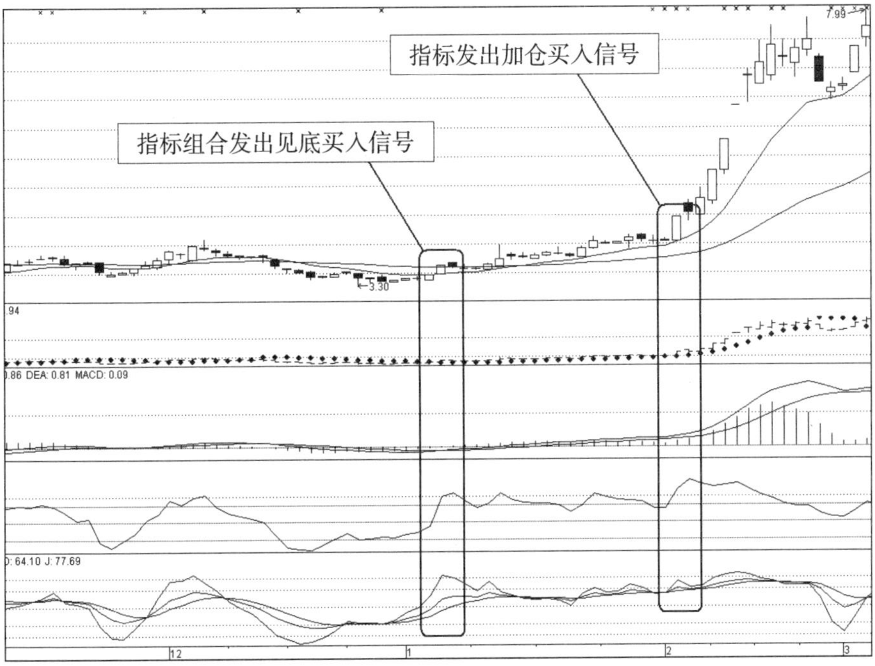

图 2-12　新五丰（600975）日 K 线图

从该股技术指标组合分析，1 月 7 日这一天，股价站于 SAR 圆圈之上，绿圈翻红。DIF 线金叉 MACD 线，MACD 线走平。CCI 指标上穿天线（+100），为中期转强信号。股价上穿 EXPMA 线，短期 EXPMA 线上行，长期 EXPMA 线走平。KDJ 指标已经出现多头发散状态，摆脱弱势格局。技术指标出现明显的走强迹象，随后几天虽然股价小幅回落，但指标组合进一步走好，说明中期已经见底，在股价回档时可以介入。

经过一段时间的攀高后，2 月 11 日再次放量突破，技术指标进一步向多头发展。SAR 指标呈圆弧形抛物线上行，有了控制持股风险的“保险单”。DIF 线与 MACD 线之间的距离加大，BAR 红柱逐日增长。CCI 指标围绕天线如春燕舞柳，上下翻飞，意味着行情明显转强。这时，短期 EXPMA 线与长期 EXPMA 线进一步分离，确认了 SAR、MACD、CCI 指标中期转强的有效性。

根据 SAR、MACD、CCI、EXPMA 四大指标组合分析，确认该股已经走强，此时投资者可以根据 KDJ 指标发出的买入信号大胆加仓买进。之后股价出现主升浪行情，涨幅超过 200%。

四、持续信号组合

1. 图形特征

（1）行情经过一轮下跌或盘整后，股价见底回升，上升走势不急不躁，看起来像是蜗牛爬树。股价时而（几个交易日）向上突破 SAR 绿色小圆圈，时而（几个交易日）向下击穿 SAR 指标红色小圆圈，红圈与绿圈交替频繁出现，股价与圆圈的距离很近，但总体趋势呈缓慢向上推升态势，股价走势稳健、坚挺，表明行情处于盘升状态。

（2）MACD 指标在低位金叉后，DIF 线和 MACD 线缠绕向上（金叉、死叉频繁出现，两线之间的距离很近），指标曲线起伏较小。BAR 指标红绿柱交替产生，柱状线长度较短，上升曲线角度不大，犹如蜗牛爬树的态势，但坚挺有力地缓缓而上，表明股价强势振荡向上。

（3）CCI 线上穿天线（+100）后不久，很快回落至天线下方，但不到地线又反转向上，再次穿过天线，如此不断地围绕天线上下翻飞，说明股价运行于强势之中。

（4）股价突破 EXPMA，短期 EXPMA 线与长期 EXPMA 线交织在一起，两线之间距离较小，上升曲线角度不大，K 线阴阳互现且无规律可循，犹如蜗牛爬树的态势，但 K 线坚挺有力，缓缓而上，表明股价中期强势特征明显。

（5）根据 SAR、MACD、CCI、EXPMA 四大指标的上述特征，一轮中级上升行情即告确立，股价仍有望走高，投资者此时可运用 KDJ 指标选择合适的点位介入。

2. 市场意义

这组信号表明庄家在低位已经成功地吸纳了大量的筹码，股价慢慢脱离底部区域，底部不断抬高，是大牛股启动前的热身运动，一般后市会有一段较有力度的冲刺行情产生。在实盘中，投资者如发现与这组信号相似的个股时，应逢低介入，介入后可以一路持股不动，坚定看多、做多，直到出现卖出信号为止。这组指标的优点是能够及时发现潜力股，买入后可以稳赚不赔，中线取胜。用于判断底部、预测顶部具有同样的效果，短线可以波段操作。

3. 实战案例

如图 2-13 所示，天邦股份（002124）日 K 线走势图。该股从 2018 年 8 月见底后向上盘升，庄家运作手法稳健，盘面控制较好，股价涨跌有序，行情走势坚挺，大显强庄股的风范。先期盘面如蜗牛爬树，缓慢上升，最后出现加速上涨。

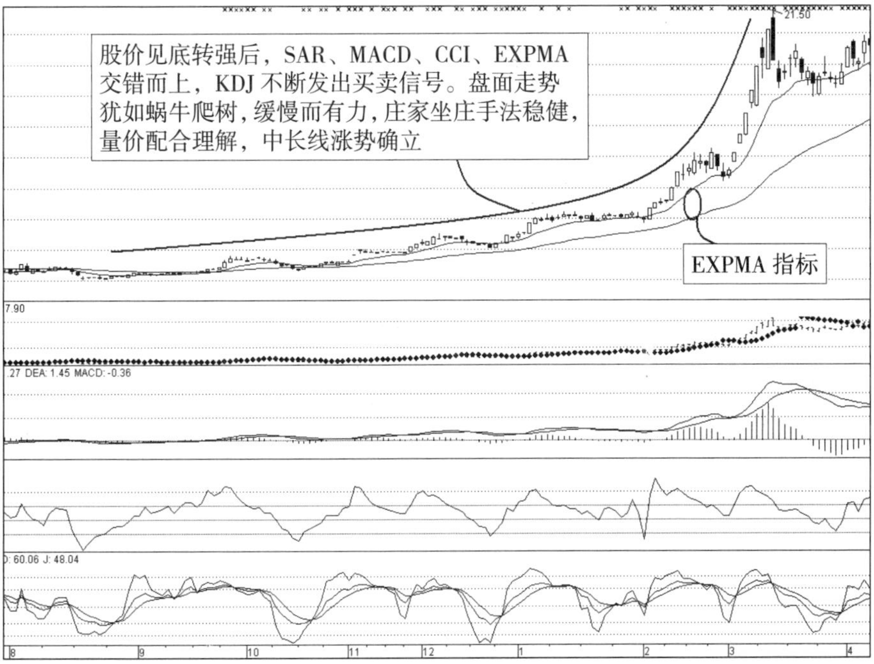

图 2-13 天邦股份（002124）日 K 线图

从该股技术指标组合分析，股价穿过 SAR 指标绿色小圆圈后，并未形成快速拉升走势，而是红圈、绿圈频繁地交替出现，显示走势十分强劲。此时 DIF 线和 MACD 线金叉后，向上突破 0 轴，两条指标线呈金叉—死叉—再金叉—再死叉……交错而上，时起时伏，缠绕上行，上行角度不大，但坚挺有力。BAR 指标红绿柱频繁交替出现，柱状线长度较短，但强势特征十分明显。同期 CCI 指标向上穿过天线后，不断地围绕天线波动运行，指标曲线波幅很少，每次回落时未到地线就立即反转向上，始终维持在强势之中。再看 EXPMA 指标，股价向上突破指标线后，短期 EXPMA 线金叉长期 EXPMA 线，两线缠绕很紧，盘旋而上，犹如蜗牛爬树，坚挺有力，缓缓而上，走势十分强劲，中长线向上涨升的趋势确立。

根据上述指标组合分析，该股中线上升趋势确立，这时投资者的操作思路是寻求 KDJ 指标的支持，选择理想的介入点。只要符合 KDJ 指标买入法则中的买入信号，都可作为实盘买入点位，中短线操作皆宜。在此轮行情中，该股持续上涨时间长达 8 个多月，累计涨幅超过 400%。这种指标组合走势看起来力度不大，买卖信号也不是十分明显，但如果灵活掌握其中的操作技巧，不失为一种稳赚不赔的股市“天仙配”。这种盘面只要 EXPMA 指标显示安全，就可以一路持有，直到 EXPMA 指标发出空头信号时离场。

五、见顶信号组合

1. 图形特征

（1）股价经过充分炒作后，缺乏后续上涨能量，无法维持在当前高价区域，因而股价向下击穿 SAR 指标红色小圆圈，红圈翻绿，随后出现圆弧形向下抛物线，表明行情已经转势，应及时止损离场。

（2）MACD 指标中的 DIF 线在远离 0 轴上方向下死叉（已经或即将死叉）MACD 线，MACD 线掉头向下，进而 DIF 线和 MACD 线相继向下击穿 0 轴，指标发展趋向恶劣，表明多方告退，空头占据优势地位。

（3）CCI 指标从高处向下击穿天线（+100），回抽天线后（有的走势无此过程）继续向下并击穿地线（-100），而后围绕地线波动运行，表明中期走势趋弱，为卖出信号。

（4）股价向下击穿 EXPMA 指标，接着短期 EXPMA 线死叉长期 EXPMA 线，随后长期 EXPMA 线向下运行。或者，EXPMA 指标在高位黏合或走平后向下突破，表明中长线股价走弱，为转势信号。

（5）如果同时出现上述指标特征，通常中级调整行情即告确立，此时投资者应按照 KDJ 指标选择最佳卖出点，逢高退出观望。

2. 市场意义

这组信号大多出现在高位和中位，表明投资者产生恐高心理，跟风稀少，股价上涨无力，或已达到庄家既定目标价位区域，庄家派发意愿强烈，或已基本完成出货，仅余少量筹码。庄家刻意打压股价，从而引发恐慌盘涌出。其使用前提是行情已经过一轮炒作，股价处于高位；或在下降通道中，股价出现小幅反弹，受强大压力后再度向下，股价处于中位；或经过平台（箱体）整理后，股价向下突破由形态或切线形成的支撑位（线），股价处于中位。

3. 实战案例

如图 2-14 所示，星湖科技（600866）日 K 线走势图。该股经过大幅拉升后，在高位出现振荡走势，显示多方已经力不从心。当庄家基本完成派发后，2019 年 4 月下旬，股价渐渐向下走弱，盘面进入弱势格局。

从该股技术指标组合分析，SAR 指标回落到红色小圆圈之下，红圈翻绿，止损点形成，提醒投资者应及时出局。之后，SAR 呈圆弧形抛物线向下走势，意味着行情转弱，为卖出信号。

MACD 指标在 0 轴上方较远位置，DIF 线已经向下死叉 MACD 线，MACD 线随之下降，显示中线趋弱，此为卖出信号。

此时，CCI 指标向下击穿地线，之后围绕地线上下波动，表明中线走势趋弱，成为卖出信号。

那么 EXPMA 指标怎么样呢？该指标上升乏力，短期 EXPMA 线在高位走平转而下行，股价击穿短期 EXPMA 线后，继续出现阴跌，中期趋弱信号进一步得到印证。

上述 SAR、MACD、CCI、EXPMA 四大指标同时出现走弱迹象，卖出信号准确性较高，应当根据 KDJ 指标选择高点卖出。之后，股价向下击穿长期 EXPMA 线，盘面出现进一步走弱迹象。

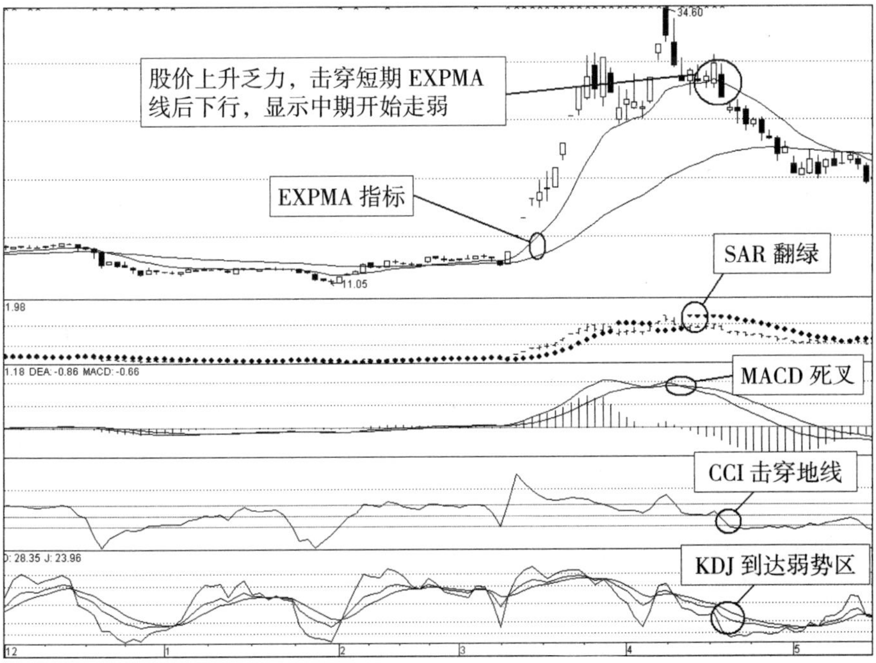

图 2-14 星湖科技（600866）日 K 线图

第六节　RSI＋W%R＋MACD＋DMI 实战经典组合

RSI 指标是通过比较一段时间内收盘价的涨跌变化情况，来分析测量多空双方买卖力量的强弱程度，从而判断未来股市走势的一个技术指标。

W%R 指标是通过一定时期内市场最高价、最低价和收盘价的变化关系，来反映市场短期的强弱和超买超卖现象，从而提供有效的买卖信号。

MACD 指标是利用短期移动平均线和长期移动平均线之间的聚合与分离的征兆功能，来研判股市的未来变化趋势，以确定股票的最佳买卖时机，它可以提供清楚的短期或中期趋势信号的形成或完结。

DMI 指标的最大特点就是能够显示股价上升和下跌过程中的供求关系，准确地预测未来行情的变化趋势，从而为投资者提供合适的短线买卖时机。

将 RSI、W%R、MACD、DMI 这四大指标组成一组指标群，能够捕获很多较好的买卖点。大家知道，RSI 指标是强弱指标，50 中轴线是强弱分水岭，但这也不可一概而论，有时 RSI 指标线上穿 50 中轴线后，会很快回落产生新一轮下跌行情；有时 RSI 指标线下穿 50 中轴线后，会很快拉起出现新一轮升势。如何确认这种信号的真伪性呢？与 W%R、MACD、DMI 指标结合起来，可以解决这个问题。

具体操作方法：当 RSI 指标突破 50 中轴线时，W%R 指标是否也同时突破 50 中轴线？如果信号一致，表明 RSI 指标突破的有效性高，否则，其虚假性的可能较大，突破为疑似信号。W%R、RSI 指标在研判市场强弱及超买超卖现象时具有互补功能。将 W%R 指标的技术参数扩大一倍即 20，能发挥该指标的最佳效果。在此基础上，用 MACD、DMI 指标研判中期趋势，同时做出买卖决策，获利的可能性更大。

一、强弱信号组合

1. 图形特征

（1）股价经过一轮下跌或调整，RSI 指标进入弱势区，然后随着股价的反弹而上升，向上穿过 50 强弱分界线，表明行情由弱势转为强势，意味着行情将向多头发展，为买入信号。

（2）W%R 指标躺底后一跃而起，几乎与 RSI 指标同时穿过 50 中轴线，这是对 RSI 指标上穿强弱分界线的一次有效确认，做多特征进一步显现，为买入信号。

（3）MACD 指标在底部，DIF 线与 MACD 线金叉向上（已经金叉或即将金叉），MACD 线随之上升，有穿过 0 轴并继续向上延伸之势，两线之间的距离日趋加大，BAR 指标的红柱逐日增长，表明中期趋向明确，介入的风险较小。

（4）DMI 指标中 +DI、-DI、ADX、ADXR 的值均不大，一般在 30 左右，这时 +DI 向上、-DI 向下形成金叉（已经金叉或即将金叉），随后 ADX 也金叉 ADXR，ADX、ADXR 单一向上运行，表明有新多头资金正在介入，愿意以较高价位承接筹码，后市继续看涨。

2. 市场意义

这组信号表明庄家洗盘换手结束或完成吸货任务，即将发动一轮上攻行情。此前的走势多为震仓洗盘或吸货所致，庄家通过打压股价的手法，获得大量的低价筹码，行情一旦启动，往往会产生一轮逼空式的上攻走势。投资者如遇此信号，无论如何都要跟进，直到庄家精疲力竭时再把筹码还给庄家。这个组合信号既可以判断底部，又可以预测顶部，成功率都较高，短线可以波段操作。

3. 实战案例

如图 2-15 所示，天和防务（300397）日 K 线走势图。该股股价见顶后逐波下跌，空头气氛笼罩市场，盘面走势极其脆弱，股价严重超卖，空方能量得到极大的释放，股价几乎跌无可跌。2019 年 2 月 1 日，市场探出一个明显的低点后，股价渐渐企稳，多方向上推升股价，2 月 15 日放量突破，股价出现主升浪行情。

从该股技术指标组合分析，6 日 RSI 线在低位金叉 12 日 RSI 线，12 日 RSI 线随之向上，表明盘面由弱转强，为做多信号。W%R 线上穿 50 中轴线，支持了 RSI 指标上穿 50 强弱分界线，意味着市场已经发生质的变化，即由弱势转为强势，为做多信号。

此时 MACD 指标中的 DIF 线也在 0 轴附近开始上翘，并金叉 MACD 线，MACD 线走平后上行。BAR 指标的绿柱日渐收缩并消失，红柱出现并逐日增长，表明中短线走强。

再看看 DMI 指标的位置，在低位四条指标曲线收敛后向外发散，形成一个“蝴蝶结”图形，-DI 下行，+DI、ADX、ADXR 三线上行，多头信号明确，投资者可大胆介入。

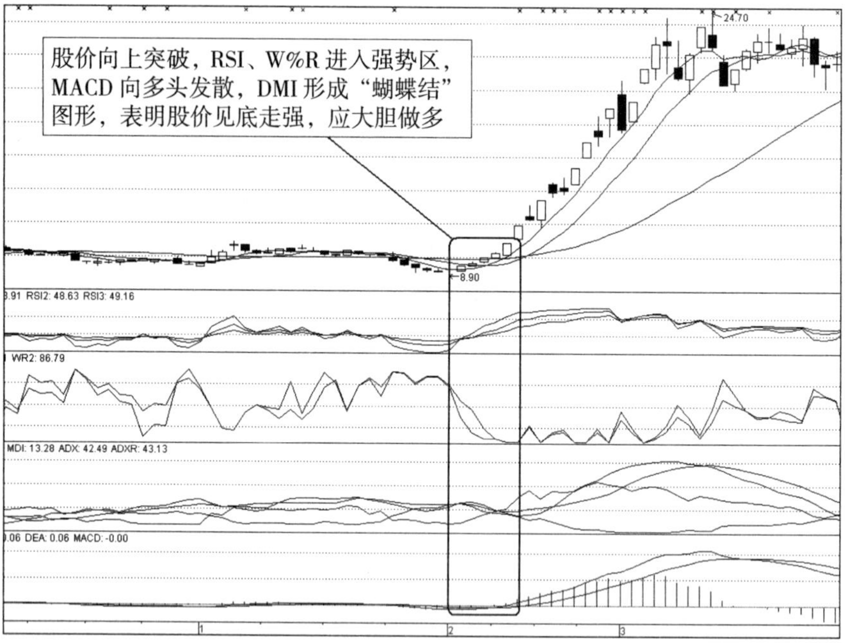

图 2-15 天和防务（300397）日 K 线图

二、洗盘信号组合

1. 图形特征

（1）RSI 指标从弱势超卖区向上穿过 50 强弱分界线后，进入强势超买区。庄家为了日后取得更好的表现，控制股价进行回抽确认底部或 50 线（击穿或不击穿 50 线）的支撑力度。回抽确认成功后，再次向上发动更为凌厉的攻势，意味着盘面由弱势转为强势，行情向多头稳固发展，随后进入拉升阶段。

（2）W%R 指标一跃而起，向上穿过 50 中轴线，回调确认底部或 50 中轴线（击穿或不击穿中轴线）的支撑力度后，再次向上发动更为强烈的上攻势头。W%R 指标印证了 RSI 指标上穿 50 分界线成功，做多特征进一步得到显现。

（3）MACD 指标在底部，DIF 线与 MACD 线金叉向上，MACD 线随之上升。由于股价回调确认底部，DIF 线向 MACD 线靠近，确认成功后，MACD 指标再度向上发散。或者，MACD 指标在 0 轴附近出现如同“空中加油”“小鸭戏水”式的利好图形。BAR 指标红柱缩短后再度增长，表明中期趋向明确，行情可能进入主升浪阶段。

（4）DMI 指标中 +DI、-DI、ADX、ADXR 的值均不大，一般在 30 左右，这时 +DI 向上、-DI 向下形成金叉（已经金叉或即将金叉），随后 ADX 也金叉 ADXR。或者，因股价回调确认底部，+DI 与 -DI 趋近，当即将形成死叉时，+DI 与 -DI 却朝反方向分开，两线拒绝死叉。或者，+DI 与 -DI 死叉后，在 8 个交易日内快速重新形成金叉，在图表上形成“菱形”图案。这些现象都表明有新多头资金渐渐介入，愿意以较高价位承接筹码，后市继续看涨。

2. 市场意义

这组信号表明空方力量得到充分释放，中期底部初露端倪，做多力量纷纷入驻，股价逐步向上推升。庄家洗盘筑底后，盘中浮动资金被驱逐出场，新多资金纷纷跟进，预示即将展开一波新的上涨行情。投资者如遇此信号，应逢低坚决介入做多，短线高手进行波段操作收入更丰。这组信号中短线操作皆宜，判断底部、预测顶部效果均佳。

3. 实战案例

如图 2-16 所示，科蓝软件（300663）日 K 线走势图。该股经过长时间的下跌调整后，股价渐渐向上盘升，然后庄家开始洗盘整理，盘面出现振荡。洗盘结束后，2019 年 3 月 18 日，股价放量突破，开启新一轮上涨行情。

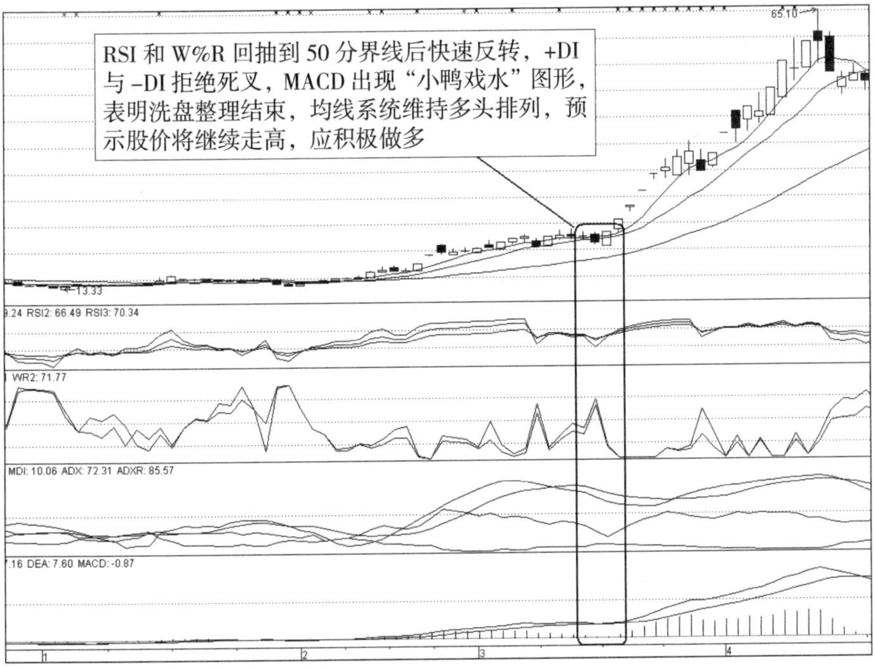

图 2-16　科蓝软件（300663）日 K 线图

从该股技术指标组合分析，RSI 指标上穿 50 强弱分界线，随后回调确认底部构筑成功，RSI 再度向上运行，表明洗盘整理结束，应做好介入准备。同期 W%R

指标出现同步走势，向上穿过 50 中轴线后，回调确认底部构筑成功，W%R 指标再度上行，与 RSI 指标产生技术共振，买入信号进一步明确。

MACD 指标中的 DIF 线与 MACD 线即将形成死叉时，DIF 线却反转向上，两线拒绝死叉，在 0 轴附近出现“小鸭戏水”图形。DIF 线和 MACD 线之间的距离渐渐拉大，BAR 指标红柱再度增长，中线强势行情进一步确立。DMI 指标也同时发出买入信号，+DI 与 -DI 拒绝死叉，表明有多头资金介入该股，后市继续看好。

纵观上述指标分析，该股买入信号得到有效印证，一轮新的上升行情即将产生，应大胆介入。其后，该股出现向上拉升行情，涨幅接近 200%。由此可见，运用 RSI、W%R、MACD、DMI 四大指标组合，可以捕获大牛股的起涨点或洗盘结束点。

第七节　RSI + CCI + ROC + KDJ 实战经典组合

一、ROC 指标简介

1. ROC 指标的特性

变动率指标（ROC），是将当天的股价与 N 天之前某一天的股价比较，由其变动速度的大小来反映股价变动的快慢程度。其最大的特点就是可以同时监视常态性和极端性两种行情，等于综合了 RSI、W%R、KDJ、CCI 四种指标的特性。

ROC 指标有以下几个特性。

（1）ROC 指标表示股价上升或下降的速率大小。

在上升趋势中，如果 ROC 指标为正值，且出现逐步上行，则意味着上升趋势正在加速；若 ROC 指标开始走平，就意味着股价涨幅与数天前的股价涨幅相近，尽管还处于上升趋势，但上涨速度已经放慢；若 ROC 指标开始回落，虽然股价还在上升，但上升的力量已经衰弱；若 ROC 指标开始延伸到 0 之下，表明下降趋势已开始露头，ROC 指标进一步向下，则下降动力正在加强。

（2）ROC 指标的变化超前于股票价格的变化。

由于 ROC 指标的构造特点，它有“领先”于股价变化的功能，比价格提前几天上升或下降。股价还在上升时，ROC 指标可能已走平；股价走平时，ROC 指标可能已经下降。这一点也是背离思想的基本依据。

（3）ROC 指标的变化有一定的范围。

ROC指标可正可负，可大可小，但是ROC指标的变化基本上是有一个范围的。换句话说，可以找到一个正数和一个负数，使得ROC曲线绝大部分落在这两个数值构成的范围内，即比这个正数小，比这个负数大，这样，就好像给ROC指标加上了上下边界一样。这两条边界线对今后预测股价的上升高度和下降深度很有帮助。

（4）ROC指标上下各有一条参考线。

个股由于价格比率的不同，其超买超卖范围也略有不同，但一般波动于正负6.5之间，所以上有一条正6.5的参考线，下有一条负6.5的参考线。超过正6.5以上的为超买，低于负6.5以下的为超卖。但由于个股的盘子大小、股价波动的活跃和呆滞程度不同，以及行情的大小不同，都会造成超买之后还超买，超卖之后还有超卖的结果，因此需要结合实盘灵活掌握。

2. ROC指标应用法则

根据ROC指标的特性，可以按以下法则正确应用ROC指标。为了达到更好的效果，还可以引入另一个技术指标——ROCMA（ROC的移动平均线）。

（1）ROC指标的多空力量对比强弱。从ROC指标的取值方面来说，ROC指标向上突破0线，即进入强势区域，表示多方力量强盛，为买入信号。反之，ROC指标向下跌破0线，进入弱势区域，表示空方力量强大，为卖出信号。

（2）ROC指标的超买超卖研判技巧。ROC指标上升到极高位置时，指标达到超买水平，产生卖出信号。反之，ROC指标下降到极低位置时，指标达到超卖水平，产生买入信号。

（3）ROC指标与股价同步的研判技巧。股价与ROC指标从低位同步上升，表示短期有望触底反弹或继续上涨趋势。反之，股价与ROC指标从高位同时下降，表示短期做头回落或继续下跌趋势。

（4）从ROC与ROCMA的相对取值分析。后者是前者的移动平均，这两个指标的关系就如同股价与均线的关系一样。正是由于这个原因，ROC上穿ROCMA并且为正值时，是买入信号；同理，ROC下穿ROCMA并且为负值时，是卖出信号。

（5）ROC指标与股价背离的研判技巧。ROC指标有领先于股价的特性，所以有如下法则：如果从高向低ROC曲线出现两个依次下降的谷，而此时股价却出现新的高峰，这就是顶背离，表示上涨动能减弱，顶部正在形成，为卖出信号。同理，ROC指标从低向高形成依次上升的两个峰，而此时股价却出现了新的低谷，这就是底背离，显示下跌动能减弱，底部正在形成，为买入信号。

3. RSI + CCI + ROC + KDJ 指标组合的优点

ROC 指标的优点很多，如果配合 RSI、CCI、KDJ 指标使用效果更好。因为 RSI 指标通过比较一段时间内收盘价的涨跌变化情况，来分析测量多空双方买卖力量的强弱程度，从而判断未来的股市走势。CCI 指标是专门测量股价是否超出常态分布范围，形成超买或超卖的现象。KDJ 指标是为了追求短线操作的安全度而设计的，能反映价格走势的强弱和超买超卖动态，是投资者进行短线投机操作的重要利器。

根据 RSI 指标的功能，可以用形态或切线进行研判。当指标突破支撑位（趋势线）或压力位（趋势线）后，突破的真假往往难以把握。在实盘操作中，按向上突破时买入，往往容易被套；按向下突破时卖出，往往容易踏空，从而形成被动局面。本指标组合重点是解决 RSI 指标突破后的信号确认和识别，其基本操作思路是：RSI 指标突破支撑位（趋势线）或压力位（趋势线）后，其他技术指标能相互验证，即可以作为买卖依据，且准确率较高。它既可以用于判断底部，也可以预测顶部，中线操作成功率较高，短线波段操作收益更丰。

二、突破信号组合

1. 图形特征

（1）RSI 指标金叉后穿过 50 强弱分界线，表明市场进入强势；或者 RSI 突破一条压力线，也是一个较好的买入信号。

RSI 指标的压力线是指将两个或两个以上的高点（RSI 值接近）连成一条线，这条线就是压力线，股价触及压力线时，往往遇到较强的压力。一旦股价发力向上突破压力线，这条压力线就会转换成支撑线，后市上涨机会增大，是买入时机。

同样，将 RSI 指标的两个或两个以上的低点（RSI 值接近）连成一条线，这条线就是支撑线，股价触及支撑线时，往往会遇到较强的支撑。一旦股价向下突破支撑线，这条支撑线就会转换成压力线，后市下跌机会增大，是卖出时机。

（2）CCI 指标围绕地线或常态区运行一段时间（至少 1 个月以上）后，某日 CCI 线突然向上突破天线，并继续上行，然后回落至天线附近企稳向上，继而围绕天线上下振荡，振荡时不触及地线（个别股碰触地线后快速拉起，继续围绕天线运行），表明中线继续趋强。

（3）ROC 指标在一个均衡区运行一段时间（至少 1 个月以上）后，某日 ROC

线向上突破 0 线，然后稍有回落在 0 线之上运行（或一度击穿 0 线后快速拉起，继续维持在 0 线上方），表明股价始终处于强势之中。

（4）KDJ 指标在低位钝化一段时间后，出现明显的上升走势，突破钝化过程中的任一个高点，曲线持续向上，表明行情转强。或者，KDJ 指标低位金叉后，J 线、K 线到达超买区后回落，在 50 上方形成一个"萝卜坑"图案，表明庄家洗盘结束。最佳买入点是曲线突破钝化过程中的任一个高点、形成金叉（或已经金叉向上）、"萝卜坑"之后的金叉位置附近或 J 线、K 线企稳反转向上时介入。

2. 市场意义

出现这组信号，市场大多经过较长时间的盘整，底部基础构筑扎实。庄家经过打压建仓或深幅洗盘，一般已经收集到了一定规模的筹码，做多意愿成为必然。股价突破后，一旦步入上升通道，就踏上了慢牛的路途，虽然股价走走停停，涨涨歇歇，但短时间内股价不言顶。这组信号一般出现在盘升类个股之中，投资者介入这类个股后，应以中线思维操作，如能采用波段操作，收益更丰。它既可以判断底部，也可以预测顶部，成功率均较高。

3. 实战案例

如图 2-17 所示，天马股份（002122）日 K 线走势图。该股经过一轮深幅暴跌后，股价严重超跌，然后在低位出现长时间的横盘振荡，庄家成功完成了建仓计划。

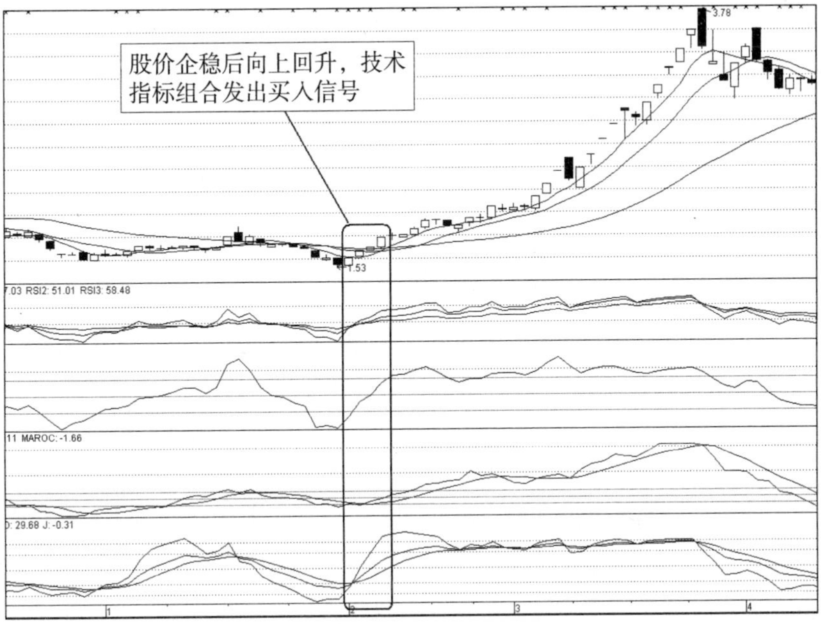

图 2-17　天马股份（002122）日 K 线图

2019年2月1日，股价探底回升。2月13日，股价站于均线系统之上，均线系统多头排列，上涨力量不断加强，从而出现一波涨幅比较大的上涨行情。

从该股技术指标组合分析，2月13日，RSI指标从20以下开始上行形成金叉，并穿过50强弱分界线，表明行情开始转强，形成买入点。同期CCI指标从地线下方上行，连续穿过地线、0线和天线，进入强势区域，强势特征明显可见。

ROC指标也从0线下方开始向上穿过0线和6.5线，预示行情将向新一轮多头发展，此时KDJ指标已经大角度向上发散，强势特征明显。

从技术指标组合分析判定，强势行情确立，买入信号可靠。此后该股出现拉升行情，证实了研判结果的可信性。

三、洗盘信号组合

1. 图形特征

（1）RSI指标从底部向上穿越50强弱分界线或趋势线后，跟随庄家洗盘回调至50线或趋势线附近企稳（可能多次出现），然后再次向上运行，并加快前进速度。此信号意味着庄家洗盘结束，行情强势特征明显，有可能进入主升浪行情，为买入信号。

（2）CCI指标上穿天线后，随股价调整而回落至天线附近企稳向上（可能多次出现），或一度击穿天线，并到达0线附近，然后快速向上拉起，再次穿过天线，在天线附近上下振荡，表明中线行情趋强，为买入点。

（3）ROC指标上穿正6.5线后，随着股价调整而回落至正6.5线附近企稳向上（可能多次出现），或一度击穿正6.5线，并到达0线附近，然后快速反转向上，再次穿过正6.5线，在6.5线附近或上方运行，中线强势走势进一步得到确认，为买入点。

（4）KDJ指标金叉后，J线、K线到达超买区后回落，在50中轴线附近（上方更佳）死叉后快速金叉，形成“萝卜坑”图案。投资者可在金叉（或已经金叉）、“萝卜坑”图形出现后或J线、K线企稳反转向上时买入。

2. 市场意义

这组信号表明庄家洗盘换手结束，即将展开新一轮上攻行情，短线有可能产生爆发性行情，中线呈波浪式上升，中短线操作皆宜，判底测顶效果均佳。这组信号重点把握突破后的回探次数，实盘中因个股不同而存在不同，有的不经回探一步到位，有的需要一两次或多次探底，才能真正进入上行轨道。根据实盘经验，其研判依据为：股价在回探时形成一个短暂的高点或低点，当最后一次突破前面的高点或低点时，即为回探结束，以此作为买卖依据较为稳妥。

3. 实战案例

如图 2-18 所示，丰乐种业（000713）日 K 线走势图。该股经过长时间的下跌调整后，空方能量得到有效释放，股价从 2019 年 2 月开始企稳回升，形成缓慢的上升通道。然后庄家在拉升之前进行洗盘整理，盘面出现横向振荡。4 月 30 日，股价放量涨停，开启一轮主升浪行情。如果说此时投资者还看不出上涨的迹象，那么第二天多项技术指标就发出了强烈的买入信号。

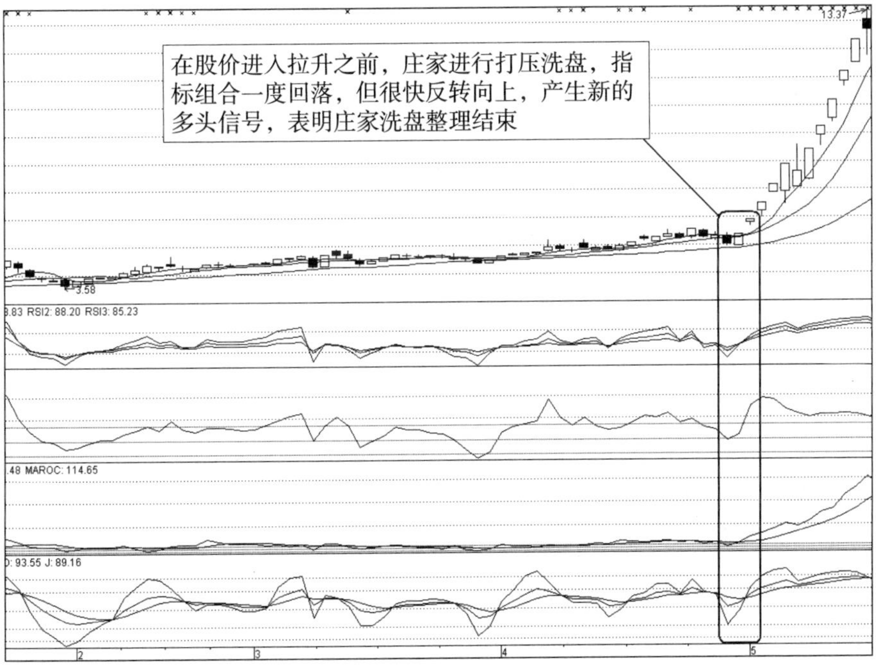

图 2-18　丰乐种业（000713）日 K 线图

（1）RSI 指标触底后，随着股价的反弹而上升，并向上穿越 50 强弱分界线，每次回落至 50 线附近均获得支撑，从而形成一条支撑线，然后重新反转向上，构成买入点。

（2）CCI 指标向上突破天线后，4 月 29 日回落击穿天线，但不到 0 线即反转向上，再次突破天线，表明中线趋强，为买入信号。

（3）此时 ROC 指标怎么样呢？同样发出中线买入信号。ROC 指标向上突破 0 线后，大多数时间在正 6.5 线附近运行，4 月 29 日回落至 0 线附近，然后再度发力向上。这种情况说明 CCI 指标的走强得到 ROC 指标的配合和支持，应将其列入买入品种。

（4）KDJ 指标位于 50 分界线上方，死叉后又快速金叉，形成“萝卜坑”图案，与其他指标一同走强，形成多头信号，此为理想的介入点。此后，股价出现飙升行情，累计涨幅巨大。

四、背离信号组合

1. 图形特征

（1）股价逐波下跌，不断创出近期新低，而 RSI 指标未能配合下降，反而逐波走高，股价与指标形成底背离走势，表明下跌动能已经衰竭，可逢低买入。其买入点就是第二次下探后不能创出新低，指标线出现明显向上拐头的时候。

（2）CCI 指标围绕地线运行一段时间后，向上穿过天线。或者，在底部与股价形成底背离走势，某日随着股价反弹而向上穿过天线，为股价转强信号。

（3）股价逐波创出近期新低，ROC 指标未能配合下降，反而出现上升走势，股价与指标形成底背离走势，表明下跌动能已经衰竭，可逢低吸纳。其买入点就是第二次下探以后，指标线不能创出新低而出现明显向上拐头这一点上。

（4）KDJ 指标金叉后，J 线、K 线到达超买区后回落，在 50 中轴线附近（上方更佳）死叉后快速金叉，形成“萝卜坑”图案。投资者可在金叉（或已经金叉）、“萝卜坑”图案出现之后或 J 线、K 线企稳反转向上时买入。

2. 市场意义

这组信号表明股价经过长期的下跌或调整后，空方能量耗竭，底部基本探明，庄家悄悄进场收集筹码。尤其是在调整接近尾声时，庄家为了继续收集低价筹码，刻意大肆打压股价，制造空头市场气氛，达到低位筹码通吃的效果，因此在技术指标上形成底背离走势。善于运用技术指标分析的投资者，应大胆逢低进场。这组信号在中期操作时既可以判断底部，也可以预测顶部，短线波段操作效果极佳。

3. 实战案例

如图 2-19 所示，嘉应制药（002198）日 K 线走势图。该股庄家在低位获得大量的低价筹码后，2019 年 1 月下旬刻意打压股价，制造空头陷阱，以测试低位支撑力度，并继续吃进低价筹码。这时，股价与多项技术指标形成底背离走势，表明庄家在故意打压股价，市场已经离底部不远。2 月 1 日开始，股价企稳回升，多头力量不断增强，随后走出一轮中级上涨行情。

（1）RSI 指标创出一个明显的新低点后，股价继续下跌创出新低点，而 RSI 指标第二次下行时没有创出新低点，出现明显的上升势头，指标与股价形成底背离走势，此时形成买入点。

（2）CCI 指标向下击穿地线后，快速回升到地线之上，并穿过 0 线和天线，然后在天线附近上下运行，表明探底成功，中线已经走强。

（3）ROC 指标创出一个明显的新低点后，并未随着股价的下跌相应地创出新低点，指标与股价形成底背离走势，表明股价底部已近。当 ROC 回到 0 线之上时，可以逢低买进。

（4）KDJ 指标在低位形成金叉后，以大角度向上发散，买点出现。

根据 RSI、CCI、ROC、KDJ 四大指标组合群分析，在大幅调整的低位，股价与 RSI、ROC 指标形成底背离，然后与 CCI、KDJ 指标一同出现强势买入信号，底部特征明显，介入风险较小。之后，该股走出一波向上攀升行情，累计涨幅巨大。

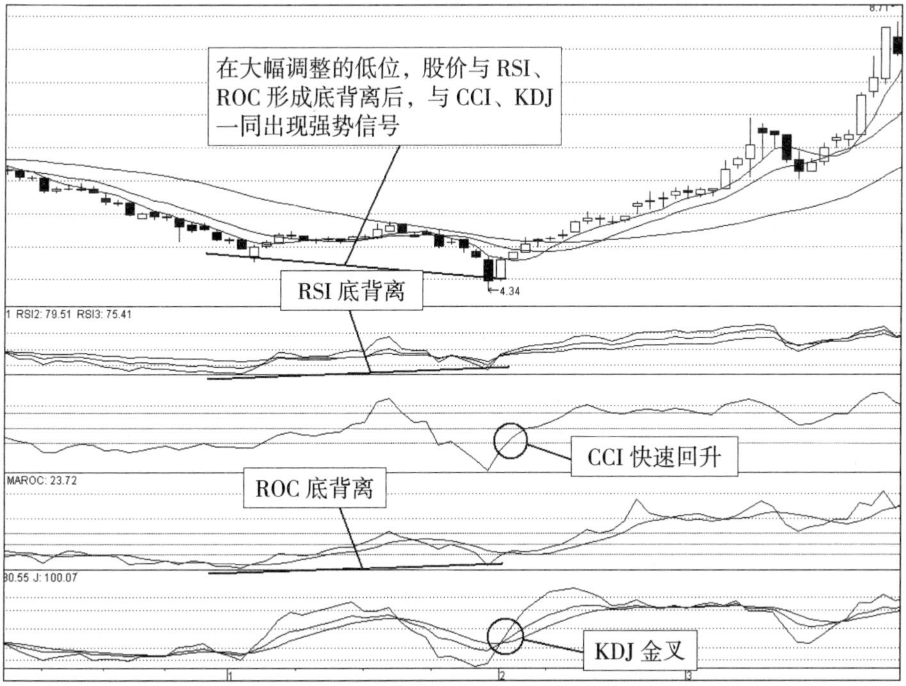

图 2-19 嘉应制药（002198）日 K 线图

第八节　OBV＋WVAD＋VOL＋MA 实战经典组合

一、OBV 指标简介

1. OBV 指标的特性

能量潮（OBV）指标是把股市的成交量与股价的关系数字化，以成交量来估计目前股市的推动力，从而推测股市发展趋势的技术分析指标。“先见量，后见价”构成了能量潮指标的基石，弥补了移动平均线及道氏理论对成交量重视不够的缺憾，其理论基础是惯性法则和重力原理。

OBV 指标是通过成交量的变化趋势来推测价位的变动趋势。投资者对股价的评论越不一致，成交量越大；反之，成交量就小。因此，可以用成交量来判断市场的人气和多空双方的力量。

（1）惯性法则——动则恒动，静则恒静。那些被投资者或主力相中的热门股，在很长一段时间内，成交量和股价的波幅都比较大：无人问津的冷门股，在一段时间内，成交量和股价波幅都比较小。股价波动有惯性可循，其波动区间在达到某一点后，就会改变方向。

（2）重力原理——上升的物体迟早会下跌。物体上升所需的能量比下跌更多，所以股价上升时，成交量必须增加，虽然量价不一定成正比。涉及股市则可解释为：一方面股价迟早会下跌，另一方面，股价上升时所需的能量大。在股价上升过程中，特别是上升初期，必须有较大的成交量相配合；在股价下跌时，则不必耗费很大的能量，因此成交量不一定放大，甚至有萎缩的趋势。

惯性法则是技术分析研判“势”的基本方法，重力原理则解释能量配合的问题。股价变动必须有成交量的配合，若股价升降而成交量不相应升降，则股价的变动难以维持。成交量是股价变化的动力和源泉，是市场的生命与活力所在。通过成交量、资金、股价三者的变化关系，可以间接地了解资金进出动向，进而预测股价运行方向。

2. OBV 指标的结构

OBV 指标最大的用处，在于观察股市何时会脱离盘局，以及突破后的未来走势。OBV 线的变动方向，是重要的参考指标。

OBV 指标在图表上有两条曲线，一条是 OBV 线，另一条是 OBV 线的 N 日平均线。平均线的参考数值（在 0 ～ 1000 之间，钱龙软件的默认值为 30），可以根据自己的习惯选择。

OBV 指标通过统计成交量变动的趋势来推测股价趋势，以 N 字形为波动单位，并且由许许多多 N 型波构成了 OBV 曲线图。一个大的 N 形波，可以包括许多个小的 N 型波。

对于一浪高过一浪的 N 形波，称其为上升潮，上升潮中的下跌回落则称为跌潮。对于一浪低于一浪的 N 形波，称其为下跌潮，下跌潮中的反弹回升则称为升潮。

一个完整的上升潮包含“上升—下跌—上升”。当 OBV 指标向上超越 N 形波的转折高点时，为一个完整的向上 N 字形。一般认为，OBV 指标连续出现 5 个以上向上的 N 形波时，为短期卖出信号。

一个完整的下跌潮包含“下跌—上升—下跌”。当 OBV 指标向下超越 N 形波的转折低点时，为一个完整的向下 N 字形。一般认为，OBV 指标连续出现 5 个以上向下的 N 形波时，为短期买入信号。

3. OBV 指标应用法则

（1）OBV 指标是短期趋势指标，应配合股价趋势予以研判分析。同时它又是先行指标，能将股价的平均延伸到先见量、后见价的理论。若 OBV 线比股价领先或同时创出新高或新低时，代表股价为有效突破，应继续看多或看空；若 OBV 线未能同时创出新高或新低时，则股价有假突破的嫌疑。

（2）若股价一顶比一顶高，而 OBV 指标一顶比一顶低，则暗示头部即将形成，表示买盘无力，为卖出信号；相反，若股价一底比一底低，而 OBV 指标一底比一底高，则暗示底部即将形成，表示应逢低接手，为买进信号。

（3）OBV 指标与股价同步缓慢上升（下降）时，表示买气（卖气）逐渐加强（减弱），应继续看好（看空）。尤其是 OBV 指标从负（正）的累积数转为正（负）数，代表买方（卖方）势力已占据优势，股价由跌（升）转升（跌），此时应该买进（卖出）股票。

（4）在正常情况下，OBV 指标出现急速上升（下降）时，无论股价是暴涨还是暴跌，都表示能量过分释放，行情可能出现反转。尤其是当OBV指标急速上升（下降）之后，出现锯齿状走势，说明股价已经欲涨无力（止跌企稳），是明显的出货（进货）信号。

（5）OBV指标对双重顶（M头）第二个高峰的确定，有其标准的显示。当股价自双重顶第一个高峰下跌后又再次回升时，如果OBV指标能随股价趋势同步上升，价量配合，则可能持续多头市场并出现更高峰。如果股价再次回升时，OBV指标未能同步配合上升，甚至出现下降，则可能即将形成第二个峰顶，完成双重顶（M）的形态，导致股价反转回落。但是，当OBV指标回落时并没有击穿前面的低点，再次反转上升，则仍可以继续持股，这时OBV指标就构成一个失败的双重顶形态。

（6）关注OBV指标N形波，当指标线超越（或跌破）前一次N形波高点（或低点），即形成一个完整的向上（或向下）的N形波，若累计形成5个向上（或向下）N形波，即为短期反转信号；累计形成9个N形波时，即为中期反转信号。N形波加大时，需注意行情随时有反转的可能。

（7）当OBV指标出现大致接近水平的横向移动超过1个月以上时，代表市场正处于盘整期，大部分没有耐心的投资者已经纷纷离场。此时正是暴风雨前的宁静期，大行情随时都有可能发生。

二、WVAD指标简介

1. WVAD指标的特性

威廉变异离散量（WVAD）指标是一种将成交量加权计算的量价指标，其理论基础的精髓在于重视一天中开盘到收盘之间的价位（相当于K线实体），而将此区域之上的价位视为压力（相当于K线的上影线），区域之下的价位视为支撑（相当于K线的下影线），求取此区域占当日总波动的百分比，以便测量当天的成交量有多少属于此区域，该区域的成交量才是有实际意义的成交量。

如果区域之上的压力较大，将使WVAD变成负值，代表卖方实力强大，此时应该卖出持股。如果区域之下的支撑较大，将促使WVAD变成正值，代表买方实力雄厚，此时应该买进股票。

WVAD指标正负、强弱一线之隔。由于选用的周期相当长，也以长周期效果较佳，因此适合长线投资者使用。

2. WVAD 指标应用法则

（1）当 WVAD 指标由负值变成正值的一刹那，视为长期持股的买入点。

（2）当 WVAD 指标由正值变成负值的一刹那，视为长期持股的获利点。

需要注意的是，由于 WVAD 指标适用周期长，发出的信号相对滞后，出现的买点会稍晚于股价的最低点，出现的卖点也会稍晚于最高点，应结合其他指标进行操作。实战中，在买入股票之后，不必等待 WVAD 的卖出信号，可以将它交给 SAR 指标管理。

由于交易的周期较长，WVAD 也有长期指标的共同特点，即买点离最近一次的低价区稍远，卖点也距离最近一次的高价区稍远，如果长期使用 WVAD 为买卖交易的依据，一旦其他指标已领先出现买卖信号时，对于投资者的心理而言，很难坚持到 WVAD 信号的出现，只要有一次无法克服障碍忍耐到底，则依据 WVAD 指标交易的模式很可能因为个人主观情绪的影响，导致全盘投资计划挫败。

3. OBV + WVAD + VOL + MA 指标组合的优点

这组指标主要是运用能量与市场趋势的关系来判断行情的涨跌变化。VOL 是股价涨跌趋势的先行指标，能够反映市场的供需状况，买卖气势强弱，以及投资者对未来股价变动的看法是否具有一致性。MA 是借助一定时期股票收盘价的移动走势，反映真实的股价变动趋势和一段时间内股价的平均市场成本。

主要操作方法是：当 OBV 指标发出买卖信号时，是否得到 WVAD 指标（该指标本是一个长期指标，但与其他技术指标组合起来使用，偶尔做一次短线操作，也是一种变通的方法）的支持配合。如果相互一致，再看看成交量是维持原来水平，还是呈放大态势。如果成交量维持在原来的低水平，则有假多头或假空头的嫌疑；如果价升量增或价跌量增，则产生有效的持续上升或下跌走势，此时如果均线系统也是相应的多头或空头排列，那么行情持续的概率相当大，可大胆做出买卖决策。根据多年的跟踪观察和实盘检验，该指标组合既可以判断底部，又可以预测顶部，运用于中短线操作具有意想不到的效果。

三、见底信号组合

1. 图形特征

（1）OBV 指标在底部长期（1 个月以上）窄幅波动，几乎呈直线或锯齿状走势。通常曲线越直，时间越长，后市力度越大，涨幅越高。突然有一天 OBV 线拔地而起，干净利索地突破直线或锯齿状走势中的任一高点，且力度很大（角度大于 45 度，小于 75 度），为买入信号。

（2）WVAD 指标长期（1 个月以上）在 0 轴上下窄幅波动，几乎呈直线或锯齿状走势，一般波动于 -100 ～ +100 之间，距离 0 轴越近，曲线越直，时间越长，后市力度越大，涨幅越高。突然有一天 WVAD 线脱离 0 轴线向上抬头，干净利索地突破直线或锯齿状走势中的任一高点，且力度很大（角度在 45 度以上，75 度以下），为买入信号。

（3）在成交量上，当日成交量大于前一日成交量或 5 日成交均量的 80% 以上，5 日成交均量大于或接近于 10 日成交均量，表明场外资金介入明显。

（4）在均线系统中，5 日均线金叉 10 日均线（或者 5 日均线即将金叉 10 日均线，或者 5 日均线已在 10 日均线之上运行），10 日均线上行，30 日均线走平或者已经上移，呈现多头排列。

2. 市场意义

这组信号的最大优点是发现大行情，捕捉大黑马，最适合挖掘长期横盘、底部构筑扎实的个股。这种走势大多数蓄势已久，爆发力很强，上升空间往往令人不敢想象。经验证明，运用这组信号进行买卖，在很短时间内（1 ～ 3 个月内）就能翻倍，假如波段操作，收益更丰厚。盯住几只这样的股票来回做波段，收益也不错，一年下来做几只这样的股票就可以了。需要指出的是，不追求每只股票都能有翻倍收益，只追求庄家拉升时立即跟进，在很短的时间内即可获得最大的收益。

3. 实战案例

如图 2-20 所示，美锦能源（000723）日 K 线走势图。该股庄家在低位成功完成建仓计划后，2019 年 1 月 14 日，股价放量向上拉起，成功脱离底部区域，走出一波中期上涨行情。

从该股技术指标组合分析，OBV 指标长时间在一个区间徘徊，指标曲线窄幅波动，起伏不大，呈锯齿状走势。但持续一段时间后，1 月 4 日，指标曲线向上拉起，突破整理区域的所有高点。

同期 WVAD 指标在 0 轴下方窄幅波动了 1 个多月，呈锯齿状走势。很快，WVAD 线向上跃起，穿过 0 轴线向上抬头，突破盘整区间的任一高点，且力度很大，角度在 45 度以上，为买入信号。

此时，成交量持续大幅放大，均线系统多头排列，强势特征非常明显。结合

OBV、WVAD 指标，该股中期上涨趋势确立，投资者在回调时可以大胆做多。之后，股价强势振荡上升，最后出现加速上涨，不到 4 个月时间，股价涨幅超过 5 倍。

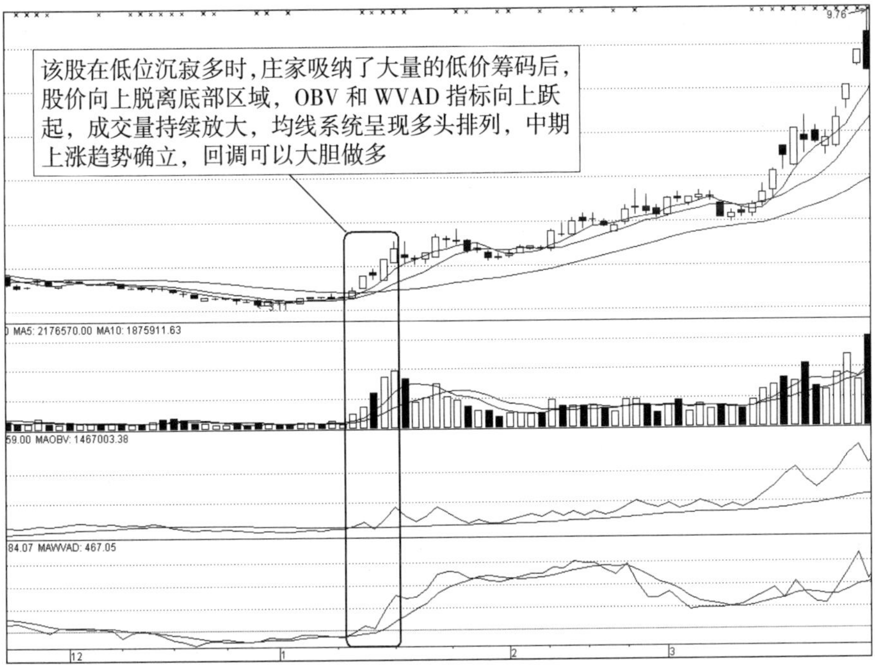

图 2-20　美锦能源（000723）日 K 线图

四、背离信号组合

1. 图形特征

（1）OBV 指标从高处下降到某个点位后，进入一个均衡区，出现横盘锯齿状走势。此时如果股价还在继续下降，OBV 线却没有随之创出新低，则形成底背离走势，表明庄家在刻意打压股价吸货，即出少进多。当 OBV 线慢慢上移并形成一个向上的小型“N”形波时，为买入点。

（2）WVAD 指标随着股价下跌而下降，当达到一定的位置后企稳，甚至出现上升走势，而此时股价仍然继续逐波下跌，不见企稳迹象，两者呈底背离走势，预示股价下跌空间不大，应配合其他指标寻找合适的介入点。

（3）成交量温和放大，或者出现价升量增和价跌量减的现象，盘中交投气氛开始活跃，5 日均量大于或等于 10 日均量，表明盘面趋向活跃，且有新多资金入场。

（4）在均线系统中，5 日均线金叉 10 日均线（即将或已经金叉），10 日均线上行，30 日均线上升或走平，为买入点。或者，均线系统呈横向黏合走势一段时间后，突然出现向上突破时，为买入点。

2. 市场意义

这组信号表明股价下跌已到尽头，或者说已跌无可跌了，见底信号一目了然。如果继续下跌，实属庄家故意打压制造空头陷阱。遇到这组信号时，应逢低介入，一般能买在行情启动前的“地板价”上。行情启动时，总是在不知不觉中慢慢上移，或出现再次快速探底，投资者介入后还需有几分耐性。

3. 实战案例

如图 2-21 所示，金枫酒业（600616）日 K 线走势图。该股由于庄家刻意打压，股价逐波下跌，着实让投资者难以接受。2019 年 1 月 31 日，股价跳空放量下跌，让投资者深感恐慌。那么，此时的技术指标怎么样呢？是否能给投资者一丝希望？

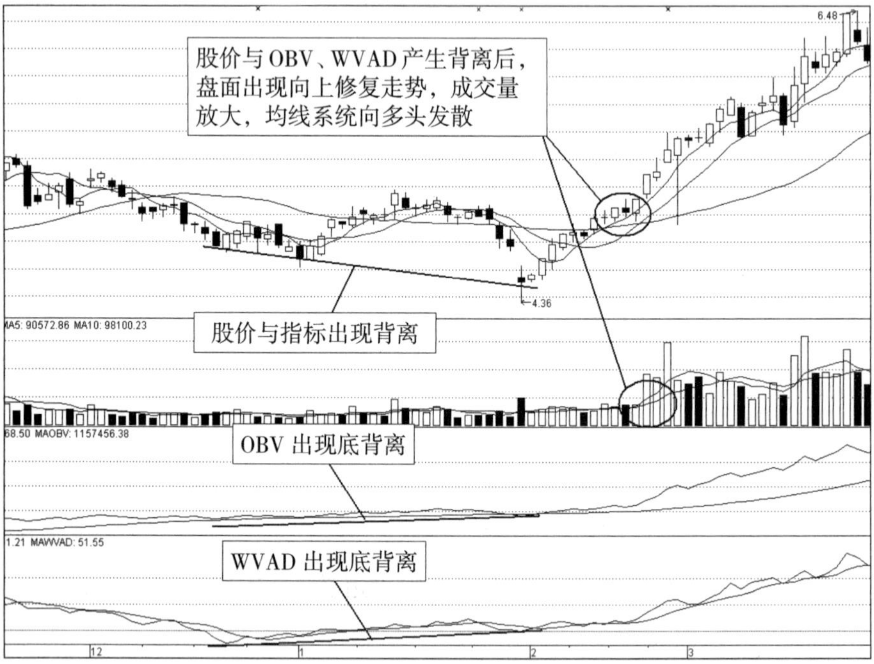

图 2-21 金枫酒业（600616）日 K 线图

OBV 线出现向上倾斜走势，没有随着股价的下跌而创新低，与股价形成底背离走势。WVAD 指标形成一个显著的低点后，也没有随着股价的下跌继续创出新低点，反而不断向上运行，形成明显的底背离走势。

出现背离走势后，股价渐渐向上修复。成交量出现“地量”水平后，开始温和放大，量价配合理想。在均线系统中，5 日均线向上金叉 10 日均线后，再次向上金叉 30 日均线，随后 10 日均线向上金叉 30 日均线，此时 30 日均线渐渐走平后上行，均线系统逐步向好。

综合上述指标组合群分析，该股具备短中期买入条件，投资者应逢低介入做多。其后，股价出现振荡上涨行情，验证了指标组合分析的判断结果。

五、见顶信号组合

1. 图形特征

（1）OBV 指标呈锯齿状走势，突然在某几天时间里出现急速上升，角度大于 75 度，股价出现暴涨。尤其是当 OBV 指标急速上升之后，不能继续向上创出新的“N”形波，出现回落或呈锯齿状走势，说明股价已经欲涨无力，行情可能出现短期顶部。或者，在持续呈小型“N”形波上升的行情中，突然在某个时间段里 OBV 线出现急速上升，角度大于 75 度，这可能是行情最后的疯狂期，预示股价即将见顶，应及时卖出。

（2）WVAD 指标绝大多数时间围绕 0 轴上下波动，即在常态波动之中，突然某几天时间里 WVAD 指标急剧上升，力度很大（角度超过 75 度），其后无力继续上升，出现回落或呈锯齿状走势，说明股价已经欲涨无力，行情可能出现短期顶部。或者，向上盘升的 WVAD 线突然在某个时间段里出现急速上升，角度大于 75 度，这可能是行情最后的疯狂期，预示股价即将见顶，应及时卖出。

（3）当日（或近几日）成交量急剧放大，超过 5 日均量的一倍甚至几倍，达到近期天量水平，预示多头能量过度释放，多方大伤元气，有修心养神的要求，因此股价容易出现回落，应卖出观望。

（4）股价迅速上升，远离 30 日均线，正乖离率迅速加大，意味着股价上涨过快，涨幅过大，行情演化为极端走势。根据葛氏移动平均线应用法则，股价有回归移动平均线的要求，以修复技术指标，投资者可以逢高了结。

2. 市场意义

这组信号由多种因素形成，最突出的是庄家试拉升，或是行情到了最后的疯狂期，或受利好消息影响出现暴涨，但无论缘于何因，这种走势不会长时间持续，短期股价见顶概率较大，且股价回落较快较深。投资者遇到这组信号时，应坚决果断卖出（待符合买入条件时，重新再进），切勿拖泥带水。这组信号判断顶部的准确率可达 90% 以上，但预测底部安全性相对差一些。

3. 实战案例

如图2-22所示，苏美达(600710)日K线走势图。该股股价见底后渐渐向上走高，2019年4月11日开始，股价出现快速拉高，成交量大幅放大，连拉4个涨停板后，股价快速回落，呈倒V形反转下跌。

从该股技术指标组合分析，随着股价的快速上涨，OBV线急剧上升，角度大于75度。由于后续能量无法维持，OBV线迅速回落，构成卖出信号。同期WVAD指标也出现同样的走势，原来在0轴附近波动的WVAD线，突然出现快速上升，角度大于75度，之后快速回落，显示股价有回档要求。成交量急剧放大，超过5日均量一倍以上，属于异常放量现象。股价快速远离30日均线，正乖离率迅速加大，且有回归0值的要求，卖出信号得到进一步的确认。

根据上述四大指标组合分析，该股卖出信号成立，投资者应逢高果断离场，此后该股出现持续阴跌走势。OBV、WVAD、VOL、MA四大指标组合群能及时地提醒投资者回避市场风险，因此具有较高的实用性。

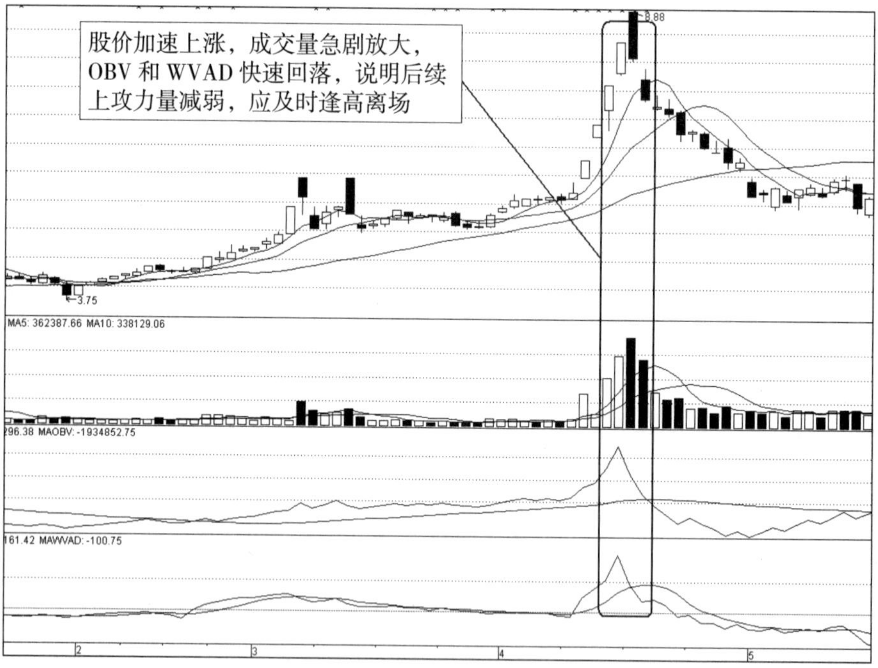

图2-22　苏美达(600710)日K线图

第三章 /
长线技术指标实战经典组合

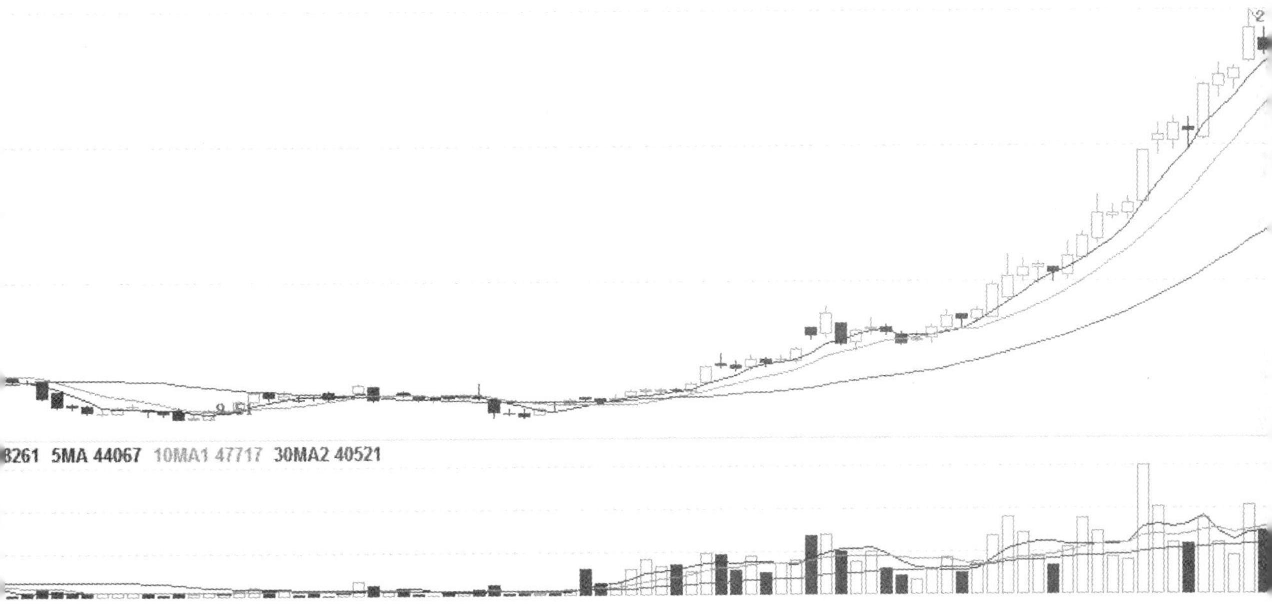

在实盘操作中，有人仅仅以基本面分析来选择长线投资品种，对技术指标不予理会，如果有足够的耐心捂住股票，并正巧逢低介入，逢高派发，应该是可以获得丰厚利润的。假设投资者有可能选到好股票并有持股耐性，但不巧的是没有在适当的价位进出，或者在长期持股过程中，被庄家的震仓行为吓到而退出，可能就无法获得丰厚利润或者根本无法获利，甚至“长线投资者”变成长期套牢者，这不能不说是投资者的一大悲哀。

无论是短、中、长线投资，市场上对于介入或退出一只股票的时机是非常有讲究的，即便是长线投资，仍需要借助技术分析手段把握买卖点，以争取获得尽量多的投资回报。长线技术指标组合对投资者的实盘操作有很大的帮助，即使完全排斥短线、中线应用技巧，也会有意想不到的收获。

第一节　MACD＋DMA＋TRIX 实战经典组合

一、DMA 指标简介

1. DMA 指标的特性

平行线差（DMA）指标是利用两条不同周期的平均线差值变化，来判断当前买卖能量的大小和未来价格趋势，为投资者提供中线买卖时机，指标特性与 MACD 的特性大同小异。

DMA 指标是由 DMA 线和它的移动平均线 AMA 线组成，存在正数和负数的区别。一般情况下，正数表示多头市场，负数表示空头市场。在使用 DMA 指标的时候，需要考虑市场的多头或空头方向。DMA 指标有交叉、背离、形态和位置等分析功能。

DMA 指标有缠绕的现象，也就是 DMA 线和 AMA 线呈现上下缠绕的姿态，这也表示目前市场正处于振荡整理局面，此时 DMA 指标的方向指引性较弱。

DMA 指标存在 0 轴点应用规则，也就是当数值越过 0 轴之后，不管其方向是正还是负，都会延续一个趋势，这很容易在多头和空头转势的时候呈现出来。

2. DMA 指标应用法则

（1）DMA 线向上交叉 AMA 线，买进；DMA 线向下交叉 AMA 线，卖出。

（2）当 DMA 和 AMA 均大于 0 并向上移动时，为买入信号；当 DMA 和

AMA均小于0并向下移动时，为卖出信号。

（3）当DMA和AMA均小于0时，经过一段时间的下跌后，如果两者同时从低位向上移动，为买进信号；当DMA和AMA均小于0时，经过一段时间的上涨后，如果两者同时从高位向下移动时，为卖出信号。

（4）DMA指标与股价产生背离时的交叉信号，可信度较高。

（5）DMA指标亦适于结合形态理论进行分析，如W底、M头等。DMA指标的顶部反转形态对行情判断的准确性要高于底部反转形态。

（6）DMA、MACD、TRIX三者构成一组指标群，互相验证，效果更好。

3. MACD + DMA + TRIX指标组合的优点

将MACD、DMA、TRIX这三大指标组合在一起使用，实盘应用效果非常突出。因为MACD指标有短期均线和长期均线之间产生聚合与分离的征兆功能，它可以提供清楚的短期或中期趋势信号的形成或完结。

TRIX指标又是一个超长周期的指标，长线操作时采用本指标，可以过滤掉一些短期波动的干扰，避免交易次数过于频繁，造成无利润的交易损失。

将这三大指标组合在一起综合应用，在实盘操作中效果很好，既可以判断底部，又可以预测顶部，应用于中长线行情中效果较好，短线可以波段操作。

二、底部信号组合

1. 图形特征

（1）股价经过一轮下跌或调整后，MACD指标由下行转为上行，DIF线向上金叉MACD线，MACD线随之上扬。或者，DIF线和MACD线分别向上穿越0轴，并继续多头上行。BAR指标绿柱消失，红柱出现并逐日增长，表明下跌行情已经结束，市场将由弱势转为强势，可逢低介入。

（2）原来下行的DMA指标转为向上，DMA线向上金叉其平均线，其平均线随之向上，表明中期底部已现，是中线转强信号，可在股价回调时介入。

（3）经过一轮或几轮下行后，在低位，TRIX指标的下行速率开始放缓，并出现走平或向上迹象，为中长线走强的潜在信号。如果TRIX指标出现金叉向上，则为中长线走强的确定信号，可在回调时介入。

2. 市场意义

这组信号表明股价经过中长期的调整后，已经成功探明底部，构筑了扎实的底部根基，或者庄家建仓基本结束，即将展开一轮中级以上的行情，投资者应在回调时积极介入做多。这组信号判底测顶均可，应用于中长线行情中效果较好，短线可以波段操作。中长线介入后，要以长远的投资利益看待问题，坚定投资信心，不要受中途波动所影响，这样才能获得最大利益。

具体操作方法：当发现个股 DMA 和 WVAD 指标走强或已经走强后，根据 MACD 指标寻找最佳买点。或者采用相反方法，先用 MACD 指标选择买点，然后寻找 DMA 和 WVAD 指标的支持。无论采用哪种方法，三大指标产生技术共振，就是理想的中长线投资品种，可以等待回调低点介入，这类个股一般会有多次入场机会。

3. 实战案例

如图 3-1 所示，华铁科技（603300）日 K 线走势图。该股经过长时间的回落调整后，股价累计跌幅较大，空头能量得到充分释放。2019 年 2 月 1 日开始，股价企稳回升，走出一轮中期上涨行情。

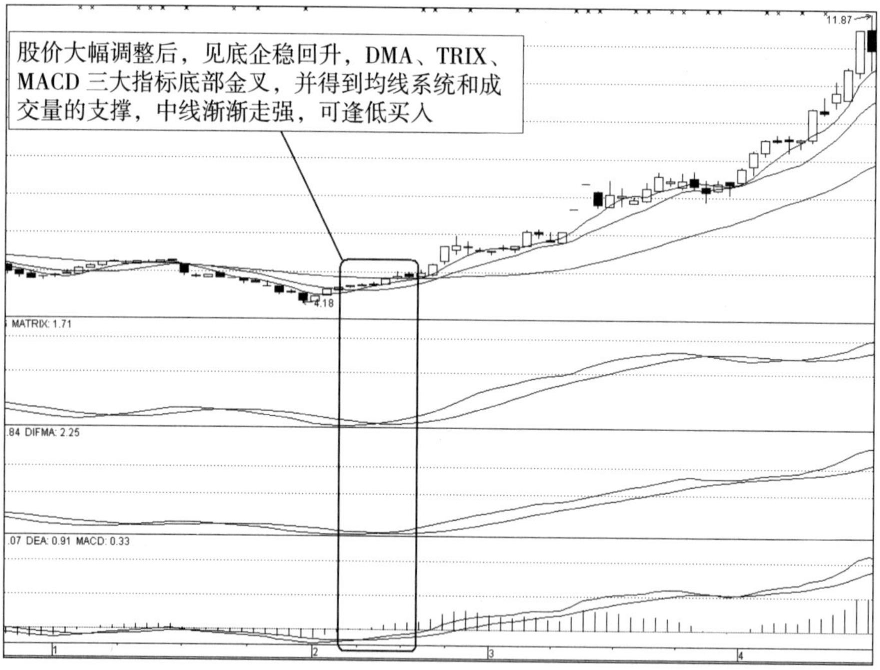

图 3-1　华铁科技（603300）日 K 线图

MACD 指标在下方远离 0 轴，DIF 线向上金叉 MACD 线，MACD 线随之上行。BAR 指标绿柱消失，红柱出现并逐日增长。随后 MACD 指标上穿 0 轴，表明市场中期趋势已经转强，为买入信号。

DMA 指标在底部形成金叉，其平均线随之上行，意味着行情有中长线走强的潜力，可以逢低介入。同期 TRIX 指标向上金叉 TRIXMA 线，随后 TRIXMA 线上移，中长期走强得以确认，可以逢低中线买入。

根据 MACD、DMA、TRIX 三大指标组合分析判定，该股中长期走强已经得到确认，同时得到均线系统和成交量的支持，是中长线投资的较好品种。此时投资者不必过于心急，可等待股价回调时找低点介入，一般中长线个股都会给投资者多次介入的机会。其后，该股出现振荡涨升走势，行情持续 2 个多月，累计涨幅超过 150%。

三、持续信号组合

1. 图形特征

（1）MACD 指标在 0 轴附近出现“空中加油”“小鸭戏水”图形，或 DIF 线与 MACD 线黏合后向上发散，表明行情洗盘结束或继续维持强势运行，如果此时股价涨幅不大，可以介入做多。

（2）DMA 指标在底部金叉后，DMA 线位于其平均线之上，两条指标线几乎呈“平行”状态上行，或 DMA 线死叉后又快速金叉其平均线，并继续上行，表明行情走势十分强劲，如果此时股价涨幅不大，股价回调时应及时介入。

（3）TRIX 指标在底部出现与 DMA 指标相似的走势，表明一轮中级以上行情仍将继续展开，股价回调时找低点介入。

2. 市场意义

这组信号表明股价长期下跌或调整走势已经结束，中期上涨趋势已经形成，庄家将发力向上推升股价，股价将继续保持上升态势，底部逐渐抬高。当出现这组信号时，投资者应逢低大胆介入。如果股价已有一定的涨幅，应在回调时介入，等待下一波行情。根据多年的操作经验，这组信号判底测顶均可，在中长线应用中具有较好的效果，短线可以波段操作。

3. 实战案例

如图 3-2 所示，中信建设（601066）日 K 线走势图。该股股价见底企稳后，庄家采用边拉升、边洗盘的手法，稳步向上推高股价，盘面看起来走势软弱无力，实则稳健坚挺。2019 年 2 月开始，股价出现大幅拉升行情。

从该股技术指标组合分析，MACD 指标处于 0 轴上方不远的位置，DIF 线与

MACD 线呈黏合状态，然后 DIF 线和 MACD 线向上发散，显示市场有加速之势，为转强信号。此时，同期的 DMI 与 TRIX 两大指标出现相似的走势，两条指标线死叉后又快速形成金叉，并向多头发展，走势十分坚挺，强势特征进一步显现。根据此指标组合分析，可以继续持股或加仓买入，之后股价加速上涨。

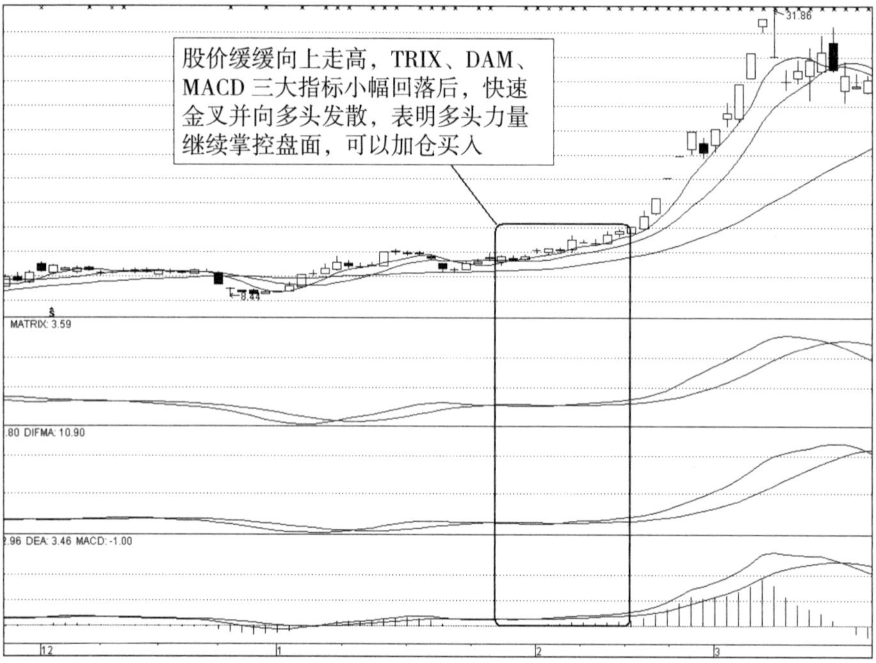

图 3-2　中信建设（601066）日 K 线图

如图 3-3 所示，紫鑫药业（002118）日 K 线走势图。该股经过一轮小幅上涨后，庄家为了日后推动股价稳步上扬，便进行大幅洗盘震仓，其操作手法独特，多项指标随着股价回落而下降。当达到洗盘目的后，2019 年 3 月 20 日，股价重拾升势，庄家发动一波新的上攻行情。

从该股技术指标组合分析，MACD 指标金叉向上后，基本呈现向上的运行状态，走势十分稳健，股价并没有出现见顶信号。另外，DIF 线与 MACD 线小幅回落后又快速向上发散，形成“小鸭戏水”图形，说明洗盘整理结束。

DMI 指标向上金叉其平均线后，两条指标线呈平行状上行，走势十分坚挺，意味着市场继续演绎多头行情。同期 TRIX 指标死叉后又快速形成金叉，表明强势行情没有改变，显示洗盘整理结束，此时可以继续介入。根据指标组合分析，该股强势依旧，涨势完好，且均线系统继续多头发散，量价配合理想，可以持股待涨。

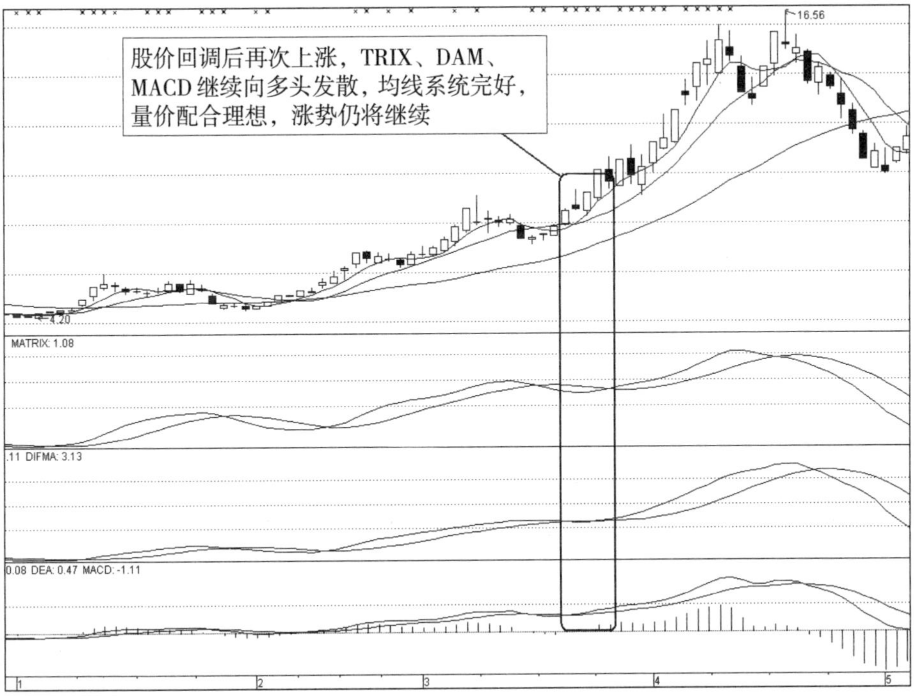

图 3-3　紫鑫药业（002118）日 K 线图

第二节　LONG + MACD + TRIX 实战经典组合

一、LONG 指标简介

1. LONG 指标的特性

通过长线持有股票而获得更大收益，是一部分投资者坚持的投资方式，长线持有既可以免去经常短线操作的浮躁心理，也能取得最大利润。但事实上，投资者很难较为准确地预测价格走势，并寻找到合适的股票。可以用一些趋势指标如平滑异同移动平均线（MACD）等来判断，但效果可能并不理想，在这方面钱龙长线指标有它的特长。

LONG 是钱龙长线技术指标，由上海钱龙高科技公司自行研制。它是一种加权的量价指标，其作用在于测量近期资金动向，属于中长线趋势类指标。

钱龙长线指标表现形式类似于 MACD 和 TRIX 等趋势型指标，但更加强调一种趋势的概念。该指标是由白色指标线和黄色均线构成，用红、绿色柱状线表示强弱趋势，并力图找到一种趋势以及中长线的买入卖出点，在实践中显示出更胜一筹的应用效果。

LONG 指标的最大优点就是过滤虚假信号。比如，在一个持续的下跌趋势中，LONG 指标对一些细小的反弹根本不会发出买入信号，其他指标可能会发出一些买入信号，而买入很容易造成一定的损失，LONG 指标恰好弥补了这一缺点。

该指标的柱状线与 MACD 指标柱状线有所区别：LONG 指标以 LONG 线交叉 0 轴时作为红、绿柱的交替点，它与 LONMA 的交叉无关；MACD 指标是以 DIF 线与 MACD 线交叉时，作为红绿柱的交替点，它与 0 轴无关。这一点应注意加以区别。

2. LONG 指标应用法则

（1）当指标曲线向上交叉其平均线时，视为长线买进信号。

（2）当指标曲线向下交叉其平均线时，视为长线卖出信号。

3. LONG 指标应用技巧

（1）买入点判断：在 0 轴下方，指标（白线）向上交叉均线时开始关注该股，当指标穿过 0 轴、绿色柱状线翻红时，方可作为中长线的介入点。

（2）卖出点判断：在 0 轴上方，一旦指标（白线）向下交叉均线形成死叉，就应该立即卖出。

（3）使用钱龙长线指标时，可搭配 MACD、TIRX 等指标一同使用，以进一步提高准确性。

3. LONG + MACD + TRIX 指标组合的优点

将LONG、MACD、TRIX这三大指标组合在一起使用，中长线操作效果比较理想。LONG 是一个中长线技术指标，信号稳定性好；MACD 指标利用短期均线和长期均线之间的聚合与分离的征兆功能，来研判股市的未来变化趋势；TRIX 是一个超长周期指标，长线操作时，采用本指标可以过滤掉一些短期波动的干扰，避免交易次数过于频繁，造成无利润的交易损失。

一个成功的投资者，应当是短线、中线、长线投资皆宜的多面手。LONG、MACD、TIRX 三大指标组合群是中长线操作应用最广泛、最实用的分析工具，其最大优点是可以捕捉大黑马、大牛股。其实盘技巧为：相互印证，产生技术共振，即可作出买卖决策，判底测顶均可，短线可以波段操作。

二、底部信号组合

1. 图形特征

（1）LONG 指标在 0 轴下方下行速度趋缓，绿柱逐日缩短，或者 LONG 线向上金叉 LONMA 线，随后 LONMA 线上翘或走平。LONG 指标继续向上穿过 0 轴，绿柱消失，红柱逐日增长，形成一片红色的柱状线，犹如红日高照，表明中长期走强。

（2）股价经过一轮下跌或调整后，在低位 MACD 指标由下行转为上行，DIF 线向上金叉 MACD 线，并继续上行穿过 0 轴。BAR 指标绿柱消失，红柱出现并逐日增长，表明下跌行情已经结束，市场将由弱势转为强势，应逢低介入。

（3）股价经过一轮下跌或调整后，在低位 TRIX 指标的下行速率开始放缓，继而出现走平迹象，为中长线走强的潜在信号。如果 TRIX 指标出现金叉向上，TRIXMA 线转走平为上行，则为中长期走强的确定信号，在股价回调时可逢低买入。

2. 市场意义

市场经过一段时间的低迷时期后，又到了庄家逢低吸纳的价位，做多资金悄悄流进市场，股价出现企稳回升，行情迎来一轮新的曙光。这就是常说的“久涨必跌，久跌必涨”。把握涨跌规律，获取股价利润，是投资者梦寐以求的事情。投资者遇到这组信号时，以中长线介入做多为主。这组信号判断底部、预测顶部均可，在中长线应用中具有较好的效果，短线波段操作收益更丰。

3. 实战案例

如图 3-4 所示，全柴动力（600218）日 K 线走势图。该股经过长时间的下跌调整后，股价进入筑底阶段。2019 年 1 月，股价再次回落到前期低点附近时，得到技术支撑而出现回升走势，日 K 线图构筑双重底形态，此后股价出现中级上涨行情。

从该股技术指标组合分析，在股价企稳回升过程中，1 月 9 日 LONG 线金叉 LONMA 线后，继续上行穿过 0 轴，第三天 LONG 指标柱状线翻红，LONMA 线继续上行，为中长线转强信号。此后图形上出现一片红色柱状线，可谓“红日高照”，一片艳阳天。同期 TRIX 指标下降速度趋缓，在底部转向走平，同一天，TRIX 线与 TRIXMA 线构成金叉，TRIXMA 线随之上行，表明中级以上大底出现。此时，MACD 指标的 DIF 线也在 0 轴下方向上金叉 MACD 线，之后两线继续上行穿过 0 轴，为中线市场转强信号。

根据 LONG、MACD、TRIX 三大指标组合群分析判断，该股大底部出现，做多条件成熟，买入信号可靠，投资者应趁回调之机逢低介入，坚定做多。之后，该股逐波上涨，不到 4 个月时间，股价上涨超过 350%。

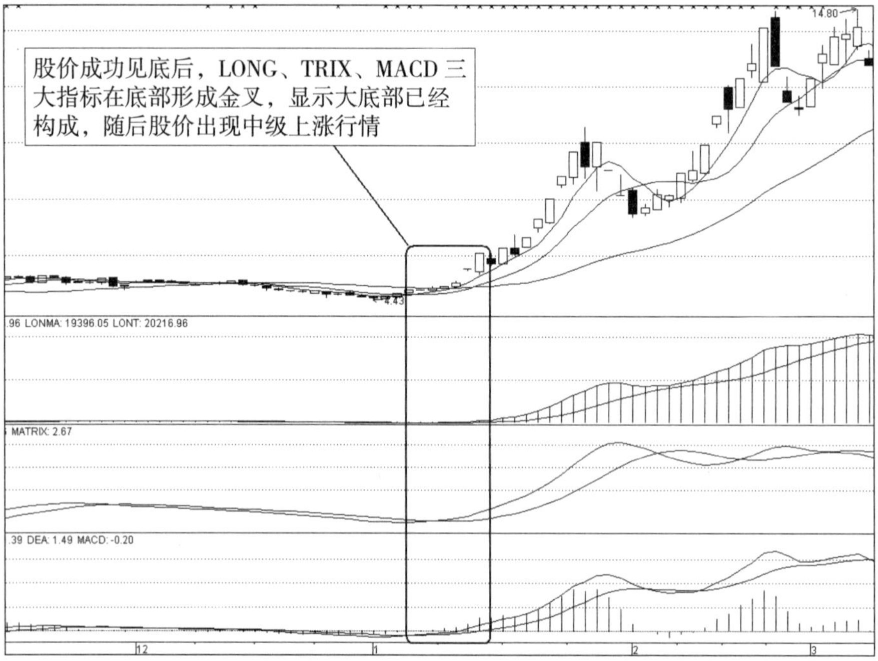

图 3-4　全柴动力（600218）日 K 线图

三、见顶信号组合

1. 图形特征

（1）股价经过一轮升势行情后，庄家在高位不断派发筹码。LONG 指标上升趋势放缓，进而在高位开始向下掉头，LONG 线死叉 LONMA 线后，回至 0 轴以下，LONMA 线也向下运行。红色柱状线渐渐收短直至消失，宛如日落西山，表明中长线势道已经趋弱，逢高抛售为宜。

（2）MACD 指标在上方远离 0 轴，DIF 线在高位趋向平走，继而向下掉头与 MACD 线形成死叉，或者 DIF 线与 MACD 线在高位黏合后向下发散，两条指标线继续向下击穿 0 轴。BAR 指标绿柱逐日加长，犹如绿柳枝条垂挂而下，表明中线势道趋弱，以卖出为主。

（3）TRIX 指标上升速度趋缓，两条平行线失衡后收紧，进而 TRIX 线走平后死叉 TRIXMA 线，随后 TRIXMA 线走平后掉头向下运行，表明中长线下跌或调整开始，应及时卖出。

2. 市场意义

这种组合信号大多为庄家出货所致，是典型的中期头部形态特征。当股价被市场充分挖掘和炒作，或庄家完成了拉升阶段，股价已到了庄家既定的目标价位，庄家在高位基本派发了筹码，盈利得到兑现，期间庄家派发手法多变，投资者不碰为好，免得掉进庄家设下的陷阱。这组信号表明牛市行情基本结束，中级以上下跌或调整行情开始，为中线离场信号，短线应控制好仓位，等待大幅回落后适当搏一下反弹行情。

3. 实战案例

如图 3-5 所示，格尔软件（603232）日 K 线走势图。该股从 2019 年 2 月开始出现大幅上涨，庄家获得丰厚的账面利润，需要在高位兑现获利筹码，实现“胜利大逃亡”。所以，盘面出现振荡走势，股价上升乏力。由于后续能量不继，4 月 15 日股价冲高回落，进入下跌调整。

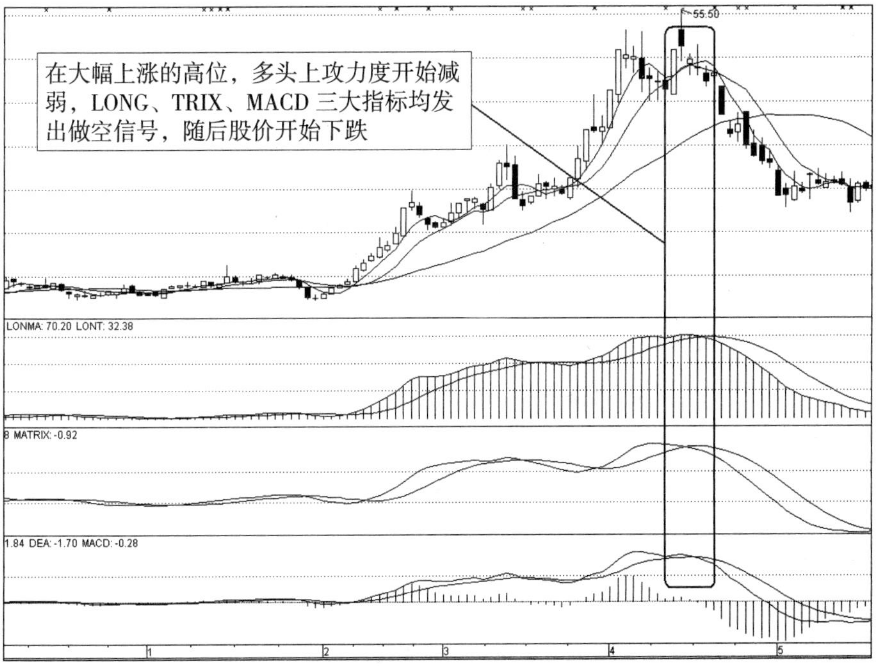

图 3-5　格尔软件（603232）日 K 线图

从该股技术指标组合分析，LONG 线在高位出现走平，红色柱状线开始缩短，随后 LONG 线死叉 LONMA 线，之后 LONMA 线也向下滑落，表明一轮强势市场开始走弱。

MACD 指标在上方远离 0 轴，高位 DIF 线与 MACD 线黏合一段时间后，DIF

线脱离 MACD 线向下发散，出现明显的快速下滑走势。BAR 指标绿柱迅速拉长，之后形态更趋恶劣，弱市特征显现。

同期 TRIX 指标上升速度趋缓，TRIX 线走平后死叉 TRIXMA 线，TRIXMA 线尾随而下，显示该股中长线已经走弱。

根据技术指标组合分析，可以做出这样的操作结论和决策：中长线调整开始，逢高或趁反弹之机离场。之后，该股走势证实了分析结果的正确性，可见 LONG、MACD、TRIX 指标组合群，为投资者提供了准确的出逃时机。

第三节　BBI＋EXPMA＋DMA＋MA 实战经典组合

一、BBI 指标简介

1. BBI 指标的特性

多空指标（BBI）是一种将不同日数移动平均线加权平均之后的综合指标，属于均线型指标，一般选用 3 日、6 日、12 日、24 日等 4 条平均线。使用移动平均线时，投资者往往对参数值选择有不同的偏好，而多空指标恰好解决了中短期均线周期长短合理性的问题。很明显，在 BBI 指标中，近期数据较多，远期数据利用次数较少，因而是一种变相的加权计算。由于多空指标是一条混合平均线，所以既有短期均线的灵敏性，又有明显的中期趋势特征，适合于稳健的投资者。

BBI 指标可以综合不同时间段的移动平均线的具体数值，然后进行比较平均的计算，之后会得到一个更加具体和客观的数值，而不是单个移动平均线的分析结论，所以使用 BBI 指标来预判市场多空是非常实用的，特别是对长线操作的投资者来说，能更好地帮助其分析股价趋势。

最重要的一点是，BBI 指标的使用特别简单，其买卖信号与移动平均线的买卖信号相同，可以参照均线的买卖信号评估买卖时机，对于很多新手投资者来说是个不错的选择。BBI 指标只有一条线，如果股价是在这条线的上方，表示股市正处于多头趋势，相反，股价处于下方，就表示股市是处于空头趋势。使用 BBI 指标可以轻松地判断股市的多空趋势，在分析周 K 线时，使用 BBI 指标的话，会有更好的效果。

2. BBI 指标应用法则

（1）股价位于 BBI 指标上方，视为多头市场；股价位于 BBI 指标下方，视为空头市场。

（2）下跌行情中，若当日收盘价跌破 BBI 曲线，表示多转空，为卖出信号；上涨行情中，若当日收盘价升越 BBI 曲线，表示空转多，为买入信号。

（3）上升回档时，BBI 指标为支持线，可以发挥支撑作用；下跌反弹时，BBI 指标为压力线，可以发挥阻力作用。

3. BBI + EXPMA + DMA + MA 指标组合的优点

使用 BBI、EXPMA、DMA、MA 四大指标组合分析股价走势有很多优点。BBI 指标可以清晰地显示多空趋势。EXPMA 指标的主要功能是为了修正 MA 指标较股价滞后的缺点，能够随股价的波动作出快速反应。DMA 指标是利用两条不同周期均线的差值变化，来研判股市的未来走势。MA 指标是借助一定时期股票收盘价的移动走势，反映真实的股价变动趋势和一段时间内股价的平均市场成本。

股市有一定的理，没有一定的法。也就是说，股市的运行有一定的规律，但没有一个固定不变的用法。这就要求投资者在实践中不断地总结积累经验，形成一套属于自己的独特的操作思维和方法，这样才能在瞬息万变的股市中立于不败之地。

根据实盘经验，将 BBI、EXPMA、DMA、MA 这四大指标组合成一组指标群，具有意想不到效果。具体操作方法是：用 BBI 指标确定市场性质，即当前是空头市场还是多头市场，然后用 EXPMA 指标确认市场强弱程度及行情性质（即趋势行情是盘整还箱体行情），再用 DMA 指标确认中期走势，最后根据移动平均线选择合适的介入时机。

二、多空信号组合

1. 图形特征

（1）股价在 BBI 指标曲线之下运行一段时间后，某日股价放量向上突破并有效站稳于 BBI 线之上，BBI 线随之向上移动，表明行情由空头市场趋向多头市场，并形成上升趋势，为介入做多信号。

（2）在底部区域，某日股价向上突破 EXPMA 指标，并站稳于指标曲线之上，进而短期 EXPMA 线转下行为上行，并继续向上金叉长期 EXPMA 线，随后长期 EXPMA 线走平或上移，表明行情由空方市场转为多方市场，市场已经形成上升趋势，为买入做多信号。

（3）DMA 指标经过一轮下行后，随着股价的企稳反弹，DMA 指标曲线由下行变为上行，DMA 线向上金叉其平均线，随后其平均线走平或上移，表明市场中期走强，可以考虑介入做多。

（4）股价站于均线系统之上，5 日均线向上金叉（已经金叉或即将金叉）10 日均线，随后 10 日均线上行，30 日均线转下行为走平或上行，均线系统呈多头排列。

2. 市场意义

这组信号多为庄家整理洗盘或吸货所致，表明盘内浮动筹码基本洗清出局，股价调整基本到位，底部基础稳固扎实，意味着当前调整行情宣告结束，后市即将展开一轮上涨行情。持币者可分批跟进，持筹者应持股待涨。这组信号判断底部、预测顶部均可，中长线操作效果较佳，短线可以波段操作。

3. 实战案例

如图 3-6A、图 3-6B、图 3-6C 所示，格尔软件（603232）日 K 线走势图。该股长时间处于盘跌走势，庄家在盘跌过程中吸纳了大量的低价筹码，成功构筑了扎实的底部形态。从 2019 年 2 月开始，股价渐渐走强，产生一轮中级上涨行情。从该股技术指标组合分析，买入信号非常清晰。

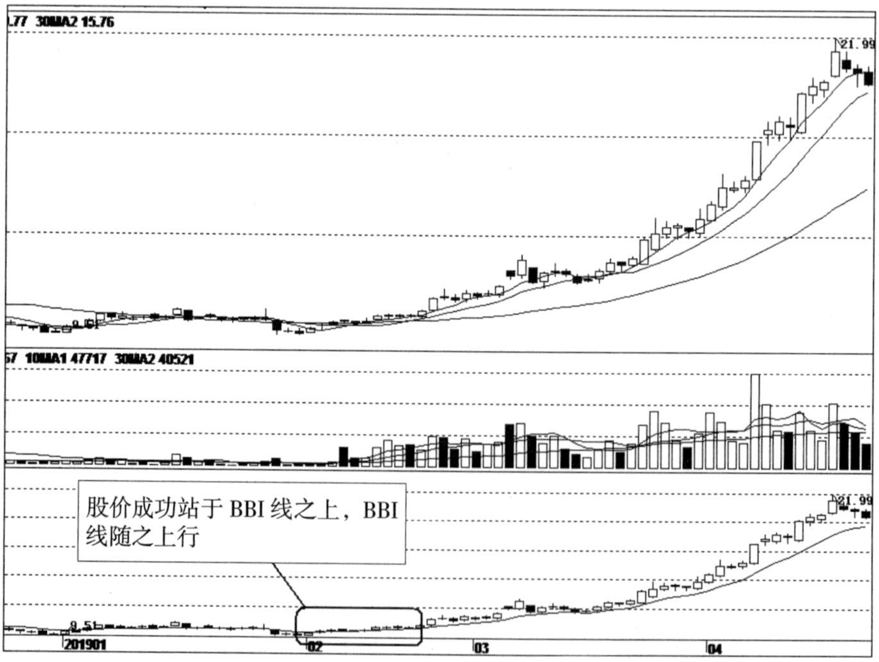

图 3-6A 格尔软件（603232）BBI 指标走势图

（1）股价围绕 BBI 线运行一段时间后，开始向上穿越 BBI 线，BBI 线出现弧形上行，意味着行情脱离弱势市道，逐步转向多头市场，可考虑逢低买入（图 3-6A，由于软件将该指标部署在主图里，与 K 线图重合，所以采用分图，下同）。

（2）同时，股价向上穿越 EXPMA 指标，短期 EXPMA 线上行并与长期 EXPMA 线在底部构成金叉，随后长期 EXPMA 线向上移动，此时股价成功站于 EXPMA 线之上，表明股价已经成功摆脱弱势调整走势（图 3-6B）。

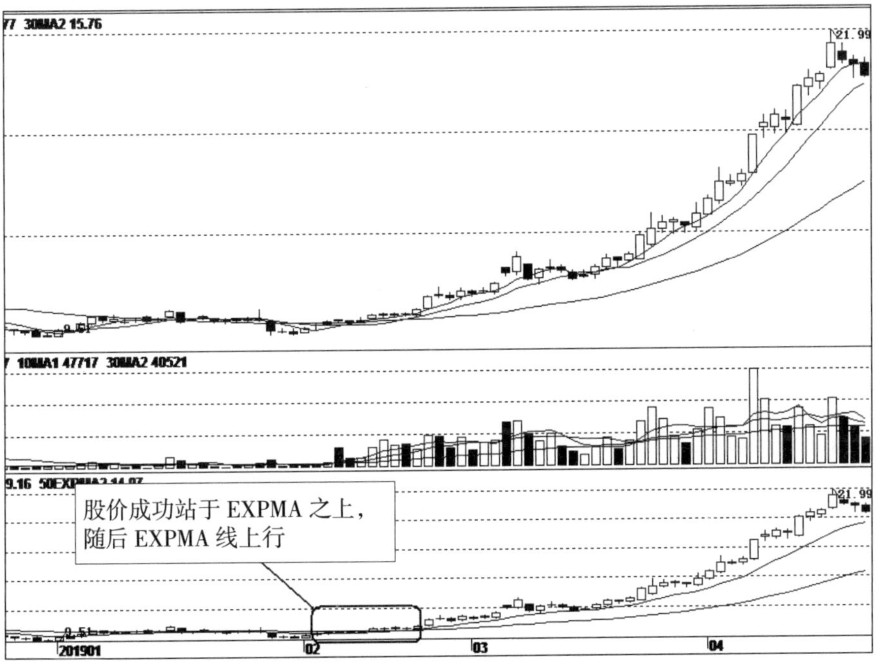

图 3-6B　格尔软件（603232）EXPMA 指标走势图

（3）此时 DMA 指标在底部两线黏合后，DMA 线向上跃起，其平均线也随之上升，两条指标线之间的距离逐步加大，表明上升势头十分强劲，大有加速上升的趋势，中线走强得到确立（图 3-6C）。

（4）在均线系统中，均线呈现多头排列。5 日、10 日均线在 30 日均线下构成金叉后，继续向上穿过 30 日均线，随后 10 日均线上行金叉 30 日均线，不久 30 日均线转下行为上行，形成一个尖头朝上的不规则的上升三角形，呈现多头市场特征（图 3-6C）。

根据 BBI、EXPMA、DMA、MA 四大指标组合群综合分析，该股强势特征明显，买入信号清晰可见，且得到成交量温和放大的支撑，信号可信度较高。之后，该股进入加速上涨阶段，累计涨幅惊人。

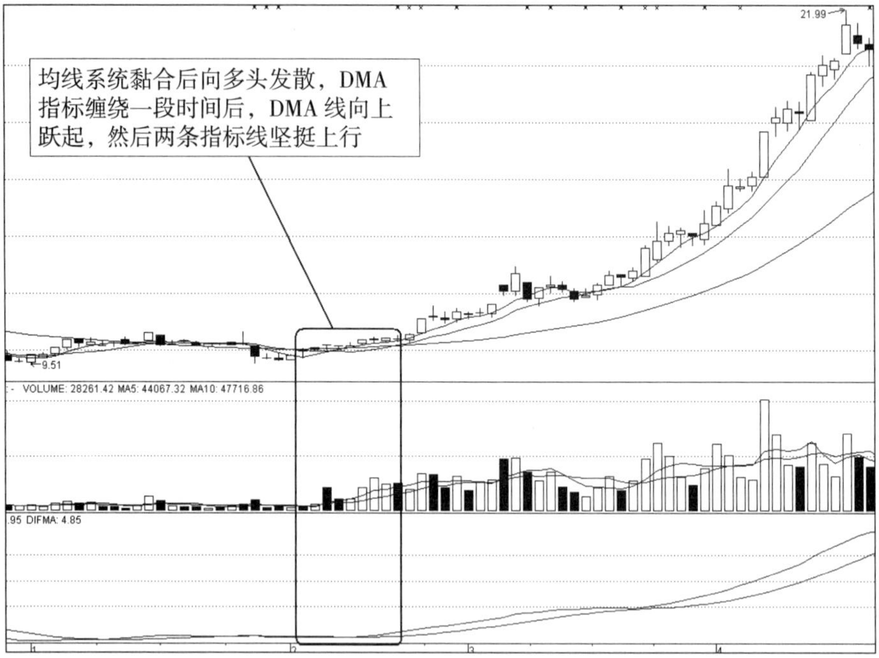

图 3-6C 格尔软件（603232）DMA 指标和均线走势图

三、洗盘信号组合

1. 图形特征

（1）股价向上穿过 BBI 线后，BBI 线由下跌转为走平或上行。由于庄家洗盘或回调确认，股价回落到 BBI 线附近（或击穿 BBI 线后，快速拉起再次穿过 BBI 线）获得支撑，再度出现升势，BBI 线维持上升趋势，表明中线强势特征依旧，为介入信号。

（2）股价站稳于 EXPMA 指标之上，短期 EXPMA 线向上金叉长期 EXPMA 线，长期 EXPMA 线走平或上移。庄家为了日后顺利拉升股价，往往会进行震仓洗盘，股价回落至 EXPMA 线（长期或短期）附近企稳（或击穿 EXPMA 线后，快速拉起再次穿过 EXPMA 线），之后再度发力向上。或者，短期 EXPMA 线回落到长期 EXPMA 线附近后，再度向上弹起，如同“蜻蜓点水”的走势，预示中线行情继续走强，可以持股或买入。

（3）DMA 指标在低位向上构成金叉后，两条曲线呈“平行”状上升。因庄家洗盘或回调确认，DMA 指标放慢上升速率，逐步向其平均线靠近，或两条曲线呈黏合而略上升态势。不久，DMA 线脱离其平均线，上升速率提升，表明庄家洗盘结束，即将展开主升浪行情。

（4）在均线系统中，5 日均线向上金叉 10 日均线后，随着股价回落而下行，当 5 日均线或 10 日均线到达 30 日均线附近时（或击穿 30 日均线后，快速拉起再次穿过 30 日均线），获得企稳而掉头向上，这时 30 日均线已经走平或维持上行状态，表明市场仍处于多头状态。

2. 市场意义

这组信号是庄家洗盘换手获得成功的主要标志，表明庄家即将发动新一轮主升浪行情。其优点是这组合信号与大盘走势（强弱）基本无关，可以在弱势大盘中发现黑马，捕捉牛股（只在大势走强的时候才起作用，那么它的实用性就会大打折扣）。如果在同一时段（以 3 天时间差为佳）里出现同一指标组合特征，投资者应及时跟进，成功地做一把大级别的行情。这组合信号判底测顶均可，中长线皆宜，短线可以波段操作。

3. 实战案例

如图 3-7A、图 3-7B、图 3-7C 所示，新希望（000876）日 K 线走势图。该股在长时间的下跌调整过程中，庄家吸纳了大量的低价筹码，然后股价向上盘高，成功脱离低部区域。经过一段时间的爬高行情后，股价有了一定的涨幅，这时庄家便开始洗盘整理。由于该股基本面良好，庄家不敢采用打压手法洗盘，而是出现上倾式整理走势。通过洗盘整理，底部短线获利者高兴离场，前期套牢者安心出局，于是从 2019 年 2 月 11 日开始进入加速上涨走势。从该股技术指标组合分析，发出了积极的多头信号。

（1）股价脱离底部后紧贴 BBI 指标缓慢上行，由于庄家操作手法稳健，盘面悄无声息，达到以柔克刚之目的。洗盘结束后，庄家再度发力向上，BBI 线出现加速上升，头多市场继续得以显现（图 3-7A）。

（2）此时，EXPMA 指标与 DMA 指标走势相似，股价上穿短期 EXPMA 线后继续稳步上行，长期 EXPMA 线也维持上行态势，随后 EXPMA 指标出现快速上行，暗示庄家洗盘结束，可积极考虑跟进（图 3-7B）。

（3）同期 DMA 指标在底部向上金叉后，由于庄家开始洗盘，两条指标线黏合在一起。不久，两线分离向上，DMA 线加快上升速度，意味着股价有加速上扬趋势，为买进信号（图 3-7C）。

（4）均线系统维持多头运行格局，30 日均线坚挺有力。成交量出现持续温和放大，强势特征进一步显现（图 3-7C）。

根据对上述指标组合群的研判，该股完全具备加仓条件，投资者可以逢低大胆介入。该股其后强势上涨，让投资者获利颇丰。

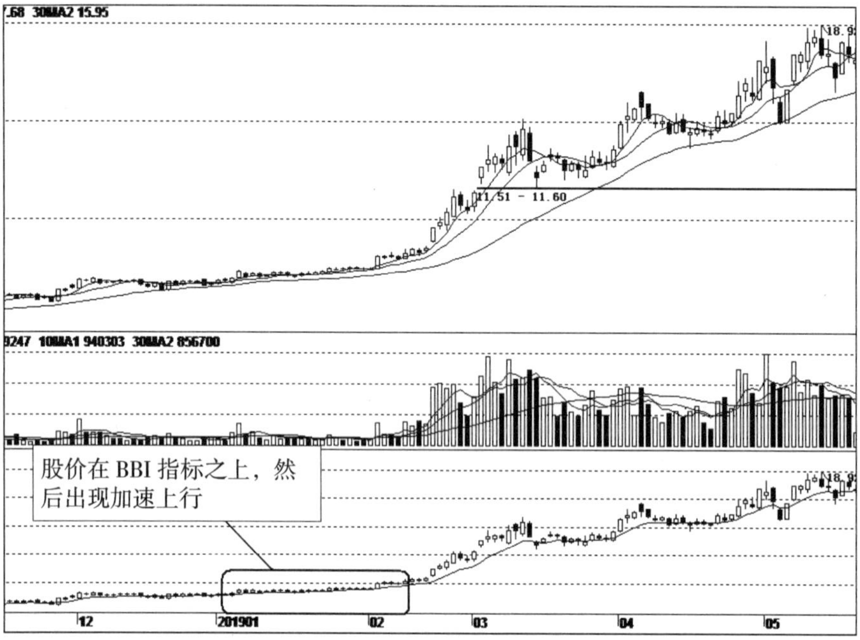

图 3-7A 新希望（000876）BBI 指标走势图

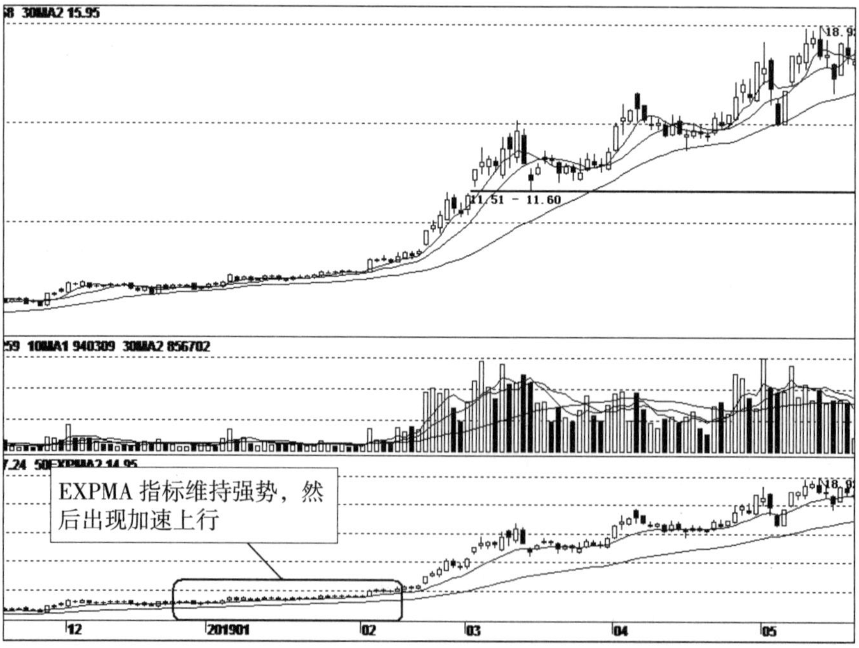

图 3-7B 新希望（000876）EXPMA 指标走势图

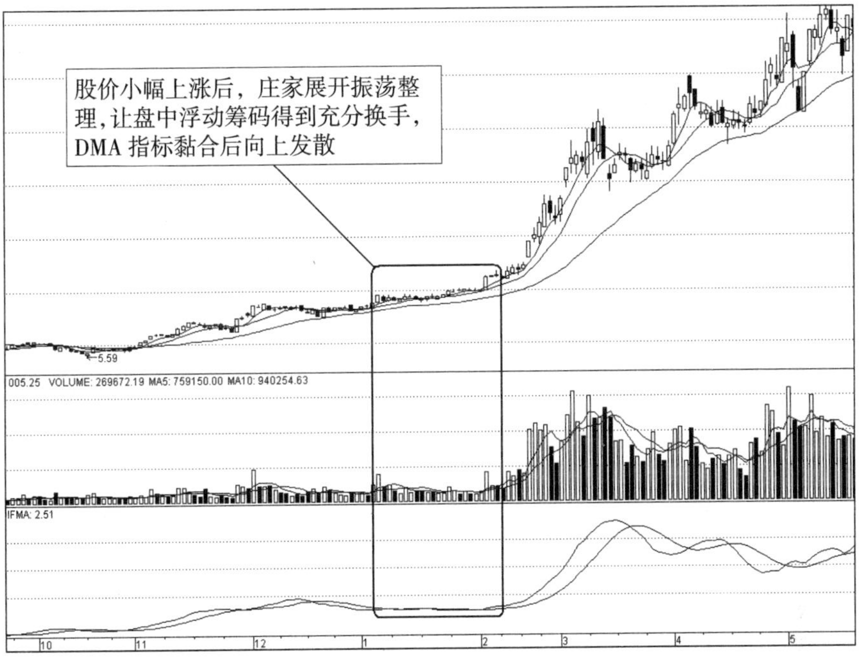

图 3-7C　新希望（000876）DMA 指标和均线走势图

第四节　BOLL＋CCI＋ROC＋KDJ 实战经典组合

BOLL 是研判股价运动趋势的一种中长线技术指标。CCI 是专门测量股价是否超出常态分布范围，形成超买或超卖现象的一种特殊判断指标。ROC 指标是通过计算当日股价与一定距离之前的价格变动速度的大小，反映股票价格变动快慢程度的技术指标，其最大特点就是可以同时监视常态性和极端性两种行情。KDJ 指标是反映价格走势强弱和超买超卖动态的一种技术指标，适合捕捉合适的短线买卖点。

在瞬息万变的股市中，如果能找到几组安全可靠的指标作为买卖参考，就像在浩瀚的大海里获得一叶小舟，有了安全保障。将 BOLL、CCI、ROC、KDJ 指标组合成一组指标群，就犹如股海中的一叶小舟，将你载向成功的彼岸。其操作方法是：在 BOLL 指标中寻找一条通道，然后用 CCI、ROC 指标确立这条通道的强弱程度和超买超卖情况，最后用 KDJ 指标找到一个合适的介入点。这组信号既可以判断底部，也可以预测顶部，应用于中长线操作效果较佳，短线波段操作也具有较好的效果。

一、买入信号组合

1. 图形特征

（1）股价成功探明底部后向上反弹，BOLL 指标下轨线出现明显的向上拐头，中轨线出现上翘走势，这时股价向上突破并站于中轨线之上；或者，股价向上突破中轨线或上轨线后，通道口向两边迅速扩张，表明 BOLL 的上升通道初露雏形，可考虑在中轨线附近介入。

（2）CCI 指标在常态区域或围绕地线运行一段时间后（一般 1 个月以上），某日，CCI 线一举成功向上突破天线，然后在天线附近上下波动，表明行情中长线趋强，可在回调到天线或 0 线附近介入。

（3）ROC 指标因股价下调远离 0 线，或因股价调整在 0 线以下运行较长时间（一般 1 个月以上）。某日，ROC 指标随着股价反弹一举成功向上突破 0 线，并向 6.5 线发展，表明行情中长线走强，可在股价回调到 0 线附近买入。

（4）当某只股票具备上述买入条件时，投资者可以请求 KDJ 指标的支援，根据 KDJ 指标的多头信号买入股票，这样就可以买到相对的阶段性低点。

2. 市场意义

这组信号多为股价长期下跌所致，庄家在暗中一路吸筹，直到庄家吸足筹码后，封杀股价的下跌空间，行情转入初升阶段。这种形态后市上涨潜力大，向上运行是庄家唯一的选择和出路。在实盘操作中，若遇到此类信号，应逢低跟进做多。这组信号判底测顶均可，中长线操作效果较好，短线可以波段操作。

3. 实战案例

如图 3-8 所示，华东科技（000727）日 K 线走势图。该股反弹结束后，再次陷入弱势振荡走势。庄家通过打压吸纳低价筹码，建仓手法极为隐蔽。2019 年 2 月 13 日，股价放量突破，出现一轮拉升行情。

从该股技术指标组合分析，这天股价发力向上穿过 BOLL 通道上轨线，接着中轨线走平后向上运行，通道口向外扩张，表明盘面逐渐转强，可考虑买入。CCI 指标在常态区运行时间较长，2 月 13 日向上突破天线，随后围绕天线如春燕舞柳，上下翻飞，中长线强势特征明显，为中线转强信号。ROC 指标在 0 线下方运行时间较长，也在同一天，ROC 指标向上穿过 6.5 线，发出买入信号，从而进一步验证了 BOLL 指标、CCI 指标向上突破的真实性和有效性，买入信号进一步明确。

根据上述指标组合分析，该股中长线已经走强，投资者可以从 KDJ 指标中寻找最佳买入点入场。随后几个交易日，J 线、K 线回落至 D 线附近时企稳，而 D 线维持原有的上升趋势，当股价再次上涨时就可以大胆入场。之后，股价出现快速拉升行情，短期涨幅超过一倍，长线操作、短线波段操作收益颇丰。

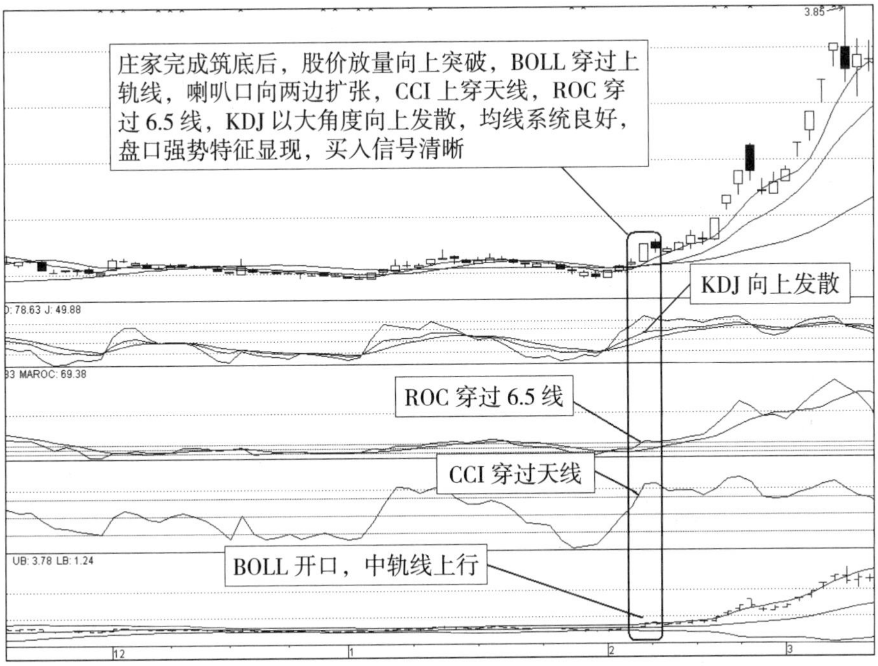

图 3-8　华东科技（000727）日 K 线图

二、洗盘信号组合

1. 图形特征

（1）股价向上突破 BOLL 指标中轨线后，继续向上到达上轨线附近，BOLL 初步形成上升通道。后因庄家洗盘，股价回落至中轨线附近企稳（或击穿中轨线后，快速拉起再次穿过中轨线），再度发力向上，表明洗盘成功结束，即将进入主升段行情。

（2）CCI 指标向上突破天线，进入强势市道。后因庄家洗盘，股价回落，CCI 线向下回落，击破 0 线甚至地线，但很快反转向上，再次穿越天线，并在天线附近上下运行，表明回调确认成功，行情将向纵深发展。

（3）ROC 指标向上突破 0 线并到达 6.5 线，盘面出现强势特征。后因庄家洗盘，股价回落，ROC 线随之下降至 0 线甚至 -6.5 线附近，然后快速拉起，再次穿过 0 线，并到达 6.5 线上方，出现明显的强势特征，表明回调确认成功。

（4）符合上述技术指标信号的股票，可根据 KDJ 指标发出的买入信号，寻找合适的价位入场做多。

2. 市场意义

在实盘操作中，庄家看中了某只股票后悄悄入驻建仓，当达到一定的仓位时，便展开初升行情。为了日后顺利拉升股价，庄家需要打压洗盘后再拉升，如此反复地推高股价。出现这组信号，表明庄家已经完成了吸货、试拉升、洗盘等准备阶段，行情即将进入主升浪阶段。投资者如发现这组信号在同一时段出现时，应大胆介入。这组信号判底测顶均可，中长线操作皆宜，短线波段操作效果较佳。

3. 实战案例

如图 3-9 所示，鼎捷软件（300378）日 K 线走势图。该股在底部经过较长时间的整理后，庄家开始向上缓缓推升股价，使股价成功脱离底部区域。当股价有了一定的升幅后，庄家进行洗盘整理，股价出现小幅回落。在 30 日均线附近得到有效支撑后，2019 年 4 月 2 日放量突破盘区，洗盘整理结束，股价出现快速拉升。

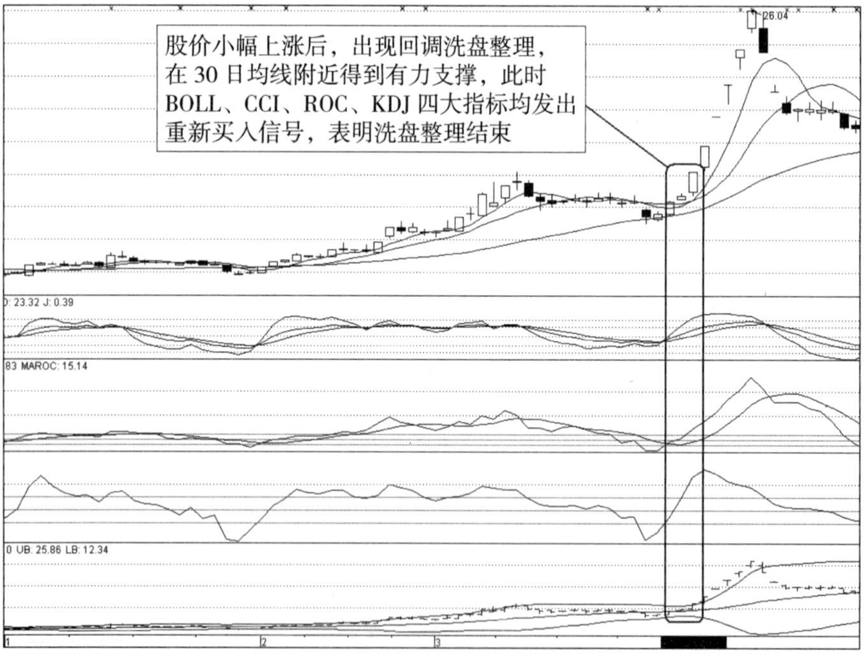

图 3-9　鼎捷软件（300378）日 K 线图

由于庄家洗盘所致，股价一度回落至 BOLL 指标中轨线下方，但又快速拉起并再次穿过中轨线，沿中轨线继续上行，表明洗盘成功结束，构成买入信号。

此时 CCI 线向下回落，一度击破地线，但很快反转向上，再次穿过 0 线和天线，表明盘面重新走强。同期 ROC 指标向下回落至 - 6.5 线下方，然后快速拉起再次穿过 0 线，并到达 6.5 线上方，出现明显的强势特征，表明洗盘整理结束。这时 KDJ 指标已经呈大角度向上发散状态，投资者可以大胆买入。

该股符合上述组合指标的买入条件，持筹者应坚定持有，持币者应逢低坚决介入做多。其后股价短线出现飙升行情，连拉 6 个涨停，短期获利丰厚。

如图 3-10 所示，华仁药业（300110）日 K 线走势图。该股庄家在 2019 年 1 月下旬刻意向下打压股价，制造出一个空头陷阱后，股价出现缓慢向上盘升的走势。当股价有了小幅上涨后，庄家展开洗盘整理走势，股价出现横盘振荡。庄家达到洗盘目的后，2019 年 3 月 27 日，股价放量向上突破，出现快速拉升行情。

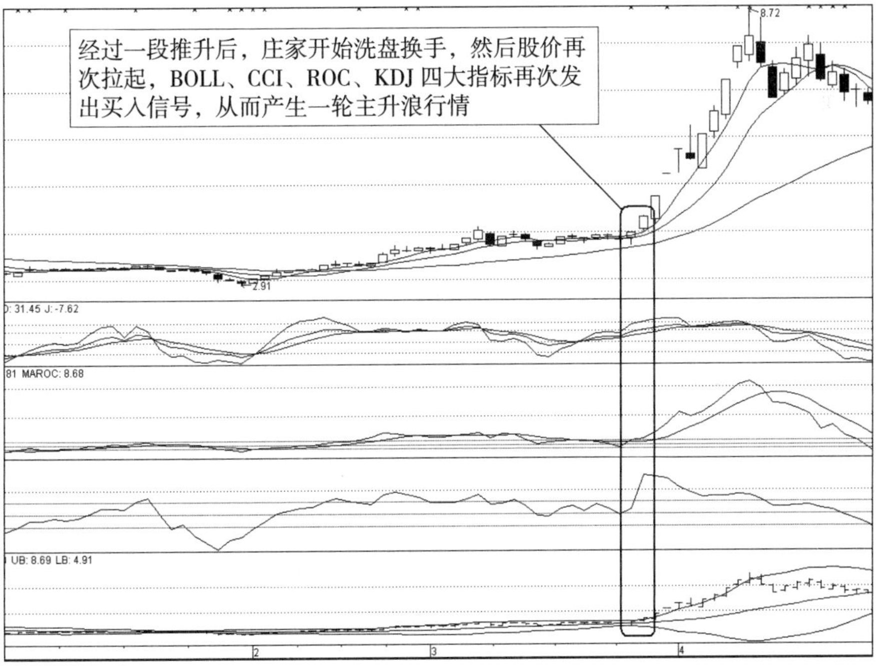

图 3-10 华仁药业（300110）日 K 线图

从该股技术指标组合分析，BOLL 指标再次突破上轨线，中轨线保持上行状态，喇叭口向两边迅速扩张，强势不言而喻。

CCI 指标回落到 0 线附近得到支撑，再度回升到天线上方，表明庄家洗盘结束，股价再次走强。ROC 指标向下击穿 0 线后到达 - 6.5 线附近，然后一跃而起，再次冲过 6.5 线，表明洗盘成功结束，BOLL、CCI 指标的强势特征进一步得到验证。

由此可见，该股买入信号强势，均线系统安全，量价配合得当，此时可以根据 KDJ 指标入场操作。之后，股价出现快速拉升行情，长线短做，收益颇丰。利用 BOLL、CCI、ROC、KDJ 指标组合群，可以成功地捕获一轮主升浪行情。

第五节　WID + %BB + BOLL + TRIX 实战经典组合

布林极限宽指标（WID）是由 BOLL 指标派生出来的，用来测量 BOLL 通道的上限和下限，距离中间平均线的宽度，从而判断行情是否将要启动。

布林极限（%BB）也是由布林线指标派生出来的，主要作用在于辅助布林线指标辨别买卖点的真伪，从而进一步确认 BOLL 指标发出的买卖信号的可信度。

BOLL 指标引入了“股价通道”概念，是一种随股价波动幅度大小而自行变动其压力或支撑的一个中长线技术指标。它具有灵活性、直观性和趋向性的特点，渐渐成为投资者广为应用的市场热门指标。

TRIX 是一个超长周期的指标，长线操作时，采用本指标可以过滤掉一些短期波动的干扰，避免交易次数过于频繁，造成无利润的交易损失。

将 WID、BOLL、%BB、TRIX 这四大指标组合成一个指标组合群，能给投资者实盘操作提供不少帮助。其操作方法是：用 WID 指标搜索即将发动突破行情的个股，及时为投资者提供精确的买卖信号。用 BOLL 指标确认股价的突破方向，是向上突破还是向下突破。然后用 %BB 指标校正 BOLL 通道的正常运行方向。BOLL、%BB、WID 三者构成一组指标群，合并使用效果更佳，被称为“布林三件套”。为了使中长线信号更加可靠，再将 TRIX 指标引入进来，根据 TRIX 指标的“平行”现象，确认中长期趋势，效果更佳。

一、买入信号组合

1. 图形特征

（1）股价长期在底部运行，WID 指标值缩小到极限时（时间越长，数值越小，后市爆发力越强），某日 WID 指标出现向上走势，意味着股价已经发生突破。极限值大小因个股不同而不同，可参考其历史走势。一般常态分布于 5 ～ 15，高于 15（在大多头市场里有时高达 30 以上）或低于 5，都属于非常态的超买超卖状态。

（2）股价在底部运行，BOLL 指标通道收窄，此时应重点关注。如果某日 BOLL 通道向两边迅速扩张，股价向上突破 BOLL 中轨线或上轨线，随后中轨线、上轨线出现向上走势，为介入信号。

（3）%BB 指标到达底部后反转向上，上穿 50（BOLL 中轨线）后继续上行突破 100，然后回落至 50 附近企稳后再度上行，表明行情即将转为强势。

（4）TRIX 指标下行速度趋缓，在底部，TRIX 线向上金叉 TRIXMA 线后，两条指标曲线呈“平行”状上行，中长线向上走势明朗。

2. 市场意义

这组信号表明庄家长时间的打压吸货宣告结束，预示酒足饭饱的庄家即将展开一波中级以上的升势。投资者遇此信号时，持筹者应坚定做多，持币者应介入做多，一般可中长线操作，波段操作效果更佳。这组信号既可以判断底部，又可以预测顶部，效果均佳。

3. 实战案例

如图 3-11 所示，科蓝软件（300663）日 K 线走势图。该股经过充分的筑底后，股价渐渐向上回升，底部很快明朗。2019 年 2 月 22 日，股价放量向上突破，走出一轮中级上涨行情。

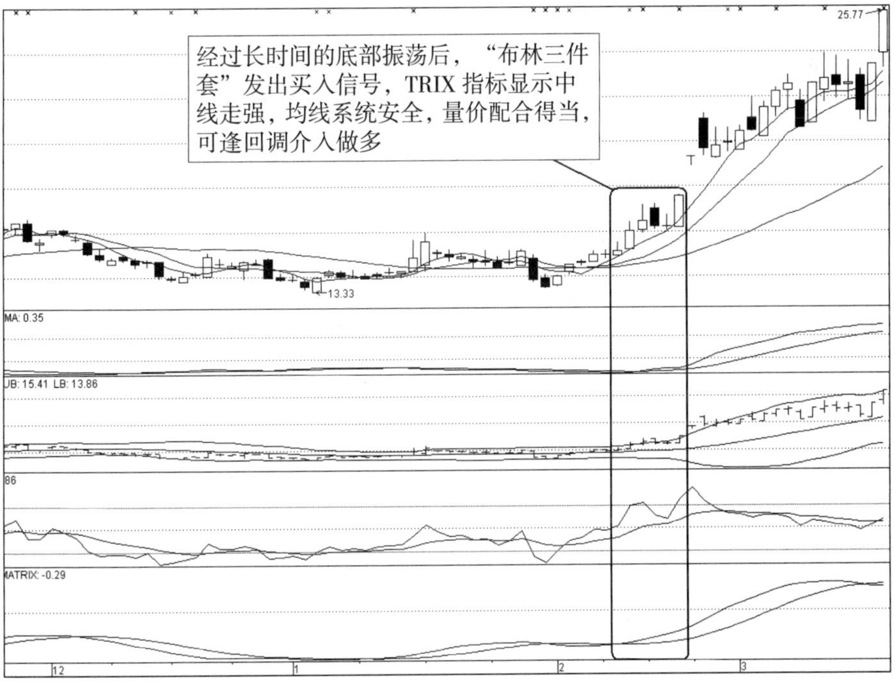

图 3-11　科蓝软件（300663）日 K 线图

从该股技术指标组合分析，WID 指标长时间在低位徘徊，不久指标曲线慢慢向上抬升，股价如涌动的暗流般悄悄地发生了变化。此时，BOLL 指标在一条狭窄的通道中运行，持续时间较长。不久，股价向上突破中轨线，直逼上轨线，BOLL 通道口迅速向两边扩张，中轨线、上轨线呈向上走势，表明行情进入强势之中，构成买入信号。%BB 指标从 0 下（击穿 BOLL 下轨线）向上一举突破 100（击穿 BOLL 上轨线）后，回落到 50（BOLL 中轨线）附近企稳后再度向上，强势特征明显。“布林三件套”发出买入信号，股价有中期走强之势。

此时，TRIX 指标 TRIX 线在底部金叉 TRIXMA 线后，两条指标线呈“平行”状上升，中长线走强有了可靠的技术依据。

根据对 WID、BOLL、%BB、TRIX 四大指标组合群的综合分析，买入信号得到相互验证，该股后期走势证明了研判的准确性。

二、超卖信号组合

1. 图形特征

（1）股价经过大幅下跌后，WID 指标逐浪上升（或维持在高位）。当达到一定位置时，无法继续上升而出现回落走势，表明一轮跌势即将结束，在其回落时即可介入。

（2）股价经过大幅下挫，BOLL 指标上轨线和下轨线之间的开口不能继续放大，其上轨压力线提前向下逐渐收缩，不久 BOLL 指标下轨支撑线向上逐渐收缩，随后中轨线开始走平或上行，表明一轮跌势将告结束，可考虑买入。

（3）%BB 指标从高处下滑到低处并出现负值，表明股价跌破 BOLL 指标下轨线，有反弹回归 BOLL 通道内的要求。或 %BB 指标见底后向上反转突破并站于 0 线之上，表明行情已经转强，可在 0 线附近考虑介入。

（4）TRIX 指标从高处下行到底部，两条下行的“平行”线失衡后走平，进而在底部形成黏合或金叉向上发散，呈“平行”状上行，表明中长线趋势转强。

2. 市场意义

股价经过大幅下挫后，空方能量得到有效释放，多方能量开始加强，庄家无法继续向下打压股价；或者，庄家采用打压股价的方法进行洗盘整理，直到在低点承接盘增多时，庄家放弃打压，表明底部已经探明或二次探底成功，市场将发动上升行情，可逢低介入。

3. 实战案例

如图 3-12 所示，弘业股份（600128）日 K 线走势图。2018 年 10 月 8 日，该股向下击穿整理盘区后，出现快速下跌走势，短期股价有超卖现象。随后股价企稳回升，连续拉高，进入强势格局。11 月 2 日，股价放量向上突破，出现主升浪行情。

从该股技术指标组合分析，WID 指标提前于股价企稳回升，说明有庄家刻意打压行为，股价随时有企稳回升的可能。BOLL 通道上轨线渐渐向下收缩，下轨线也渐渐向上收缩，随后中轨线开始缓慢上行，表明下降的 BOLL 通道悄悄转为上升通道，可在中轨线附近逢低吸纳。%BB 指标一路下滑出现负值，意味着 BOLL 指标超出极限，此时可试探性介入。随后 %BB 指标出现上行走势并穿过 0 线，指标均线保持上行，表明行情继续走强，投资者可在 0 线附近买入。

此时 TRIX 指标下滑到底部，TRIX 线在底部走平，不久向上金叉 TRIXMA 线，随后 TRIXMA 线上行，两线呈“平行”状上升，证明行情中长线转强。

根据指标组合分析，该股底部已经出现，买入条件已经具备。在股价放量突破时，投资者可逢低大胆介入做多。

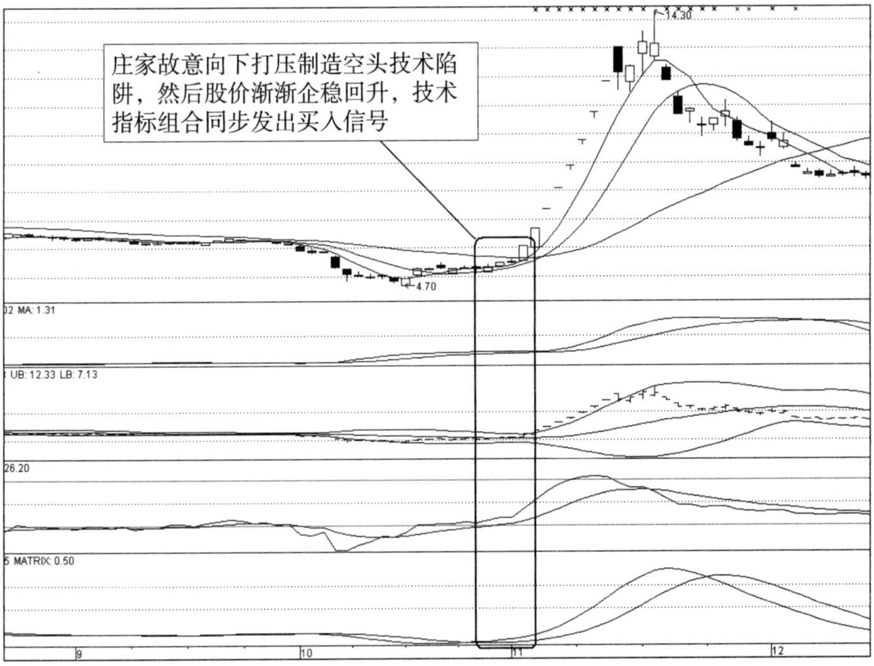

图 3-12　弘业股份（600128）日 K 线图

第六节 WVAD＋RSI＋MA 实战经典组合

WVAD 指标是一种将成交量加权的量价指标，其主要的理论基础精髓，在于重视一天中开盘到收盘之间的价位（相当于 K 线实体），而将此区域之上的价位视为压力（相当于 K 线的上影线），区域之下的价位视为支撑（相当于 K 线的下影线），求取此区域占当日总波动的百分比，以便测量当天的成交量有多少属于此区域，该区域的成交量才是有实际意义的成交量。

RSI 指标是通过比较一段时间内收盘价的涨跌变化情况，来分析测量多空双方买卖力量的强弱程度，从而判断未来股市走势。

MA 指标是借助一定时期股票收盘价的移动走势，反映真实的股价变动趋势和一段时间内股价的平均市场成本。

股谚云，“会买的是徒弟，会卖的才是师傅”。但无数事实表明，只要在大牛股起涨点买入，卖出已不构成任何问题，仅仅是赚多赚少的区别，亏钱是不可能的。想必大家明白，在股市中只赚不赔意味着什么。

将 WVAD、RSI、MA 这三大指标组合成一组指标群，可以捕获更加准确的买入信号。具体操作方法是：当 WVAD 指标发出买入信号时，如果 RSI 指标也有同样的信号，此时均线系统安全，买入信号就可靠。本组指标判断底部比较理想，在预测顶部时效果不是很好，建议使用其他指标组合群。

一、买入信号组合

1. 图形特征

（1）WVAD 指标的买卖信号一般认为发生在正负值转换的那一瞬间。当 WVAD 指标由负值变成正值的一瞬间，视为长期持有的买入点；当 WVAD 指标由正值变成负值的那一瞬间，视为长期持有的卖出点；在 0 线上下振荡形成的买卖信号可信度不高，不作为买卖依据来研判股市行情。WVAD 指标在低位经过较长时间的盘整后，某日一跃而起向上成功穿越 0 线，表明市场进入初涨期，此为买入信号。

（2）RSI 指标在超卖区，6 日 RSI 线向上金叉 12 日 RSI 线后（RSI 指标在 20 以下金叉是投资者普遍认可的安全区），12 日 RSI 线随之向上，或 RSI 指标向上突破重要压力位（线）、技术形态，或RSI指标向上成功突破50强弱分界线，量价配合理想，表明行情已经摆脱弱势闷局，后市将出现强势上涨行情，为买入信号。

（3）股价在低位向上突破5日、10日均线压制，5日均线金叉10日均线，随后10日均线向上运行，30日均线走平或向上运行，均线系统出现多头排列时，WVAD、RSI指标多头信号更加可靠，此时可以根据WVAD指标买入信号进行操作。

2. 市场意义

出现这组信号表明庄家吸货结束，市场将切换到下一个阶段，即拉升阶段。股价涨不涨，关键看庄家炒不炒。庄家什么时候最有炒作激情？在吃饱了廉价筹码之后最有激情。那么，如何判断庄家建仓是否完成？

根据多年经验，具备下述特征之一，可初步判断庄家建仓已渐入尾声：用少量资金就能轻松地将股价拉高；股价走势我行我素，不受大势影响；股价在底部出现剧烈波动；遇到利空消息时不跌反涨；在低位出现高换手率；股价成功突破重要压力位（线）；低位整理时间充分。

需要注意的是，庄家完成吸货并不等于会立刻拉升，通常会借势而行，因此投资者发现某只股票出现上述技术指标信号时，可以介入，与庄家一同分享股价上涨的喜悦。

3. 实战案例

如图3-13所示，宁波动力（002164）日K线走势图。该股经过长时间的调整后，股价成功探明了底部。2019年2月14日，股价放量向上脱离底部盘整区域，此后出现波段上涨行情。4月29日，洗盘整理结束后，展开新一轮上涨行情。

从该股技术指标组合分析，WVAD指标长时间处于0线之下运行，说明做空能量得到较好的释放。2月13日（比股价突破提前一天发出信号），WVAD线向上穿越0线，宛若漫漫长夜之后的太阳从东方地平线冉冉升起，预示行情渐渐转强，构成买入信号。之后，5月6日再次出现类似盘面现象，说明洗盘整理结束。此时由于已出现三连板，短期涨幅已大，可在5月9日回调时介入。

2月11日（比股价突破提前3天发出信号），6日RSI线向上金叉12日RSI线，随后12日RSI线上行，并穿过50强弱分界线，表明市场渐渐摆脱弱势格局，行情将进入强势状态，此时应买入。之后，4月30日再次出现类似的金叉信号，由于当日是“一”字板，可在后面的回调时机介入。

此时股价向上突破短期均线压制，随后5日均线金叉10日均线，继续上行金叉 30 日均线，10 日、30 日均线随之上行，股价有效站稳于 5 日、10 日、30 日均线系统之上，均线系统向上发散呈多头排列，多头市场进一步显现。

根据 WVAD、RSI、MA 三大指标组合分析，该股底部基础扎实，上涨信号明确，应买入做多。此后，牛市行情持续 7 个多月，累计涨幅巨大，如果短线波段操作，收益更加丰厚。

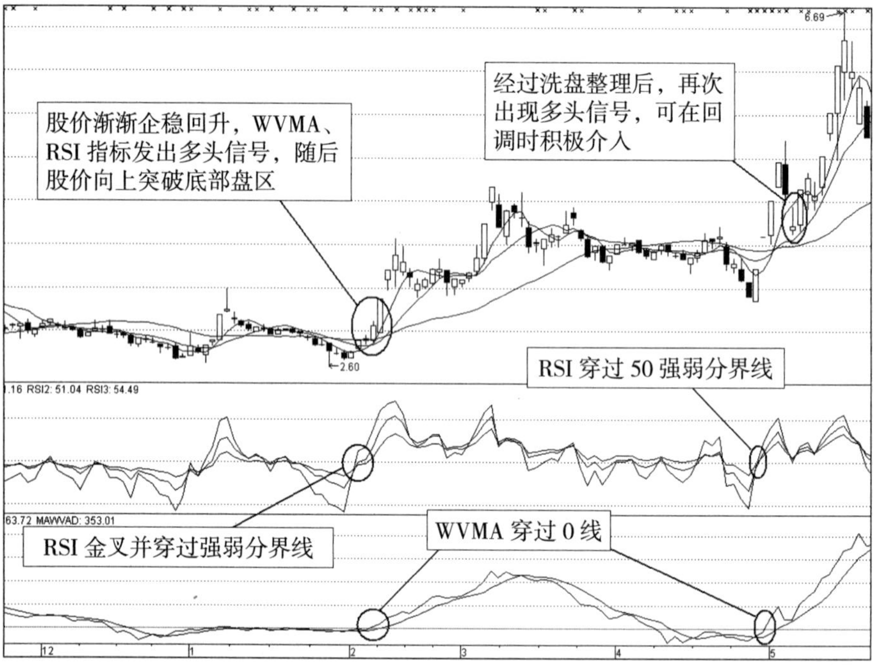

图 3-13 宁波动力（002164）日 K 线图

二、洗盘信号组合

1. 图形特征

（1）WVAD 指标向上穿越 0 线后继续上行，由于庄家洗盘，股价出现回落，WVAD 线向下滑落到 0 线或 WVADMA 线附近，或一度击穿 0 线或 WVADMA 线，此时 WVADMA 线保持上行，然后在此企稳，再度出现上升走势，并穿过 0 线或 WVADMA 线，这种现象表明庄家洗盘结束，股价出现新一轮升势行情，此时应买入做多。

（2）RSI 指标从超买区向下滑落，6 日 RSI 线与 12 日 RSI 线形成死叉后继续下行，但回到 50 强弱分界线附近企稳后向上回升，表明市场仍然处于强势之中。或者，RSI 指标击穿 50 强弱分界线，在其下方运行较短时间后，再次反转向上穿过 50 强弱分界线，表明市场再度走强，为较好的买入时机。

（3）在 30 日均线上方，5 日均线死叉 10 日均线，随后 10 日均线向下运行，但 5 日、10 日均线在 30 日均线附近企稳后反转向上运行，30 日均线处于走平或保持上升状态。或者，5 日均线死叉 10 日均线后向下击穿 30 日均线，在 30 日均线之下经短暂的运行后，5 日、10 日均线再度向上穿过 30 日均线，30 日均线处于走平或保持上升状态。

2. 市场意义

这组信号反映了庄家从开始洗盘到结束洗盘的全部过程。洗盘是庄家坐庄过程中一个重要的辅助阶段，除短线庄家以外，一般大牛股、大黑马都要经过充分的洗盘整理，才能顺利地将股价拉高后进行派发。因此，在庄家洗盘结束后、拉升行情开始之前介入，是所有投资者梦寐以求的事。本指标组合群或许能帮助投资者实现这一愿望，其最大的优点就是能够准确地告诉投资者洗盘结束信号。

3. 实战案例

如图 3-14 所示，天邦股份（002124）日 K 线走势图。该股股价在 2018 年 8 月见底后，随后逐波而上。庄家运作手法稳健，盘面控制较好，股价涨跌有序，行情走势坚挺，大显强庄股的风范。

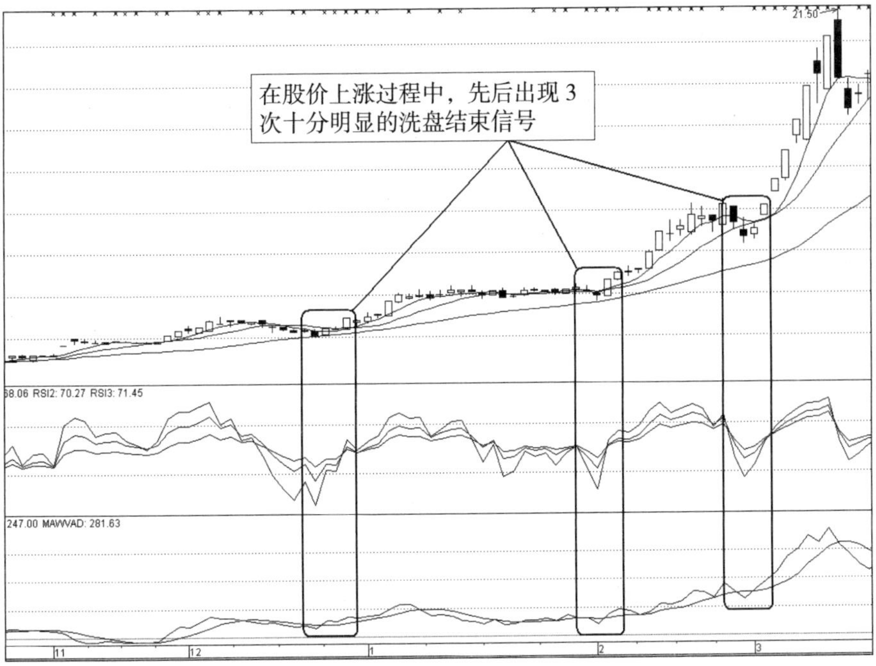

图 3-14　天邦股份（002124）日 K 线图

从该股盘面分析，WVAD 指标先后在 2018 年 12 月 20 日、2019 年 2 月 11 日、3 月 1 日 3 次出现十分相似的洗盘结束信号，WVAD 线快速上穿 WVADMA 线，此时 WVADMA 线均保持上行状态，说明市场仍然处于强势之中，指标上穿表明洗盘整理结束。

同样，RSI 指标也出现类似的 3 次洗盘信号，向下击穿 50 强弱分界线后，在 50 线下方短暂停留后，很快向上重新形成金叉，表明市场再度转强，也进一步验证了 WVAD 指标发出多头信号的准确性。

在均线系统中，5 日均线和 10 日均线在 30 日均线上方多次出现死叉，但均未跌破 30 日均线，30 日均线继续维持上行状态，支持股价继续向上走高。

从指标组合群分析发现，该股洗盘信号非常明了，量价配合默契。操作方法极其简单，突破即是买点。投资者可在实盘中多加检验和考证，寻找可靠的技术共振信号，在股市中捕获更多能够获利的市场机会。

第七节　RSI＋BIAS＋W%R＋KDJ＋ROC＋WVAD 实战经典组合

RSI 指标是通过比较一段时间内收盘价的涨跌变化情况，来分析测量多空双方买卖力量的强弱程度，从而判断未来股市走势的一个技术指标。

BIAS 指标是从移动平均线原理派生出来的一个技术指标，其主要功能是通过测算股价在波动过程中与移动平均线出现的偏离程度，从而得出股价在剧烈波动时因偏离移动平均线趋势而造成可能的回档或反弹，以及股价在正常波动范围内移动而形成继续原有趋势的可信度。

W%R 指标是通过一定时期内市场最高价、最低价和收盘价的变化关系，来反映市场短期的强弱和超买超卖现象，从而提供有效的买卖信号。

KDJ 指标是为了追求短线操作安全度而设计的，是反映价格走势强弱和超买超卖动态的一种技术指标，是投资者进行短线投机操作的重要利器。

ROC 指标是通过计算当日股价与一定距离之前的价格变动速度的大小，反映股票价格变动快慢程度的技术指标。其最大特点是可以同时监视常态和极端两种行情，等于综合了 RSI、W%R、KDJ、CCI 四种指标的特性。

WVAD 是一种将成交量加权的量价分析指标，其特点是重视一天中从开盘到收盘之间的价位（相当于K线实体），而将此区域之上的价位视为压力（相当于K线的上影线），区域之下的价位视为支撑（相当于K线的下影线），求取此区域占当日总波动的百分比，以测量当天的成交量有多少属于此区域，该区域的成交量才是有实际意义的成交量。

在技术指标体系中，RSI、BIAS、W%R、KDJ、ROC、WVAD是最具有代表性的、以0轴（0线或50线）为中心的技术指标。通常来说，当指标上穿并运行于0轴（0线或50线）上方时，代表市场处于强势之中，多方控制盘面，表明庄家已经成功地完成建仓或洗盘任务，股价将出现见底上涨或加速上涨行情，可以买入做多。如果股价回落到0轴（0线或50线）附近企稳重新上行，说明庄家洗盘整理结束，股价将进入拉升或主升浪阶段。当指标下穿并运行于0轴（0线或50线）下方时，代表市场处于弱势之中，空方控制盘面，表明庄家已经成功地完成炒作即拉升任务，庄家将实施派发动作，股价将出现下跌调整走势，可以卖出做空。如果股价回升到0轴（0线或50线）附近遇阻下行，说明反弹行情结束，股价将出现新的跌势并创调整新低点。

本指标组合群既可以判断底部，也可以预测顶部，中长线操作效果较好，短线波段操作收益更丰。

一、多头信号组合

1. 图形特征

（1）RSI指标从超卖区向上反转，6日RSI线与12日RSI线形成金叉后，继续上行穿过50强弱分界线，经回调确认后继续（大部分时间）维持在强势区运行，在每次滑落到50强弱分界线附近企稳时，都是较好的买入时机。

（2）BIAS指标从负值区向正值区运行，并继续上行，为多头信号。当正BIAS达到一定数值时，有向0线回归的要求，为见顶信号。同样，当负BIAS达到一定数值时，也有向0线回归的要求。一般情况下，当5日BIAS超出 ±10，10日BIAS超出 ±15，30日BIAS超出 ±30时，表明BIAS值偏大，股价偏离正常状态，有回归0线的要求。当然，这些数据因个股不同，可以进行弹性调整，以确定操作策略。

（3）股价见底后，W%R指标成功穿越50中轴线，迅速到达超买区。经回调确认后继续（大部分时间）维持在强势区运行，每次滑落到50中轴线附近企稳时，都是较好的买入时机。

（4）KDJ 指标在低位金叉后，迅速到达超买区，J 线、K 线很快出现钝化。随着股价的回调，D 线滑落到 50 附近再度回升，表明行情仍然处于强势上涨行情之中，可以在 50 附近（上方较佳）金叉时买入。

（5）ROC 指标向上有效穿越 0 线后，继续（大部分时间）维持在 0 线上方运行。虽然该指标可以上至无限大，下至无限小，但也不是呈单向无限发展，而是围绕一定的范围内（-6.5～+6.5 之间）做波谱运动，表明行情仍然处于强势上涨行情之中，可以在 50 附近金叉时买入。

（6）在技术指标中，买入信号最安全、最明确的就是 WVAD 指标。无数事实表明，只要在大牛股起涨点买入，卖出已经不构成任何问题，仅仅是赚多赚少的区别，亏钱是不可能的。WVAD 指标的用法极其简单：以 0 线为地平线，日出而作，日落而息。需要注意的是，WVAD 指标的日出应在漫漫长夜之后，而不是太阳刚刚落山时的余晖折射。

2. 市场意义

这组信号反映了庄家在底部成功完成建仓任务后，进行试盘、整理、初升、洗盘到拉升的坐庄运作过程。反映到指标上，就是曲线向上突破 0 轴（0 线或 50 线）后，基本在其上方运行，在试盘、整理、洗盘时曲线滑落到 0 轴（0 线或 50 线）附近企稳回升，或击穿 0 轴（0 线或 50 线）后很快拉起，展开新一轮攻势。这组信号应用于中长线操作具有较好的效果，短线波段操作效果更佳。

3. 实战案例

如图 3-15 所示，恒立实业（000622）日 K 线走势图。该股经过长期的下跌调整后，从 19 元上方下跌到 3 元附近，股价严重超跌，投资和投机价值显现。此时庄家开始介入收集低价筹码，使股价渐渐企稳回升，在低位形成长时间的横盘振荡走势。庄家在此期间基本完成建仓吸纳计划。

2018 年 10 月 11 日，股价突然跳空低开 3.51%，盘中逐波走低，一度触及跌停价位，形态上造成技术破位之势。此后连续收出小阴线，给散户造成很大的心理压力，不少散户在恐慌中割肉离场。庄家通过向下试盘的方式，完成了最后的加仓计划后，10 月 22 日，股价“一”字涨停，快速回升到前期盘区内，呈现 V 形底形态。股价在前期盘区附近作短暂的振荡后，股价突破多个重要压力位，强势拉升，盘面走势气贯长虹，在 17 个交易日中拉出 14 个涨停，短期股价涨幅超过 200%。

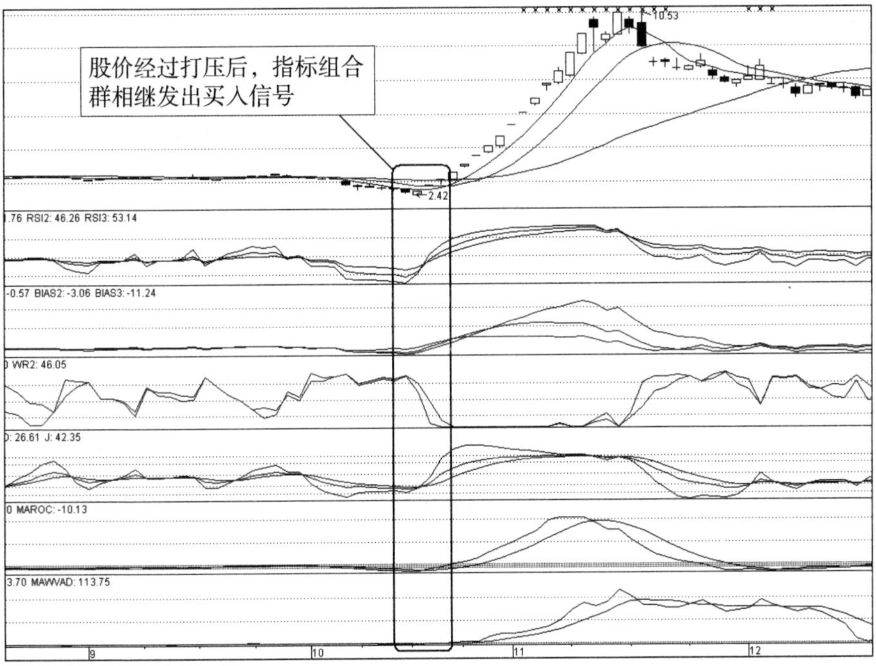

图 3-15 恒立实业（000622）日 K 线图

在股价见底时，技术指标组合相继发出买入信号。

（1）RSI 指标从超卖区向上运行，6 日 RSI 线在低位与 12 日 RSI 线形成金叉后继续上行，有效突破 50 强弱分界线。之后指标持续上行，表明市场见底企稳，并进入强势上涨行情。

（2）在股价向下打压过程中，BIAS 指标负乖离率偏大，有向 0 线回归的要求。之后，BIAS 线向上弹升，显示市场出现转机。

（3）此时 W%R 指标在低位钝化，说明股价出现超卖状态，之后向下回落穿越 50 中轴线，大部分时间维持在强势区运行，表明市场进入强势之中。

（4）KDJ 指标在低位 20 附近形成金叉后，迅速到达超买区，D 线坚挺上行，强势特征明显。

（5）ROC 指标向上回升，有效穿越 -6.5 线后，继续穿过 0 线和 6.5 线，表明行情成功见底，并出现强势上涨。

（6）WVAD 指标在低位向上金叉后，也维持在 0 线之上运行，强势特征明显。

根据上述指标组合群分析，该股见底信号明确，强势盘面显现。激进者可以追涨买入，稳健者可以盘中回调至低点时入场。需要指出的是，在指标组合群中，出现的买入信号有时不一致或有多有少，操作起来仍然有点儿难度。其实，实战中不必太严格，也不必过于机械，只要符合其中几项买入信号就可以付诸行动，稳健者也可以等待多项指标出现买入信号时再作决策。

二、空头信号组合

1. 图形特征

（1）RSI 指标从超买区向下回落，6 日 RSI 线与 12 日 RSI 线形成死叉后，继续下行击穿 50 强弱分界线，大部分时间维持在弱势区运行，每次回升到 50 强弱分界线附近时都遇到较大阻力，表明市场始终处于下跌行情之中，应及时卖空。

（2）BIAS 指标从正值区向负值区运行，并继续下行。当负 BIAS 达到一定数值时，有向 0 线回归的要求，同样，当正 BIAS 达到一定数值时，也有向 0 线回归的要求。通常来说，当 5 日 BIAS 超出 ±10，10 日 BIAS 超出 ±15，30 日 BIAS 超出 ±30，表明 BIAS 值偏大，股价偏离正常状态，有回归 0 线要求，投资者可以根据 BIAS 值大小选择操作策略。

（3）W%R 指标向下有效穿越 50 中轴线，迅速到达超卖区后，大部分时间维持在弱势区运行。每次回升到 50 中轴线附近遇到较大阻力时，均是较好的卖出时机。

（4）KDJ 指标在高位死叉后，迅速到达超卖区，J 线、K 线很快出现钝化。随着股价的回升，D 线回升到 50 附近再度滑落，表明行情仍然处于弱势下跌行情之中，应择高卖出。

（5）ROC 指标向下有效穿越 0 线后，大部分时间维持在 0 线下方运行，表明行情仍然处于弱势下跌行情之中，可以在 50 附近死叉时卖出。

（6）WVAD 指标可以以 0 线为地平线，根据“日出而作，日落而息”的操作方法进行买卖。

2. 市场意义

这组信号反映庄家进行成功的炒作后，基本达到了坐庄目的，开始渐渐撤退。反映到指标上，就是曲线向下突破 0 轴（0 线或 50 线）后，基本上在其下方运行，在整理、反弹时，曲线可能回升到 0 轴（0 线或 50 线）附近，或突破 0 轴（0 线或 50 线）后很快滑落，再次出现新一轮跌势。这组信号在预测反弹行情的顶部时具有较好的效果。

3. 实战案例

如图 3-16 所示，大智慧（601519）日 K 线走势图。该股在 2019 年 2 月 19 日放量突破后，产生一轮大幅拉升行情。获利十分丰厚的庄家，此时在高位兑现获利筹码是必然的选择，因此高位出现大幅振荡，股价从涨停到跌停，再从跌停到涨停，来回拉了几个回合。当庄家基本完成筹码派发后，行情开始渐渐走弱。

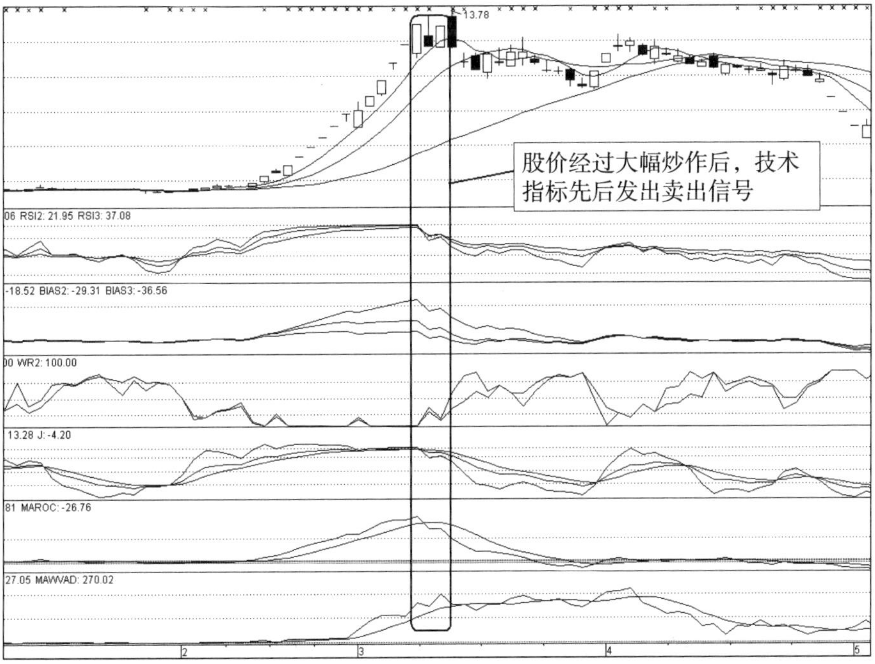

图 3-16　大智慧（601519）日 K 线图

在高位振荡时，技术指标组合相继发出做空信号。

（1）RSI 指标从超买区向下运行，6 日 RSI 线与 12 日 RSI 线形成死叉后继续下行，有效击穿 50 强弱分界线。此后指标大部分时间处在弱势区，表明市场长期处于弱势调整行情中，其间多次出现卖出信号。

（2）BIAS 指标正乖离率偏大，分别达到 26、56、116，有强烈回归 0 线的要求，随时有可能出现顶部。3 月 11 日开始拐头下行，即是卖出信号。

（3）钝化后的 W%R 指标开始上行（上方为弱势区），并上穿 50 中轴线。之后，大部分时间维持在弱势区运行，表明市场进入弱势整理，应及时逢高出局。

（4）KDJ 指标 3 月 11 日在高位死叉后，迅速回落至超卖区。之后，D 线反弹到 50 附近时再度滑落，形成死叉走势。

（5）ROC 指标远离 6.5 线，3 月 11 日在高位出现死叉，由此形成卖点。此后快速回落至 0 线附近，表明行情将长时间处于弱势下跌行情之中。

（6）WVAD 指标在高位出现缠绕状态，然后向下滑落，根据“日出而作，日落而息”的操作方法，应及时撤出。

根据上述指标组合群分析，该股大幅炒高后在高位出现振荡，技术指标在同一时间段里都发出卖出信号，无论是稳健型投资者还是激进型投资者，都应及时抛售离场。需要指出的是，在指标组合群中出现的卖出信号有时会不一致或先后不一，为了规避投资风险，可先行出局观望，伺机再战。

第四章 /
大势技术指标实战经典组合

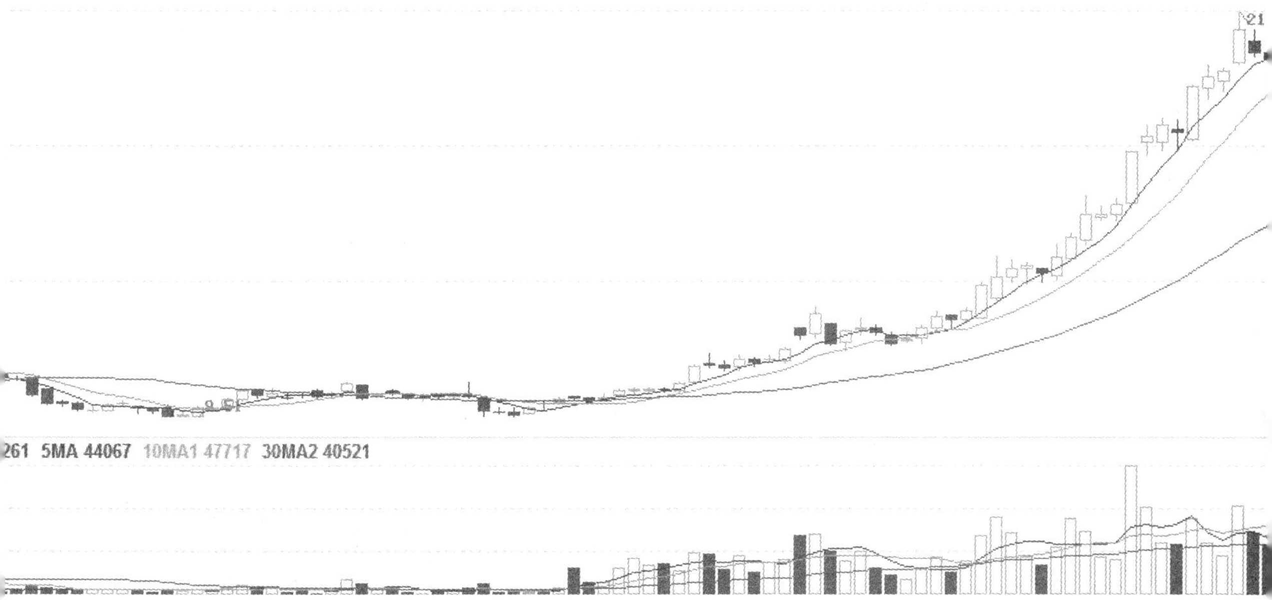

第一节 ADR＋OBOS＋ADL 实战经典组合

一、ADR 指标简介

1. ADR 指标的特性

涨跌比率指标（ADR）和 ADL 指标一样，是专门研究股票指数走势的中长期技术分析工具。将一定时期内上涨的股票家数与下跌股票家数作出统计，得出上涨家数和下跌家数之间的比率，由此推断市场上多空力量之间的变化，以检测最近一段时间的市场表现是否正常，如果超过某一限度，即表示行情可能反转，尤其是该指标可以重点探测市场处于超买或超卖的情况，提醒投资者做好买卖准备。

ADR 指标集中了股市个股的涨跌信息，可以反映股市大盘趋向强弱，但没有反映个股的具体强弱态势，因此它和 ADL 指标一样，同属于大势广量指标，是专门研究股票指数的指标，不能用于选股或研究个股走势。

股市是多空双方争斗的战场，这种争斗在一定程度上是自发的，带有较多的自由性和盲目性，其表现为股市上超买超卖的情况比较严重，有时候投资者盲目追涨会造成股市超买，有时候又会盲目地杀跌造成股市超卖。ADR 指标就是从一个侧面反映整个股票市场是否处于涨跌过度、超买超卖现象是否严重等情况，从而进行比较理性的投资操作。

ADR 指标的理论基础是“钟摆原理”，即当一方力量过大时，会产生物极必反的效果，向相反方向摆动的拉力变强，反之亦然。该原理表现在股市上，就意味着当股市中人气过于高涨，股市屡创新高以后，接下来可能就会爆发一轮大跌行情。当股市中人气低迷，股价指数不断下挫，跌无可跌的时候，可能一轮新的上涨行情即将展开。ADR 指标就是通过一定时期内整个股票市场的上涨和下跌家数比率来衡量多空双方的变化，以判断未来股票市场的整体走势。

2. ADR 指标的取值

ADR 指标在多头或空头市场中有不同的分析方法，一般研判标准主要集中在 ADR 数值的取值范围、ADR 曲线与股价综合指数曲线的配合等方面。

从 ADR 指标的计算方法来看，ADR 指标的取值范围是在 0 以上。从理论上来说，

ADR 指标的数值可以达到极大值。但在实际中，除了股票市场建立初期，上市股票很少而且所有股票都大幅上涨的情况下，ADR 指标的数值可能比较大，如沪市刚刚诞生的初期，ADR 的指标值曾超过 10 以外，其他时候指标值大于 3 的情况极少。

一般而言，由 ADR 指标的数值大小，可以把大势分为几个区域。

（1）ADR 数值在 0.5～1.5 之间时，为正常区域。当 ADR 指标处在正常区域内时，表明多空双方势均力敌，大盘走势波动不大，比较平稳，股市大势属于盘整行情。这个区域是 ADR 数值经常出现的区域。

（2）当 ADR 数值在 0.3～0.5 之间或 1.5～2 之间时，为非正常区域。当 ADR 指标处在 1.5～2 之间的非正常区域时，表明多头力量占据优势，大盘开始一路向上涨升，股市大势属于多头行情。当 ADR 指标处在 0.3～0.5 之间的非正常区域时，表明空头力量占据优势，大盘开始一路下跌，股市大势属于空头行情。这两个区域是 ADR 数值较少出现的区域。

（3）当 ADR 数值处于 0.3 以下或 2 以上时，为极不正常区域。当指标 ADR 处在极不正常区域时，主要是突发的利多、利空消息引起股市暴涨暴跌。此时，股市大势属于大空头或大多头行情。

3. ADR 指标应用法则

（1）当 ADR 数值小于 0.5 时，表示大势经过长期下跌，已经出现超卖现象，很多股票价格可能会止跌企稳并出现一轮反弹行情，投资者可以短线少量买入超跌股做反弹。

（2）当 ADR 数值大于 1.5 时，表示大势经过长期上涨，已经出现超买现象，很多股票价格可能已经上涨过度，将会出现一轮幅度比较大的下跌行情，投资者应以及时卖出股票或持币观望为主。

（3）当 ADR 数值在 0.5～1.5 之间时，表示大势基本处于整理行情之中，没有出现特殊的超买和超卖现象，这时投资者更重要的在于研判个股行情。

（4）当 ADR 数值在 0.3 以下时，表示大势处在大空头市场的末期，市场上出现了严重的超卖现象，很多股票价格已经跌无可跌。此时，投资者可以分批逢低吸纳股票，作中长线建仓投资。

（5）当 ADR 数值在 2.0 以上时，表示大势处在大多头市场的末期，市场上出现了严重的超买现象，很多股票价格涨幅已经过大，将面临一轮比较大的下跌行情。此时，投资者应及时卖出持有的股票。

4. ADR 指标的曲线配合

对大势而言，ADR 指标具有领先示警作用，尤其是在中短期回调或反弹方面，能比股价综合指数曲线领先出现征兆。若股价综合指数曲线与 ADR 曲线之间出现背离现象，则可能预示着大势即将反转。ADR 曲线与股价综合指数曲线配合使用，主要从以下几个方面进行分析。

（1）ADR 曲线向上攀升，股价综合指数曲线也同步上升，则意味着整个股票市场处于整体上涨阶段，股市大势将维持向上攀升的态势，市场上人气比较活跃，投资者可积极进行个股的投资决策。

（2）ADR 曲线持续下跌，股价综合指数曲线也同步下跌，意味着整个股票市场处于整体下跌阶段，股市大势将维持下跌的态势，市场上人气比较低落，此时投资者应以持币观望为主。

（3）ADR 曲线开始从高位向下回落，股价综合指数曲线却还在缓慢向上攀升，意味着股市大势可能出现“顶背离”现象，特别是大盘已经经过了一轮比较长时间的上升行情以后。股价综合指数上升而 ADR 值从高位回落，说明股市一线大盘股领涨，而大多数二三线小盘股却纷纷告跌，上升行情难以持久。

（4）ADR 曲线从底部开始向上攀升，股价综合指数曲线却继续下跌，意味着股市大势可能出现“底背离”现象，特别是大盘已经经过了一轮比较长时间的下跌行情以后。股价综合指数下跌而 ADR 值从低位开始向上攀升，说明股价综合指数的下跌是由大盘股下跌引起的，许多小盘股经过长时间的下跌后开始显现出投资价值，已经有主力开始建仓，整个大势可能将很快止跌反弹。

5. ADR 指标特殊分析方法

ADR 指标的特殊分析方法，主要包括 ADR 曲线形态、ADR 指标参数的修改等。

（1）当 ADR 曲线在高位形成 M 头或三重顶等顶部反转形态时，可能预示着大盘由强势转为弱势，大盘即将大跌，如果股价综合指数也出现同样的形态，则更可确认，其跌幅可以用 M 头或三重顶形态理论来研判。

（2）当 ADR 曲线在低位出现 W 底或三重底等底部反转形态时，可能预示着大盘由弱势转为强势，大盘即将反弹向上，如果股价综合指数也出现同样的形态，则更可确认，其涨幅可以用 W 底或三重底形态理论来判断。

（3）相对而言，ADR 指标高位的 M 头或三重顶判断的准确性，比底部的 W 底或三重底要高得多。

（4）指标参数的修改。ADR 指标的研判随着选用参数的不同会有一定变化，参数越大，ADR 常态区域的上下限就离 1 越近；参数越小，上下限离 1 越远。ADR 指标参数的选择会影响 ADR 曲线与 1 值线之间的关系，从而直接影响对大盘的研判。

二、OBOS 指标简介

1. OBOS 指标的特性

超买超卖指标（OBOS）是衡量大势涨跌气势的技术指标，通过计算一定时期内的涨跌股票家数之间的差距，以了解整个股票市场上买卖力量的强弱，从而看清未来股价走势的大趋势。

OBOS 指标反映的是股市的大趋势，对个股走势不作出明确的结论，因此在应用时只可将其作为大势参考指标，不对个股的具体买卖发生作用。

（1）当市场处于盘整时期时，OBOS 指标的取值应该在 0 值上下来回摆动。当市场处于多头市场时，OBOS 指标应该是正数，并且距离 0 较远。同样，市场处在空头市场时，OBOS 指标应该是负数，并且距离 0 较远。一般而言，距离 0 越远，则力量越大，势头越强劲。具体 OBOS 指标大于多少或小于多少算是多方或空方占据绝对优势，这个问题不好回答，这一点也是 OBOS 指标不如 ADR 指标的地方。股票总家数、指标参数的选择，都会直接影响这个问题的答案。对于参数的选择，可以明确的是，参数选择得越大，OBOS 指标运行越平稳。

（2）与一般规则一样，强过头了或弱过头了就会走向反面，所以，当 OBOS 指标过分大或过分小时，都是采取行动的信号。这里又出现了一个问题，就是具体的界限不好确定，也就是 OBOS 指标大于多少就要卖出，小于多少就要买入，具体的数值应该从实践中总结，而且会不断地变动。

（3）当 OBOS 指标的走势与股价指数背离时，大势可能会反转，也是采取行动的信号。

（4）形态理论和切线理论中的结论也可用于 OBOS 曲线。可以确定的是，如果 OBOS 指标在高位（低位）形成 M 头（W 底），就是卖出（买入）信号。连接高点或低点的切线，也能帮助大家看清 OBOS 指标的趋势，进一步验证是否与股价指数走势发生背离。

（5）当 OBOS 曲线第一次进入发出信号的区域时，应该特别注意是否出现错误，这是所有技术分析方法都要注意的问题。

（6）OBOS 指标比 ADR 指标计算简单，直观易懂，所以一般使用 OBOS 指标的时候较多，使用 ADR 指标的机会少一些。如果以 OBOS 指标为主，以 ADR 指标为辅，研判效果会更好。

（7）OBOS 指标可以设立参考线。

2. OBOS 指标应用法则

（1）OBOS 指标上升至 +80 时为超买，下降至 -80 时为超卖。

（2）OBOS 指标若超越 +100 或 -100 时，应等待其产生背离才可确认趋势转势。

（3）本指标应搭配 ADR、VR、BRAR 等技术指标使用。

3. OBOS 指标实战技巧

OBOS 指标的研判，主要集中在 OBOS 曲线与 0 值线之间的关系及运行方向上。重点关注 OBOS 指标的牛熊转换信号和牛熊持续信号。

第一，牛熊转换信号。

（1）当大盘已经经历了半年以上的熊市调整下跌行情后，如果 OBOS 曲线在 0 值线下方不远的区域盘整了一段时间，一旦 OBOS 曲线向上突破 0 值线，并且大盘指数曲线已经向上突破了中长期指数均线时，则意味着大盘已经由熊市下跌转为牛市上升行情，大盘中长期上升趋势已经开始，这是 OBOS 指标发出的熊市转牛市信号。此时，投资者可以大胆地买卖个股。

（2）当大盘已经经历了一年以上的牛市上涨行情后，如果 OBOS 曲线已经开始在 0 值线上方向下掉头，一旦 OBOS 曲线向下突破 0 值线，并且大盘指数曲线已经向下突破了中长期指数均线时，则意味着大盘牛市行情结束，一轮漫长的熊市行情已经开始，这是 OBOS 指标发出的牛市转熊市信号。此时，投资者应及时卖出所持有的个股。

第二，牛熊持续信号。

（1）当 OBOS 曲线向上突破 0 值线，并且已经确认了牛熊转换的牛市反转趋势后，只要 OBOS 曲线始终运行在 0 值线以上，同时大盘指数曲线也依托中长期指数均线向上运行，则意味着大盘仍处于一轮大的牛市行情之中，这是 OBOS 指标发出的牛市持续信号。此时，投资者应主要研究个股操作和继续持有。

（2）当 OBOS 曲线向下突破 0 值线，并且已经确认牛熊转换的熊市反转趋势后，只要 OBOS 曲线始终运行在 0 值线以下，同时大盘指数曲线也被中长期指数均线压制下行，则意味着大盘仍处于一轮大的熊市行情中，这是 OBOS 指标发出的熊市持续信号。此时，投资者最好还是置身股市之外，最多偶尔操作一下个股的短线反弹行情，并且要快进快出，切莫盲目买卖个股或持股。

三、ADL 指标简介

1. ADL 指标的特性

腾落指标（ADL）是以股票每天上涨和下跌的家数作为计算与观察的对象，以了解股市人气的盛衰，探测大势内在的动量是强势还是弱势，用以研判股市未来动向的技术指标。

ADL 指标与股市大势指数比较类似，只反映大势的走向与趋势，不对个股的涨跌提供信号。由于市场中常常存在通过拉抬打压大盘指标股，使得指数走势失去了其本来的面目，从而影响投资者准确研判行情走势，而 ADL 指标可以很好地消除这类失真的影响。ADL 指标计算方便，原理简单，对于观察大盘的实际人气具有独特的作用。

ADL 指标是将在市场上市交易的所有股票家数中，每日上涨的股票家数减去下跌股票家数所得的余额的累计，也就是将每一天计算结果的差相加。可见，ADL 指标是利用简单的加减法计算每天股票上涨家数和下跌家数的累计结果，与股市大势综合指数相互对比，对股票大势的未来走势进行预测。

在正常情况下，股市大势指数上升，上涨的股票家数必然较多；相反，股市大势指数下跌，下降的股票家数较多，两者之间的关系往往成正比。股市大势的升降与市场人气的强弱情形也是相同的，但是，当股市大势指数接近高位或低位时，也常有例外发生。这主要是由于股市大势指数的计算，一般都是以股市大势高低和股本总额的大小来选样加权计算的，这就使得市场上的高价股和股本流通盘大的股票（指标股或成分股），其上升或下跌在指数运算中所占的比例过重，对指数的涨跌影响较大。市场上的主力为了吸引买盘的兴趣，或诱逼卖方抛售，达到有效控制市场的目的，经常利用股本大或者股市大势高的个股占股市大势指数重的特性，刻意拉抬或者打压指标股，从而间接地影响大盘走势的涨跌。

由于股市大势指数在一定情况下受到指标股的影响，这些股票的异常走势（暴涨或暴跌）会对股市大势指数的走势带来重大影响，从而给投资者提供不真实的信息。为了弥补股市大势指数可能失真的缺点，在对股市大势指数分析中引入了ADL指标来辅助研判股市大势指数。

2. ADL指标应用法则

（1）ADL指标是了解股市人气状况，探测大势内在的资金动能是强势还是弱势，用以研判股市的未来动向。

（2）当股市指数持续上涨，ADL指标亦上升，股市指数可能仍将上升；当股市指数持续下跌，ADL指标亦下降，股市指数可能仍将继续下降。

（3）如果股市指数和ADL指标之间出现背离，指数往往会跟随ADL指标的运动趋势而变化。如果股市指数上涨，而ADL指标下降，股市指数不久也会出现回落。同样，股市指数下跌，而ADL指标上升，股市指数不久也会出现回升。

（4）股市处于多头市场时，ADL指标呈上升趋势，其间如突然出现急速下跌的现象，接着又立即扭头向上，创出新的高点，则表示行情可能会再创新高。当股市处于空头市场时，ADL指标呈现下降趋势，其间如果突然出现上升现象，接着又掉头下跌突破原先的低点，则表示另一段新的下跌趋势产生。

3. ADR、OBOS、ADL指标组合的优点

ADR、OBOS、ADL三大技术指标是研判大势的“三驾马车”，恰当运用这组指标，在股市操作中就不会出现大的失误。在当前市场中，无论是股评人士还是普通投资者，几乎形成了一种普遍的投资理念：重个股，轻指数，因此把大部分时间和精力都用在寻找个股机会上。倘若每天能搜索到涨幅居前的个股，那当然是一件好事。事实上，这种情况的难度系数非常高，非高手不可及。窃以为，在股市中如能把握住大势趋向，就是成功的一半，因此，对大势的把握是重中之重。无论是牛市行情还是熊市行情，在一个大的背景下，从大势的角度去印证个股的买卖时机，不仅能提高成功率，收益率也会大大提高。

四、反弹信号组合

1. 图形特征

（1）ADR指标一路下滑到低点，当指标值低于0.75时，为短期超卖现象，股指有回升或反弹要求。如果在跌势末期，当指标值低于0.50时，为超卖现象，暗示有中级反弹机会。当指标值低于0.30时，无论在什么位置，都意味着股指严重超跌，随时有可能出现报复性反弹行情，无论如何都要介入做反弹。

（2）OBOS 指标随着股指的下跌而下降，一般情况下，当指标值低于 -80（可设一条超卖线）时，为短期超卖现象，如果不是大空头市场，大多有回升和反弹行情出现。当指标值低于 -100（可设另一条超卖线）时，为严重超跌现象，随时有可能出现报复性反弹行情，无论市场处在何种状态下，都应杀进做多。

（3）指数经过一轮下跌或调整后，ADL 指标在低位企稳，并向上金叉其平均线，平均线随后上行，表明下跌或调整已经接近尾声，股指有望转势上升，此时可考虑介入。

2. 市场意义

在股指深幅下调时，市场上弥漫着空头气氛，人气涣散，大量恐慌盘顺势涌出。随着空方力量消耗殆尽，被迫放弃打压，空方拱手而退。多方力量则趁机占据市场主导地位，向空方发动反击，展开上攻行情。这组信号判断底部和预测顶部具有同样的效果。

3. 实战案例

如图 4-1 所示，上证指数（999999）走势图。这是上证指数在 2018 年 2 月前后的一段走势。股指从反弹高位开始出现快速向下调整，短期指数出现超卖现象。2 月 12 日开始，股指出现一轮有力的报复性反弹行情。

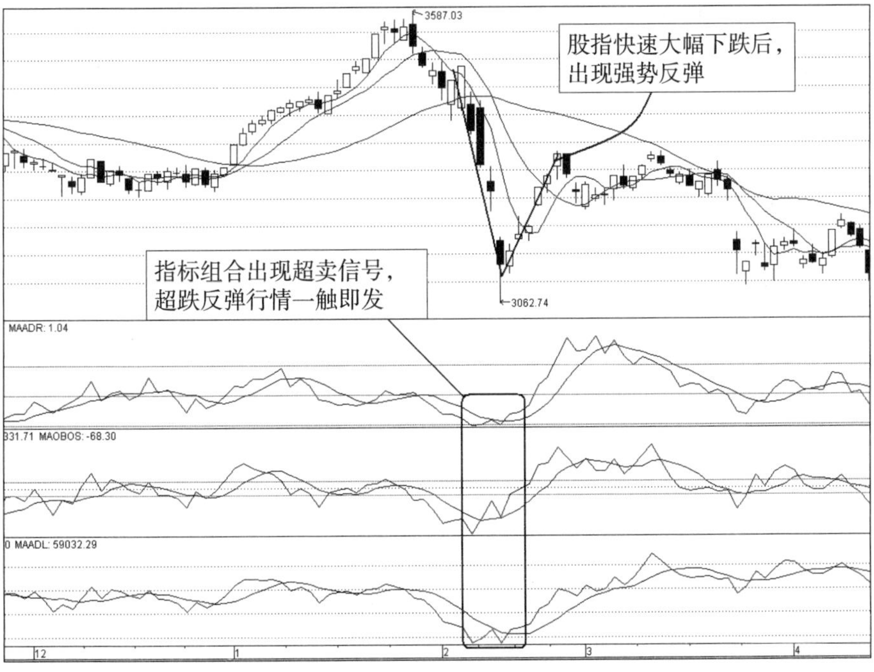

图 4-1　上证指数（999999）日 K 线图

从图中可以看出，技术指标组合发出了超卖信号。

（1）ADR 指标从高处下滑，最低探至 -0.48 以下后，没有继续下滑，与股指形成背离走势。此后几日 6 日平均线开始走平，说明短期下跌动力减弱，指标严重超跌，反弹随时有可能出现，应做好买入准备。

（2）同期 OBOS 指标出现同样的走势，从高处下滑到低处，最低探至 -521 后停止下滑，与股指形成背离走势。此后几日 6 日平均线开始上翘，说明出现严重超跌状态，随时可能有反弹行情出现，构成买入信号。

（3）此时 ADL 指标继续下降，在低位 ADL 线向上金叉 ADLMA 线，意味着调整行情即告结束，为短期介入点。

根据 ADR、OBOS、ADL 三大指标组合分析，股指超跌反弹行情即将出现，可以大胆介入做一波短线行情。其后，股指出现 206 点的反弹行情。反弹结束后，指标又发出空头信号。可见，ADR、OBOS、ADL 指标组合群判底测顶具有显著的效果。

五、三叉买入组合

1. 图形特征

（1）股指大幅下跌后，ADR 指标从高处回落到了低点，不久 ADR 线抬头向上金叉 6 日 ADR 线，力度很大。随后 6 日 ADR 线上行以支持 ADR 线走高，预示大势已经转跌为升，可在回调时介入。

（2）股指大幅下跌后，OBOS 指标在低位企稳向上，并金叉 6 日 OBOS 线，力度较大。随后 6 日 OBOS 线上行以支持 OBOS 线走高，预示大势已经转跌为升，从而验证了 ADR 指标走强的真实性，可在回调时介入。

（3）股指大幅下跌后，ADL 指标在底部与 ADR、OBOS 指标的走势如出一辙，指标也出现金叉走势。

2. 市场意义

股指在长期的下调中，逐步削弱了空方的下跌动力，也就是说减少了多方能量的损耗，相当于在底部堆积了许多上攻能量。一旦时机成熟，这股无形的能量就会爆发出来，推动股指成功突破上档阻力区。

三大指标几乎同时（相差不超过 3 天时间为佳）向上金叉，且力度很大，可谓“三线开花”，表明行情已经出现根本性变化。出现这组信号时，持币者应坚决跟进，持筹者应持股待涨。这组信号在实盘中成功率也非常高，短线具有很大的爆发力，判断底部和预测顶部均可。

3. 实战案例

如图 4-2 所示，上证指数（999999）的走势图。这是上证指数 2019 年 2 月前后的一段走势。股指从 2018 年 1 月的反弹高位回落后，指数不断向下走低。历经一年时间的调整，指数渐渐企稳。2019 年 1 月 4 日开始，市场渐渐回暖向上，指数回升到均线系统之上。经过短暂的蓄势整理后，指数继续上行，走出一波中级反弹行情。

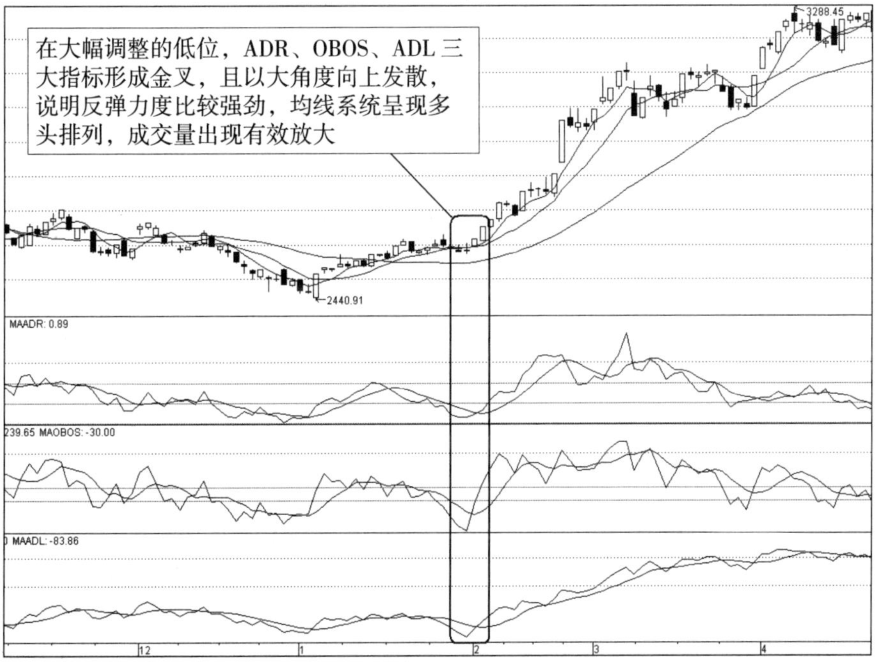

图 4-2　上证指数（999999）日 K 线图

从图中可以看到，技术指标组合发出三叉买入信号。

（1）2 月 11 日，ADR 指标在低位向上金叉 6 日 ADR 线，随后 6 日 ADR 线掉头上行，从指标线上升的角度看，上升力度较大。

（2）这时 OBOS 指标已经提前一天在低位形成金叉，6 日 OBOS 线掉头上行，从指标线上升的角度看，上升力度较大，从而验证了 ADR 指标转强的真实性。

（3）同一天 ADL 指标从最低 -13794 开始拐头上行，与 ADLMA 线形成金叉，随后 ADLMA 线上行，同样具有强劲的上攻动力。

纵观上述分析，ADR、OBOS、ADL 三大指标几乎同时在底部出现金叉，且以大角度向上发散，是难得一见的“三线开花”信号。同时均线系统呈多头排列，大势短线走强趋势得以确立。投资者应在此后回调时逢低大胆介入，其后股指出现强势上涨行情。

六、背离信号组合

1. 图形特征

（1）股指逐波创出近期新低，而 ADR 指标不但没有配合其创新低，反而出现向上走势，股指与 ADR 指标形成底背离形态，可逢低介入。最佳买入点就出现在第二次下探没有创出新低点而出现明显拐头向上并超过前面的高点时。

（2）股指逐波创出近期新低点，而 OBOS 指标不但没有配合其创新低，反而出现向上走势，股指与 OBOS 指标形成底背离形态，可逢低介入。其最佳买入点出现在第二次下探没有创出新低点而出现明显拐头向上并超过前面的高点时。

（3）当 ADR、OBOS 两大指标同时出现底背离走势后，也不必急于买入，可以密切关注行情的发展变化，因为有时背离之后还会背离，过早行动容易造成操作被动，所以还要等待转势信号的出现。一旦底背离走势被成功突破，发出有效的买入信号时，即可根据 ADL 指标寻找最佳买入点。在图形上或指标线形成金叉，或构筑双底形态，或突破某一重要压力位（线），或同样形成底背离走势被突破等，只要出现其中之一，即可大胆买入，一般能够成功地做一波短线行情。

2. 市场意义

这组信号表明股指最后的下跌是人为所致，目的是通过打压股指产生诱空气氛，制造空头陷阱，而主力却暗中在场内悄悄接盘，获取更多的廉价筹码，从而形成股价下跌、指标上升的底背离现象。这种形态往往是指数的最后一跌，也可能是最惨的一跌。

3. 实战案例

如图 4-3 所示，上证指数（999999）的走势图。这是上证指数 2017 年 5 月前后的一段走势。股指一路向下阴跌，屡创近期调整新低点。同期 ADR、OBOS 指标不但没有配合其创出新低点，反而呈上升走势。股指与技术指标形成底背离走势，表明股指离短期底部不远，反弹行情随时可能出现。

此时投资者不必马上介入，应等待真正企稳回升时再果断买入。不久，在日 K 线图中出现小双底形态，这是典型的企稳看涨信号。6 月 2 日，ADL 指标在低位反转向上并金叉 ADLMA 线，随后 6 日 ADL 线上行，指标曲线形成 W 底形态，表明行情已经开始转强。据此综合判断分析，行情底部已经显露出来，投资者在回调时可以大胆买入。

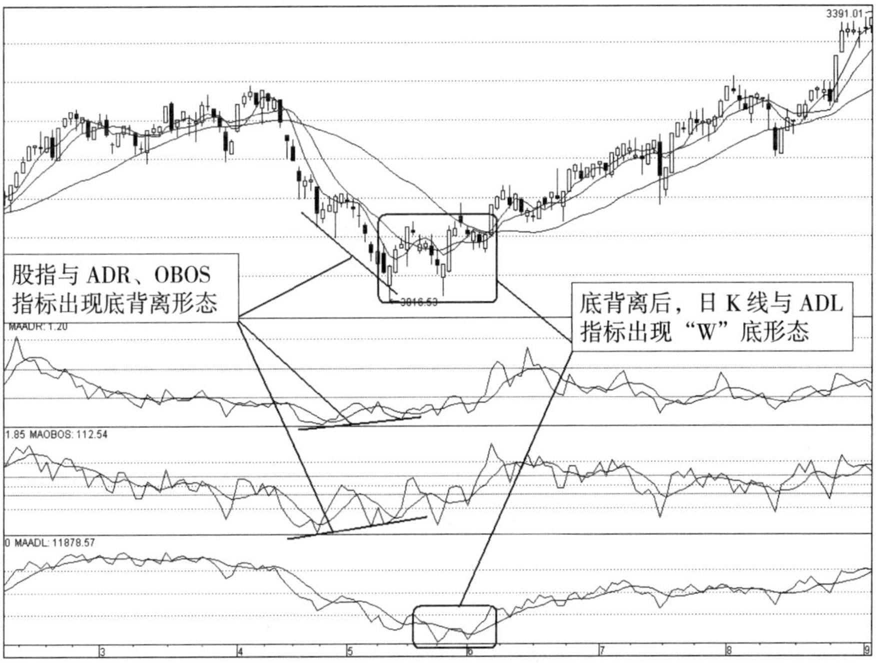

图 4-3　上证指数（999999）日 K 线图

相反，如果出现顶背离走势时，应采取做空的操作思路，及时卖出股票。

如图 4-4 所示，上证指数（999999）走势图。这是上证指数 2019 年 2 月～ 5 月的一段走势。股指逐波向上振荡走高，屡创近期反弹新高点。同期 ADR、OBOS 指标不但没有配合其创出新高点，反而呈下降走势。股指与技术指标形成顶背离走势，表明股指离短期顶部不远，随时有可能出现回落走势。

同期 ADL 指标在高位走平后，向下死叉 ADLMA 线，随后 ADLMA 线下行，表明行情已经开始转弱。日 K 线图中也出现顶部图形，在反弹高位构筑 M 头形态。根据盘面判断分析，行情上涨压力越来越大，短期顶部渐渐形成，投资者应及时逢高离场。

需要提醒的是，顶背离形态的可靠性要高于底背离形态，因为上涨的力量要大于下跌的力量，也反映了股市下跌容易上涨难的情况。当出现顶背离形态时，可以不需要等待其他信号的验证，即可做出卖出决策。底背离形态出现后，还要等待其他信号的出现，这样才能提高分析研判的可靠性。

图 4-4 上证指数（999999）日 K 线图

第二节 ADR + OBOS + RSI + W%R + MACD 实战经典组合

ADR 指标是将一定时期内的上涨股票家数与下跌股票家数作出统计，得出上涨家数和下跌家数之间的比率，以研判最近一段时间的市场表现是否正常，重点探测市场是处于超买还是超卖状态，为投资者提供买卖准备。

OBOS 指标是衡量大势涨跌气势的技术指标，通过计算一定时期内股票涨跌家数之间的相关差异性，了解整个股票市场买卖力量的强弱，从而看清未来股价走势的大趋势。

RSI 指标通过比较一段时间内收盘指数或收盘价的涨跌变化情况，来分析测量多空双方买卖力量的强弱程度，从而判断未来的股市走势。

W%R 指标是通过一定时期内市场最高价、最低价和收盘价的变化关系，来分析市场短期的强弱和超买超卖现象，从而提供有效的买卖信号。

MACD 指标是利用短期均线和长期均线之间的聚合与分离的征兆功能，来研判股市的未来变化趋势，以确定股票的最佳买卖时机。

在实盘操作中，如果没有清晰的操作思路，往往会手忙脚乱，顾此失彼。很多投资者面对一大堆技术指标和分析手段，感到无所适从，无处下手，而且各种方法分析得出来的结论又不那么可靠，甚至出现相互矛盾，这对投资者的操作思路产生了干扰。在这方面，ADR、OBOS、RSI、W%R、MACD 指标组合群，可以为投资者解决上述操作层面上的困惑。

基本操作思路是：首先掌握 ADR、OBOS 指标所处的位置和趋势，确立大势处在高位还是处在低位，尽可能选择一个相对底部且处于强势的市场。其次，用 RSI 指标确定大势的强弱和超买超卖程度，然后利用 W%R 指标进一步验证 RSI 指标的强弱和超买超卖程度的真伪性，最后用 MACD 指标寻求中期走势。

一、见底信号组合

1. 图形特征

（1）ADR 指标一路下滑到低点，ADR 线反转向上金叉 6 日 ADR 线，随后 6 日 ADR 线上行。当指标值低于 0.75 时，为短期超卖现象，股指有回升或反弹需要；如果在跌势末期，当指标值低于 0.50 时，为超卖现象，暗示有中级反弹机会；当指标值低于 0.30 时，无论股指在什么位置，都意味着严重超跌，随时会出现报复性反弹行情，无论如何都要介入做反弹。

（2）OBOS 指标随股指下跌到低点，然后 OBOS 线向上金叉 6 日 OBOS 线，而后 6 日 OBOS 线随之上行。通常来说，当指标值低于 -80（可设一条超卖线）时，为短期超卖现象，如果不是大空头市场，大多有回升和反弹行情出现；当指标值低于 -100（可设另一条超卖线）时，为严重超跌现象，随时会出现报复性反弹行情，无论市场处在何种状态下，都应介入做多。

（3）RSI 指标从高处下滑到超卖区（一般 20 以下）后，随着股指企稳反弹，6 日 RSI 线向上金叉 12 日 RSI 线，随后 12 日 RSI 线上升，成交量放大，为买入信号。

（4）W%R 指标从高位滑落后躺底，不久后一跃而起，形成强势的上升走势，为趋势转强信号，可以进一步确认 RSI 指标金叉信号的可靠性。

（5）MACD 指标从高处下滑到低点后，在底部 DIF 线金叉 MACD 线，MACD 线走平后开始上行并上穿 0 轴。BAR 指标绿柱消失，红柱出现并逐日增长，为中线转强信号。

2. 市场意义

物极必反，否极泰来。股指超跌后达到极限时，必然会引起承接盘的介入，从而产生反弹行情。这组指标能够很好地抓住股指超跌反弹的机会，为投资者提供确切的投资信号，具有十分重要的市场操作意义。这组信号既可以判断底部，又可以预测顶部，短线、中线均具有较高的研判价值。

3. 实战案例

如图 4-5 所示，上证指数（999999）的走势图。这是上证指数 2018 年 12 月～ 2019 年 5 月的一段走势。股指从 2018 年 1 月结束反弹后，逐波振荡走低，市场人气低迷，累计跌幅较大，投资价值显现，市场随时有可能出现反弹行情。进入 2019 年 1 月后，股价渐渐企稳，市场人气慢慢恢复，随后走出了一波中级反弹行情。

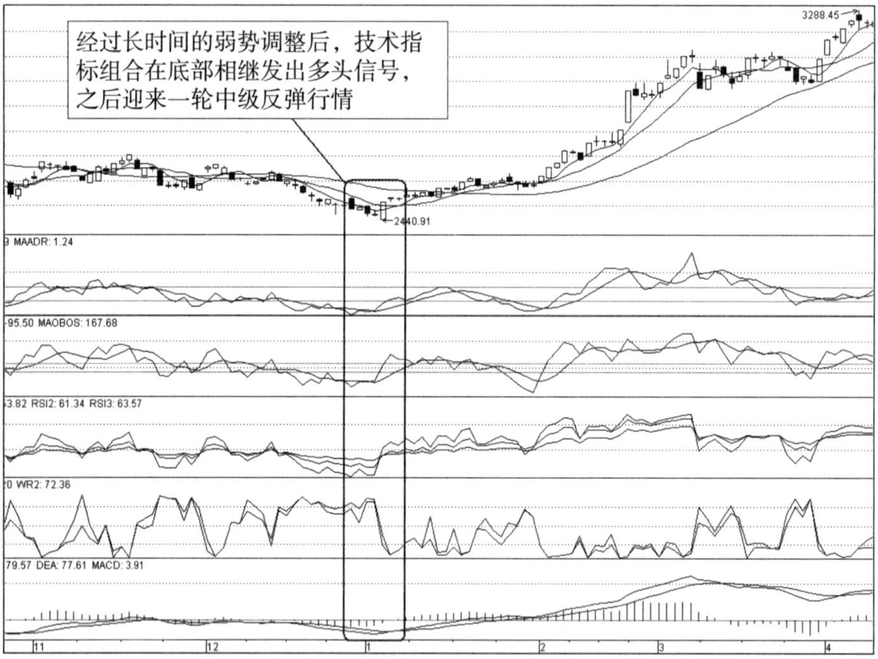

图 4-5 上证指数（999999）日 K 线图

从技术图表分析，不难发现一些底部技术信号。

（1）经过持续下跌调整后，2018 年 12 月 27 日，ADR 指标滑落到 - 0.5 附近，说明市场严重超卖，反弹行情随时有可能出现。在之后的 3 个交易日里，股指与指标形成短暂的底背离现象。2019 年 1 月 4 日，ADR 线向上金叉 6 日 ADR 线，6 日 ADR 线跟随上行，表明行情有见底迹象，此时可以考虑逢低布局。

（2）同期 OBOS 指标下降到了超卖区，下探至 -358 后出现回升，股指与指标形成短暂的底背离现象。如果不是在大空头市场，大多会有回升和反弹行情出现。1 月 4 日，OBOS 线一跃而起，脱离 6 日 OBOS 线，以大角度向上发散，表明底部渐渐形成，此时可以逢低吸筹。

（3）RSI 指标从高处下滑到超卖区，在 20 附近进入徘徊状态。1 月 4 日，随着股指向上反弹，6 日 RSI 线向上金叉 12 日 RSI 线，12 日 RSI 线随之上升，成交量温和放大，表明市场得到大资金的关照，为买入信号。

（4）此时 W%R 指标从高位滑落，突破 50 中轴线进入强势区（下方为强势区），之后在 50 中轴线之下运行，验证了 RSI 指标走强的真实性。

（5）MACD 指标 DIF 线在底部走平后向上金叉 MACD 线，MACD 线走平后开始上行，并向 0 轴发展。BAR 指标绿柱缩短，为中线转强信号，买入信号得到进一步明确。

根据技术指标组合群分析，股价下跌行情即告结束，即将迎来一轮反弹行情，投资者在回调时应积极介入做多。

二、回调信号组合

1. 图形特征

（1）ADR 线在低位向上金叉 6 日 ADR 线后，6 日 ADR 线走平或上移。后因股指回调确认底部，ADR 线回落到 6 日 ADR 线附近（或击穿 6 日 ADR 线后，又快速拉起），企稳后再度出现向上走势，6 日 ADR 线保持或加快上升速率，表明洗盘整理结束。

（2）OBOS 指标的走势与 ADR 指标相似，OBOS 线向上金叉 6 日 OBOS 线，随后 6 日 OBOS 线走平或上移。后因股指回调确认底部，OBOS 线回落到 6 日 OBOS 线附近（或击穿 6 日 OBOS 线后，又快速拉起），企稳后再度出现向上走势，6 日 OBOS 线保持上升速率，表明洗盘整理结束。

（3）RSI 指标在 20 附近，6 日 RSI 线向上金叉 12 日 RSI 线，12 日 RSI 线随之上升。因股指回调确认底部，6 日 RSI 线回落到 12 日 RSI 线或 50 强弱分界线附近（或击穿 12 日 RSI 线后，又快速拉起），企稳后再度反转向上，表明盘面重新回归强势。

（4）W%R 指标躺底后向上跃起，并继续穿过 50 中轴线。后因股指回调确认底部，W%R 线再次回落到强势区（下方为强势区），然后在强势区运行，从而验证了 RSI 指标转强的真实性。

（5）MACD 指标在底部金叉后向上运行。后因股指回调确认底部，DIF 线放缓上升速率，并有向 MACD 线靠近的迹象，但 MACD 线继续维持原来的上升势头；或者，DIF 线和 MACD 线接近黏合；或者，DIF 线死叉 MACD 后又快速形成金叉。不久，DIF 线逐渐离开 MACD 线向上，出现加速上升，在图形中出现“空中加油”“小鸭戏水”形态。BAR 指标的红柱缩短后再度增长，中期强势特征明显。

2. 市场意义

这是典型的洗盘回调或二次探底走势，股指成功探明底部后企稳反弹，但为了后市的稳步健康发展，或遭底部获利盘的抛压，往往展开洗盘或确认走势，以进一步整固底部根基，因而股指会出现回调探底走势。出现这组信号，表明股指回调确认结束，即将展开新一轮涨升行情或进入最后的冲刺阶段，投资者应积极做多，获利概率非常大，中短线操作皆宜。

3. 实战案例

如图 4-6 所示，上证指数（999999）的走势图。这是上证指数 2019 年 1 月～ 5 月的一段走势。股指从 2440 点开始回升到 2600 点上方后，市场的空头技术特征得到较好修复，但马上遇到前期盘区附近的压力，因此股指在 2600 点附近出现短期的振荡走势。经过短期的蓄势整理后，2 月 11 日股指向上突破，走出一轮中级反弹行情。

在整理过程中，技术指标组合出现空头排列，然后很快形成多头排列，表明洗盘整理结束，产生较好的买入信号。

（1）因股指出现振荡，ADR 指标向下回落，并击穿 1 线。2 月 11 日，ADR 线企稳上行与 6 日 ADR 线形成金叉，并继续上行穿过 1 线，表明市况已经企稳转强，形成买入信号。

（2）OBOS 指标到达 - 450 后，掉头向上并金叉 6 日 OBOS 线，比 ADR 指标提前一天出现金叉。从其指标线上升的角度看，上升力度较大，从而验证了 ADR 指标转强的真实性。

（3）RSI 指标从 1 月 4 日产生一个强势信号后，6 日 RSI 线始终在 12 日 RSI 线和 50 强弱分界线之上运行，虽然此时股指没有出现上涨走势，但也反映出股指处在强势运行中。1 月 30 日，6 日 RSI 线向下击穿 12 日 RSI 线，但第三天 6

日 RSI 线又快速返回到 12 日 RSI 线之上，表明盘面依然强势，也意味着股价调整结束。

（4）W%R 指标在 1 月 7 日走强之后，大多数时间在强势区域运行，一度越过 50 线，之后又快速返回到强势区域里，与前面几大指标出现同步走势，表明盘面进入新的强势，也验证了 RSI 指标走强的真实性。

（5）此时 MACD 指标怎么样呢？1 月 8 日，DIF 线金叉 MACD 线后，两线携手继续上升并穿过 0 轴。BAR 指标绿柱消失，红柱出现并逐日增长，说明 MACD 指标保持健康的上行状态，中线上涨趋势明确。

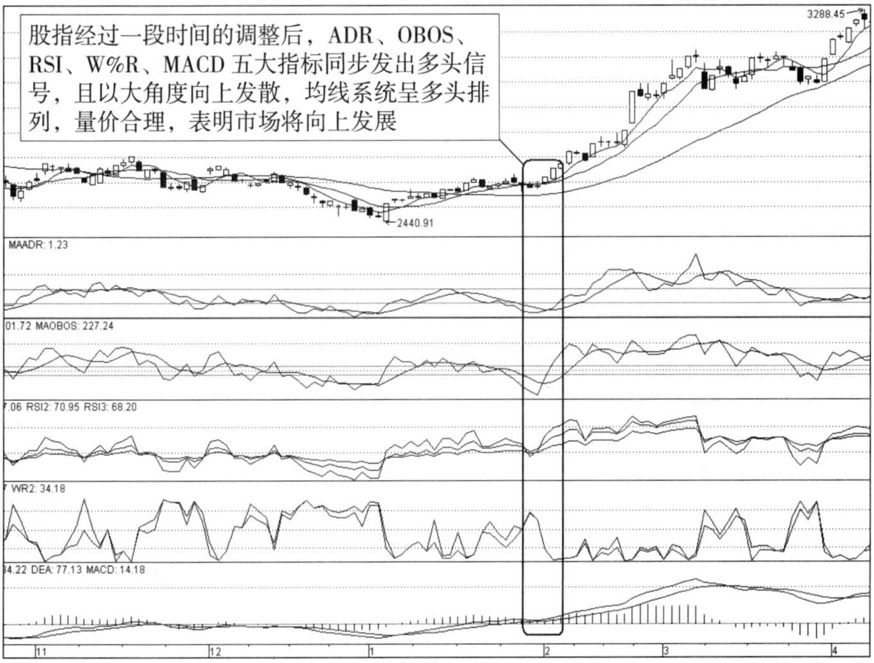

图 4-6　上证指数（999999）日 K 线图

上述指标组合群的分析结果显示，ADR、OBOS、RSI、W%R、MACD 五大技术指标信号同步共振，由此可以得出如下操作结论：盘整结束，上升在即，逢低介入是上策。

三、见顶信号组合

1. 图形特征

（1）在大幅上涨或反弹的高位，ADR 指标上升到了一定的点位后，因后续能量不继而无法继续上行，ADR 线向下死叉 6 日 ADR 线后，ADR 指标出现下滑走势，表明股指上升乏力，有回落整理要求，是行情转势的潜在信号。

（2）OBOS 指标上升到一定的点位后，也因后续能量不继而无法继续上升，OBOS 线向下死叉 6 日 OBOS 线后，OBOS 指标出现下行走势，意味着行情将要发生转变，是股指见顶信号。

（3）RSI 指标到了超买区后掉头向下，6 日 RSI 线死叉 12 日 RSI 线，并向下击穿 50 强弱分界线，意味着行情涨势末了，后市转向弱势盘整走势。

（4）W%R 指标到了超买区后，多次触底后向上跃起（上方为弱势区），并有效击穿 50 中轴线，从而验证了 RSI 指标转弱信号的有效性，形成卖出信号。

（5）MACD 指标中的 DIF 线在高位走平后向下，很快与 MACD 线形成死叉，并继续下行击穿 0 轴。SAR 指标红柱消失，绿柱出现并逐日增长。或者，DIF 线与 MACD 线在高位黏合一段时间后，DIF 线开始向下滑落，表明行情中期趋弱，应做好卖出准备。

2. 市场意义

这组信号表明股指后劲不足，上升乏力，此时的微幅涨升已经是黑暗前的晚霞，是最后的圆舞曲了。投资者遇此信号时，应及时清盘出局，最后的晚餐虽美但不好吃。退出观望，才可笑傲股林。

3. 实战案例

如图 4-7 所示，创业板指（399006）走势图。这是创业板指 2018 年 3 月前后的一段走势。指数经过一波快速调整后，出现一波有力的反弹行情。当指数反弹到前期盘区位置时，遇到强大的压力，上升明显乏力，在解套盘的抛压下，盘面出现大幅振荡。经过一段时间的高位盘整后，盘面渐行渐弱，之后指数出现中期调整走势。

通过技术指标组合分析，已经在反弹高点发出做空信号。

（1）ADR 指标出现快速上升，多次超过 2.0，显示大势处在大多头市场的末期，市场上出现了严重的超买现象，很多股票的价格已经涨幅过大，将面临一轮比较大的下跌行情。此时，投资者应及时卖出持有的股票。

3 月 13 日，ADR 线死叉 6 日 ADR 线，6 日 ADR 线同步下行，且以大角度向下发散，为见顶信号，投资者应及时离场。

（2）OBOS 指标创出 287 点高点后，从高位向下回落。3 月 14 日，OBOS 线死叉 6 日 OBOS 线，6 日 OBOS 线同步下行，表明行情已经逐渐转弱，验证了

ADR 指标走弱的真实性。

（3）RSI 指标到达超买区后，开始向下回落，继而 6 日 RSI 线死叉 12 日 RSI 线，并越过 50 强弱分界线继续下行，进一步证明行情转弱。

（4）W%R 指标到达强势区后，多次撞底（下方为强势区）后逐波向上跃起，并继续向上，说明行情向弱势方向发展。

（5）再看看中期 MACD 指标，DIF 线走平后下行，随后 DIF 线与 MACD 线形成死叉，BAR 指标出现绿柱，中期弱势趋向进一步明朗。

依据对技术指标组合群的综合分析，指数难以产生新的上涨行情，卖出信号产生共振，此时投资者对行情不可存有幻想，应该当机立断，坚决出局。

图 4-7　创业板指（399006）日 K 线图

第三节　MA＋VOL＋MACD 实战经典组合

MA 指标是借助一定时期股票收盘价的移动走势，反映真实的股价变动趋势和一段时间内股价的平均市场成本。

VOL 指标是股价涨跌趋势的先行指标，能够反映市场的供需状况，买卖气势强弱，以及投资者对未来股价变动的看法是否具有一致性。

MACD 指标是利用短期均线和长期均线之间的聚合与分离的征兆功能，来研判股市的未来变化趋势，以确定股票的最佳买卖时机。

这三大指标在技术分析领域里具有非常重要的地位，在个股和大盘分析中基本离不开它们，其操作方法也非常简单。当指数经过较长时间的下跌调整后，MA、VOL、MACD 同时发出见底信号时，则预示着一轮中级上升或反弹行情即将开始。反之，股指经过较长时间上涨之后，如果这三项指标同时产生见顶信号，则意味着大盘中期趋势向淡，指数可能出现下跌走势。这个指标组合既可以判断底部，也可以预测顶部，中短线操作效果均较好。

一、底部信号组合

1. 图形特征

指数长期下跌后，如果开始出现一些较为直观的企稳迹象，其后指数又开始缓慢上升，5 日均线与 10 日均线一般会因指数缓慢上涨在走平后出现交叉，相应地，成交量平均线也会出现 5 日均量线上穿 10 日均量线的现象，此时若 MACD 指标中的 DIF 线与 MACD 线也出现了交叉买入信号，往往就是大势见底回升的重要时机，为大势“三线开花”信号。

从技术分析的角度来看，有以下几点。

（1）5 日均线向上穿越 10 日均线的压制，表明短期内指数的低点已经出现，新形成的交易价格不仅在当前已经得到了市场的一定认同，而且短时间内的平均持仓成本还在向有利于多方的方向发展。

（2）5 日均量线向上穿越 10 日均量线，表明市场人气已经得到了一定的恢复，新增资金不断进场交易，使量价配合趋于合理。

（3）当 DIF 线向上突破 MACD 线时出现黄金交叉，本身就是一个技术上的买入信号，如果 DIF 线和 MACD 线的交叉是在 0 轴之上，则可信度较好，表明行情可能持续较长时间。不过，即使两者的交叉是在 0 轴之下完成的，后市出现上涨的机会也不小。

当 MA、VOL、MACD 三大指标同时出现做多信号时，由于彼此间的相互认证，此时大势向好的可能性将比其中任何一个指标所给出的结论都更加可靠，对底部研判的准确性也会大为提高。在实盘操作中，当以上三个条件同时满足时，投资者就可以在合适的个股中寻找合适的买点。

一般而言，MA、VOL、MACD 三大指标在一个交易日里同时发出买入信号的机会并不多见，没必要苛求这样的买点。实际上，上述几条线的交叉大多是在不同的交易日里出现的。由于成交量的放大常常会提前于指数的上涨，因此均量线的交叉多会最先出现。当上述几个交叉点全部发生后，投资者就可以考虑适时进场了。如果投资者在第一时间内没有发现或没有注意到买点，可以等待指数回档时出现的下一个买点。当底部信号出现后，指数在最初的小幅上涨后，多会有中途的回档，此时只要指数仍运行在上升趋势的格局中，投资者便可在指数回落到短期均线附近处伺机介入。

2. 市场意义

技术分析的方法多种多样，没有哪一种技术指标在准确性方面具有显著优势，有时不同指标提示的操作方向甚至会截然相反，各项指标之间往往会产生矛盾。投资者在对行情进行研判时，应尽可能寻求多个指标的配合和验证。

一般而言，单一技术指标的结论只能作为一种辅助参考，不应作为决策的唯一依据。实际上，也只有对多种指标进行综合比较和分析后，才能够在更加符合客观现实的基础上，提高分析结论的相对准确度。也就是说，如果多种技术指标同时都发出了基本相同的买卖信号，则此信号的可信度将大大提高。在判断大盘或个股底部是否形成时，将 MA、VOL、MACD 三大指标组合成一组指标群，用这三大指标的交叉信号来确认底部区域，可以较准确地判断大盘的中级运行趋势。

3. 实战案例

如图 4-8 所示，创业板指（399006）走势图。这是创业板指 2018 年 11 月～2019 年 3 月的一段走势。经过长时间的下跌调整，指数严重超卖，外围资金悄然入市，指数企稳振荡。2019 年 2 月 1 日，指数出现单边上涨，收出一根光头光脚的大阳线，一举向上穿越 5 日、10 日、30 日均线，形成“一针穿三线”形态。在长期跌势的低位，出现这样的贯穿式大阳线，对行情的转变起到了中流砥柱的作用，阻止了指数的进一步下跌，成为初步的止跌上涨信号。次日，继续出现单边上涨信号，成交量温和放大，巩固了前一根 K 线的上攻成果，而且突破了底部双重底形态，向三重底形态发展。更加具有技术意义的是，均线系统开始上行。

从技术指标分析会更加清晰，首先，股指上穿短期均线后，5 日均线金叉 10 日均线，并继续上行金叉 30 日均线，随后 10 日均线上行金叉 30 日均线，且 30 日均线上行，三条均线汇聚在一起，此时向上突破往往具有很强的爆发力。其次，成交量呈现温和持续放大的态势，5日均量大于10日均量，表明场外资金十分充裕，不断逢低介入抢占市场先机。其三，MACD指标在0轴下方构成金叉后缓缓上移，后因指数调整，DIF线回落到MACD线附近，但两线拒绝死叉，之后DIF线向上跃起，两线向多头发散，并穿过0轴，BAR指标红柱产生并增长，表明市场中期向好。

根据MA、VOL、MACD三大指标组合群分析判定，市场底部已经形成，将迎来一轮上升行情，投资者可以逢低介入。

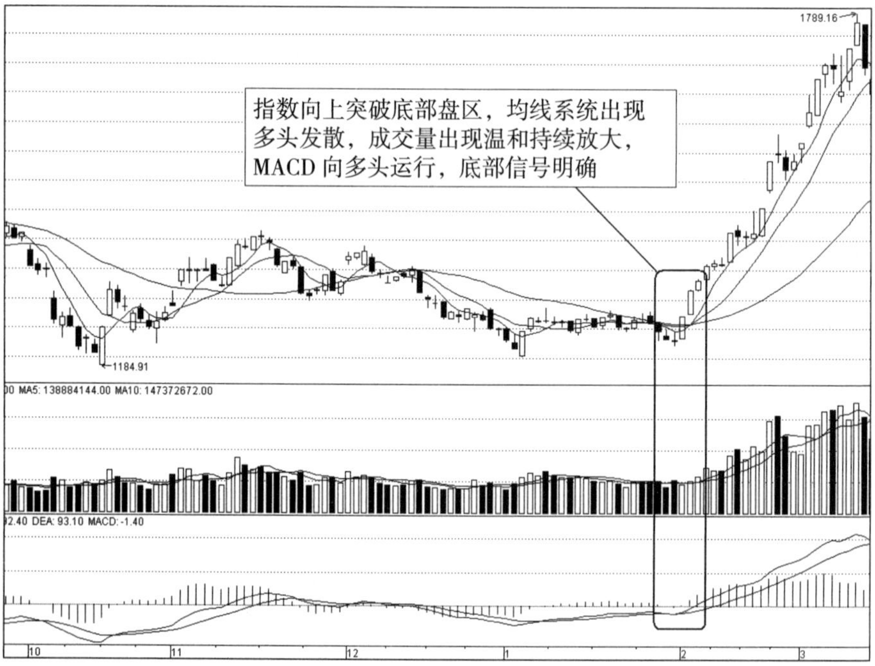

图4-8 创业板指（399006）日K线图

二、洗盘信号组合

1. 图形特征

（1）股指小幅上涨，均线系统多头排列，30日或10日均线保持上行。

主要有以下三种盘面现象。

第一种现象：5日均线与10日均线在30日均线上方拒绝死叉，5日均线掉头上行，10日或30日均线保持上行。

第二种现象：5日均线与10日均线在30日均线上方发生死叉，但拒绝死叉30日均线，30日均线保持上行。

第三种现象：5 日均线与 10 日均线在 30 日均线上方死叉后，继续死叉 30 日均线，但很快返回到 30 日均线之上，30 日均线保持上行。

这三种盘面现象，均说明洗盘蓄势整理结束，股指有望展开新一轮上涨行情，因而是买入信号。

（2）成交量小幅萎缩后，再次出现温和持续放大现象。

（3）MACD 指标在 0 轴以下金叉上行后，由于洗盘整理，DIF 线回落到 MACD 线附近，即将形成死叉时拒绝死叉，DIF 线反转上行，形成“空中加油”形态；DIF 线回落向下击穿 MACD 线，但很快返回到 MACD 线之上，MACD 线保持上行，形成“小鸭戏水”形态。

2. 市场意义

在一轮中级以上的反弹或上涨行情中，股指大多会出现洗盘蓄势现象，这与个股走势会有所区别。有的个股因为庄家控盘程度较高，受人为因素影响，拉升往往一步到位，中间没有明显的洗盘环节。指数是众多个股的集体反映，人为因素影响极小，其盘面走势会更加理性，也更加具有技术性和规律性。运用这组指标组合群分析预测指数运行节奏，准确性较高。当出现上述盘面现象时，表明洗盘整理结束，后市有望出现新的上涨行情，此时可以积极介入做多。

3. 实战案例

如图 4-9 所示，深圳成指（399001）走势图。这是深圳成指 2019 年 2 月前后的一段走势。指数从 2019 年 1 月 4 日企稳后，出现小幅回升，指数站于均线系统之上。由于受长期下跌调整的影响，市场人气一时难以全面恢复，加之指数回升到前期盘区附近时，也遇到不小的压力，因此指数出现振荡蓄势整理，这也是合情合理的。2 月 1 日开始，指数连收两根光头光脚大阳线，盘面形成突破走势。

从技术指标组合分析，首先，5 日均线与 10 日均线在 30 日均线上方拒绝死叉，5 日均线掉头上行，30 日均线保持上行，均线系统呈多头排列。其次，成交量小幅萎缩后，再次出现温和持续放大现象，表明场外资金纷纷介入。其三，MACD 指标金叉后穿过 0 轴，当 DIF 线回落到 MACD 线附近，两线即将形成死叉时拒绝死叉，DIF 线反转上行，形成“空中加油”形态，表明洗盘整理结束。

根据技术指标组合分析，指数蓄势整理结束，后市将出现新的上升行情，投资者可以逢低介入。

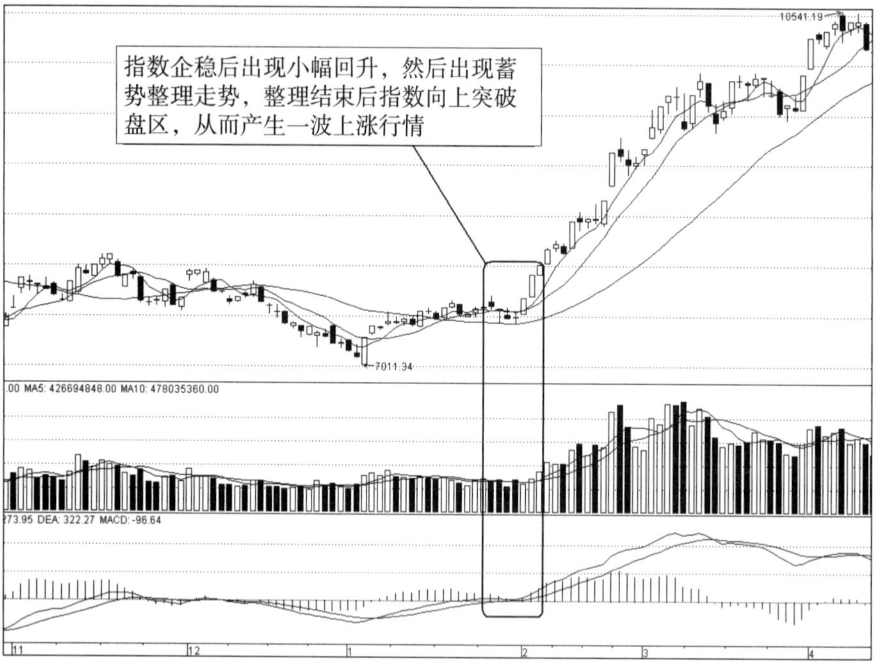

图 4-9　深圳成指（399001）日 K 线图

三、顶部信号组合

1. 图形特征

指数在长期上涨后开始出现一些较为直观的滞涨迹象，其后指数又开始缓慢下行，均线系统向空头发展，成交量萎缩，MACD 指标发出卖出信号，出现“三线死叉”信号，则往往预示着大势将见顶下跌。

从技术分析的角度来看，有以下几点。

（1）均线系统中，5 日均线向下击穿 10 日均线的支撑，表明短期内指数的高点已经出现。5 日均线进一步下行死叉 30 日均线，10 日均线随之下行也死叉 30 日均线，30 日均线向下运行，形成一个尖头向下的不规则三角形，均线呈空头排列。或者，均线系统长时间黏合后向下发散，指标曲线陡峭，为中短期见顶信号。

（2）成交量出现萎缩态势，5 日均量线低于 10 日均量线，表明市场人气已经开始松散，多空双方意见产生分歧，资金不断从市场中抽离出去，量价配合出现失调。

（3）MACD 指标远离 0 轴上方，DIF 线走平后向下死叉 MACD 线，或者 DIF 线与 MACD 线在高位黏合后向下发散，或者指数与 MACD 指标形成顶背离走势，均反映中期行情向淡。

2. 市场意义

在实盘操作中，不少投资者买入股票后，本来已经有了利润，但不知道股价已经涨到顶部，没有很好地回避风险，结果到手的盈利又没了，甚至还被套牢其中。这组信号表明行情已经处于危险区，市场上各种题材穷尽，火热疯狂的沸腾时期已过，警示投资者要提高风险意识。将MA、VOL、MACD这三大指标组合起来分析，可以帮助投资者提前把握行情见顶信息，及时逢高了结，落袋为安，以确保丰硕成果，回避下跌风险，减少利润损失。

3. 实战案例

如图4-10所示，创业板指（399006）走势图。这是创业板指2019年1月～5月的一段走势。股指从2月1日向上突破后，出现一波较大的上涨行情，指数涨幅超过44%，不少个股出现翻倍走势，市场一片沸腾，但此时也隐藏着市场回调的风险。3月13日，高位收出一根大阴线，浇灭了上涨的气势。此后盘面出现振荡，技术指标发出做空信号。

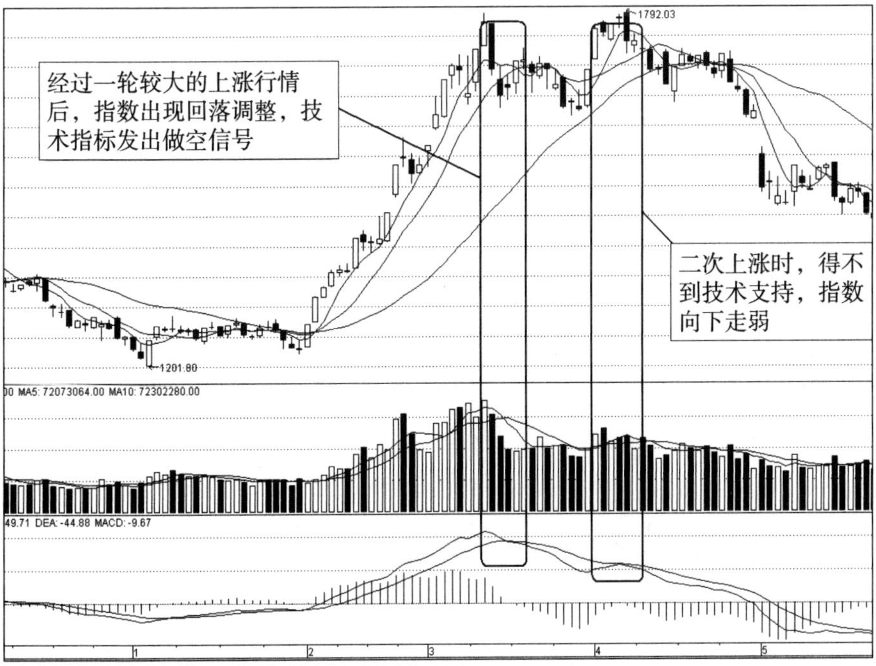

图4-10　创业板指（399006）日K线图

（1）5日均线走平后，与10日均线反复交叉，10日均线出现走平，多头排列的均线系统遭到破坏，显示上升乏力。

（2）成交量开始逐步萎缩，5 日均量线在 10 日均量线之下运行。这种现象一方面说明市场活跃度开始下降，另一方面说明场外资金没有兴趣入场，市场气氛趋于冷淡。在这种情况下，股指难以出现持续的上涨行情。很显然，不上涨也就意味着要调整。

（3）同期 DIF 线在远离 0 轴上方开始下行，并与 MACD 线形成死叉，说明中期上涨行情已经到了末期。

根据技术指标组合群分析判定，上涨行情难以维持，即将进入中期调整走势，投资者应以逢高退出为上策。之后，从 3 月 29 日开始出现一波有力的反弹，看似是产生第二波行情，但技术指标并不支持上涨。从盘面可以看出：一是指数面临前高压力，虽然创出新高，但未能形成有效突破；二是成交量没有持续放大，限制了指数上升的力度和高度；三是 MACD 指标继续下行，DIF 线受 MACD 线压制，且与指数出现顶背离走势。这种走势从主力意图方面分析，属于拉高出货的假突破行为。

第四节　KDJ + RSI + W%R + MA + VOL + MACD 实战经典组合

KDJ 指标是反映价格走势强弱和超买超卖动态的一种技术指标，可以为短线提供非常有效的买卖信号，是投资者短线操作的一大法宝。

RSI 指标通过比较一段时间内收盘指数或收盘价的涨跌变化情况，来分析测量多空双方买卖力量的强弱程度，从而判断未来的股市走势。

W%R 指标是通过一定时期内市场最高价、最低价和收盘价的变化关系，来分析市场短期的强弱和超买超卖现象，从而提供有效的买卖信号。

MA 指标是借助一定时期股票收盘价的移动走势，反映真实的股价变动趋势和一段时间内股价的平均市场成本。

VOL 是股价涨跌趋势的先行指标，能够反映市场的供需状况，买卖气势强弱，以及投资者对未来股价变动的看法是否具有一致性。

MACD 指标是利用短期均线和长期均线之间的聚合与分离的征兆功能，来研判股市的未来变化趋势，以确定股票的最佳买卖时机，它可以提供清楚的短期或中期趋势信号的形成或完结。

在操作方法上，根据KDJ、RSI、W%R指标发出的买卖信号，参考MA、VOL、MACD指标，看是否支持这些信号。如果这些指标相互配合和支持，则准确性大大提高，投资者可以大胆进行操作，直到组合指标出现转势信号为止。如果KDJ、RSI、W%R指标发出的买卖信号得不到MA、VOL、MACD指标的配合和支持，则准确性较差，应谨慎操作。或者，当MA、MACD指标的趋势方向明确后，结合VOL指标，在KDJ、RSI、W%R指标中寻找最佳买卖点。一般而言，同一方向的买卖信号准确性比较高，相反方向的买卖信号准确性比较差，或者说，关注同一方向的买卖提示，忽略相反方向的买卖信号。

一、底部信号组合

1. 图形特征

（1）KDJ指标几度跌至超卖区后出现向上金叉，成功穿越50中轴线，曲线陡峭有力。或者，KDJ指标在超卖区钝化一段时间后，突然一跃而起发力向上，突破钝化时的任一个高点，并迅速穿过50中轴线。或者，KDJ指标在底部与指数形成底背离走势，反映指数的下跌有非理性成分存在。

（2）RSI指标在底部形成金叉后，穿过50强弱分界线，在强势区运行。或者，成功突破长时间形成的一个直观的整理形态、一条压力线（趋势线）、一个压力位（区），并经回抽确认突破有效。或者，RSI指标在底部与指数形成底背离走势，反映指数的下跌为非理性抛压所致。

（3）W%R指标出现多次触底后，通常第4次触底作为技术分析依据，不久指标明显拉起，成功穿越50中轴线。或者，W%R指标在超卖区钝化一段时间后，突然一跃而起，发力而上，突破钝化时的任一个高点，并迅速穿过50中轴线。或者，W%R指标在底部与指数形成底背离走势，反映指数的下跌有非理性成分存在。

（4）在均线系统中，5日均线向上穿越10日均线，表明短期内指数的低点已经出现。5日均线进一步上行金叉30日均线，10日均线随之上行也金叉30日均线，30日均线向上运行，形成一个尖头向上的不规则三角形，均线呈现多头排列。或者，均线系统经过长时间黏合后，向上发散，曲线陡峭。

（5）在成交量方面，5日均量线向上穿越10日均量线，表明市场人气已经得到了一定的恢复，新增资金不断进场交易，使量价配合趋于合理。

（6）DIF 线向上突破 MACD 线形成黄金交叉，并继续上行穿过 0 轴，表明市场转为强势。或者，MACD 指标在任一位置长时间黏合后向上发散，曲线陡峭。或者，MACD 指标在底部与指数形成背离走势，意味着指数的下跌有人为刻意打压权重股的嫌疑或非理性抛压所致。

2. 市场意义

KDJ、RSI、W%R、MA、VOL、MACD 这六大技术指标均为当前证券市场中最热门、最有效的测市工具，将这些指标汇聚在一起组合成一组指标群，用于研判大势发展趋势，可以大大提高判断结果的准确性。当这组指标同时发出做多信号时，表明市场上的分歧意见走向统一，内部结构得到合理调整，投资信心得到恢复，多头趋势基本成熟，投资者可以积极看多做多。这组信号既可以判断底部，又可以预测顶部，中短线操作效果均佳。

3. 实战案例

如图 4-11 所示，中小板指（399005）走势图。这是中小板指 2017 年 1 月～7 月的一段走势。指数出现两波急跌后，短期进入超卖状态。1 月 16 日指数探底回升，此后出现一波反弹行情。之后经过调整后，在 6 月 7 日再次向上突破，产生新一波上涨行情。

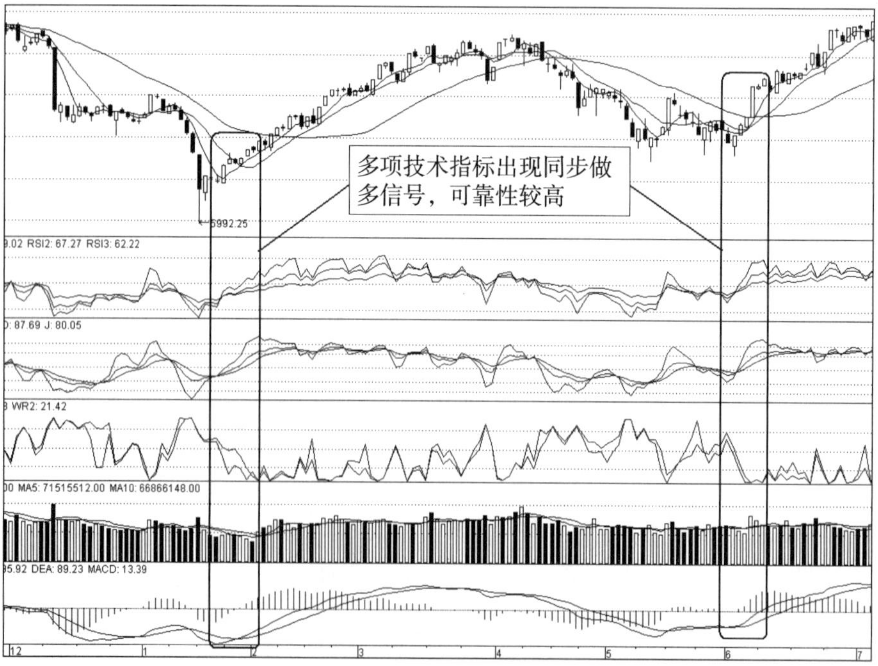

图 4-11 中小板指（399005）日 K 线图

从技术指标组合分析，两次走势基本相似。J 线、K 线向上突破 D 线构成黄金交叉，并穿越 50 中轴线抵达超买区，曲线陡峭有力，说明底部渐渐企稳，有利于多头行情。RSI 指标在底部获得支撑后向上运行，6 日 RSI 线金叉 12 日 RSI 线后，继续穿越 50 强弱分界线，并继续维持强势状态，表明多方占据主动。W%R 指标从顶部向下急速走低（下方为强势区），成功穿越 50 中轴线后进入强势运行，市场短线多头信号得到进一步验证。

同时，5 日均线向上金叉 10 日均线后，继续向上金叉 30 日均线，随后 10 均线向上金叉 30 日均线，30 日均线走平后上行，均线呈多头排列。在第二次上涨时，日 K 线构成“W”底形态，表明指数调整已经到位，成交量适中，基本维持活跃状态，等待上行后补量。MACD 指标在底部金叉后上行，第一次 DIF 线构成“W”底形态，第二次 DIF 线与 MACD 线出现黏合后向上发散，曲线陡峭有力，BAR 红柱产生并增长。随后 DIF 线和 MACD 线继续上行穿过 0 轴，维持强势状态。

综合上述指标组合群的分析判定，市场调整基本到位，投资者信心逐渐恢复，行情即将重拾升势，投资者应逢低介入。随后，行情出现一波有力的升势，给投资者以丰厚的回报。

二、顶部信号组合

1. 图形特征

（1）市场出现一波涨升行情后，KDJ 指标在超买区（80 上方）运行一段时间，不久 J 线、K 线向下死叉 D 线，随后 D 线下行，曲线陡峭有力，并穿过 50 中轴线直奔弱势区，表明大势将出现阶段性顶部，为中短线做空信号。

（2）RSI 指标随着指数的上涨一路上行，在超买区（80 上方）持续一段时间后，6 日 RSI 线向下死叉 12 日 RSI 线，两条指标线下行，角度陡峭，力度凶猛，并穿过 50 强弱分界线后直奔弱势区，表明大势已经走弱，后市难有起色，为中短线转弱信号。

（3）W%R 指标多次触顶后（上方为弱势区），向下回落成功击穿 50 中轴线。或者，W%R 指标在超买区钝化一段时间后，突然反转向下突破钝化时的任一个低点，并迅速击穿 50 中轴线。或者，W%R 指标在顶部与指数形成顶背离走势，反映指数的上涨有非理性追高成分。

（4）在均线系统中，5 日均线向下穿越 10 日均线，表明短期内指数高点已经出现。5日均线进一步下行死叉30日均线，10日均线随之也下行死叉30日均线，30日均线向下运行，形成一个尖头向下的不规则三角形，均线呈现空头排列。或者，均线系统经过长时间黏合后向下发散，曲线陡峭，为中短线见顶信号。

（5）成交量出现萎缩态势，5日均量线低于10日均量线，表明市场人气已经开始松散，多空双方的意见产生分歧，资金不断从市场中抽离出去，量价配合出现失衡，显示多方反攻力量薄弱。

（6）MACD指标远离0轴上方，DIF线掉头向下并死叉MACD线后，MACD线随之下行，向0轴发展，SAR红柱缩短并消失，绿柱产生并逐日增长，表明中短期行情向淡。

2. 市场意义

这组信号是在MA、VOL、MACD指标组合的基础之上，再引入KDJ、RSI、W%R这三大指标，目的是为投资者提供更安全、更可靠的市场信号。在操作上，先后顺序没有十分严格的要求，只要信号产生共振，相互印证，即是投资决策的最佳时机。当这组指标同时发出做空信号时，表明市场多空分歧意见开始加大，内部结构出现分化，投资者信心开始动摇，空头气氛渐渐形成，应及时逢高离场。

3. 实战案例

如图4-12所示，上证50（000016）走势图。这是上证50指数2018年2月前后的一段走势。指数从2016年初见底后逐波走高，不断创出上涨新高，成为市场上风靡一时的“漂亮”指数，吸引不少增量资金介入，行情持续两年之久。2018年1月底到2月初，多项技术指标在高位发出做空信号，2月7日指数破位下行，日K线出现“M”顶形态，从此形成中期顶部。

依据以下技术指标组合分析，顶部做空信号非常清晰。

（1）KDJ指标从超卖区上行到超买区后出现钝化，1月29日出现明显的向下发散，J线、K线向下死叉D线，随后D线下行，曲线陡峭有力。在2月5日的回升过程中，KDJ指标金叉后又快速死叉，D线继续下行。2月7日，KDJ指标回落到50中轴线以下，并走向弱势区，构成做空信号。

（2）RSI指标随着指数的上涨一路上行，在80上方超买区持续一段时间后，突然6日RSI线反转下行，1月29日与12日RSI线死叉后下行，曲线陡峭有力。在随后2月5日的回升过程中，6日RSI线和12日RSI线受制于24日

RSI线的压力下行，然后回落穿过50强弱分界线，直奔弱势区。这种情况表明空方来势凶猛，力量强大，多方不得不放弃强势阵地，退居后方修身养性，伺机重拾升势。

（3）W%R指标几次触底后（下方为强势区），一度出现钝化现象，然后向上跃起，穿过50中轴线，向弱势区域挺进，短线明显走弱。在随后的回升中，W%R指标再次快速回到弱势区，说明短期盘面走弱。

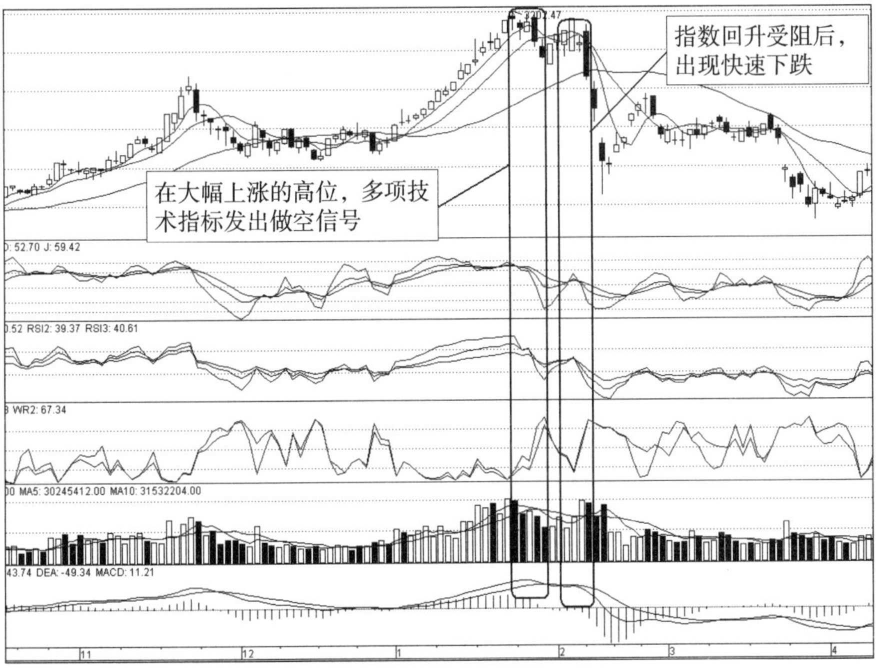

图4-12　上证50（000016）日K线图

（4）在均线系统中，指数远离30日均线，短期乖离率偏大。不久，在高位5日均线掉头向下，击穿10日均线的支撑，表明短期内指数冲高受阻，10日均线渐渐走平，短期均线形态不利于多方，预示指数将出现调整。在随后的回升中，5日均线受到10日均线的压力下行，10日均线也开始下行，以大角度有力向下死叉30日均线。

（5）成交量出现萎缩态势，5日均量线低于10日均量线，反映市场人气逐渐松散，多空双方分歧意见加大，矛盾进一步显现。

（6）MACD指标远离0轴上方，DIF线掉头向下死叉MACD线后，DIF线与MACD线出现短暂的黏合，之后向下发散。BAR红柱缩短并消失，绿柱产生并逐日增长。

从技术指标组合分析，做空信号产生共振，中期行情向淡，投资者应及时逢高离场观望。

需要说明的是，在预测大势时，除上述介绍的几大指标组合外，还可以运用其他短、中、长线技术指标组合群进行研判，同样具有较高的实盘应用效果，可以参阅前面有关章节的内容，这里不再赘述。

第五章 /
不同周期技术指标实战经典组合

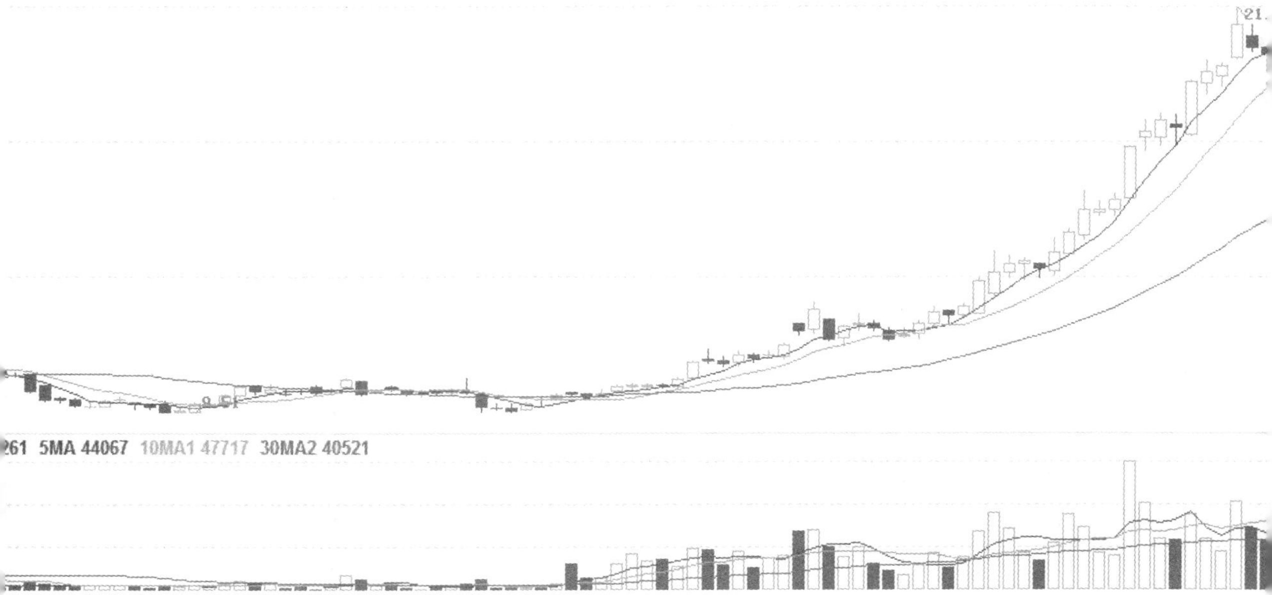

第一节 周期组合的作用和技巧

一、周期组合的主要作用

通常，K 线图中的 5 分钟、15 分钟、30 分钟线叫分钟线，而 60 分钟线可以叫小时线，这四种 K 线可以统称为分钟线。

许多投资者看图分析股票时，通常只使用日、周、月线，而对于 5 分钟、15 分钟、30 分钟、60 分钟的分时 K 线图则使用较少。其实，熟练掌握分钟线分析技术，对投资者进行个股分析同样大有帮助（尤其在短线操作和期货市场里，作用更加明显），中长线牛股都是在分钟线中产生的。

分钟线的作用大致有以下五点。

（1）从微观的角度分析个股走势，分钟线是日线分析的补充，能更好地把握当日的走势，通过技术分析找到短期趋势。在分钟线中，对于走势可以看得更加细微，对投资者选择介入时机非常有帮助。

（2）帮助投资者精确判断买卖时机。比如，如果股价远离各分钟线中的均线系统，预示股价将会有调整，使短线买卖行为细化到分、时，能够更加精确。

（3）可以及时发现庄家的一些蛛丝马迹。庄家的坐庄意图会通过分钟线表现出来，投资者可以做好相应的操作准备。

（4）在大多头或大空头市场中，某些短线技术指标（如 KDJ、W%R 等）很容易出现钝化，这时可以寻求分钟线或周线、月线的帮助，以提供清晰的买卖信号。

（5）在某些中长线技术指标（如 TRIX、DMA、EXPMA 等）中，日 K 线级别上出现买卖的频率并不多，很难获得明确的买卖信号，这时可以通过分钟线寻找最佳的买卖信号。

此外，在确认某只股票的中长线走势之后，在此基础上做一些短线操作，可以提高资金利用率。一旦短线失手了，还有补救的机会。可见，如果能够将分钟线分析和日线、周线、月线分析结合起来，操作效果会更好。不过，过多的短线交易将会相应地增加交易费用。

二、周期组合实盘技巧

1. 共振信号的种类

（1）同一指标的周期共振信号，是指同一指标中的分钟线、日线、周线、月线几乎同步（或非常接近）发出买卖信号。日月同辉，时分相映，大多会出现预期的走势。共振信号越多，可靠性越强。

（2）不同指标的周期共振信号，是指不同指标在对应的同一周期或对应的不同周期出现的买卖共振信号。它包含两方面内容：对应的同一周期共振信号（日线对应日线，月线对应月线等）和对应的不同周期共振信号（日线对应周线或月线，月线对应分钟线、周线或日线等）。

本书前面内容分析的是不同技术指标在同一周期产生的共振信号，即日线对日线产生的共振信号。

不同技术指标、不同时间周期产生的共振信号，也可以用于实盘操作。如日线 MACD 指标与月线 KDJ 指标、60 分钟线 TRIX 指标等出现共振信号，也可以作为买卖依据。

由于篇幅有限，本书在此方面不作深入讲解，仅举一实例分析，旨在抛砖引玉，举一反三。有兴趣的投资者，可以在实盘中多加研究和总结。

如图 5-1A、5-1B、5-1C 所示，特发信息（000070）日 K 线走势图。该股股价成功见底后，渐渐向上爬高，30 日均线缓缓上行。经过洗盘整理后，2019 年 1 月 2 日，股价放量突破底部盘区，出现一波快速上涨行情。

（1）从该股日线 TRIX 指标分析，1 月 2 日 TRIX 线向上金叉 TRIXMA 线，表明洗盘整理结束，中期行情走好，构成买入信号（图 5-1A）。

（2）在 60 分钟 MACD 指标图中，DIF 线与 MACD 线在 0 轴附近黏合后，出现向上发散走势，构成买入信号（图 5-1B）。

（3）在周线 KDJ 指标中，J 线、K 线回落到 50 中轴附近，拒绝死叉 D 线，然后 J 线、K 线反转上行，继续在强势区域运行，说明洗盘整理结束，后市看多（图 5-1C）。

通过对该股日线 TRIX、60 分钟 MACD、周线 KDJ 指标的综合分析，做多信号产生共振。结合均线系统、日 K 线位置、成交量分析，强势特征显现，构成买入信号。

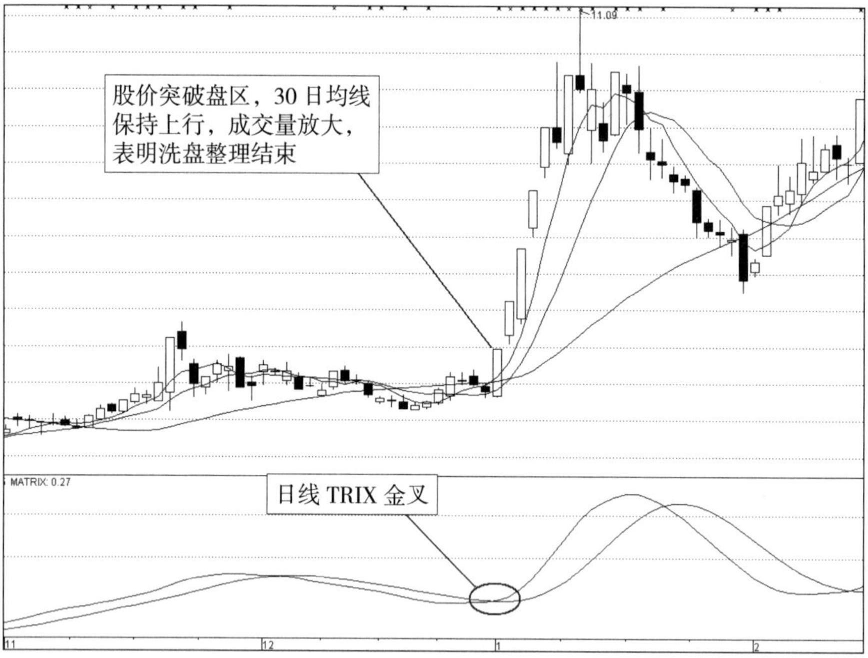

图 5-1A　特发信息（000070）日 K 线图

图 5-1B　特发信息（000070）60 分钟 K 线图

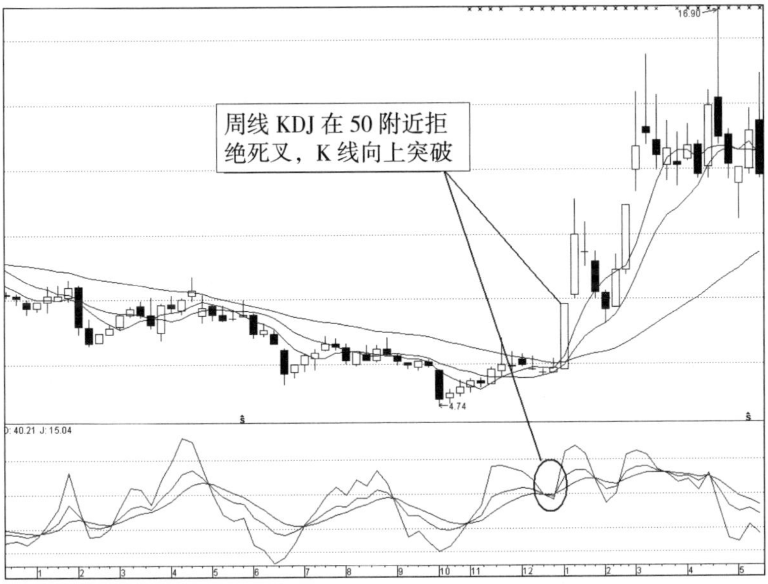

图 5-1C　特发信息（000070）周 K 线图

2. 共振信号分析方法

技术指标共振信号的分析方法多种多样，因个人操作习惯不同而不同，大体上有以下三种分析法。

（1）从短线到长线分析法，也叫海选式分析法。即从周期较短的指标入手，梳理出符合买卖条件的个股后，再去寻找周期较长的指标支持，并去伪存真，对符合要求的个股保留下来，剔除买卖信号存在矛盾的个股。比如，当发现某只个股 30 分钟 K 线发出买入信号后，那么可以再观察 60 分钟 K 线、日 K 线乃至月 K 线的位置或形态，如果周期信号产生共振，则可信度高。假如 30 分钟 K 线发出多头信号，60 分钟线或日线却处于空头状态，此时买入要谨慎。

（2）从长线到短线分析法，也叫淘汰式分析法。与前一种情况相反，即从周期较长的指标开始寻找可靠的趋势，然后在周期较短的指标中确定买卖信号，买卖行动与趋势相结合。比如，当发现某只个股周线处于强势之中后，可以在日线或分时线中寻找合适的切入点，这样不仅可以买到涨势中的低点，买入后还有中期强势行情的保障。

（3）从中间到两边分析法，也叫均衡式分析法。根据个人的实盘习惯或特长，以某一个周期为轴心，再观察短周期和长周期的指标形态和位置，然后确定买卖点。比如，以日 K 线为重点，在周 K 线或月 K 线中寻找中期支持，然后在 60 分钟 K 线或 30 分钟 K 线中确定买卖点。

第二节　KDJ 指标不同周期实战经典组合

一、KDJ 指标分钟线用法

只要有交易，即使股价长时间不发生变化，KDJ 指标也会发生相应的变化。即使在一个相当长的时间周期内，股价保持相对的稳固性，甚至出现一直处于某一个固定价位的特别情况，与之对应的 KDJ 指标却不可能一成不变，反而会产生相当大的变化。这一点，在分钟图上的变化更为明显，投资者应当掌握这一特性。

（1）经过一轮调整后，30 分钟 KDJ 指标在低位（一般 20 以下）发生金叉，表明盘中即时行情将从原来的下降趋势转向短暂止跌（或已经止跌）或回升，可作为买入信号；反之，当 30 分钟 KDJ 指标在高位（一般 80 以上）发生死叉，则表明盘中即时行情将从原来的上升趋势转向短暂滞涨（或已经滞涨）或回落，可作为减磅信号。

（2）股价经过一轮下挫后，60 分钟 KDJ 指标在低位（一般在 20 以下）发生金叉，表明盘中即时行情将产生短暂反弹（或已经反弹），是买入信号；反之，当 60 分钟 KDJ 指标在高位（一般在 80 以上）出现死叉，则表明盘中即时行情将产生短暂回档（或已经回档），是卖出信号。

（3）在股价调整过程中，当 30 分钟 KDJ 指标与 60 分钟 KDJ 指标在盘中某一个时间段里几乎同时沉底（或见顶），从超短线出击的角度看，待其金叉（或死叉）之后，是一个极好的盘中短线买点（或卖点），成功率非常高。

（4）60 分钟 KDJ 指标从相对低位金叉到相对高位死叉所间隔的时间通常为 8～12 小时，反之，从相对高位死叉到相对低位金叉的间隔时间通常也是 8～12 小时，如果将这种趋势在时间坐标上延续下去，则可以将原来仅具有判断行情反弹与回档性质的 KDJ 指标拓展了一种新功能，即从时间的角度去研判未来某一个时段内，行情可能存在短期做多或做空的机会，从而将未来可能产生的买入点和卖出点把握得恰如其分。当然，这种方法必须在技术十分娴熟的基础上才能使用，此功能也可用在日线、周线、月线之中。

如图 5-2A、5-2B 所示，方盛制药（603998）K 线走势图。该股经过回调洗盘后，2019 年 3 月 27 日上午收盘时，30 分钟 KDJ 指标在 20 以下低位金叉向上，此时 30 分钟 MA5 均线金叉 30 分钟 MA10 均线，并继续向上金叉 30 分钟 MA30 均线，此时 30

分钟 MA30 均线走平后开始上移，成交量放大，为短线买入信号（图 5-2A）。

在同一个时段，60 分钟 KDJ 指标在 20 附近向上金叉，此时 60 分钟 MA5 均线上行，股价突破 60 分钟 MA10 均线和 60 分钟 MA30 均线的压力，此时 60 分钟 MA30 均线开始上移，成交量放大，也是一个短线做多信号（图 5-2B）。

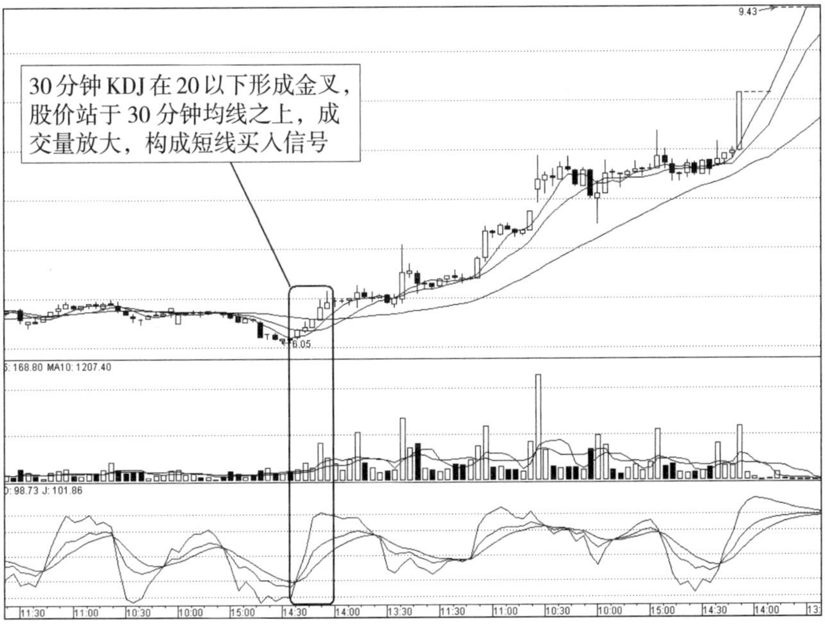

图 5-2A　方盛制药（603998）30 分钟 K 线图

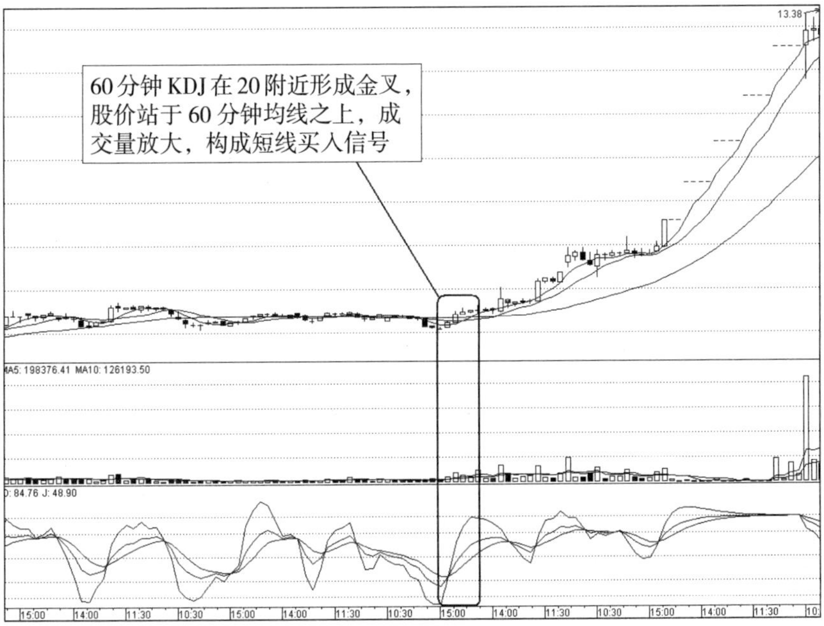

图 5-2B　方盛制药（603998）60 分钟 K 线图

可见，该股 30 分钟和 60 分钟 KDJ 指标在盘中几乎同时沉底，同时向上形成金叉，短线投资者可以介入做一波超短线反弹。

二、KDJ 指标分钟线、日线用法

日线 KDJ 指标使用最为广泛，但日线 KDJ 指标经常出现钝化现象，在买卖操作上有一定的难度。如果难以从日线 KDJ 值钝化后的相互位置关系进行分析，不妨细细品味 60 分钟的走势图，根据 60 分钟图上的指标特点来把握最佳进出场点。毕竟分钟图的变化频率要比日线的变化快得多，要使 60 分钟 KDJ 值产生钝化并非易事。况且，即使它们一路钝化下去，还有频率更快的 30 分钟图和 15 分钟图，总有一个可以找到突破口。

如图 5-3A、5-3B 所示，江铃汽车（000550）K 线走势图。该股探底成功后，股价出现向上回升。2018 年 12 月 4 日，日线 KDJ 指标在低位发生金叉，股价站于均线之上，收敛后的均线系统出现向多头发散形态（图 5-3A）。此时，60 分钟 KDJ 指标在强势区域运行，J 线、K 线拒绝死叉 D 线，表明短暂的回档结束（图 5-3B）。可见，日线 KDJ 指标与 60 分钟 KDJ 指标同步出现买入信号，构成短期非常好的买点。

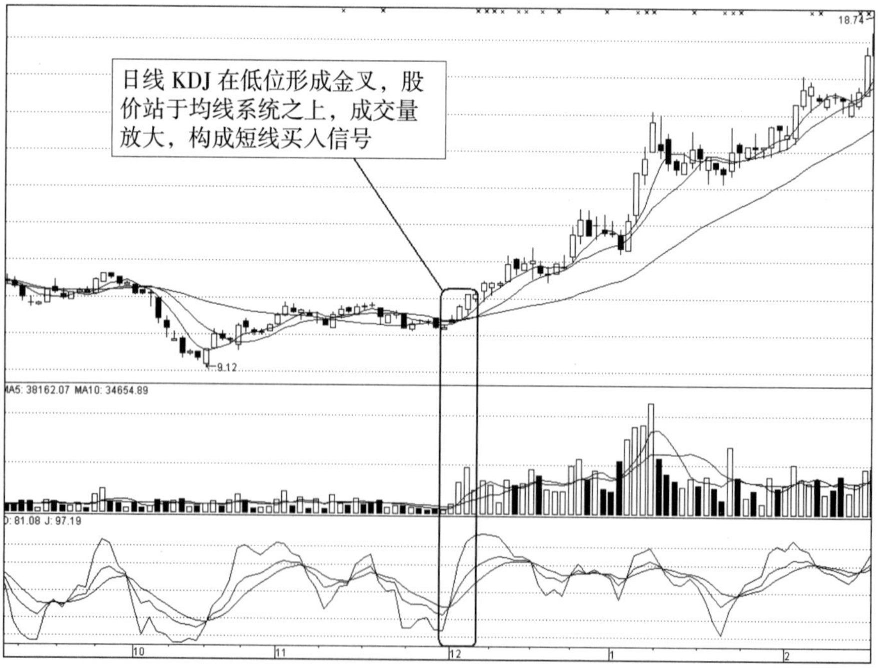

图 5-3A 江铃汽车（000550）日 K 线图

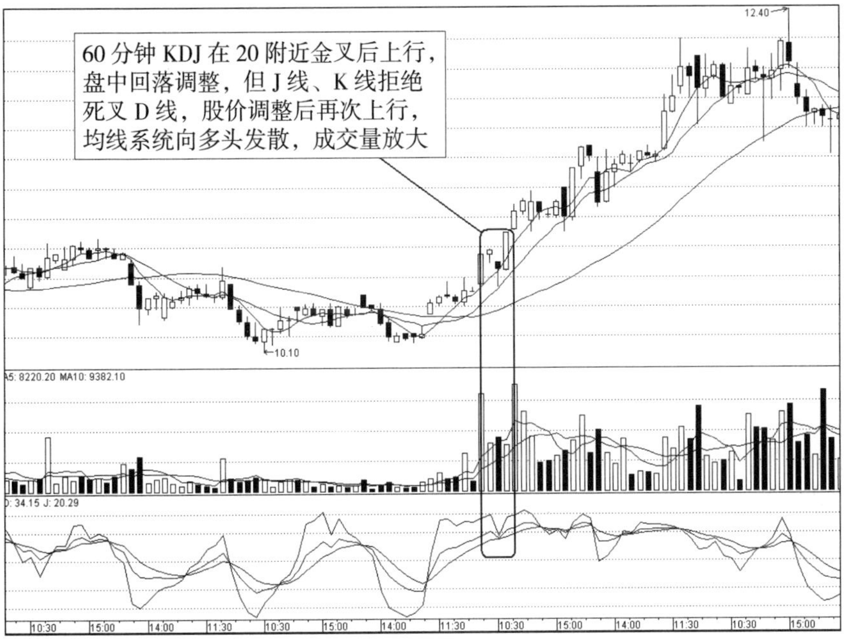

图 5-3B　江铃汽车（000550）60 分钟 K 线图

三、KDJ 指标的日线、周线用法

多数投资者都较重视日线方面的分析，但在周线方面，尤其是在短线操作中，常常并不十分留意。实际上，日线是对一个交易日的记录，由于变化太快，极易出现技术陷阱。周线反映的是一周的交易状况，日线上出现的较大波动，在周线上不一定有所体现。从表面来看，周线与日线的形态是相同的，但由于两者覆盖的交易周期存在差异，其透露出的操作方向有时会完全不同，甚至会给出相反的买卖信号，这一点投资者应引起足够的重视。如果能够将日线分析和周线分析相结合，操作效果会更好。

在实盘操作中，对于买卖时机的把握，首先要分析周线是否安全，然后再分析日线组合和量价关系配合是否合理，最后才能在适当的时机选择操作方向。一般而言，将两者结合起来指导实盘操作，可以避免很多失误。如果仅仅依靠日线组合来判断短线操作方向，难免会面临较多的不确定性风险，同时也容易形成追涨杀跌的习惯，在强势行情中过早抛掉手中的获利筹码，而在弱市行情中又由于反弹力度时强时弱难以掌握，很容易被套。

1. KDJ 指标日线、周线金叉信号

周线反映的是股价的中期趋势，而日线反映的是股价的日常波动，若周线 KDJ

与日线 KDJ 产生共振金叉买入信号，其可靠性会大增。大家知道，日线 KDJ 是一个敏感指标，变化快，随机性强，经常发生虚假的买卖信号，使投资者无所适从。如果运用周线 KDJ 与日线 KDJ 共同金叉选股法，就可以过滤掉许多虚假的买入信号，找到可靠性强的买入信号。买入后可以一路持有，等到周线 KDJ 发出卖出信号时为止。

周线 KDJ 与日线 KDJ 共同金叉选股法，有以下 4 种选择买点的方法。

第一种买入法：提前买入法。在实盘操作中，有时候会碰到这样的问题：由于日线 KDJ 的变化速度比周线 KDJ 快，当周线 KDJ 金叉时，日线 KDJ 已提前几天金叉，股价也上升了一段，买入成本已抬高。为此，激进型投资者可在周线 J 线、K 线两线勾头、将要形成金叉时提前介入，以求降低成本。稳健型投资者可以等待日线 KDJ 回调确认底部时买入。

提前买入法要满足以下条件。

（1）收周阳线，周线 J 线、K 线勾头上行，将要金叉或已经金叉。

（2）日线 KDJ 在这一周内发生金叉，金叉当日收出放量阳线（若日线 KDJ 金叉，当天成交量大于 5 日均量更好）。

如图 5-4A、图 5-4B 所示，嘉应制药（002198）K 线走势图。该股前期大幅下跌后，庄家在低位吸纳了大量的低价筹码。2019 年 1 月 31 日庄家再次向下打压，制造空头技术陷阱，导致技术破位之势。但次日开始，股价止跌企稳回升，出现一轮强势反弹行情。

从周线 KDJ 可以看出，J 线到达超卖区后向上回升，与 K 线、D 线缠绕在一起，有向上走强迹象。此时股价还没有止跌，而 KDJ 已经企稳，两者出现背离走势，表明有人为压力因素。随后，在 2 月 11 日到 15 日这一周，周线 KDJ 收阳线，指标曲线出现向上发散（图 5-4A）。

在同一周，日线 KDJ 已经金叉上行，并进入强势区域运行，成交量温和放大，股价站在日 K 线均线之上，均线系统呈现多头排列状态，多头气势增强。日线与周线 KDJ 形成共振，为可靠的买入信号（图 5-4B）。

第二种买入法：金叉买入法。周线 KDJ 刚金叉，日线 KDJ 已经金叉，股价站于日 K 线均线系统之上，成交量开始温和放大，说明股价已经进入强势。在日线 KDJ 回调时买入，往往能够买到涨势中的低点。

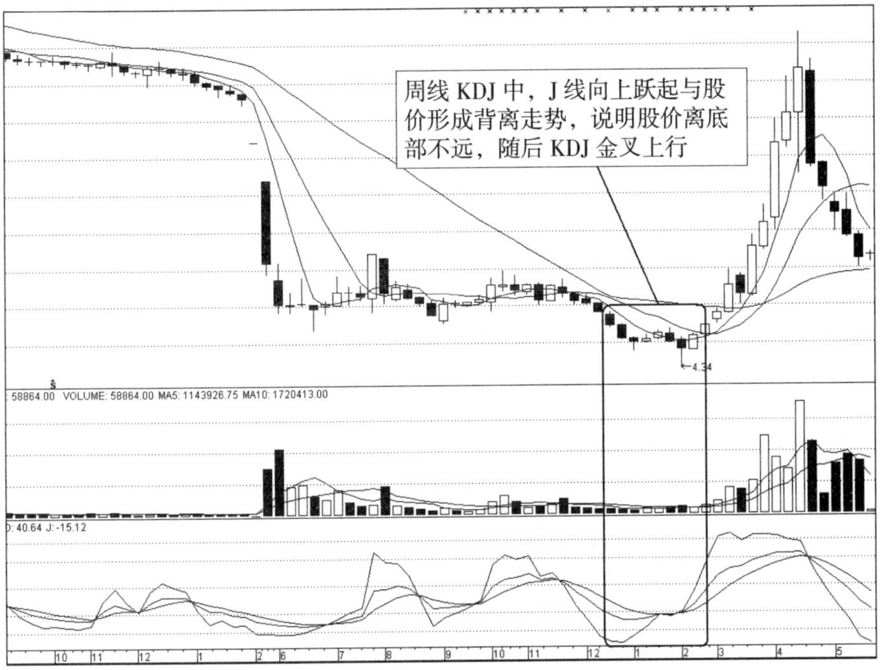

图 5-4A 嘉应制药（002198）周 K 线图

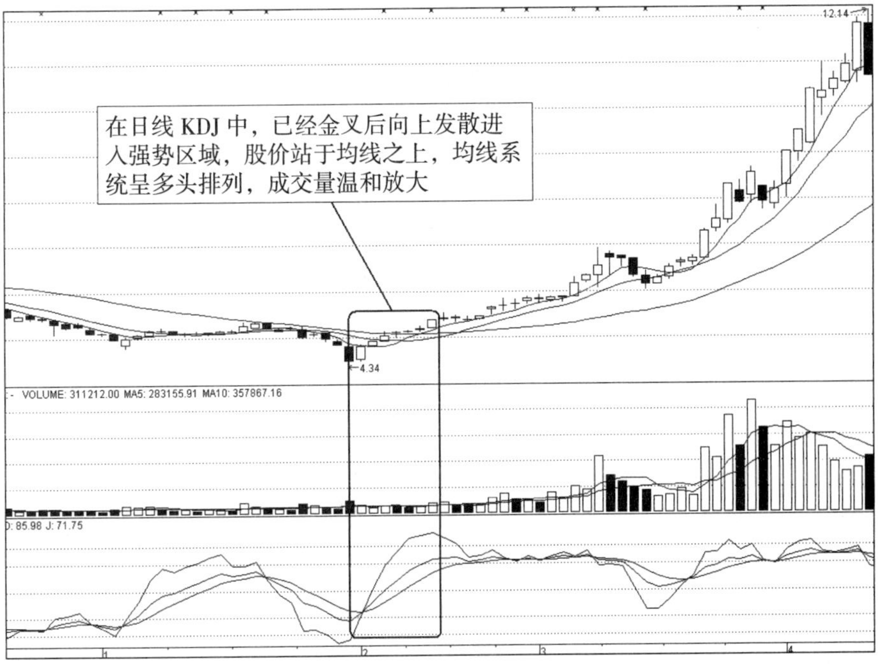

图 5-4B 嘉应制药（002198）日 K 线图

如图 5-5A、图 5-5B 所示，北陆药业（300016）K 线走势图。该股见顶后逐波下跌，在底部出现大幅振荡，反弹结束后再次走弱，股价调整基本到位。当股价再次回落到前期低点附近时，股价企稳回升，构成双重底形态。2019 年 2 月 11 日～ 15 日，周线 KDJ 形成金叉（图 5-5A），同期日线 KDJ 已经金叉，股价站于日 K 线均线之上，均线系统转向多头发散，成交量呈温和放大态势（图 5-5B）。

图 5-5A　北陆药业（300016）周 K 线图

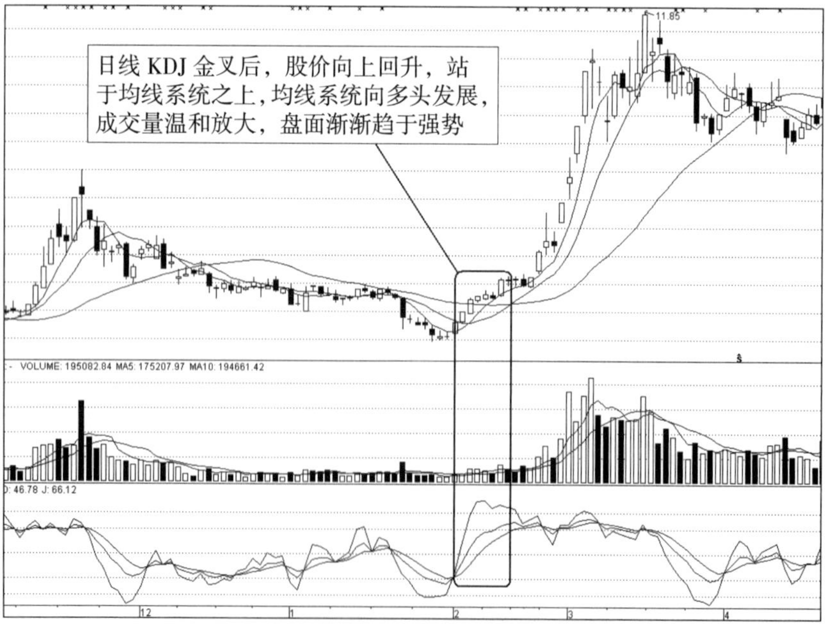

图 5-5B　北陆药业（300016）日 K 线图

可见，当日线与周线 KDJ 形成共振买入信号时，投资者应当买入做多。最佳买入点至少有三个：第一个是日线 KDJ 在底部形成金叉时买入，第二个是日线 KDJ 金叉后回调确认底部时逢低吸纳；第三是在日线 KDJ 与周线 KDJ 同时形成金叉时积极跟进。此后，股价短期出现大涨，涨幅超过 70%。

第三种买入法：钝化买入法。周线 KDJ 在底部出现钝化后，J 线、K 线明显向上跃起，此时日线 KDJ 形成金叉，股价向上穿过日 K 线图上的均线，或短期均线产生金叉后上行，成交量开始温和放大，说明股价跌势结束。在日线 KDJ 回调时买入，往往能够买到起涨点。

如图 5-6A、图 5-6B 所示，九鼎投资（600053）K 线走势图。该股股价见顶后逐波回落，一跌再跌，不断创出调整新低。周线 KDJ 在低位严重钝化，时间长达 4 个多月，表明空方释放了大量的能量。2018 年 10 月 22 日～ 26 日的周线 KDJ 图中，J 线、K 线出现明显的跃起，盘面出现反弹迹象（图 5-6A）。这一周的日线 KDJ 已经金叉，5 日均线与 10 日均线低位金叉上行，成交量放大（图 5-6B），说明股价跌势结束，投资者可以在随后回调时介入。10 月 30 日，股价放量涨停，出现一波强势反弹行情。

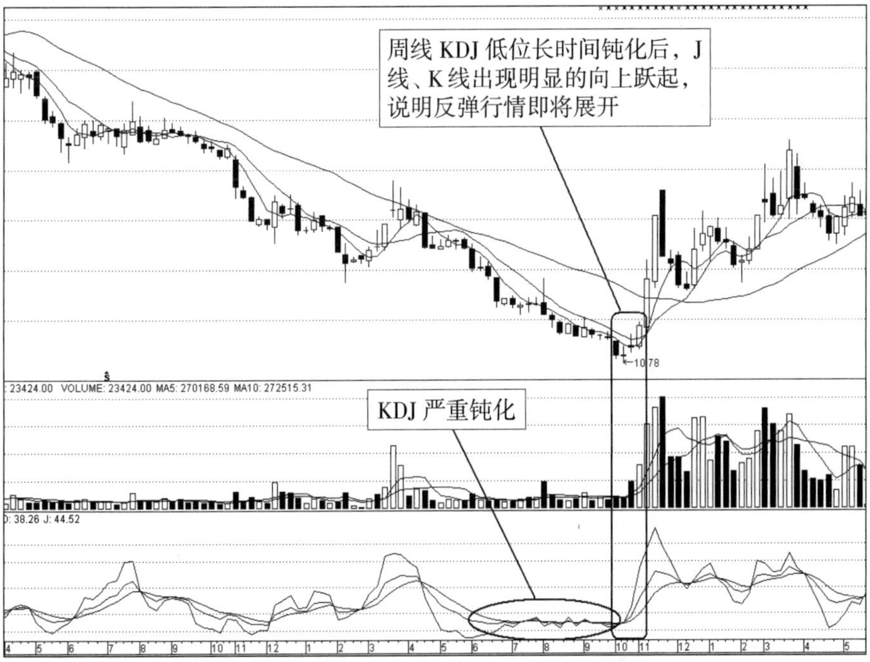

图 5-6A　九鼎投资（600053）周 K 线图

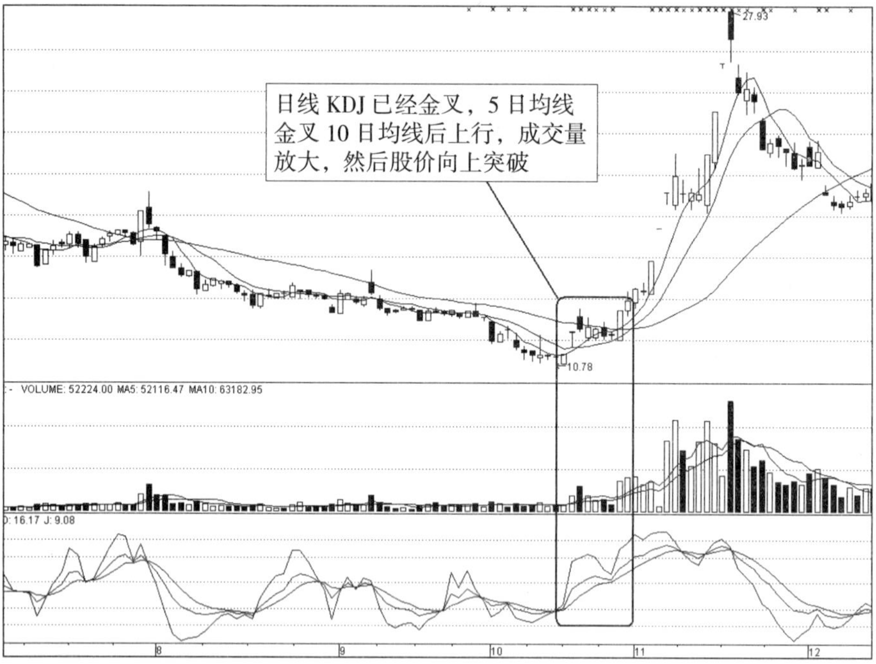

图 5-6B　九鼎投资（600053）日 K 线图

第四种买入法：周线图中 J 线、K 线与 D 线“将死不死”买入法。也就是说，J 线、K 线回落，即将死叉 D 线时却拒绝死叉，J 线、K 线反转上行；或者，KDJ 出现死叉后，J 线、K 线快速回升，反转到 D 线之上，此时日线 KDJ 出现金叉，均线多头排列，成交量放大。用此方法买入股票，可以捕捉到快速强劲的上升行情。

这种买入方法要满足以下条件。

（1）周线 KDJ 金叉后，股价回档收周阴线，然后重新放量上行。

（2）周线 KDJ 将要死叉，但没有真正发生死叉，J 线、K 线重新张口上行。或者，周线 KDJ 死叉后，又快速形成金叉，J 线、K 线再次上行。

（3）日线 KDJ 金叉，均线多头排列，成交量放大。

如图 5-7A、图 5-7B 所示，大唐电信（600198）K 线走势图。在该股大幅调整中，庄家吸纳了大量的低价筹码。2018 年 10 月 19 日，股价止跌回升，从而走出一轮涨幅较大的行情。

在上涨过程中，该股周线与日线 KDJ 出现 3 次买入共振信号。

该股股价见底后出现小幅上涨，然后股价回落调整，周线 KDJ 连收三根小阴线。当 J 线、K 线即将与 D 线形成死叉时却拒绝死叉，J 线、K 线继续在 D 线上方运行，接着周 K 线收阳线。这是周线 KDJ 第一次拒绝死叉信号。

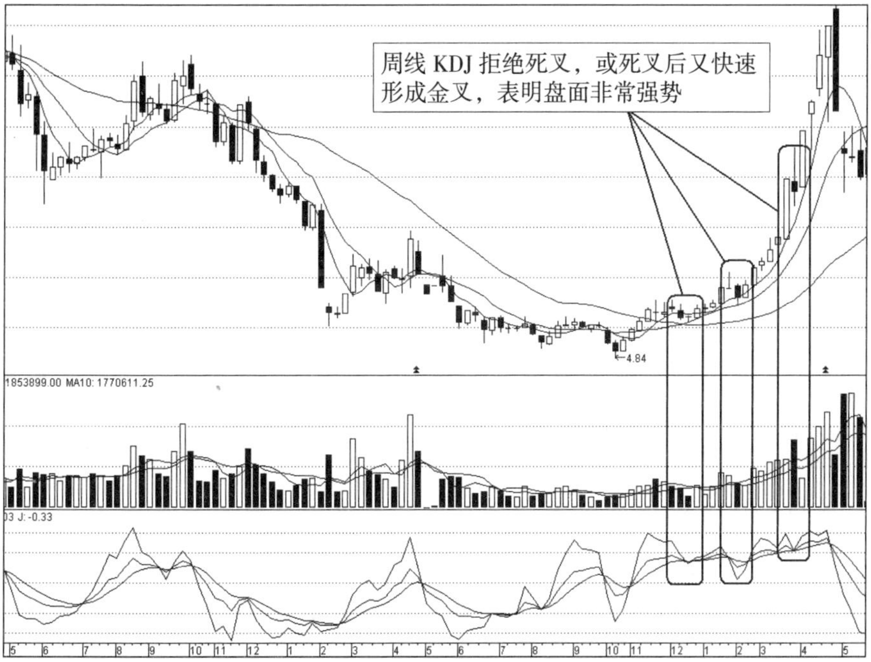

图 5-7A 大唐电信（600198）周 K 线图

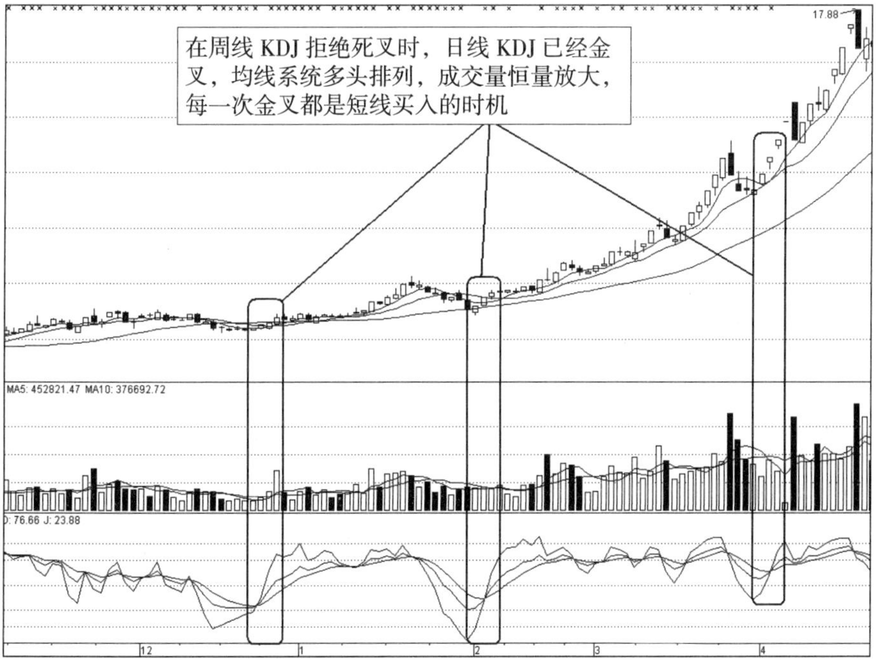

图 5-7B 大唐电信（600198）日 K 线图

第二次是周线 KDJ 拒绝有效死叉，即死叉（没有形成有效死叉）后又快速形成金叉。股价强势向上盘升，创出反弹新高。庄家为了日后更好地拉升股价，再次展开洗盘整理。在 2019 年 1 月 28 日～ 2 月 1 日这一周里，周 K 线收阴线，J 线、K 线向下死叉 D 线，但股价没有出现持续下跌，次周 K 线收阳线，间隔一周时间后，J 线、K 线快速与 D 线重新形成金叉，此后股价出现较大的上涨行情。

然后，在 3 月 25 日～ 29 日这一周里，周 K 线再次收阴线，J 线、K 线回落到 D 线附近时拒绝死叉，次周 J 线、K 线反转上行，周 K 线收大阳线，股价继续强势上涨。这是周线 KDJ 第三次拒绝死叉信号（图 5-7A）。

在周线 KDJ 三次拒绝出现死叉时，对应的日线 KDJ 都已经形成金叉，均线系统多头排列，成交量保持均速放大状态，说明盘面走势非常健康，量价配合默契，每一次发出共振买入信号，都是一次较好的入场时机（图 5-7B）。

2. KDJ 指标日线、周线死叉信号

若周线与日线 KDJ 产生卖出共振信号，那么信号的可靠性就会大增，是一个较佳的卖点。同样，在实盘操作中，往往也会碰到这样的问题：由于日线 KDJ 的变化速度比周线 KDJ 快，当周线 KDJ 死叉时，日线 KDJ 已提前几天死叉，股价也下跌了一大截，卖出利润降低。这时，投资者可以在日线 KDJ 出现死叉，而周线 J 线、K 线向下掉头即将形成死叉迹象时提前卖出。特别是日线 KDJ 在高位出现钝化后，当 J 线、K 线以大角度向下发散时即可卖出。

如图 5-8A、图 5-8B 所示，亿利洁能（600277）K 线走势图。该股庄家吸纳了大量的低价筹码后，成功地进行了一轮炒作。股价达到了庄家的既定目标，于是庄家在高位大肆派发，2019 年 5 月 6 开始，股价出现大幅下跌。

从日线 KDJ 可以看出，在超买区出现长时间的钝化现象，5 月 6 日 J 线、K 线以大角度向下发散，D 线同步下行，日 K 线收大阴线，并击穿 5 日和 10 日均线，当天应考虑卖出（图 5-8A）。同期周线 KDJ 也呈钝化状态，在超买区 80 上方，J 线、K 线向下脱离 D 线，周线 KDJ 出现空头形态，与日线 KDJ 形成卖出共振信号，此时投资者应坚决卖出（图 5-8B）。

投资者发现这种信号，应当果断卖出做空。最佳卖出点至少也有三个：第一个是日线 KDJ 在超买区死叉时卖出，第二个是日线 KDJ 回抽顶部后（很多大涨后的个股会出现这种走势），再度反转向下时抛空，第三个是在日线 KDJ 与周线 KDJ 同时形成死叉时坚决抛空。

图 5-8A　亿利洁能（600277）日 K 线图

图 5-8B　亿利洁能（600277）周 K 线图

四、KDJ 指标日线、周线中的完整信号

实盘操作中，不少投资者往往有这样的操作心理和习惯：买入股票后，一旦被套就不肯出来，最后越套越深，直到无法忍受时才割肉出局；买入股票后出现

小涨，有了微利时，就很快兑现利润跑了出来，结果和大牛股擦肩而过。造成这种结果的原因，就是不知道真正的底部和顶部。明明股价见顶了，还以为后市会上涨或有反弹出现，死捂不放；眼看股价见底了，还以为后市会继续下跌或有回档出现，因而抛售离场。

KDJ 指标的特点是具有快捷性，对短线信号反应十分灵敏。投资者常常为频繁发出的买卖信号感到困惑，买入怕套牢，卖出怕踏空。也因为其具有灵活性，有时在一轮趋势行情中出现长时间钝化（在极端行情中更为严重），使投资者感到迷茫，无从下手，从而影响操作心态和投资收益。如果将日线和周线 KDJ 结合起来使用，不仅可以解决技术难题，还可以提高投资收益。

1. 一个完整的弱势信号

如何解决过早买入或过迟卖出这个问题呢？利用周线与日线 KDJ 产生的共振信号，就可以解决这个问题。当股价出现一波较大的涨升行情后，周线和日线 KDJ 在高位 80 以上同时出现死叉时，是一个较好的短线卖点，此时应及时离场观望。卖出后不要为中途的虚假信号诱惑，等待周线和日线 KDJ 在低位 20 以下同时金叉时买入，这样波段操作收益更丰。可见，周线 KDJ 从死叉到金叉为一个完整的弱势信号，在弱势信号持续期间，坚决持币不动摇，就不会在弱势中盲目抄底。

如图 5-9A、图 5-9B 所示，山水文化（600234）K 线走势图。该股庄家成功地将股价炒高后，在高位大量派发筹码，于是股价不断向下走低。从周线 KDJ 可以看到一个完整的弱势信号从产生到结束的全过程。

2017 年 9 月 25 日到 29 日这一周，周线 KDJ 在 80 附近形成死叉，指标曲线向下发散，一个弱势信号从此产生。次周 J 线、K 线回抽 D 线，受 D 线压力，指标继续走弱，并进入弱势区。虽然中间出现过若干次反弹走势，但均未能有效到达强势区域，表明市场极度弱势，投资者应坚定持币观望。直到 2018 年 7 月下旬，KDJ 以大角度向上发散时，一个弱势信号才结束（图 5-9A）。需要说明的是，一个弱势信号结束后，并不代表就会产生一个强势信号。

同样，日线 KDJ 在超买区死叉后，大部分时间在弱势区运行，此时频繁发出买卖信号。如果按常规 KDJ 买卖法则操作，尤其在 20 以下金叉买入，更容易被套（图 5-9B）。所以，日线与周线 KDJ 方向不一致时，是不能作为买卖依据的。

此时，结合日 K 线走势，均线系统呈多头排列，尤其是 30 日均线不断下压，5 日均线和 10 日均线在 30 日均线之下运行，表明庄家撤离态度十分坚决。直到在日K线中股价向上突破30日均线压制后，均线系统呈现多头排列，周线KDJ出现明显的向上金叉走势，才是一轮跌势行情终结的信号，这时是否买入，可以通过其他方法再行分析。

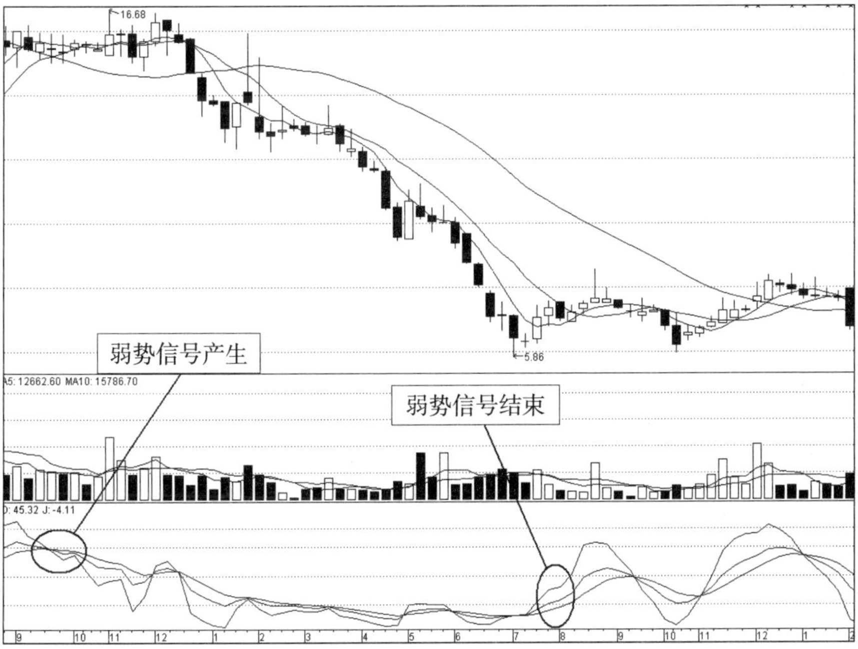

图5-9A　山水文化（600234）周K线图

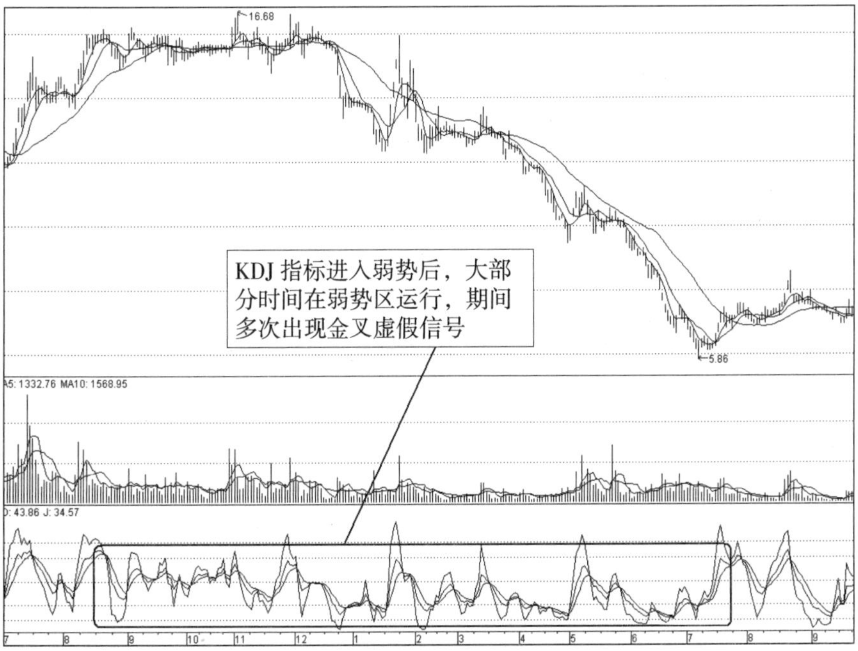

图5-9B　山水文化（600234）日K线图

2. 一个完整的强势信号

如何解决过迟买入或过早卖出这个问题呢？其操作方法是：当 KDJ 日线信号不够明确，把握不准，无法下结论时，如信号变化频繁、出现钝化等，可以寻求周线 KDJ 的支持。只要周线 KDJ 走势正常，成交量、均线系统走势良好，就应保持原来的操作思维不变，直到周线 KDJ 出现明显的转势信号时，方可改变操作策略。可见，周线 KDJ 从金叉到死叉为一个完整的强势信号，在强势信号持续期间，应坚定持股不动摇，这样就不会在强势中轻易抛售股票。

简要的操作步骤为：先看周线 KDJ，后看日线 KDJ，再看日 K 线盘面，最后日线、周线结合分析，产生一致信号时，再决定操作行为。

如图 5-10A、图 5-10B 所示，顶点软件（603383）K 线走势图。该股庄家吸纳了大量的低价筹码后，股价渐渐向上脱离底部区域。在周线 KDJ 中，信号非常清晰，从底部形成金叉后，指标进入强势区，中间没有出现过明显的回档，J 线、K 线得到 D 线的强大支撑，D 线保持上行趋势不变，表明强势行情持续，投资者可以坚定做多，直到 2019 年 4 月底出现死叉时，可以逢高离场（图 5-10A）。

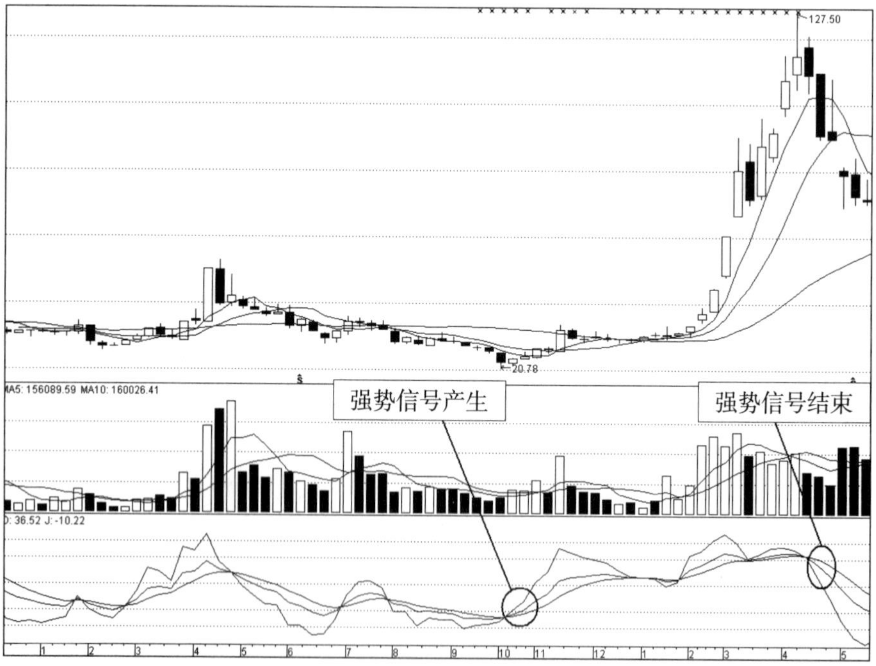

图 5-10A 顶点软件（603383）周 K 线图

日线 KDJ 在 20 附近构成向上金叉，此后指标在 50 上方强势区上下波动，频繁发出买卖信号，其间操作难度都非常大（图 5-10B）。在此期间，均线系统没有出现空头排列，30 日均线支撑作用明显。经过一段时间的胶着运行后，均线系统出现多头排列，成交量出现同步放大，盘内交投活跃，换手积极充分，可见盘面走势健康良好，投资者应坚定地与庄共舞，不为中间的微小细节所动。直到在日 K 线中股价向下击穿 30 日均线，均线系统呈现空头排列，周线 KDJ 出现明显的向下死叉走势，才是一轮多头行情的终结信号。

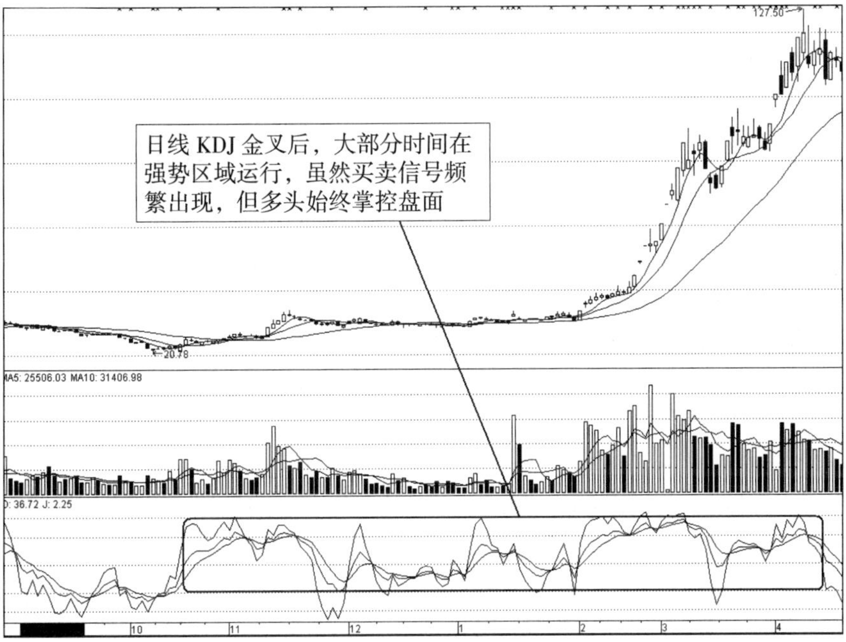

图 5-10B　顶点软件（603383）日 K 线图

上面分析的是一个完整的周线 KDJ 信号从金叉到死叉的过程，这个方法可以延伸到日线、分钟线 KDJ 中去，去分析日线、分钟线一个完整的信号从产生到终结的过程，投资者可以根据自己的习惯进行分析和总结。

五、KDJ 指标周期分析特别提醒

（1）KDJ 指标的分析周期为月、周、日、分钟（主要是 60 分钟）。KDJ 指标参数在 10 以下（原始参数为 9，3，3），研判使用周期为 3 左右（从金叉到死叉，或死叉到金叉，为 3 天时间）。KDJ 指标参数在 50 以下，研判使用周期为 10 左右。KDJ 指标参数在 50 以上，研判使用周期为 20 左右，甚至更长。

（2）涨势的大体运行周期。日线 KDJ 是短中期指标，趋势最多维持 15 天～1 个月。周线 KDJ 是中期指标，维持时间为 1～3 个月（一旦有效金叉，一个月内基本会涨，但涨幅难以确定）。月线 KDJ 是长期指标，维持时间一般为 3～5 个月。

（3）除权除息后，KDJ 指标没有研判意义，起码要等 3 个月以后，才重新具有研判价值。

（4）均线先行原则。股价一旦被长期均线压制，KDJ 指标再怎么样金叉，一般也只能做短线操作，切莫做中长线投资，这是使用 KDJ 指标的前提。股价在长期均线下且远离均线，KDJ 指标金叉时，股价有超跌反弹的可能，可做短线操作。在空头市场中，操作方法亦然。

第三节　W%R 指标不同周期实战经典组合

一、W%R 指标日线、周线用法

在实盘操作中，掌握 W%R 指标的碰撞次数有一定的难度，将 W%R 指标的日线与周线结合起来，判断 W%R 的碰撞次数信号有一定的实盘效果，可破解 W%R 指标的技术难点。

操作技巧是：当日线 W%R 在超买超卖区域出现碰撞时，可以根据周线 W%R 所处的位置进行比较分析。以上升行情为例，当 W%R 线从低位上升到指标的超买区后，曲线连续两次碰撞顶部 0 线（有的软件 0 线在下方，有的则在上方），这时周线如果处在超买区，为卖出预警信号；当 W%R 线三次以上碰撞后，出现下降并有效突破盘区（高位指标缠绕区）中的低点时，周线出现一次碰撞或二次碰撞，表明股价短线见顶，为卖出信号；当 W%R 线从 50 以下再次拉起后，再次碰撞 0 线后回落到 50 中轴线附近，周线形成二次碰撞后回落，为中线离场信号。底部碰撞分析与上述情况相反。

W%R 指标周期碰撞分析如下。

（1）短期分析。W%R 短期分析通常是指标参数在 10 以下，如 3、6、9 等（参数越小，碰撞的次数越多；参数越大，碰撞的次数越少），适用四次碰撞或五次碰撞的基本标准，如果股价累计有一定的涨幅，当 W%R 线向下突破 50 中轴线时，为短线卖出信号。

（2）中期分析。W%R 中期分析通常是指标参数在 20 以下，如 12、14、20 等，适用二次或三次碰撞的基本标准，如果股价累计有一定的涨幅，当 W%R 线向下突破 50 中轴线时，为中线卖出信号。

（3）周线分析。W%R 指标周参数通常在 10 以下，因为周线本身时间（除特殊情况外，一般为 5 个交易日）较长，若采用较大的技术参数，会导致信号过于迟钝，影响研判效果。周线通常适用一次碰撞或二次碰撞的基本标准。

如图 5-11A、图 5-11B 所示，丰乐种业（000713）K 线走势图。该股从底部企稳后，走过一段曲折的盘升行情。经过整理后，2019 年 4 月 30 日开启一轮快速拉升行情，短期股价涨幅较大。

在这一轮行情中，如果没有运用好 W%R 指标，就难以获得丰厚的利润。日线 W%R 从一开始上涨就到达超买区，在 0 线钝化，3 次出现碰撞 0 线的情况（图 5-11A）。同期的周线 W%R 在超买区域运行，出现一次碰撞的完整信号，为卖出警戒信号（图 5-11B）。

当日线 W%R 从高位向下击穿指标缠绕区的最低点，不能快速返回到 0 线附近时，表明股价向下突破有效，顶部信号出现。这时周线 W%R 从 0 线返回，股价出现向下回落，就构成一次碰撞的完整信号。日线与周线信号一致，加之股价处于大涨后的高位，应当预料到后市该股有可能出现较大的调整。

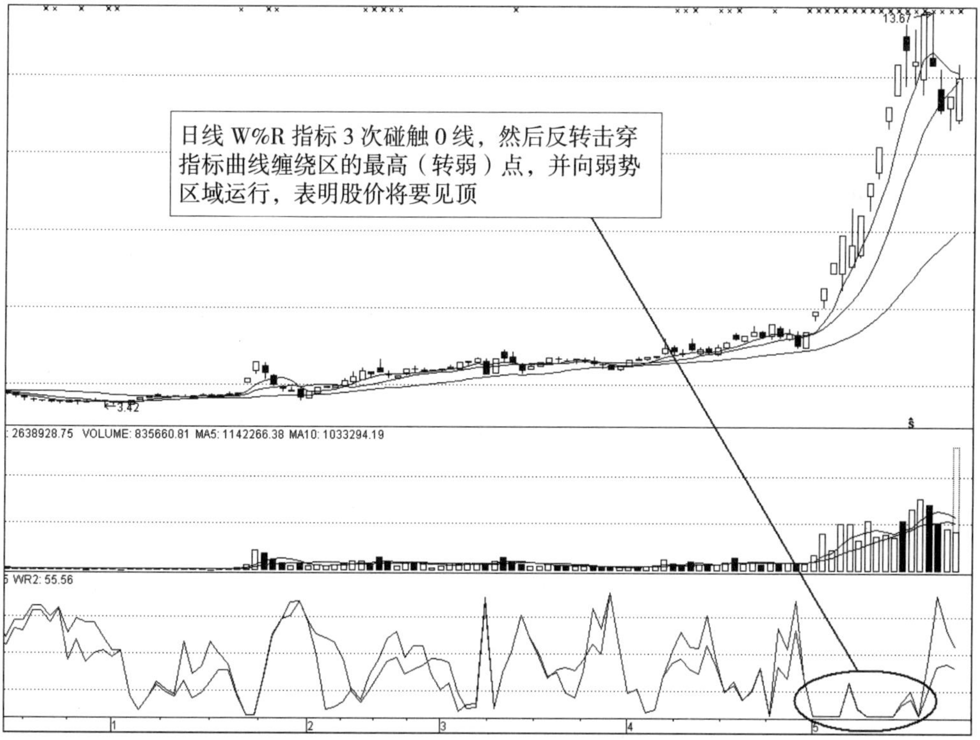

图 5-11A　丰乐种业（000713）日 K 线图

图 5-11B　丰乐种业（000713）日 K 线图

二、W%R 指标日线、周线、月线用法

熟悉了用 W%R 日线、周线精选黑马之后，还可以从月线上去追寻黑马的踪迹。一个善于跟庄、善于追寻黑马踪迹的投资者，完全可以从月线上捕捉到大牛股，然后与庄共舞，直至完成上升通道的全过程。一年内追到几只黑马股，往往能获取最佳收益，而且事半功倍，轻松赚钱。

在日、周、月线中寻找黑马的操作方法并不复杂，只要掌握以下“三个点”就可以了。

（1）抓准一个技术支撑点。必须对月线 W%R 作出技术设定，是处在高位、低位，还是处在横盘振荡之中。掌握了这个技术分析点后，将处在低位的股票罗列出来，进一步从其中筛选出最严重的超跌股，作为黑马股的追踪对象。

（2）选好一个技术买卖点。根据周线和日线 W%R 的操作方法进行买卖，这样比较容易买在起涨点的位置。抓住黑马股后，要坚定持股，直到马儿跑不动时再下马。

（3）掌握一个技术结合点。当日、周、月线 W%R 同时出现明显的转势信号时，抛出手中的全部股票，这样可以在第一时间退出市场休息。

善于运用技术分析的投资者，还可以根据周线 W%R 做波段操作，这样做收益更丰。当周线 W%R 产生买卖信号，但月线 W%R 还没有形成明显的转势信号时，可以根据周线 W%R 信号进行顺势波段操作，即顺着月线 W%R 的涨跌方向操作，切勿做反向操作。然后，根据日线 W%R 提供的具体买卖点位进出，直到日、周、月线 W%R 出现明显的转势信号为止。

如图 5-12A、图 5-12B、图 5-12C 所示，华铁科技（603300）K 线走势图。庄家进驻该股后，在底部形成长时间的盘整走势，股价经过打压后回升，再打压，再回升，庄家在这一过程中成功地完成了建仓计划。月线 W%R 到达超卖区域后出现钝化，小幅反弹后再次到达 100 线，说明股价超跌严重。2019 年 2 月，股价出现明显的反转态势，说明行情将脱离弱势格局，为中长线股价见底信号（图 5-12A）。

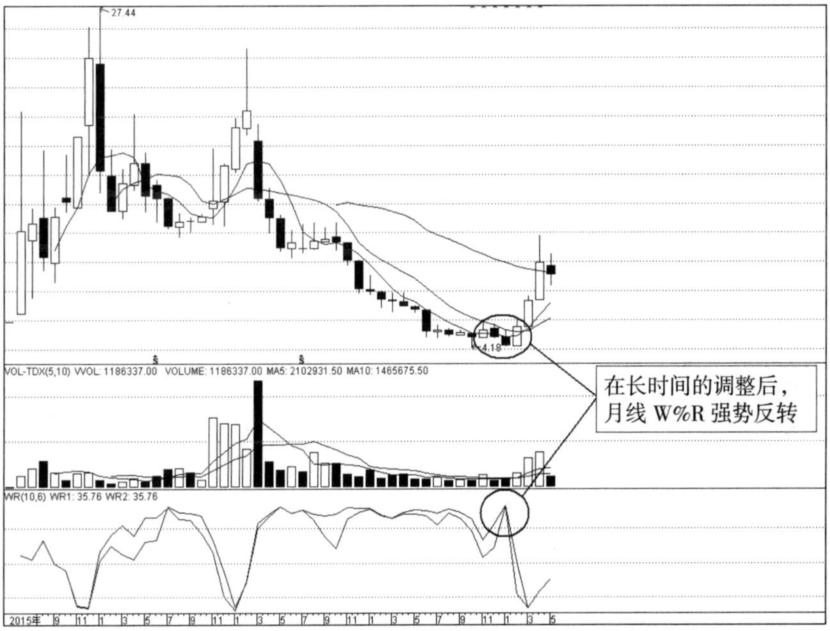

图 5-12A　华铁科技（603300）月 K 线图

在周线 W%R 中，出现二次碰撞 100 线，表明股价严重超卖。然后 W%R 线返回到强势区域运行，为中线转强信号。当股价站于 5 周均线之上，成交量温和放大时，买盘逐渐介入。同期其他指标也向好，周 K 线构筑双重底形态，周线 RSI 指标穿过 50 强弱分界线，周线 MACD 指标形成“小鸭戏水”形态，可见强势信号明显，可以逢低买入（图 5-12B）。

在日线 W%R 中，曲线四次碰底后，从超卖区返回到强势区域运行，股价渐渐上行，成功摆脱弱势格局。此时，5 日均线向上金叉 10 日均线后，继续上行金叉30日均线，随后10日均线上行金叉30日均线，30日均线走平后上行（图5-12C）。成交量逐步放大，盘面逐渐被激活。同期其他技术指标日线走好，支持W%R指标走强。

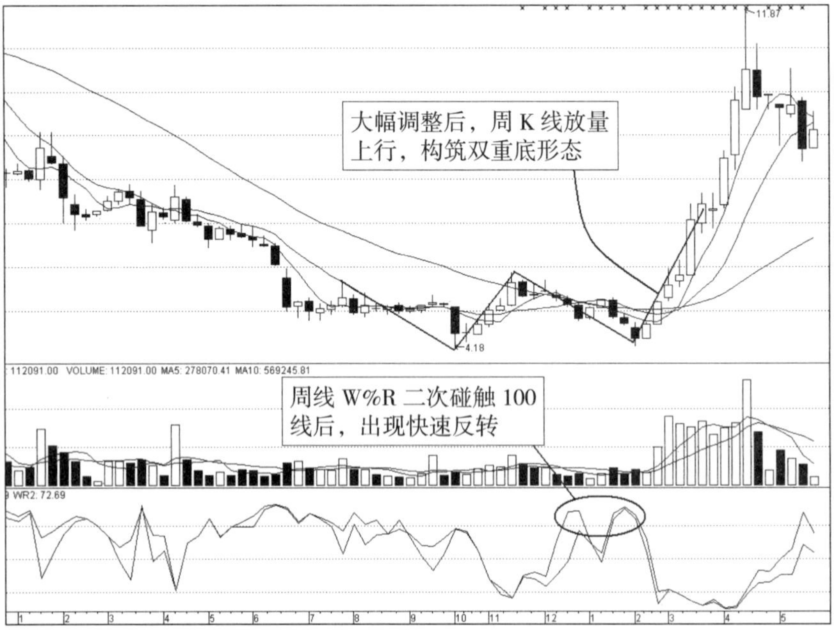

图5-12B　华铁科技（603300）周K线图

图5-12C　华铁科技（603300）日K线图

技术指标分析显示，黑马踪迹已初露端倪，此时在 30 日均线附近介入，正是抓住黑马跃上马背的最佳时机。此后该股出现长达 2 个多月的大行情，累计涨幅超过 180%，早日买入该股，可谓是放长线钓大鱼。可见，当 W%R 指标日、周、月线同时发出买入信号时，便是一个中长线黑马初步产生的时机，此时果断买入，以中长线投资的心态持股不放，收益必定十分可观。

第四节　MACD 指标不同周期实战经典组合

一、MACD 指标分钟线、日线用法

在实盘操作中，如果将分钟线 MACD 与日线 MACD 结合起来分析，也能找到比较理想的买卖点。投资者可以根据自己的操作习惯和经验选择分钟线，只要找到其共振信号即构成买卖点。这里旨在抛砖引玉，为投资者提供一个分析和操作的思路，更多的成功经验还是来自投资者自己的实践。

通常来说，当分钟线 MACD 发出买卖信号后，如果日线 MACD 也出现明显的掉头迹象时，即形成较好的短线买卖点，激进型投资者可以立即采取行动，稳健型投资者可以等待日线 MACD 交叉时采取行动。在必要时可以与均线系统、成交量一起组合分析，效果更加突出，应用在底部和顶部都具有较好的效果。

如图 5-13A、图 5-13B 所示，元力股份（300174）K 线走势图。该股股价经过大幅调整后，空方能量基本消耗殆尽，多方能量逐步开始增强，股价渐渐向上脱离底部。之后经过短期平台整理，2019 年 3 月 25 日开始以“红三兵”的形态放量向上突破，开启一波快速拉升行情。

在双方较量过程中，60 分钟 MACD 在 0 轴附近形成黏合状态。3 月 25 日，股价小幅低开 -1.64%，经过 20 多分钟的整理后，60 分钟 MACD 向上发散，BAR 红柱产生并增长，形成多头买入信号，成交量放大，60 分钟均线系统黏合后向上发散，短线应积极做多（图 5-13A）。

那么，同期日线 MACD 指标表现怎么样呢？当 60 分钟 MACD 发出多头信号后，日线 MACD 也在第二天向上金叉发散，BAR 产生红柱并逐日增长，日线 MACD 出现“小鸭戏水”形态，表明洗盘整理结束。5 日与 10 日均线在 30 日均线之上死叉后，又快速出现金叉信号，成交量放大，进一步明确 60 分钟 MACD 和日线

MACD 多头信号的可靠性（图 5-13B）。此后股价出现快速上涨行情，累计涨幅较大。

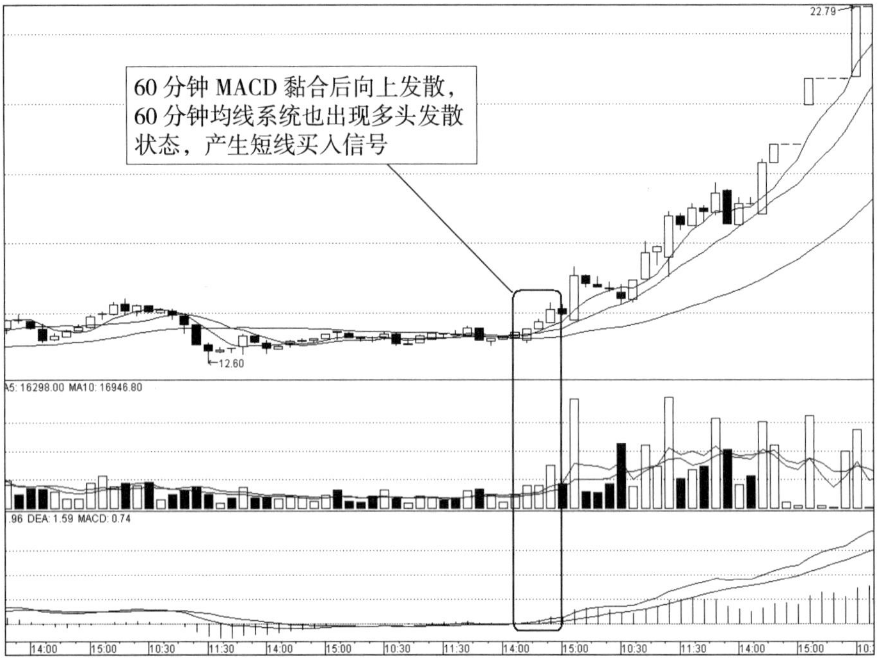

图 5-13A　元力股份（300174）60 分钟 K 线图

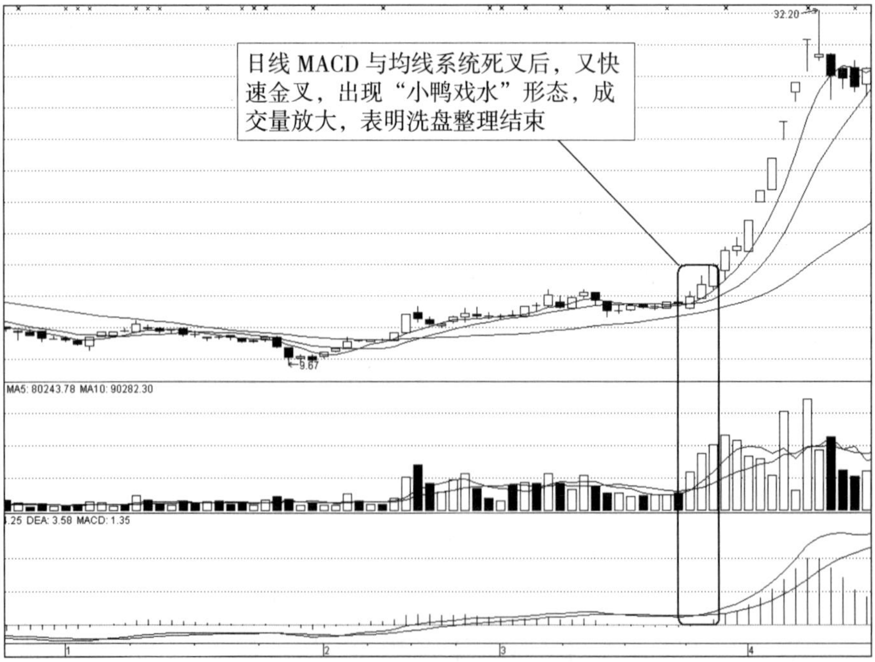

图 5-13B　元力股份（300174）日 K 线图

二、MACD 指标日线、周线用法

在股市技术分析中，周线分析的准确性要大于日线。运用周线 MACD 中的 DIF 线和 MACD 线金叉，判断股价中短期上涨趋势，具有极高的成功率，并且资金的安全性高，获利快。

运用这种分析方法时，日线均线系统和周线均线系统安全，股票运行形态良好，成交比较活跃。当周线 MACD 中的 DIF 线和 MACD 线出现金叉信号时，表明股价中短期走强，可以在本周或下周的日线中，根据日线 MACD 的买入法则选择合适的买入点。

（1）主要在大幅下跌并长期盘底后再次出现上涨行情时使用，可以理解为抄底获利的分析方法。这种方法具有买入时间临近起涨点的优点，等待时间一般不超过 2 个星期。

（2）运用这种分析方法时，前几次周 K 线如果是小阳走势，则随后几周出现大阳线的可能性很高（周涨幅超过 10%），一般来讲，至少有两周的涨幅。若随后周 K 线涨幅过大，可考虑高位获利卖出。

（3）这种方法只能预测股价趋势要涨，但随后股价涨多少、涨多高，却无法得知。投资者在预测涨幅时，应在日线状态下结合其他分析方法综合判断是否见顶。

（4）对一般箱体振荡的股票，或涨跌幅度不突出的个股，该分析方法往往不适用。对一些激进型投资者也不太适用，只适合态度保守的投资者使用。

采用周线操作有充足的时间作出买入选择，在选股和买入时，往往能够十分从容。投资者运用这个分析方法时，可以将周线 MACD 的 DIF 值在 -0.5 以上或者到达历史低值附近的所有股票都选出进行跟踪观察，再精选其中合适的股票进行操作。由于目前沪深两市发展迅速，股票数量大幅增加，单只股票与大盘走势的联动性降低，所以投资者用这种方法精选股票，可以降低短线选股的难度和工作量。

如图 5-14A、图 5-14B 所示，美锦能源（000723）K 线走势图。该股出现深幅下跌后，在底部出现长时间的盘整走势，股价基本跌无可跌，底部渐渐向上抬高。之后股价向上突破，2019 年 3 月中旬开始走出一轮主升浪行情。

从该股周 K 线图中可以看出，MACD 指标与股价出现底背离走势，周线 MACD 中的 DIF 线在底部向上金叉 MACD 线后，两条指标线缓缓上行。在 1 月 14 日到 18 日这一周里，股价向上突破 30 周均线压力，随后 5 周均线金叉 10 周均线，并继续上行金叉 30 周均线，均线系统渐渐走好，成交量持续放大。周线 MACD 继续多头发散，支持股价走高，BAR 指标红柱增长，为中短期见底走强信号（图 5-14A）。

在日K线图中，DIF线和MACD线穿过0轴后，由于庄家整理所致，DIF线和MACD线在0轴附近形成黏合状态。均线系统呈现多头排列，30日均线缓缓上行，均线坚挺有力，支撑股价向上走高，成交量保持温和放大状态（图5-14B）。

这时周线图MACD处于上行状态，投资者可以在日线图中选择低点介入。之后，股价出现加速上涨，累计涨幅巨大。

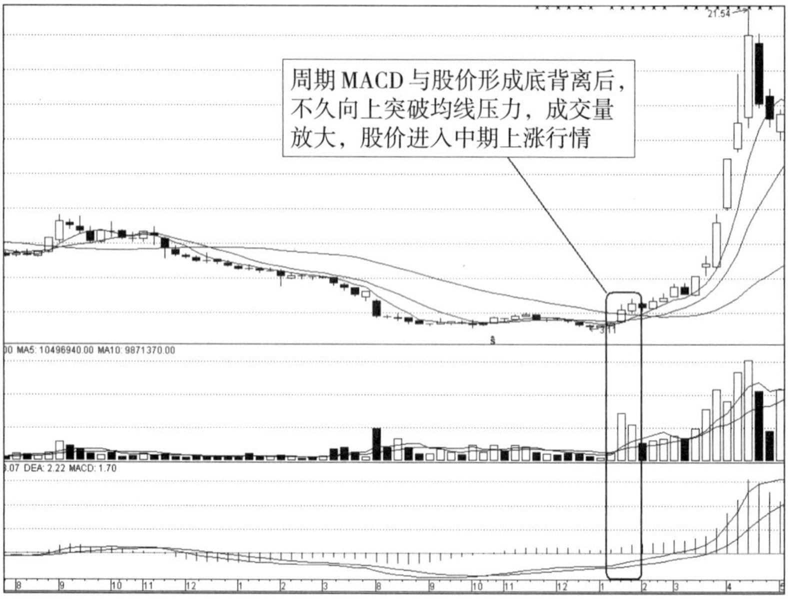

图5-14A　美锦能源（000723）周K线图

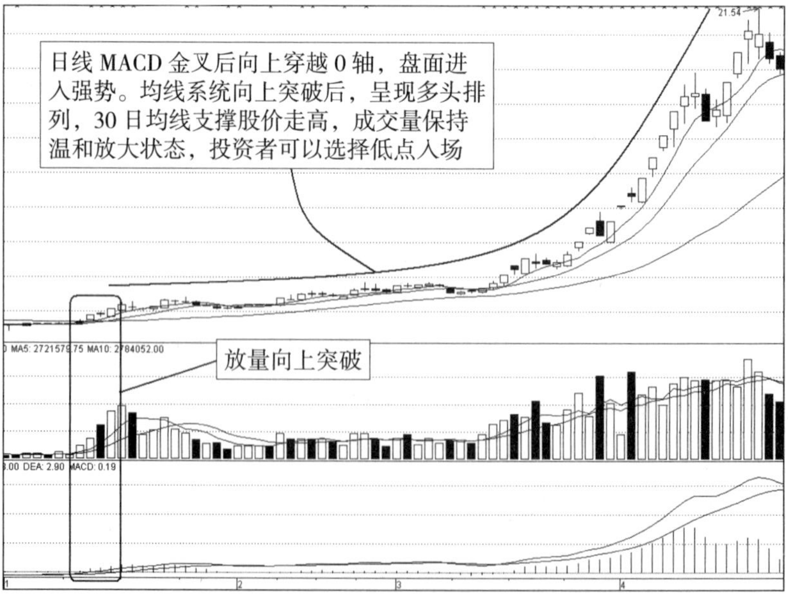

图5-14B　美锦能源（000723）日K线图

第五节　MA 指标不同周期实战经典组合

一、MA 指标的分钟线、日线用法

分析股价是否真正形成底部或头部时，如果将日线均线系统和分钟线均线系统结合起来分析，相互对照，产生共振，往往能收到事半功倍的效果。分钟线均线系统既可以选用 30 分钟均线，也可以选用 5 分钟、15 分钟、60 分钟均线系统，或将几种分钟线均线系统同时使用，实用效果都不错。

具体使用方法是：当股价经过一轮下跌行情后，60 分钟图上均线已经出现向上运行，形成多头排列，表明股价已经止跌回升，后市会出现一波上涨趋势。此时如果日线均线下跌趋势明显放缓，并有止跌迹象时，意味着股价短线有反弹行情，可以介入做多。同样，当股价经过一轮上涨行情后，60 分钟线均线已经出现向下运行，形成空头排列，表明股价已经上升乏力，后市有下跌趋势。此时如果日线均线上涨趋势明显放缓，并有止涨迹象时，意味着股价短线将出现回调走势，可以短线放空。

如图 5-15A、图 5-15B 所示，香山股份（002870）K 线走势图。该股经过大幅调整后，进入长时间的底部盘整走势，庄家吸纳了大量的低价筹码。2019 年 2 月 12 日出现穿透式的突破走势，引发一轮快速上涨行情。

从该股 60 分钟 K 线图的均线系统看，MA5 均线金叉 MA10 均线后，继续上行金叉 MA30 均线，随后 MA10 均线上行金叉 MA30 均线，MA30 均线上行，在 60 分钟图中，均线形成一个尖头向上的银三角利好图形，均线形成多头排列，表明短线行情有向上反弹的要求（图 5-15A）。

那么，此时的日均线系统怎么样呢？ 5 日均线和 10 日均线在 30 日均线下方金叉后，继续上行分别与 30 日均线形成金叉，30 日均线走平后上行，股价成功站稳于均线系统上方，均线系统收敛后出现向多头发散走势，表明行情即将向上反弹（图 5-15B）。

由此可见，60 分钟线均线已经提前于日线均线出现金叉，日线均线收敛后形成多头排列，其他技术指标如 KDJ、RSI、MACD 等也形成多头信号，成交量放大，构成短线最佳买卖时机，此后股价出现拉升行情。

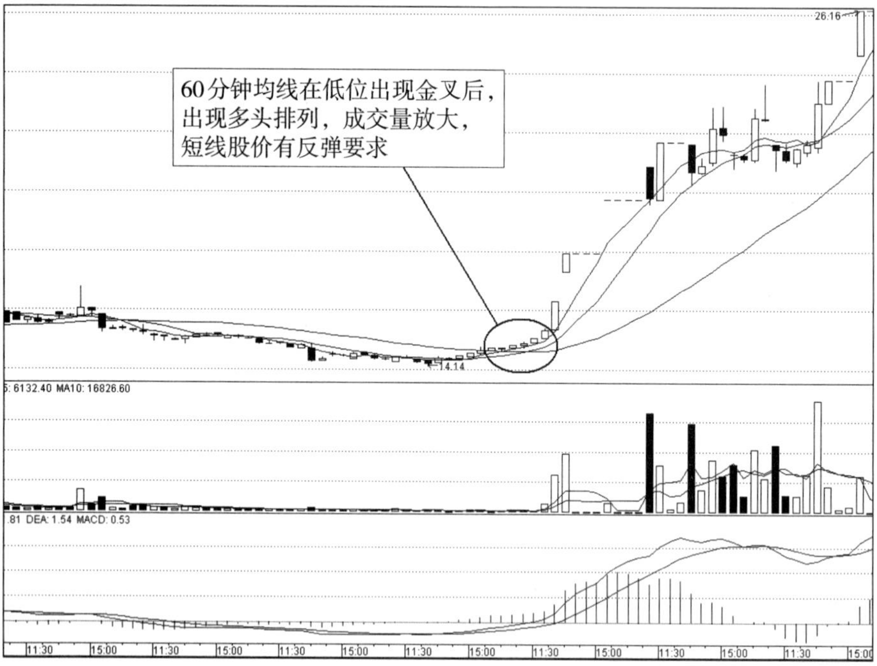

图 5-15A　香山股份（002870）60 分钟 K 线图

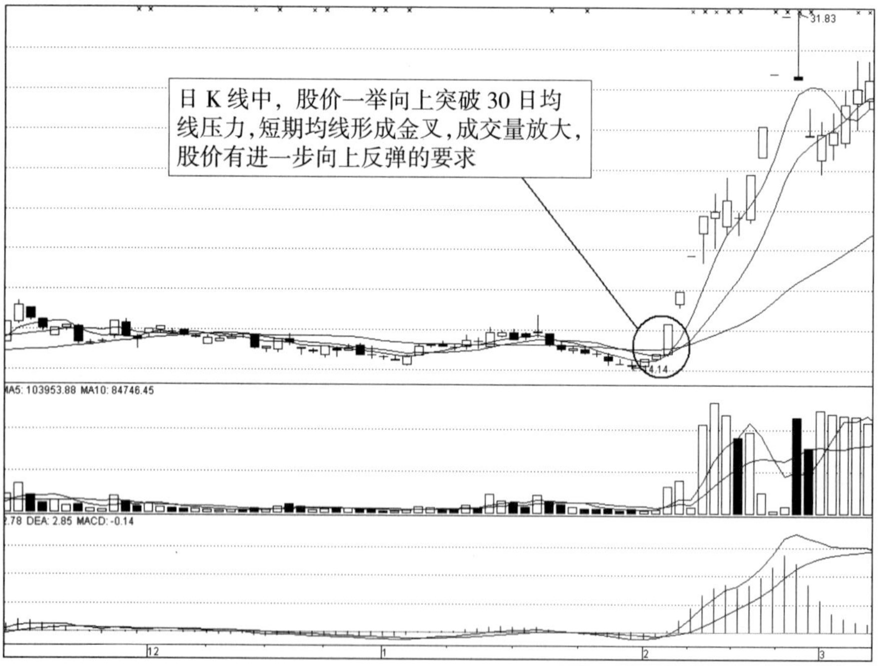

图 5-15B　香山股份（002870）日 K 线图

二、MA 指标日线、周线用法

在股市技术分析中，有时候光看日线图，不一定能对股价运行的整个趋势看得很清楚，如果把日线和周线，甚至月线结合起来分析，就能看清行情的全貌，较准确地把握股价运行的未来走势。经过多方面验证过的走势分析，自然比单一看日线、周线或月线走势图准确得多。作为一个聪明的投资者，在观察日线走势时，千万不要忘了观察周线或月线走势。

具体操作方法为：当日线均线出现买卖信号时，比如交叉、排列、趋势以及日 K 线出现突破信号等，可以观察周线所处的位置、排列、趋势情况。如果日线均线信号与周线均线信号趋向一致，股价位置又不高，那么信号可靠性就强，可以中长线操作或波段操作；如果日线均线信号与周线均线信号趋向相反，股价位置又高，那么信号可靠性就比较低，不能长期持股，只能搏一下反弹。

反过来，当周线均线发出买卖信号时，也要结合日线均线分析，因为周线均线信号远远滞后于日线均线信号。有时周线发出买入信号时，日线均线却是反弹行情已经见顶，有时周线发出卖出信号时，日线均线却是回调洗盘结束，这样就容易造成失误。因此，日线均线与周线均线结合起来分析，可以克服许多技术盲点。

如图 5-16A、图 5-16B，凯龙股份（002783）K 线走势图。该股经过大幅调整后，庄家顺利地完成建仓计划，2019 年 1 月股价渐渐企稳回升。经过小幅爬升后，庄家开展洗盘调整，股价向下回落至 30 日均线附近。蓄势整理结束后，股价稳步上行，最后出现加速上涨。

从盘面分析，5 日均线和 10 日均线在 30 日均线上方形成死叉，并继续下行向 30 日均线逼近，发展趋势对多头似乎不利。此时不少投资者以为股价反弹已经结束，纷纷离场观望。可是，股价却得到 30 日均线的支撑而企稳回升，30 日均线保持坚挺上行走势（图 5-16A）。

其实，在日线出现调整时，只要观察周线走势，就可以消除你的担心。那么，此时的周线均线系统表现怎么样呢？ 5 周均线已经金叉 10 周均线，30 周均线出现走平，原先空头发散的均线系统渐渐收敛，说明下跌动力衰竭。股价已经站于 30 周均线之上，回落到 30 周均线附近时，得到了强大的支撑，第二周就企稳回升，周均线系统向多头发散，MACD 指标保持多头运行，预示股价将迎来一段反弹行情（图 5-16B）。

由此可见，虽然日线均线系统出现惊险走势，但周线均线系统十分安全，没有形成破坏性走势，说明日线均线是庄家打压洗盘制造的一个空头陷阱。将日线均线与周线均线结合起来分析，可以在日线中找到最佳出入点。

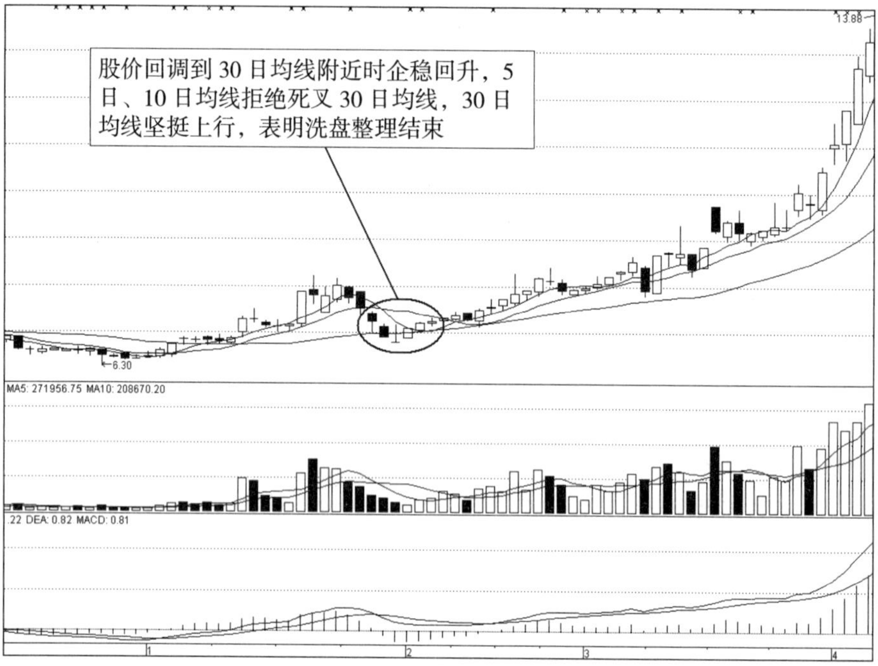

图 5-16A 凯龙股份（002783）日K线图

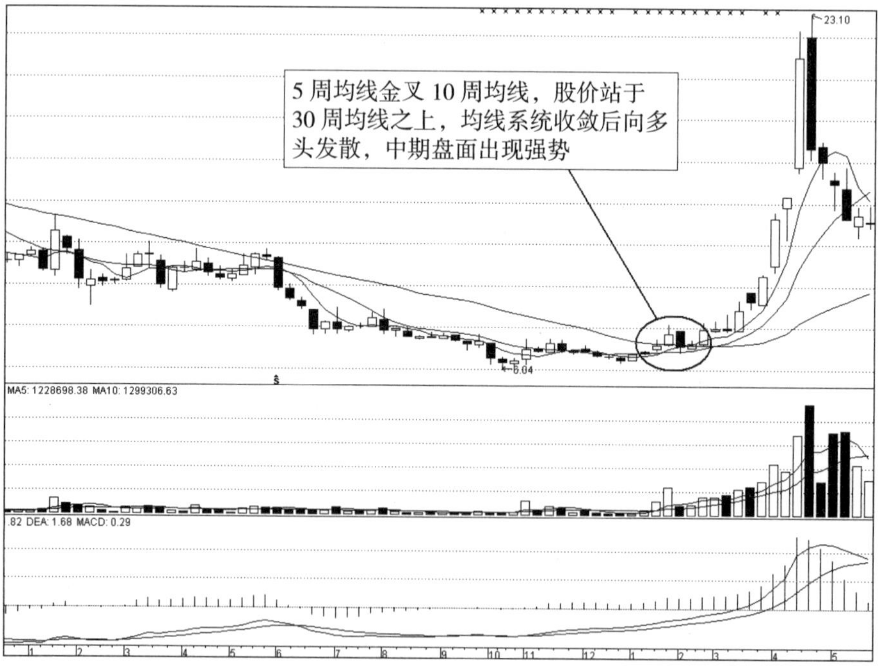

图 5-16B 凯龙股份（002783）周K线图

第六节　RSI 指标不同周期实战经典组合

RSI 是一个热门指标，最适合中短线投资者使用，在股票、期货市场中使用率极高。RSI 指标具有多项显著的市场功能：形态、趋势、背离、突破、交叉以及超买超卖等。从这些功能中引申出来的市场现象，可以作为买卖股票的依据或参考，利用它来分析和寻找买卖点。

在实盘操作中，如果将分钟线 RSI、日线 RSI、周线 RSI 或月线 RSI 结合起来分析，能够找到比较理想的买卖点。投资者可以根据自己的操作习惯和经验选择"配对"的类型，只要找到其共同点即构成买卖点，其操作信号的可靠性也大大提高。这里提供两种组合，供投资者参考使用，旨在抛砖引玉，为投资者提供一个分析和操作的思路，更多的成功经验还是来自投资者自己的实践。

一、RSI 指标分钟线、日线用法

将 60 分钟 RSI、日线 RSI 结合起来分析，最适合于中短线投资者操作，尤其受到超短线或期货投资者的推崇。其最大的优点是能够提前捕捉到市场信号，实现利润最大化和损失最小化。具体使用方法没有什么硬性要求，只要信号相互共振，验证一致，其准确性就高。也就是说，当日线 RSI 指标发出买卖信号时，可以在 60 分钟 RSI 中寻找最佳买卖点位；当 60 分钟 RSI 发出买卖信号，可以观察日线 RSI 指标的形态、趋势、背离、突破、交叉以及超买超卖等情况，如果日线 RSI 支持 60 分钟 RSI 发出的买卖信号，那么 60 分钟 RSI 发出的买卖信号就可靠，可以付诸操作，否则其信号的可靠性差，应放弃使用。

如图 5-17A、图 5-17B 所示，网宿科技（300017）K 线走势图。该股经过大幅下跌调整后，空方能量基本消耗殆尽，股价在底部形成箱体走势，庄家在振荡过程中完成低位建仓计划。2019 年 1 月底，当股价再次回落到箱底时，遇到买盘技术支撑，股价开始向上拉起，RSI 指标发出多头信号。

2 月 1 日，60 分钟 RSI 线在低位金叉后，向上突破 50 强弱分界线进入强势区，同时也突破近期形成的一条水平阻力线，说明短线股价有反弹要求（图 5-17A）。

那么，同期的日线 RSI 指标表现怎么样呢？当分钟线 RSI 发出多头信号后，6 日 RSI 线和 12 日 RSI 线双双向上拐头，第二天 RSI 指标形成金叉。在形态上，RSI 指标突破一条水平压力线后，穿过 50 强弱分界线进入强势区域，说明股价短期具有上攻动力。此时，黏合后的均线系统向多头发散，成交量出现温和放大（图 5-17B）。

由此可见，60 分钟线 RSI 和日线 RSI 组合使用，可以提前一天捕捉到买入信号，降低了持仓成本。此后，股价逐波向上运行，涨势行情持续到 2019 年 8 月，累计涨幅较大。

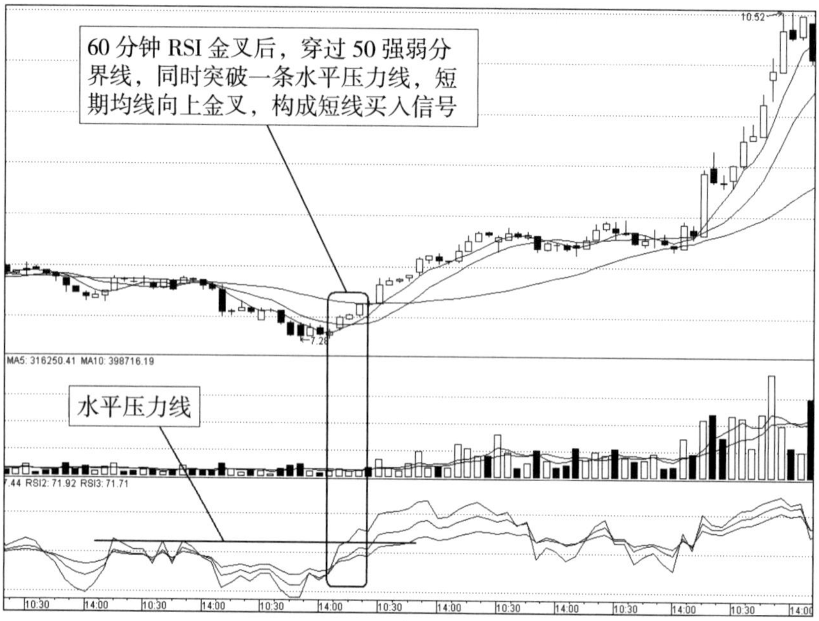

图 5-17A　网宿科技（300017）60 分钟 K 线图

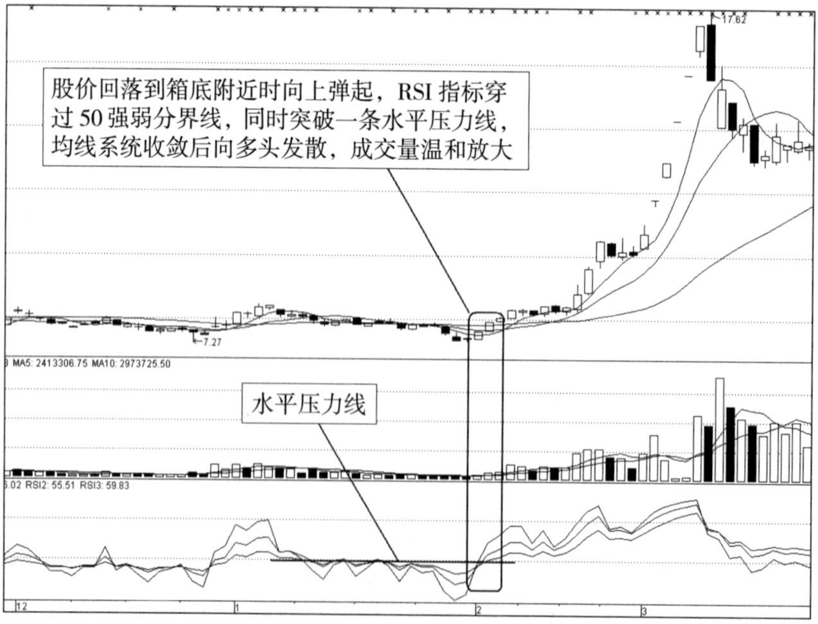

图 5-17B　网宿科技（300017）日 K 线图

二、RSI 指标分钟线、日线、周线用法

将分钟线 RSI、日线 RSI、周线 RSI 结合起来分析，可以进一步检验买卖信号的可靠性。其优点是，既能提前捕捉到市场信号，又能确保信号的可靠性，既适合于中短线或超短线操作，又适合于中长线投资。具体使用方法也没有什么硬性要求，可以根据 RSI 指标的形态、趋势、背离、突破、交叉以及超买超卖等市场表现，观察是否出现相互共振且验证一致。实盘中既可以是两个相同的信号进行验证，也可以是两个不同信号相互验证，还可以根据投资者自己的成功经验灵活运用。

如图 5-18A、图 5-18B、图 5-18C 所示，江铃汽车（000550）K 线走势图。该股大幅调整后企稳回升，股价回升到均线系统之上。2018 年 12 月 4 日，股价放量向上突破，开启一轮中级上涨行情。

从 60 分钟 RSI 指标分析，股价成功穿过 50 强弱分界线，突破前面的多个小高点进入强势区域，成交量出现持续温和放大，表明有新增资金有秩序地入场。此时，股价站于 60 分钟均线系统之上，分钟线均线系统呈现多头排列，K 线图构筑双重底形态，发出短期买入信号（图 5-18A）。

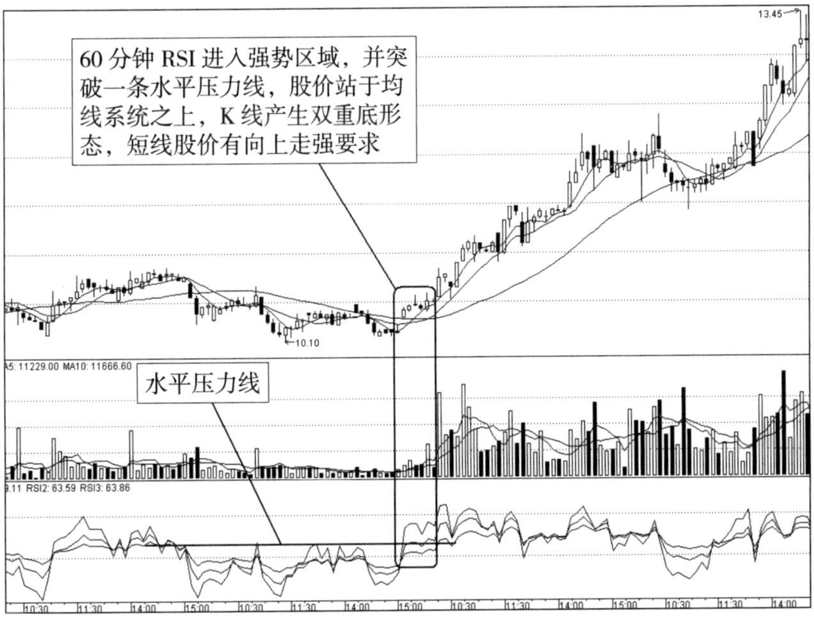

图 5-18A　江铃汽车（000550）60 分钟 K 线图

在日线图中，RSI 指标向上突破了三个关键位置：一是 RSI 线 50 强弱分界线，进入强势区域运行，二是突破新近形成的一条下降趋势线，三是 RSI 指标产生 W 底形态。此时，成交量出现放大态势，均线系统收敛后向上发散，股价有进一步

走高的要求（图 5-18B）。

那么，此时的周线表现怎么样呢？周线中可以清晰地发现两个技术关键点：一是 RSI 指标与股价走势形成底背离，说明股价出现超卖现象，二是股价突破一条向上倾斜的趋势线，有加速上涨的要求（图 5-18C）。

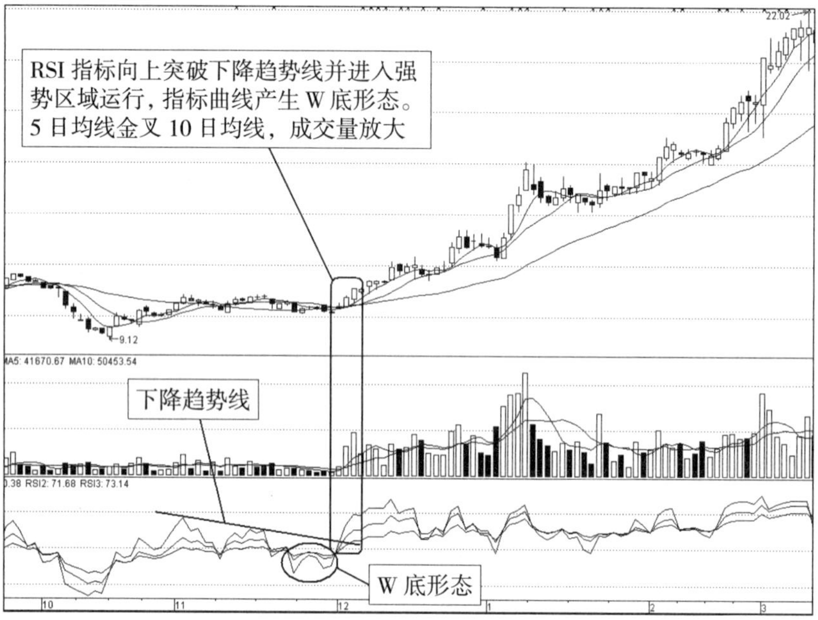

图 5-18B　江铃汽车（000550）日 K 线图

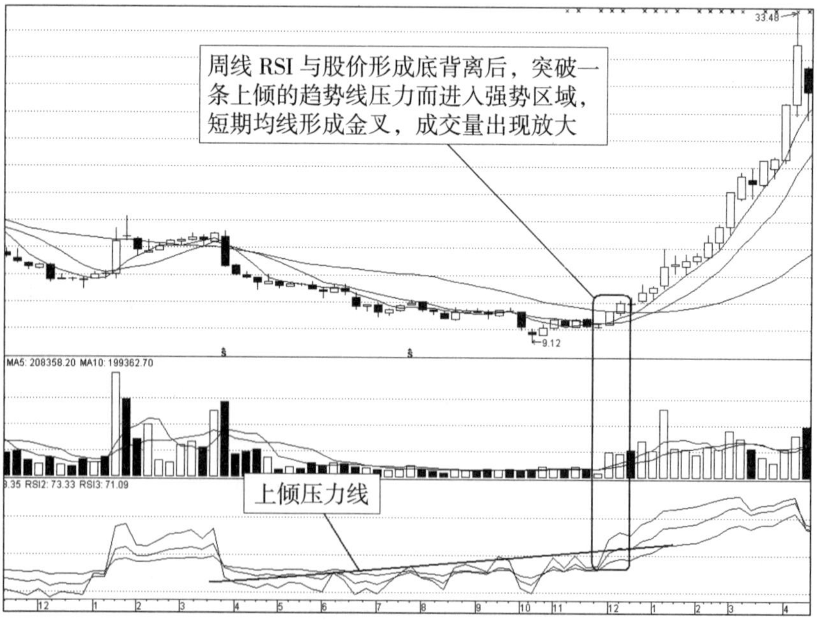

图 5-18C　江铃汽车（000550）周 K 线图

根据分钟线RSI、日线RSI、周线RSI分析，多头信号验证一致，买入可靠性较高。激进型投资者可以立即介入，稳健型投资者可以根据日线RSI回调低点介入。之后，该股出现大幅上涨行情，累计涨幅超过200%。